외사경찰론

조규철 저

도서출판 진 영 사

외사경찰론

조규철

2010년 10월 28일 초판 인쇄
2010년 10월 31일 초판 발행
2012년 09월 15일 개정판 인쇄
2012년 09월 18일 개정판 발행
2019년 03월 18일 개정판 2쇄 인쇄
2019년 03월 21일 개정판 2쇄 발행
발행인 박 진 영
발행처 도서출판 진영사
인천광역시 부평구 갈산동 185번지 풍진빌딩 303호
전화: 032)505-4207
팩스: 032)505-4206
E-mail: 0183734207@hanmail.net
등록: 122-91-77317

ISBN 978-89-6541-204-5 93350
값 23,000원

개정 머리말

세월은 유수와 같다 했다. 처음 외사경찰론을 낸지 벌써 약 2년이 흘러 나의 일터도 경찰에서 도로교통공단으로 바뀌었다. 그 사이에 일부 법률도 개정되었고 인용하였던 통계도 지난 것이 되어 최근 것으로 바꾸어야 하는 등 개정판을 내어 할 필요가 생겼다. 특히 형사사건의 처리 및 범죄수사의 근본 법률인 '형사소송법'(일부 개정 2011. 08. 04 법률 제11002호)도 일부 개정되었다. 따라서 경찰의 범죄수사의 기능과 역할도 이전과는 다른 변화를 가져왔으며, 국제범죄 및 국내 외국인범죄의 수사를 담당하는 외사경찰의 수사에 있어서도 이러한 상황에 맞는 변화를 시작하고 있다.

또한 국제결혼으로 국내에 정착하는 다문화가족이 증가하면서 그 동안 시민 및 인권단체에서 제기하던 결혼중개인의 불법행위 요인에 대하여 이를 시정하고자 정부는 '결혼중개업의 관리에 관한 법률'(일부개정 2012. 06. 01 법률 제11461호)을 개정하여 시행하고 있다. 그리고 국내에 거주하는 외국인이 밀접화되면서 그 공간에서 발생할 수 있는 범죄를 예방하기 위한 대책과 노력에 대하여 강조할 필요가 있어 이를 보충하였다.

한편 각론의 외사수사에서 서술한 내용 중 SOFA사건의 처리와 관련한 구체적인 내용과 우리나라 국민 중에서 국외에 도피 중인 중요 피의자(범죄인)의 송환에 대한 경찰의 조치를 좀 더 구체적으로 설명하여 보완하였다. 그리고 국제범죄에 대응하기 위하여 각국에서의 경찰에 의한 국제범죄수사에 있어 상호협력하고 교류하기 위하여 탄생한 '인터폴'의 헌장을 원문으로 부록에 추가 수록하였다.

푸른 실록과 같은 젊은이들이 큰 희망과 의욕을 갖고 학문에 정진하는데 조금이라도 보탬이 되기를 소망한다. 그리고 이 책이 나오는데 협조해 주신 진영사 사장님과 관계자에게도 진심으로 감사드린다.

2012년 8월 30일

조규철(曺圭喆)

Cho Kyu-Cheol

머리말

경찰로서 첫 걸음을 내딛기 위하여 경찰종합학교의 정문을 들어선지 벌써 30여년이 되었다. '경찰로서 어떤 종류의 나무를 경찰에 심을 것인가? 사회적으로 약한 그 누군가에게 도움이 될 수 있는 나무를 심겠다.'라고 자문자답 한 것이 기억난다. 입교하던 그날이 바로 식목일이었기 때문이다.

경찰은 대구에서 시작하여 치안본부와 경찰청에서 주로 근무하였으며 서울지방청에서 외사업무를 담당하면서 외사업무와 깊은 인연이 되어 이 후 경찰청 외사국의 모든 업무를 경험할 수 있는 기회를 갖게 되었다. 비록 실무자로서의 실무경험은 아니지만 업무를 총괄 관리·기획하는 직급인 과장의 직책이었기 때문에 외사업무를 전체적으로 이해하고 정리하는데 큰 도움이 되었다. 이것이 본서를 출간하게 된 가장 중요한 계기이다.

우리나라 경찰청의 외사국(Bureau of Foreign Affairs)은 외사기획과, 외사수사과, 외사정보과 등 3개의 과로 편제되어 있다. 그리고 서울지방청을 비롯한 일부의 지방경찰청에 외사과가 편제되어 있지만 나머지 지방청에는 보안과 소속의 외사계로 직제가 되어 있다. 그러나 인접국인 일본의 경찰청에서는 일개의 국 단위의 한 기능으로 통합되어 있지 않으며 경비국와 국제부 등에 외사업무가 분리되어 있어 총괄하는 단위의 국 단위의 기능은 없다. 외사경찰론 혹은 경찰외사론은 체계화된 학문상 용어라기보다는 실무기능을 중심으로 분류한 경찰기능과 활동의 학술적인 표현이라고 할 수 있다.

본서의 구성은 기본적으로 총론과 각론으로 하였다. 총론에서는 경찰의 의의와 한국경찰의 활동과 직무범위를 약술하였다. 그리고 환경의 변화가 조직에 미치는 변화에 대한 이론과 경찰활동에 큰 영향을 주는 국제화에 의한 환경변화를 중점적으로 설명하였다. 이어 우리경찰에서 외사경찰의 의의와 특성 및 대상에 대하여 자세히 언급하였으며 국제성범죄를 유형화하여 설명하였다. 마지막으로 앞으로의 국제화의 급속한 발전이 경찰환경에 미칠 영향에 대하여 실무적 입장에서 파악해 보았다.

그리고 각론에서는 현재 경찰청의 외사국의 조직편제에 따라 제1장에서 외사경찰의 조직과 운영 및 인사 등과 관련한 외사기획업무를 소개하였다. 특히 여기서는 외사경찰의 조직발전과 업무능력 향상에 관한 노력과 재외 경찰주재관 파견과 운영 등 조직관리에 관한 것을 내용으로 하고 있다. 그리고 제2장에서는 외사정보의 수집과 생산 및 활용에 관한 순환과정과 국제 대테러 및 국제행사에 대한 보안업무를 중심으로 외사정보의 업무를 설명하였다. 이어 제3장에서는 인터폴을 통한 국제수사공조와 범죄정보의 교류 등 외사수사의 역할과 기능을 소개하였다. 또한 국내체류 외국인에 대한 관리와 국내 외국인범죄의 억제와 수사에 관한 외사경찰의 활동과 대책 등을 설명하였다. 이와 같이 경찰청 외사국에서 처리하고 있는 소관업무를 전체적인 시야에서 개괄적으로 이해하기 쉽도록 집필하려고 노력하였다.

외사경찰은 외국인 및 외국경찰과 교류하거나 협조하는 일을 하기 때문에 대체로 선호하는 경찰관은 많다. 이는 경찰로서 보다 확장된 자기의 능력을 발휘하고 다양한 외국의 문화와 습관 등을 접할 수 있기 때문이라고 생각한다. 이렇게 특성 있는 외사업무를 처음 시작하는 경찰관이나 경찰학, 경찰행정학을 공부하고 있는 학생들에게 작은 지침서가 될 수 있기를 기대한다.

책이 출간되기까지 많은 원고의 내용을 워딩해 주신 경찰청 외사국 류선하님과 탈고에 협조해 주신 안양동안경찰서 김태원, 임성빈, 손일웅, 이재용님에게 진심으로 감사하며 또한 누구보다도 도서출판 진영사 관계자와 지금까지 나에게 사랑으로 격려와 지원을 아끼지 않은 가족에게도 깊은 감사를 전하는 바이다.

2010년 10월

저자 씀

목 차

제1편 총 론

제1장 경찰에 관한 이론적 개관

제2장 경찰조직 및 행정의 환경변화

제3장 경찰활동에서의 외사경찰

제4장 국제성범죄 및 국제형사사법공조

제5장 외사경찰의 새로운 도전과 과제

제2편 각 론

제1장 외사기획론

제2장 외사정보론

제3장 외사수사론

〈부 록〉

제1편

총 론

제1장

경찰에 관한 이론적 개관

제1장 경찰에 관한 이론적 개관

현대사회는 전반적으로 발전하고 기술의 급속한 진보에 의하여 삶의 질은 향상되었지만 그 이면에는 많은 문제점도 발생하였다. 이러한 새로운 문제들은 국민들이 평화와 안전 및 행복 등을 영위하고 추구하는데 걸림돌로써 장애와 위협이 되고 있다. 그리고 경찰의 업무를 증가시키면서 새로운 임무를 부과하고 풀어야 하는 숙제로써 부담이 되고 있다. 즉, 치안수요의 급증과 양상의 변화는 경찰활동에 대하여 많은 영향을 주고 있는 것이다.

일반 국민들은 경찰이 무엇이고 어떤 일을 하는가에 대하여 잘 인식하지 못하고 있다. 그리고 학문적으로도 법학, 행정학, 교통공학, 범죄학, 심리학, 사회학 등 그 학문적 외연이 넓고 연구 활동만으로는 해결할 수 없는 실무적 내용도 많아 경찰학은 그 실체를 파악하기 매우 어렵다. 그리고 경찰학과 경찰행정학에 대하여 혼동하거나 구별하기 쉽지 않다. 이 두 학문 간의 관계는 한마디로 호환이 가능한 두 가지 컴퓨터 프로그램의 관계에 비유될 수 있다. 경찰학의 연구주제는 동시에 경찰행정학의 연구주제에 속하고 경찰행정학의 연구주제는 당연히 경찰학의 연구주제가 되기 때문이다. 국제경찰장협회(International Chiefs of Police: IACP)의 정기간행물의 명칭이 "Journal of Police Science and Administration"(폐간) 이었던 이유는 경찰학(Police Science)과 경찰행정(Police Administration)을 구분하기가 어렵다고 보았기 때문이다. 굳이 따지자면 경찰행정학은 나름대로의 고유한 학문영역이면서 동시에 경찰학의 한 영역으로 간주되는 학문영역이다. 이와 같은 기준은 경찰법학, 경찰사학, 경찰윤리학, 범죄수사학, 범죄학 등 경찰문제를 다루는 모든 학문적 영역에도 똑같이 적용될 수 있다.[1)] 따라서 본서에서는 경찰행정학적으로만 국한하거나 이해하기보다는 이를 포함하면서 보다 넓은 의미의 경찰학적 관점에서 경찰을 논의하고자 한다.

---

1) 이황우, 「경찰행정학」, (서울: 법문사, 2010), p. 30.

제1절 경찰의 개념 및 분류

1. 경찰의 개념 형성

경찰의 개념은 시대에 따라 의미가 다르기도 하였으나 현대에 와서 점차 넓은 의미를 갖게 되었다. 본래 경찰이라는 뜻에 해당하는 영어와 프랑스어의 police는 polis[2] 라는 그리스말에서 유래하였는데 16세기 왕의 칙령에 "공공질서 유지를 목적으로 한 제도(Institution)"의 의미로 사용되기 시작하였다[3]. 본래 의미는 18세기와 19세기에 한 국가 또는 한 도시의 내부 사회질서행정 또는 내무행정을 통칭하는 것이었으나 세금, 정부 보조금, 전매권, 기업독점권 등의 문제에 대한 내부적 규제활동을 포함하는 의미를 내포하기도 하였다.[4]

프랑스혁명을 거쳐 학설에 의해서 고정된 고전적인 의미에서의 경찰이란 경찰법을 준수하도록 하는 기능을 수행하는 공권력 또는 질서를 유지시키려고 하는 활동으로 이해되었다.

현대에서 경찰이라는 개념은 행정권의 권위 하에서 법 준수를 책임지는 것과 동시에 공공질서의 유지 및 재정립에 그 목적이 있는 것으로 이해되고 있다. 또한 사법권의 지휘, 감독, 감시 하에 사법경찰 임무를 수행하는 행위 및 이를 수행하는 공무원들의 조직화된 공공서비스 기관 전체를 의미한다. 즉, 현대적 개념의 경찰은 사회질서의 유지와 범죄수사를 목적으로 특별임무를 수행하는 기능과 특정한 공직자인 경찰관의 집합적 조직인 경찰기관(조직)을 동시에 의미하는 것이다.

이와 같이 경찰에 대한 개념정의는 보는 입장과 기준에 따라 상당한 차이가

---

2) polis는 사회구성원들의 생명, 재산, 건강을 보전하고 법의 집행을 담보하기 위해 형성된 사법 및 행정 체계를 총칭하는 용어였다.(이황우, 경찰행정학, 2010)

3) H.Buisson, La police, son histoire, imp. Wallon, vichy, 1949, p,16. 어원의 설명을 보면 다음과 같다. : French, from Old French policis, civil organization, from Late Latin polta, from Latin, the State, from Greek politeia. from polits, citizen, fiom polis, city (Excerpted from The American Heritage(r) Dictionary of the English Language, Third Edition (c) 1996 by Houghton Mifflin Company).

4) 브리테니카 백과사전, '아담 스미스. police' 편.

있고 시대의 변화에 따른 다양성과 학문지향에 따른 접근성에서 각각 다르게 규정되고 있다.

2. 경찰개념의 구분

경찰의 개념은 우선 경찰행정법적 관점에서의 경찰개념과 행정학적인 관점에서의 경찰개념을 구분하여 설명할 수 있다. 먼저 경찰행정법적 관점에서의 경찰개념은 경찰권행사 즉, 권력 작용의 제한에 목적을 둔 것으로 주로 경찰의 법집행기능을 강조하는 관점을 말한다. 이 경우에는 개념·논리적으로 경찰의 기능에서 계몽, 지도, 봉사 등의 비권력적 작용이 제외된다.

또한 경찰행정법적 관점에서의 경찰개념은 실질적 의미 및 제도적 의미 또는 형식적 의미의 개념으로 사용될 수 있다. 실질적 의미의 경찰개념을 규정함에 있어서는 국가의 활동이 갖는 내용적 성격 등과 같은 국가 활동의 목적이나 성질이 기준이 된다. 따라서 국가적 활동이 국가의 어떤 행정청에 의해 수행되는지는 중요하지 않다. 그러나 제도적 의미의 경찰개념은 이와 달리 전적으로 그 작용을 담당하는 행정청이 경찰행정청인지의 여부가 결정적인 기준이 된다. 또한 형식적 의미의 경찰개념은 그 작용의 실질적인 성질 여하를 불문하고 조직적인 의미의 경찰에 의해 수행되는 모든 활동을 지칭한다.[5] 한편 실질적 경찰개념은 그 시대와 국가에 따라 고유하게 발전되어 온 것으로 각각 다르게 나타난다. 이에 비하여 제도적 의미의 경찰개념[6] 또는 형식적 의미의 경찰개념은 일정한 작용을 담당하는 행정청이 경찰행정청인지 여부가 결정적인 기준이 된다는 점에서 그 나라의 경찰관계법칙에 의해 형식적으로 결정될 수 있다.

그리고 경찰행정학적 관점에서의 경찰개념은 주로 19세기 후반 행정학자 및 경찰행정학자들에 의하여 주장되어 왔다. 이러한 입장은 경찰을 사회공동체의 구성원 및 국민의 생활관계적 입장에서 문제의 전문해결자로서 기능과 기술,

---

5) Schenke, Wolf-Rdiger(서정범 역), 「독일경찰법론」, (서울: 세창출판사, 1998), p. 3.

6) 제도적 의미(조직적 의미)의 경찰개념은 경찰행정기관의 조직과 관련한다. 말하자면 경찰이라 불리는 일련의 경찰기관이 제도적 의미의 경찰이다. 정부조직법(제29조 제4항)은 치안에 관한 사무를 관장하게 하기 위해 행정자치부장관 소속하에 경찰청을 둔다고 하였는데 이때의 경찰청이 바로 제도적 의미의 경찰에 해당한다.

봉사와 협력요인을 더 강조하려는 견해이다. 이러한 관점에서의 경찰이란 사회적으로 공공의 질서를 유지하고 위해와 범죄로부터 국민 개개인의 생명과 재산을 보호하고 다양한 사회적 구성원을 응집하는 공공서비스 또는 공공재라고 규정한다. 즉, 경찰이 국민의 생명과 재산을 보호하는 안녕질서와 사회질서의 유지라는 공공생활적 질서를 유지하는 기능을 수행하는 것을 기본 목적으로 한다고 전제한다. 그리고 이 목적달성의 실행방법 및 전략은 반드시 권력 작용에 한정하는 것이 아니라 계몽, 지도, 봉사, 응원차원의 비권력적 서비스제공에 크게 존재하는 공공서비스 제공자라고 보는 것이다.[7]

따라서 경찰행정법적 관점에서의 경찰개념이 추상화 수준에서 확대되어 개념화된 것이라면 이 행정학적 경찰개념은 경찰기능의 다양화의 측면에서 국민생활의 필요한 요구에 의해 목표 및 수단이 확대된 개념인 것이다. 따라서, 경찰은 법을 집행하는 명령강제권을 가지면서도 국민의 생명과 재산을 지키는 봉사와 지원자로서의 지위와 역할을 아울러 갖는 것이다.

가. 실질적 의미의 경찰과 형식적 의미의 경찰

1) 실질적 의미의 경찰

실질적 의미의 경찰은 그 작용을 달리하는 행정기관에 관계없이 학문적 의미에서 정립된 개념으로 사회공공의 안녕과 질서를 유지하기 위하여 일반통치권에 의거하여 국민에게 명령 및 강제하는 권력적 작용을 뜻한다. 오늘날의 경찰법학은 공공의 안녕 또는 질서유지에 대한 위험방지에 기여하는 국가적 활동 전체를 포함하는 실질적 의미의 경찰개념을 포함한다고 볼 수 있다. 이러한 실질적 의미의 경찰은 국가 활동의 내용상의 성질을 기준으로 한 것이다. 독일이나 우리나라의 경우에 오늘날의 지배적인 견해에 따르면 경찰이란 공공안전과 질서를 위협하는 위험으로부터 개인이나 공중을 보호하거나 공적 안전이나 질서에 대한 교란의 제거를 목적으로 하는 모든 국가적 활동으로 이해된다.

이와 관련하여 경찰은 첫째, 적극 목적의 복리작용과 구분되는 소극적인 작용 둘째, 국가목적적인 작용인 군정, 재정작용과 구분되는 사회목적적인 작용 셋째, 비권력적인 복리작용과 기본적으로 구분되는 권력적인 작용으로 이해되

7) 이상안,「신경찰행정학」(서울 : 대명사, 1999), p. 5.

고 있다. 이러한 작용이 국민의 권리를 침해하는 경우에는 법적 근거를 요하며 법적 근거는 여러 법률에 산재해 있다. 실질적 의미의 경찰은 제도적 의미의 경찰에 의해서만 수행되는 것은 아니고 그 밖의 다른 행정기관에 의해서도 수행된다.

2) 형식적 의미의 경찰

형식적인 의미의 경찰은 실정법상 명시적으로 경찰이라고 표현되어 있는 행정기관인 보통행정기관[8]이 관장하는 모든 행정작용을 의미한다. 우리나라의 경우 경찰관의 직무범위에 관한 일반법이라고 볼 수 있는 경찰관직무집행법 제2조는 경찰관의 직무범위를 규정하고 있다. 이것이 우리나라의 형식적인 의미의 경찰개념에 해당한다. 이러한 형식적 의미의 경찰개념은 실질적인 성질여하를 불문하고 제도 또는 조직적 의미의 경찰이 수행하는 모든 사무를 의미한다. 형식적 의미의 경찰개념이 필요한 것은 제도적 의미의 경찰이 위험방지임무 외에 미성년자보호 등 복지활동과 범죄수사 등 법규상 부여된 그 밖의 다른 행정활동도 수행하고 있기 때문이다. 따라서 형식적 의미의 경찰개념은 실정법에 의한 경찰권의 확대를 뜻한다고 볼 수 있다.

나. 행정경찰과 사법경찰

경찰의 여러 분류기준이 있으나 경찰의 목적에 따라 분류하면 행정경찰과 사법경찰로 구분할 수 있다. 이러한 경찰의 구분의 시초는 1795년 프랑스가 「죄와 형벌법전」 제18조에서 경찰은 행정경찰과 사법경찰로 나뉜다고 규정하면서 경찰기능이 구분된 것이다.

1) 행정경찰

행정경찰의 본래적인 목적은 예방에 있으며 공공의 질서유지를 위한 법규준수를 강제하는 것이었다.[9] 따라서 행정경찰은 행정질서와 관련되어 행정재판에 귀

8) 보통행정기관은 경찰청장, 지방경찰청장, 해양경찰청장, 경찰서장(해양경찰서장)등 있다.

9) 행정경찰 활동은 국가적 차원에서 대통령 또는 수상의 행정경찰권으로 공공질서를 확보 할 수 있는 조치가 취해질 수 있다. 진정한 지방자치제도가 시행될 경우에는 자치정부가 관할하고 있는 행정구역 내에서 기본적인 행정경찰 활동이 수행될 수 있는 바 지방정부의 관할행정구역 내에서의 책임자는 시장이기 때문에 지역사회의 공공질서유지를 위한 자치적 행정경찰의 관한은 시장에게 부여되어 있

속되어 왔다. 즉, 행정경찰은 본래적 의미의 경찰로서 사회공공의 안녕과 질서의 유지를 위한 행정작용을 말하고 이에 대하여 사법경찰은 범죄의 수사, 범인의 체포 등을 위한 작용을 말한다. 우리나라 경찰은 행정경찰과 사법경찰을 구분하지 아니하고 일반 경찰기관이 양자를 모두 관장하도록 하고 있다.

2) 사법경찰

사법경찰은 형사 사법권의 일환으로 검사의 지휘를 받아 형사소송법의 규정에 따라 행하여진다는 점에서 실질적 의미의 경찰과는 다르고 조직상으로는 사법경찰도 일반경찰기관의 권한으로 작용된다는 점에서 형식적 의미의 경찰이라고 할 수 있다. 다만 행정경찰은 행정법규(경찰법규)의 적용을 받지만 사법경찰은 형벌권의 작용이기 때문에 현행법에서는 형사소송법상 검사의 지휘를 받아 수행된다는 점이다.

사법경찰의 목적은 공공질서를 파괴하는 행위에 대한 진압과 퇴치를 목적으로 하는 경찰활동이라고 할 수 있다. 파괴행위를 한 당사자를 색출하고 형사재판에 기소하여 처벌을 받도록 하는 것이기 때문에 사법판사 및 검사에 귀속되는 분야로 인식되어 왔다. 그 후 행정법과 형법, 형사소송법, 민법 등 공법학자와 사법학자들의 법학 영역의 구분에 따라 경찰행위를 구분하게 되었던 것이다.

3) 행정경찰과 사법경찰의 구별

행정경찰과 사법경찰의 개념적 구분은 원래 올바른 분류가 아니었으며 실제로 현장에서 그 구별도 쉽지 않다. 국가경찰과 달리 자치경찰은 기본적으로 행정경찰의 지위에 있기 때문에 사법경찰 활동이 시작되는 범죄수사과정에서 국가경찰과 동일한 수사지휘권 등을 가질 수 없기 때문에 사법경찰 활동은 결과적으로 국가경찰이 전문적으로 전담하게 된다. 한편 수사과정에서 국가경찰이 인력지원 등의 필요성이 발생하게 되면 범죄수사가 관련된 관할행정구역의 자치경찰에 대하여 지원요청을 함으로써 국가경찰에게 보완적 역할을 충실히 수행할 수 있다는 장점도 있다.

고 시장은 국가의 보통지방 행정기관의 지위와 자치정부의 최고책임자인 이중적 지위를 갖고 경찰권한을 수행하게 되는 것이다.

따라서 실제적인 구별 어려움이 있다고 하지만 이처럼 행정경찰과 사법경찰의 개념적, 법적, 물리적 구분을 통해서 국가경찰과 자치경찰 상호 보완적 경찰활동으로 국민을 위한 경찰기능 수행이 다양해 질 수 있다. 그러므로 행정경찰의 기본 목적이 지역사회를 중심으로 지역주민의 안전과 공공질서를 유지하는 것이라고 보면 초기단계에서 자치경찰이 추구하는 목적도 이와 동일한 방향에서 시행되기 때문에 국가경찰과 자치경찰이 수행하는 행정경찰 기능은 중복된 상황이 발생할 수 있다. 그리고 이러한 중복을 피하기 위해서는 두 경찰 간의 역할분담을 보다 정확하게 법으로 규정을 할 필요가 있는 것이다.[10)]

다. 국가경찰과 자치경찰

경찰제도는 그 나라의 역사적, 사회적, 문화적 특성에 따른 형태를 취하고 있으며 국가경찰제와 자치경찰제 상호간의 장점[11)]을 채택, 반영하는 등 실정에 맞는 경찰제도의 발전과 조화를 도모하고 있다. 국가경찰과 자치경찰간의 관계를 중심으로 다음과 같은 유형[12)]으로 구분할 수 있다.

1) 국가경찰제

경찰에 관한 권한과 그에 따른 책임을 완전히 중앙정부가 지게 되는 경찰체계로서 중앙정부의 통제 하에 국가의 모든 경찰권이 놓여 있는 경우이다. 지방경찰 역시 중앙정부에 위치한 국가경찰의 지시와 통제 하에 경찰활동이 이루어진다. 경찰활동이 지방자치단체별로 이루어지는 것이 아니라 국가경찰의 지시와 통제를 받는 지방경찰에 의해서 수행된다. 국가경찰체제 하에서 지방경찰은 중앙정부에 소속된 경찰로서 자치적 요소를 전혀 갖지 않는다. 일반적으로 국가경찰제도라 함은 이를 말하며 현재 우리나라를 비롯하여 핀란드, 덴마크, 스웨덴 등이 포함되는데 국가경찰의 지시와 통제의 정도는 각 국가의 상당한 다

10) 한국지방행정연구원, "자치경찰제 확대 및 강화 방안", 2008, pp. 12-13.
11) 자치경찰은 기본 자치원리에 근거한 자치정부의 행정행위 중 경찰기능을 수행하고자 할 때 필요한 것이다. 그러나 자치정부는 완전한 독립성을 가진 정부가 아니라 국가의 보통지방행정기관으로서 국가 전체적으로는 하나의 일선행정기관의 임무를 수행한다. 이러한 국가적 임무 수행에 있어서 주는 국가경찰이 이에 대한 보조는 자치경찰이 수행하는데 이러한 관계는 보충성의 원칙에 근거한다.
12) 최종술, 우리나라 자치경찰제 도입의 쟁점과 경찰인력관리, P. 122-124.

양성에 따라 달라지며 경찰체계가 집권화되어 있다고 해서 반드시 민주적 이념과 대립되는 것은 아니다.[13)]

2) 자치경찰제

자치경찰제의 개념은 크게 두 가지 방향으로 설명된다. 먼저 지방분권 제도와 지방자치사상에 따라 경찰운영에 필요한 모든 책임과 권한을 지방자치단체가 수행하는 제도라고 주장하는 견해가 있는가 하면 국가와 지방간의 기능배분의 원칙에 따라 경찰의 지방적 기능을 지방자치단체가 감독과 책임을 담당하는 제도라고 주장하는 견해가 있다.[14)] 이는 지방자치를 강조하느냐 아니면 기능배분 입장에서 접근하느냐의 차이로써 각국의 자치경찰제도의 여건과 운영상황에 따라 달라질 수 있다. 또 다른 개념설명으로 정치사상에 따라 지방경찰이 지방자치단체의 권한과 책임 하에 지역주민의 의사에 기하여 치안암무를 수행하는 제도 또는 경찰권 내지 경찰임무의 소재에 따라 구분하여 자치경찰제란 경찰권을 자방자치 단체에 귀속시키고 경찰조직을 지방자치단체의 행정조직으로 하는 것[15)]이라고도 한다. 이 같은 자치경찰제는 운영형태에 따라 절충형과 독립형으로 나뉜다.

가) 절충형 자치경찰제

이는 국가경찰과 자치경찰이 병존해 있는 경찰체제이다. 이러한 형태는 경찰사무의 성격을 기준으로 구분되어 진다. 경찰사무를 국가경찰사무와 자치경찰사무로 구분할 때 자치경찰사무로 분류된 것은 지방경찰이 수행하고 국가경찰사무로 분류된 것은 국가경찰이 그 업무를 수행하는 것을 원칙으로 한다. 다만 국가경찰은 그 조직의 특성상 직접적으로 수행하기 어려운 국가경찰사무를 자치경찰에게 위임하여 수행토록 하고 국가경찰 위임사무에 대한 감독과 통제권을 가지게 된다. 따라서 국가경찰과 자치경찰간의 관계가 국가위임사무를 제외하고는 종속적이거나 상하적인 관계가 아니라 대등한 관계를 형성하게 된다. 그러나 자치경찰에 대한 국가경찰의 지배 구조가 형성되어 자치경찰은 국가경

13) 송건섭 외 2, "참여정부의 자치경찰제(안)에 대한 비판적 논의", 「한국사회와 행정연구」 제16권 제4호, 2006, p. 191.
14) 장석현, "자치경찰제도의 도입논의", 국회 행정자치위원회 주관 공청회(2007.2.17) 발표자료, p. 39.
15) 고문현, "자치경찰제의 도입방향", 「공법연구」 제33편 제5호, p. 434.

찰의 영향권 내에서 경찰활동이 이루어지는 것이 현실이다.

그리고 국가경찰이 지방경찰의 우위에 있는가 아니면 국가경찰과 자치경찰이 대등한 위치에 있는가 하는 것은 경찰업무의 성격상 제도적 차원의 문제라기보다는 경찰의 문화적 전통이나 관행 등에 따라 다르다고 할 수 있다. 이 같은 절충형 경찰제도를 채택하고 있는 대표적인 국가는 일본이라고 할 수 있다.[16]

나) 독립적 자치경찰제

독립적 자치경찰제는 국가경찰과 자치경찰 체계를 완전히 분리하여 운영하는 경찰제체이다. 국가경찰은 중앙정부의 소속하에 국가경찰에 관한 권한을 행사하고 자치경찰사무로 분리된 업무에 대하여는 어떤 영향력도 행사할 수 없다. 반면 자치경찰은 지방정부의 소속하에 자치경찰에 관한 권한을 행사하고 지방정부의 책임 하에 독자적으로 경찰업무를 수행함으로써 국가경찰의 영향력이 미치지 못하게 된다. 따라서 거의 대부분의 국가경찰의 기능이 이관된 자치경찰의 형태인데[17] 일반적으로 자치경찰제도라 함은 이를 말한다. 다만 자치경찰을 독립된 기관으로 운영하느냐 아니면 지방정부의 직속기관으로 하느냐에 따라 차이가 있다.

3) 자치경찰과 지방경찰과의 구별

자치경찰과 지방경찰의 용어상 사용은 구분이 필요하며 자치경찰이 반드시 지방경찰이라고는 할 수 없다. 지방경찰의 개념에는 우리나라 행정조직체계상 지방에서의 특별지방행정기관이 국가의 지방경찰에 포함될 수 있다. 그리고 지방경찰에는 기초자치경찰 뿐만 아니라 도자치경찰 또는 외국과 같이 지역자치정부의 경찰도 포함하는 의미를 갖는다. 따라서 자치경찰과 지방경찰의 용어는 항상 동일한 것은 아니다.

라. 예방경찰과 진압경찰

경찰권 발동을 시점으로 분류한 것이며 예방경찰이라 함은 경찰상의 위해의 발생을 방지하기 위한 권력적 작용으로 행정경찰보다 좁은 개념이다. 예를 들

16) 행정자치부 자치경찰제실무추진단, 자치경찰제 추진 중간보고서 2004−2007, p. 27.
17) 양영철, 2007년 정부혁신지방분권위원회 지방분권과제 추진 관련 자료, p. 15.

어 타인에게 해를 끼칠 우려가 있는 정신착란자를 경찰이 보호조치 시키는 것이 이에 해당한다. 진압경찰은 이미 발생된 범죄의 수사를 위한 권력적 작용으로 사법경찰과 일치한다. 다만 경찰법 제3조와 경찰관직무집행법 제2조의 진압은 특히 집단적 범죄 등에 대한 강력한 예방작용을 의미함과 동시에 사법적 수사에도 관련되는 것으로서 양자의 경찰이 모두 관련된다.[18]

마. 기타의 경찰개념 구분

1) 평시경찰과 비상경찰

공공의 안녕과 질서에 대한 위해 정도와 그에 따른 작용 법규 및 그러한 위해를 제거하기 위해 제거할 담당기관에 따른 분류로서 평온한 상태하에서 일반경찰법규에 의하여 보통경찰기관이 행하는 경찰작용을 평시경찰이라고 한다. 그러나 전국 또는 어느 한 지방에 비상사태가 발생하여 계엄이 선포될 경우에는 군대가 병력으로 공공의 안녕과 질서를 유지하기 위하여 계엄법에 따라 행정사무의 일환으로 경찰사무를 관장하게 되는데 이를 비상경찰이라고 한다.

2) 질서경찰과 봉사경찰

이는 형식적 의미의 경찰 중에서 경찰활동의 질과 내용을 기준으로 한 분류로서 보통경찰 조직의 직무범위 중에서 강제력을 수단으로 사회공공의 안녕과 질서유지를 위한 법 집행을 주로 하는 경찰활동을 질서경찰이라고 한다. 반면에 봉사경찰은 강제력이 아닌 서비스, 지도, 계몽 등을 통하여 경찰직무를 수행하는 경찰활동을 말한다.[19]

3. 경찰의 목적과 수단

가. 경찰의 목적 및 기능

현대 도시경찰의 사회적 기능과 경찰의 목적에 대한 학문적 정의로 O.W.

---

18) 김용길, 김석범, 백창현, 이종화, 「경찰학 개론」, (서울: 교육진흥연구소, 2010), p. 21.
19) 상게서, p. 22.

Wilson은 경찰의 기본적인 목적은 범죄의 공격에 대하여 국민의 생명과 재산을 보호하고 공안을 유지하는 것이라고 설명한다. 그리고 Bruce Smith는 경찰이란 공안의 유지와 불법행위로 인한 국민의 신체 · 재산의 보호를 그 임무로 한다고 기술하고 있다. 또한 John L. Sullivan은 경찰의 기본적인 직무와 책무를 생명 · 재산의 보호, 공안의 유지, 범죄의 예방, 법의 집행, 위반자의 체포와 유실물, 도난품의 회복이라고 지적하고 있다.

우리나라 경찰의 목적은 경찰법 제3조에서 국가경찰의 임무로 국민의 생명 · 신체 및 재산의 보호와 범죄의 예방 · 진압 및 수사, 치안정보의 수집, 교통의 단속, 기타 공공의 안녕과 질서유지를 규정하고 있다. 따라서 경찰의 목적은 궁극적으로 사회공공의 안녕과 질서의 유지이고 범죄의 피해를 사전에 예방하고 이를 제거하는 것이다. 이를 구체적으로 설명하면 사회공공의 안녕이라 함은 사회생활을 영위하는데 각 개인이 생명, 신체, 건강, 자유, 재산과 같은 개인적 법익과 국가적 공동체의 존속 및 기능과 같은 국가적 법익이 침해되지 않는 상태를 의미한다. 또한 사회공공의 질서란 일반적인 사회생활이 정상적으로 행하여지고 있는 상태를 말한다.[20]

질서유지에 대한 위해의 예방과 제지에서 위해란 위험과 장해를 포함한다. 위험은 현재의 상황을 방치하는 경우에 공공의 안녕과 질서에 대한 현저한 침해를 가져올 충분한 개연성이 있는 상태를 의미한다. 다만 여기서 위험 또는 침해의 정도를 판단하는 기준은 구체적이고 현실적이어야 하며 시간적, 장소적인 상태를 고려하여 사회통념에 의하여 판단해야 할 것이다.

한편 경찰의 기능은 질서유지 기능, 법집행 기능, 지역사회봉사 기능으로 분류할 수 있다. 이는 역사적으로 국가의 기능과 성격에 맞추어 변화해 온 것으로 종래에는 단순한 절도범이나 일반 공안사범의 방지에 국한되던 것이었다. 그러나 국가 및 사회의 활동영역의 확대에 따라 사회복지행정에 관련된 국민들의 욕구와 기대가 증대되면서 여러 가지 문제가 경찰의 관심의 대상으로 등장하게 되었다. 따라서 일련의 공공의 안녕과 생활안전의 파수자인 경찰에서 이제는 복지경찰 또는 행정경찰의 활동으로 그 기능의 변화가 요구되고 있다.

---

20) 독일의 통설과 판례에서는 사회공동의 질서란 원만한 공공생활을 위하여 불가결한 전제조건이 되는 법규범이외의 규범의 총체를 의미한다. 즉, 다수의 가치관에 근거하고 있는 사회규범으로 본다.

나. 경찰의 수단

경찰은 국민에 대해 명령, 강제 등의 권력을 발동하는 권력작용이며 경찰명령, 경찰처분, 경찰허가, 경찰강제 등을 그 주요 수단으로 하고 있다. 그러므로 행정작용 중 사회공공의 안녕질서를 목적으로 하는 것이라도 권력적 명령 및 강제작용이 아니면 경찰행정의 관념에 포함되지 않는다. 따라서 계몽, 권고, 비공식적 행정작용 등의 비권력적 작용으로서의 행정지도에 의하는 질서유지작용은 경찰행정으로 보기 어렵다.[21)]

경찰행정은 권력작용을 주된 수단으로 하고 있는 점에서 급부행정과 같은 비권력적 행정작용과 구별되며 과거의 범죄에 대한 응보, 교정적 제재로서의 형벌을 과하는 것을 직접 목적으로 하는 형사 작용이나 사인 상호간의 법률관계에 관한 법적 질서를 유지하면서 관리관계를 형성하는 민사사법 작용과도 구별된다. 그리고 경찰수단의 특성으로는 권력성과 강제성 그리고 직접성을 들 수 있다. 권력성은 국가의 권력에 대한 우려와 견제심리로 근본적으로 적대적 또는 비우호적이다. 직접성은 국민의 생명과 재산을 보호하는 임무를 수행하는 과정에서 직접적으로 개입하고 제한하는 활동을 함으로써 당자자인 국민에게 손익을 직접 제한한다는 점이다.

제2절 한국경찰의 성립과 직무범위

1. 한국경찰의 성립과 변천

가. 경찰의 태동 및 일제하의 경찰

우리나라 경찰의 역사는 1835년 조선왕조의 헌종시대에 좌우포도청을 설치하면서 현대의 경찰로서 면모를 갖추게 되었다. 이후 1884년에 고종은 좌우포도청을 폐지하고 경무청장실을 두었다. 그러나 경찰작용법적 측면에서 서구적 의미의 경찰개념이 도입된 것은 갑오경장(1894년)이후이다. 1894년 6월 28일(음력)

---

21) 김철용, 「행정법II」, (서울: 박영사, 2005), p. 230.

각아문관제에서 "법무아문 관리사법행정경찰"을 정하면서 경찰의 창설과 소속을 정한 후 7월14일(음력) 경무청관제직장과 행정경찰장정을 제정하였으며 후자가 우리나라 최초의 경찰작용법적 성질을 갖는 것이라고 할 수 있다. 그러다가 1901년 12월 광무 5년에 경무대신을 폐지하고 경찰권을 내무대신이 관장케 하고 경무청 직제를 개정하여 경무사, 경찰국장, 경무관, 총순, 순검 등의 계급제도를 두었다.22)

〈표 1-1〉 일제 통감부(외경)시대 경찰기구표(1910)

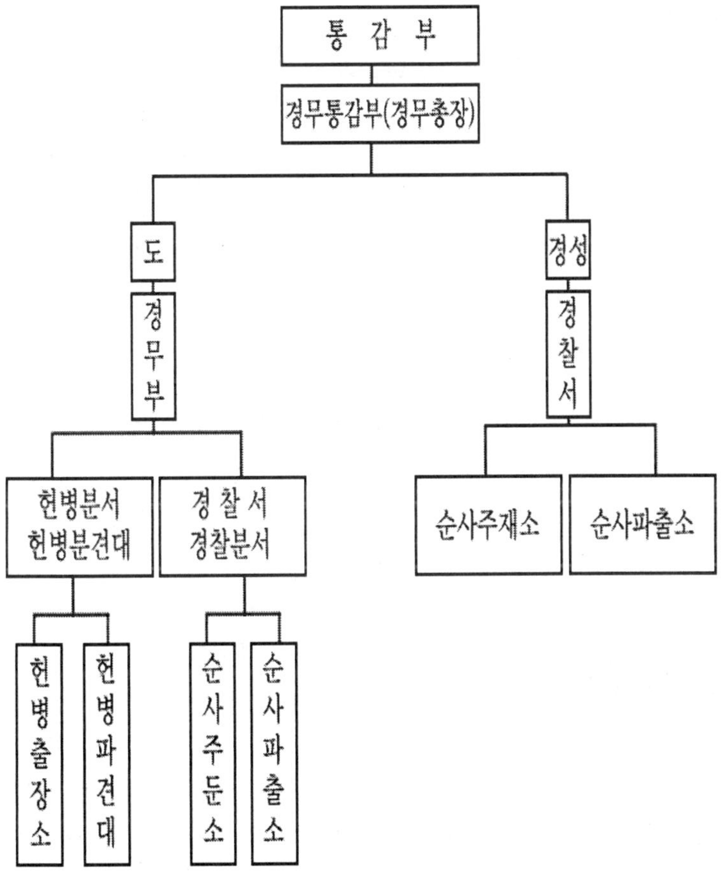

22) 경찰청, 한국경찰사 V, 2006, p. 1668, 1712, 1716.

〈표 1-2〉 일제 총독부 경찰기구표(1945)

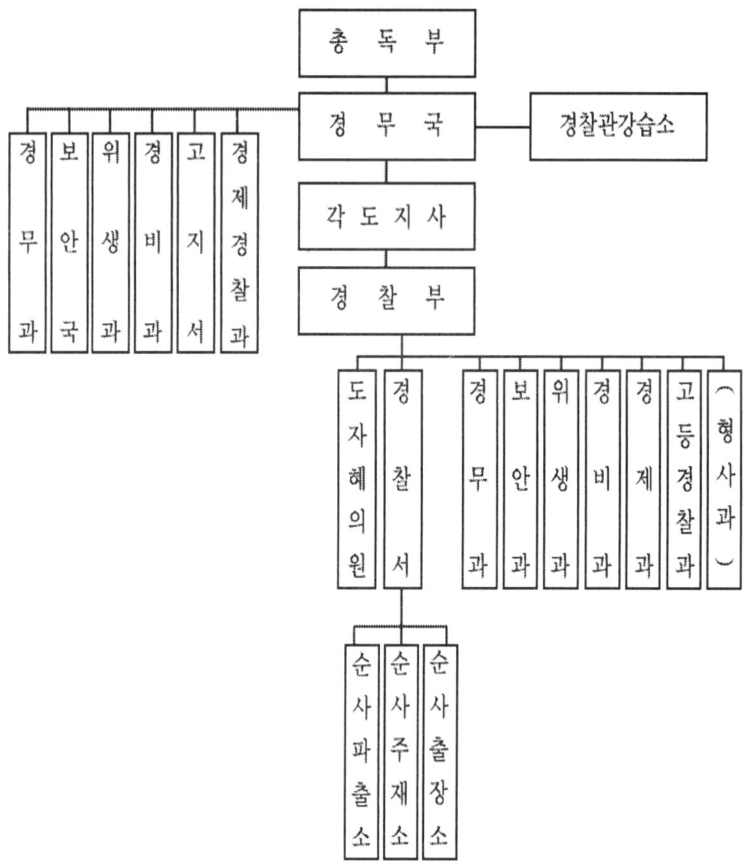

나. 미군정시의 경찰

1945년 광복과 함께 미군에 의한 군정이 실시되면서 같은 해 10월 21일 미군정청에 경무국을 설치하고 각 도 단위에 경찰부를 창설하였다. 이후 1946년 1월 경무국을 경무부로 승격시켜 총무, 공안, 수사, 통신, 교육 등 5국으로 편성하고 경찰계급을 경무부차장, 총경, 감찰관, 경감, 경위, 경사, 순경으로 새롭게 바꾸었다. 그리고 각 도의 경찰부를 관구 경찰청으로 개편하고 수도관구경찰청을 비롯하여 제2, 제3 등 9개의 관구경찰청으로 개편하였다. [23]

23) 상게서, p. 1688, 1716.

〈표 1-3〉 미군정청 경무국 기구표(1945. 10. 21)

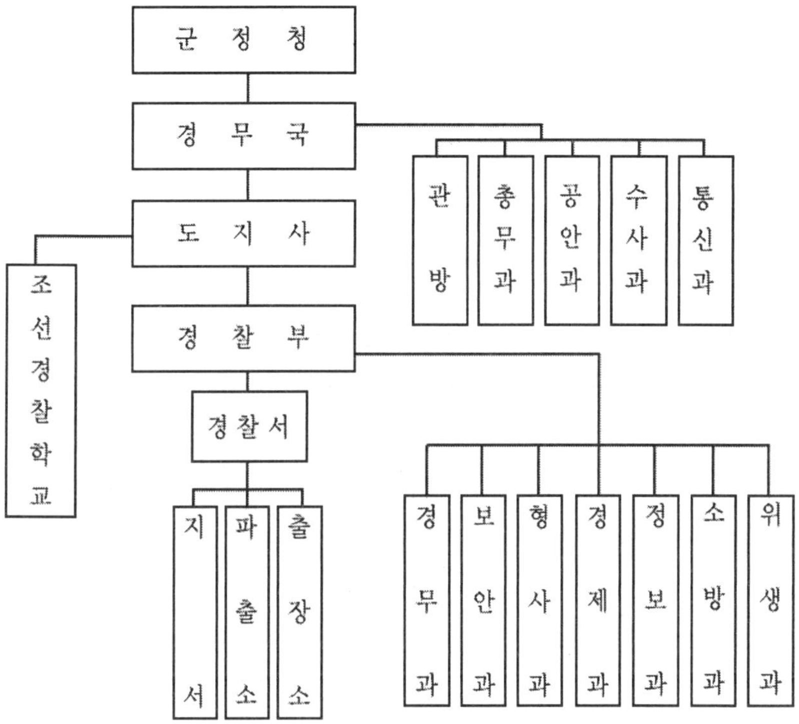

다. 내무부 치안국 시대

1948년 9월 3일 국립경찰 지휘권을 인수하여 동년 11월 4일 내무부장관 산하에 치안국을 설치하면서 경무, 보안, 경제, 사찰, 수사지도, 감식, 통신, 소방, 여자경찰관의 기능을 구비하였다. 또한 경찰계급을 경무관, 총경, 경감, 경위, 경사, 순경으로 개정하였다. 그리고 각 시도에 경무, 보안, 수사, 사찰, 통신, 소방의 기능으로 시·도경찰국을 설치하였다. 그러다가 6. 25 한국전쟁의 발발로 인하여 일시적으로 태백산, 지리산 경찰전투사령부가 설치되었다가 해체되기도 하였으며 1953년 12월 14일 해양경찰대 설치, 그리고 이듬해 경비국 산하에 경찰항공대가 발족되었다.[24)]

24) 상게서, p. 1688, 1718.

〈표 1-4〉 내무부 치안국 기구표(1948. 11. 24)

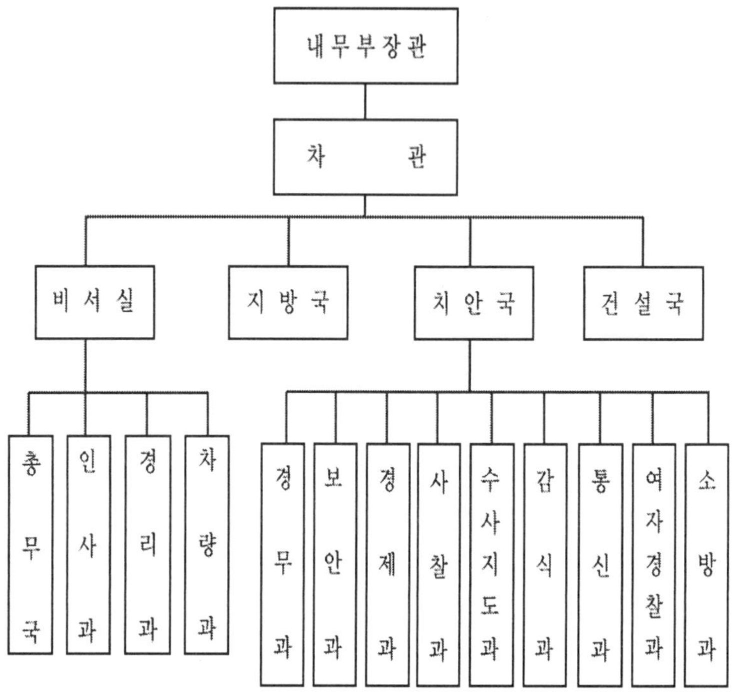

라. 내무부 치안본부 시대

1974년 12월 24일 정부조직법을 개정하여 내무부 치안국을 치안본부로 개편하여 치안본부장을 별정직으로 승격하고 부장을 정부의원으로 하였다. 그리고 치안본부의 기구도 개편하여 제1부, 제2부, 제3부를 설치하고 치안감으로 부장을 두도록 하였다. 그리고 서울시경찰국에는 경찰국장 밑에 경무관으로 제1, 제2담당관을 설치하였다.[25]

25) 상게서, p. 1670, 1726.

〈표 1-5〉 내무부 치안본부 기구표(1974)

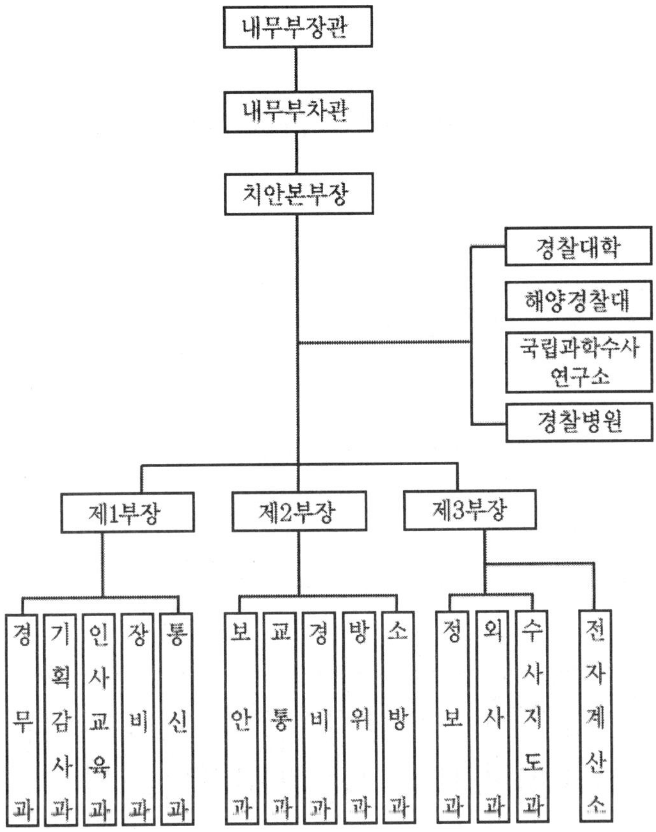

마. 경찰청 시대

1991년 7월 24일 경찰청과 그소속기관등직제를 대통령령 제13431호로 제정하여 치안본부를 경찰청, 지방경찰국을 지방경찰청, 해양경찰대를 해양경찰청으로 명칭을 변경, 같은 해 8월 1일부터 시행하였다. 이에 따라 정부조직법의 개정 및 경찰법, 경찰위원회 운영규정의 제정 등 많은 변화가 있었다. 즉, 경찰기구와 정원이 조정되어 경찰청에는 1차장 4관 7국 5심의관 9담당관 41과로 개편, 해양경찰청은 4부 1창, 1담당관 11과로 개편되었다 그리고 서울지방경찰청은 1차장 7부 2담당관 17개과 7지할대로 개편되었으며 직할시 및 도 지방경찰청에는 차장제가 신설되었다. 이후 여러번 기구개편 및 정원 조정을 통하여 시대적 변화와 경제발전에 따른 요소들을 반영하면서 발전하여 지금의 경찰청 및 지방경찰청과 부속기관의 모습들을 갖추게 된 것이다.[26]

〈표 1-6〉 경찰청 기구표(1991, 개청)

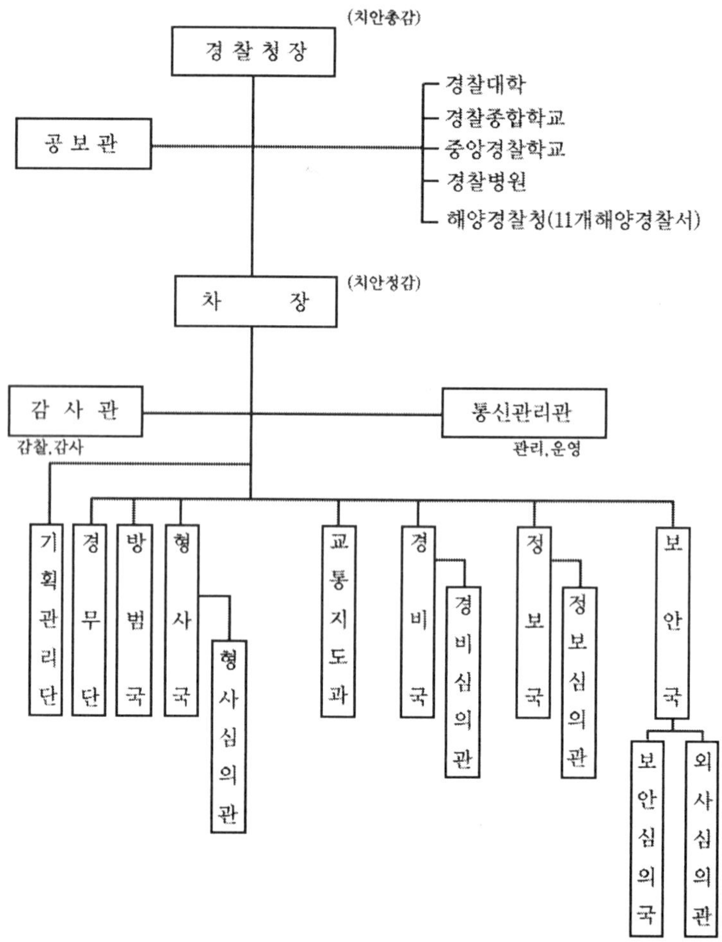

26) 상게서, p. 1679, 1742

〈표 1-7〉 경찰청 기구표(2012 현재)

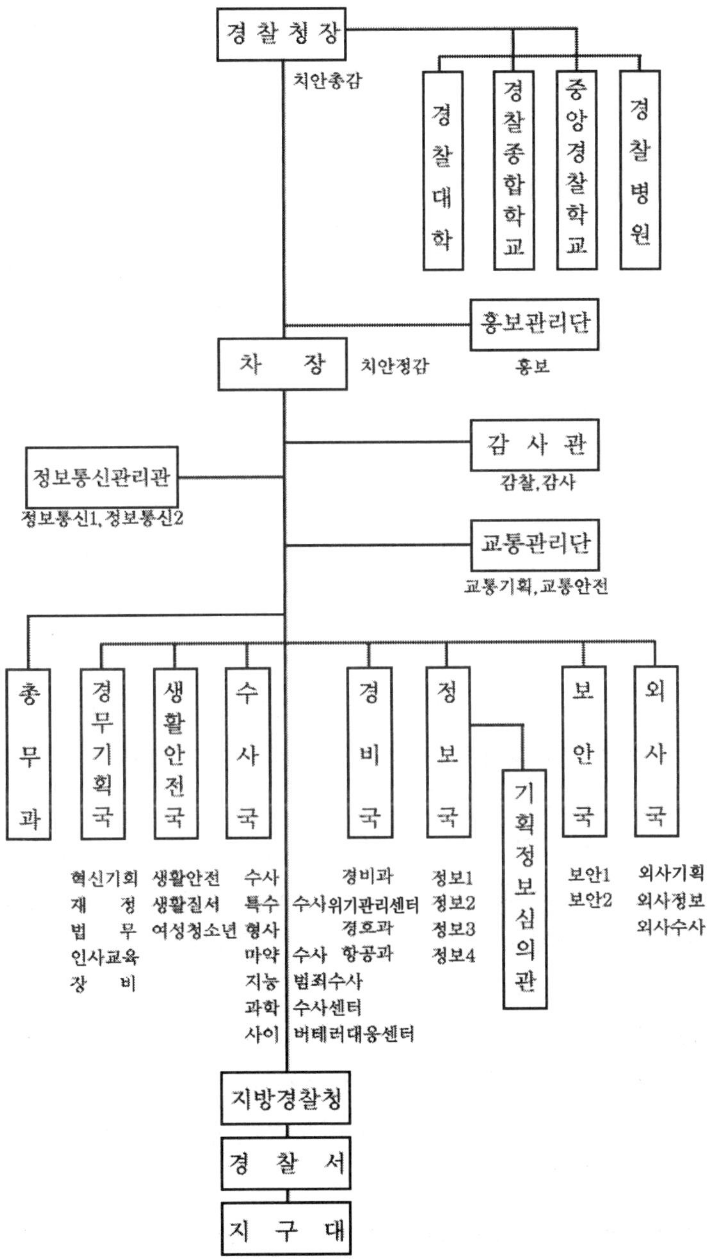

2. 한국경찰의 직무범위

경찰행정은 국민의 권리를 침해하는 침해행정의 전형이므로 경찰의 조치는 법률유보의 원칙에 따라 법적 근거를 필요로 한다. 우리나라의 경우에도 개괄적 수권조항의 인정여부와 관련하여 행정청의 활동에는 조직규범 외에 구체적인 작용을 위한 수권을 요한다는 법률유보의 원칙에 근거하고 있다. 따라서 경찰권을 발동하기 위하여서는 특별한 수권규범이 필요하다는 견해와 경찰이 대외적 활동을 하기 위해서는 조직법 또는 직무규범 외에 별도의 수권규범을 필요로 함이 원칙이지만 직무규범에만 근거하여 활동할 수 있는 경우를 완전히 배제할 수는 없다는 견해가 있다. 그러나 행정법의 일반원리로서 법률유보의 원칙과 같은 법치행정의 원리에 따라 직무규범 이외에 수권규범에 근거할 것을 요구한다는 점을 고려할 때 전자의 견해가 법치국가의 원리에 요청에 보다 충실한 것이다.[27]

가. 범죄의 예방과 진압 및 수사

범죄란 법률에 의해 형벌이 과해지는 행위이다. 즉, 형벌 법규에 규정되어 있는 구성요건에 해당하고 위법, 유책한 행위를 말한다. 범죄는 자연범(형사범)과 법정범(행정범)으로 구별된다. 범죄예방에 있어서 범죄는 형법 제41조의 9가지 형벌[28] 외에 보안처분이 과해지는 행위도 포함된다. 그러나 단순히 행정질서벌이 과해지는 행위는 포함되지 않는다.

범죄의 예방이란 범죄의 사전 및 사후적 억지 노력을 총칭하는 개념[29]으로써 대단히 포괄적이며 그 구체적인 내용은 시대와 사회에 따라 다양하게 발전하고 있다. 예컨대 범죄예방에는 경찰의 방범순찰 활동이나 시민단체의 준법 캠페인 등과 같은 사전 억제 노력에서부터 유죄판결 받은 자에 대한 각종 처우를 통한 사후적 재사회화 교육이 있다. 그리고 이런 형사사법절차의 일련의 모든 진행을 일반인에게 직접 또는 간접적으로 경험케 하는 것도 포함된다. 또한 범죄예방의 관심은 눈앞의 범죄를 염두에 둔 미시적 접근만이 아니라 범죄 원인을 최소화시키려는 거시적 접근도 들어가야 한다.

---

27) 서정범, "경찰법에 있어서의 공공의 질서의 개념", – 성도덕에 관한 실증적 사례분석을 토대로 하여, 「경찰학 연구」 제8호, 경찰대학, 2005, p. 10.

28) 형벌에는 사형, 징역, 금고, 자격상실, 자격정지, 벌금, 구류, 과료, 몰수가 있다.

29) 이건종, "각국의 범죄예방정책에 관한 연구", 한국형사정책연구원, 1994, p. 17이하.

반면에 범죄의 진압이란 구체화된 행위로써 주로 집단적 범죄가 일어나려고 하는 것을 미연에 방지하거나 집단적 범죄가 이미 발생한 범죄에 대해서는 진압 활동을 할 수 없고 구체적으로 법익이 침해되고 있는 현행범인의 체포[30]나 불법집회 및 시위의 진압과 해산 등에서만 할 수 있다.

그리고 범죄의 수사란 사건에 관한 공소제기 여부의 결정 또는 공소 제기 및 이를 유지, 보전하는 수사기관의 일련의 활동이다. 범죄수사는 사법경찰 작용으로 수사경찰의 주된 임무이며 범죄의 진압도 사법경찰작용과 밀접한 관련이 있다. 그러나 경찰법은 조직법이기 때문에 수사의 권한은 형사소송법에 의해 경찰의 수사권에 대해서는 검사의 지휘를 받도록 하고 있다. 다만 수사는 법정주의 원칙을 천명하고 있기 때문에 편의주의에 따른 재량이 없으며 범죄행위가 있으면 친고죄 등 특별한 경우를 제외하고는 수사를 해야 할 의무가 발생한다.[31]

나. 경비와 요인경호 및 대간첩작전 수행

경비는 인명과 재산을 인위적, 자연적 위해로부터 보호하기 위하여 특정한 지역, 국가시설 및 중요시설을 경계, 순찰, 방비하는 것을 말한다. 경찰의 주 임무라고 할 수 있다.

요인경호는 국가 및 사회적으로 중요한 직책에 있거나 기밀 등을 알고 있어 보호를 요하는 자에 대한 경계와 보호를 말한다. 이는 1981년 경찰관직무집행법의 개정시 도입된 경찰관의 직무이다. 경호란 피경호자의 신변에 대해 직접 또는 간접적으로 가해지는 위해를 미연에 방지하고 그의 안전을 도모하는 모든 제반활동으로 즉시강제의 성격을 갖는 것이 아니라 단순한 사실작용에 해당한다.[32]

대간첩작전 수행이란 적국을 위하여 국가기밀을 탐지 및 수집하는 간첩활동의 방지 및 억제와 간첩활동을 하는 자의 체포 및 항거의 억제 등의 일련의 활동을 의미한다. 그러나 대간첩수행 등의 직무의 주된 기관은 군이며 경찰은 군의 보조적 성격의 역할을 한다고 할 수 있다.

---

30) 형사소송법 제212조.
31) 윤성억, "경찰관집무집행법상 경찰활동의 문제점과 개선방안에 관한 연구", 호남대학교 대학원, 박사학위논문, 2008, p. 50.
32) 장영민, 박기석, 「경찰관직무집행법에 관한 연구」, 한국형사정책연구원, 1995, p. 56.

다. 치안정보의 수집과 작성 및 배포

치안정보의 수집·작성 및 배포는 치안에 관한 정보활동을 말한다. 공공의 질서유지를 위한 정보의 수집, 작성, 배포는 경찰활동의 준비단계에서 필수적인 직무로써 범죄예방과 중복되는 부분이 많은 활동이라고 할 수 있다. 그 범위에 관하여 정치, 경제, 사회 문화 전반에 관한 사항이라는 견해가 있지만 치안정보라고 명시한 만큼 포괄적으로 파악하기보다는 공공의 안녕과 질서유지에 한정된다고 해야 할 것이다.[33]

라. 교통단속과 위해의 방지

교통단속은 날로 증가하는 교통량에 비추어 경찰의 중요업무 중 하나가 되었다. 교통의 단속이라 하여 처벌이나 범칙금부과를 위한 통제행위만을 의미하는 것이 아니라 원활한 교통소통을 위한 모든 행위를 포함하는 것으로 주요 법률로는 도로교통법과 교통사고특례법 등이 있다.

그리고 위해의 방지란 사회공공의 평온한 상태에 대한 위험과 장해를 예방하고 저지하는 것을 말한다. 위험이란 현재의 상황을 그대로 방치할 경우 공공의 안녕과 질서에 대한 손해발생의 충분한 개연성이 있는 상황을 말하고 장해란 이미 손해가 발생한 경우를 말한다. 결국 교통상 발생할 수 있는 인명이나 재산상의 위험과 장해를 방지하는 것이 중요한 경찰의 직무임을 명시하고 있다고 보아야 한다.[34]

마. 기타 공공의 안녕과 질서유지

이상에서 열거한 내용들은 예시적 항목으로써 모두 공공의 안녕과 질서유지에 포함되는 것이라고 보아야 한다. 그러나 경찰작용은 그 목적이나 영역에 있어 일의적으로 규정할 수 없는 다양한 내용을 내포하고 있으므로 이를 포괄할 수 있는 규정을 요하게 된다. 이러한 규정을 이른바 개괄적 수권조항이라고 한다. 따라서 개괄적 수권조항에 의한 경찰관의 직무범위에 대하여도 고려해 볼 수 있다.

---

33) 상게서, p. 57.
34) 윤성억, 전게논문, p. 52.

제3절 경찰활동의 법적 근거

현행 우리나라의 경찰관련 법제는 약 60여개의 법령이 산재되어 있으며 이를 기본적으로 크게 경찰조직에 관한 법령과 경찰작용에 관한 법령으로 구분하여 생각해 볼 수 있다.

먼저 경찰조직에 관한 법률은 경찰업무를 집행하는 행정기관의 구성 및 관할, 경찰관청 상호간의 관계, 경찰행정의 감독 등을 규율하는 법규[35]로서 대표적으로 정부조직법, 경찰법, 경찰공무원법, 경찰대학설치법 등에 포함되어 있다. 그 중에서 경찰의 인사에 관하여는 경찰법 제23조 제2항에서 일반적으로 규율하고 있으나 구체적으로 경찰의 임용과 교육훈련, 복무, 신분보장 등에 관하여는 국가공무원법의 특례를 규정하고 있는 경찰공무원법에서 규정하고 있다.

그리고 경찰작용에 관한 법률은 경찰행정의 내용을 규율[36]하는 법으로서 경찰행정상의 법률관계의 성립, 소멸에 관한 모든 법규를 말한다. 이에는 경찰관직무집행법, 집회 및 시위에 관한법률, 경범죄처벌법, 총포 · 도검 · 화약류 등 단속법 등이 있다. 그러나 경찰관직무집행법의 지위에 대해서는 경찰작용의 기본법으로 볼 것인지 아니면 경찰상 즉시강제의 일반법으로 볼 것인지에 관하여 찬반양론이 대립하고 있다. 다수설은 경찰관직무집행법을 모든 경찰작용의 기

---

35) 우리나라 경찰의 조직은 정부조직법 제29조 제4항에 경찰청의 설치근거를 두고 있으며 동법 제29조 제5항은 경찰조직 및 그 직무범위 등을 다른 법률에 위임하고 있다. 이에 경찰법에서는 경찰의 조직과 인사 및 직무에 관한 대강의 사항을 규정하고 있으나 경찰법에서는 경찰작용에 관한 구체적인 규정은 거의 두고 있지 않다. 예컨대 경찰법 제1조는 경찰조직 전반의 목적에 관한 규정으로 "국가경찰은 국민의 생명, 신체 및 재산의 보호와 범죄의 예방, 진압 및 수사, 치안정보의 수집, 교통의 단속 및 기타 공공의 안녕과 질서유지를 그 임무로 한다."고 규정함으로써 단순히 추상적으로 경찰임무를 규정하고 있을 뿐이며 경찰관직무집행법 제2조의 직무의 범위와 동일하다.
제4조에서는 "국가경찰은 그 직무를 수행함에 있어서 헌법과 법률에 따라 국민의 자유와 권리를 존중하고(생략) 부여된 권한을 남용하여서는 아니된다."라고 경찰권발동의 한계에 관한 광범위한 권한남용금지를 규정하였다. 그러나 경찰관직무집행법 제1조 제2항의 "이 법에 규정된 경찰관의 직권은 그 직무수행에 필요한 최소한도 내에서 행사되어야 하며 이를 남용하여서는 아니된다."고 규정한 권한남용금지의 규정보다도 경찰권한 행사의 한계에 관한 구체적 근거가 미약하다고 볼 수 있어 경찰법은 경찰작용에 관한 법보다는 경찰조직에 관한 기본법으로 파악된다.

36) 경찰활동은 공공의 안녕과 질서를 유지하기 위한 권력 작용으로서 국가의 일반통치권에 기초하여 국민에게 명령, 강제하고 자연적 자유를 제한하는 작용을 실질적 의미에 있어서 경찰이라 하며 이에 따라 발동되는 권력 작용을 경찰권이라 한다.

본법이 아닌 경찰작용 중의 하나인 경찰상의 즉시강제에 관한 일반법으로만 파악하고 있다.[37]

1. 경찰조직법

경찰조직법이란 경찰조직에 그 존립의 근거를 부여하고 경찰이 설치할 기관의 명칭, 권한, 경찰관청 상호간의 관계, 경찰관청의 임면, 신분, 직무 등에 대하여 규정하는 법을 말한다.[38] 이처럼 경찰청의 조직, 직무범위 기타 필요한 사항은 따로 법률로 정하도록 되어 있는데 그 법률이 '경찰법'이다.

가. 경찰행정기관의 개념

경찰은 사회의 공공안녕과 질서유지를 그 임무로 하여 소극적인 목적에만 한정하여 권력적 작용을 행사하도록 한정하고 있다. 이러한 경찰작용을 담당하는 경찰기관으로 경찰행정기관이 있다. 경찰행정기관은 경찰행정목적 달성을 위하여 경찰사무를 집행하는 기관으로 중앙정부에 있는 국가경찰제도에 의한 경찰관청과 지방자치단체에 소속되어 자치경찰의 경찰관청이 있다. 이들 경찰행정기관은 직접적으로 경찰사무를 집행하는 기관이며 이외에 경찰행정사무에 대한 심의·의결기관인 경찰위원회와 자치경찰과 국가경찰간 업무협약을 비롯해 자치경찰활동에 관한 사항을 심의·의결하는 자치경찰 치안행정위원회[39]로 구분하여 볼 수 있다.

경찰행정기관은 경찰사무를 처리하는 기관으로 스스로 경찰사무에 대하여 의사를 결정하고 이를 외부에 표시하는 경찰(관)청과 그 소속 하에 경찰보조기관, 보좌기관, 자문기관 등으로 나누어진다. 경찰행정기관이라고 하면 행정주체의 기관이고 행정기관 중 경찰사무를 수행하는 기관인 것이다. 즉, 보통 경찰사무

---

37) 박윤흔, 「최신행정법강의(하)」, (서울: 박영사, 2004), p. 352. : 이상규, 「신행정법론(하)」, (서울: 법문사, 1997), p. 345.

38) 정부조직법 제29조 제4항에서 '치안에 관한 사무를 관장하기 위하여 행정안전부장관 소속하에 경찰청을 둔다'고 규정하고 있다.

39) 제주특별자치도설치특별법에 규정된 당연직 2명, 도지사, 도의회 의장, 지방경찰청장이 각 3명씩 추천한 위원 등 총 11명으로 구성되었다.

를 직접적으로 독립하여 처리하는 기관으로 경찰(관)청을 일컫는다.

이 같은 경찰기관의 법적 성격은 법인격성이 인정되고 있지 않으며 그 이유는 경찰기관은 권한을 갖는 것이지 주관적인 권리를 가지는 것은 아니기 때문이다. 경찰기관은 경찰조직규범에 의해 행정주체의 임무를 담당하는 현실적인 주체로서 경찰기관이 행하는 행위는 자신을 위한 것이 아니라 바로 행정주체인 국가를 위한 것이기 때문에 경찰기관은 권리능력을 갖는 것이 아니다. 그러나 한편 실정법은 행정기관을 법률관계의 일방당사자로 규정하는 경우가 있는데 이러한 경우에는 예외적으로 경찰행정청이 법인격을 갖는다고 말할 수도 있다. 그러나 엄밀히 말한다면 이 경우에도 경찰행정청은 법인격을 갖는다고 보지는 않는다.[40)]

나. 경찰행정기관의 종류

1) 경찰행정관청

가) 개념

경찰관청이란 경찰행정에 관하여 대외적 구속력 있는 국가의사를 결정, 표시할 수 있는 권한을 가진 경찰기관을 말한다. 책임자의 수에 따라 독임제와 합의제로 구분되며 경찰관청은 독임제를 원칙으로 하나 합의제로 조직되는 경우도 있다. 독임제의 경찰관청으로는 경찰청장, 지방청장, 경찰서장이 있으며 경찰청장은 행정안전부장관 소속이기 때문에 넓은 의미에서는 행정안전부장관도 경찰관청의 하나라고 볼 수 있다. 그러나 순찰지구대장이나 파출소장은 경찰서장의 보조기관으로서 경찰행정관청이 아니다. 즉, 경찰청장은 상급경찰관청으로서 중앙·보통경찰관청이며 지방경찰청장은 중급경찰관청으로서 지방·상급보통경찰관으로 시·도지사 소속이다. 경찰서장은 하급경찰관청장으로서 지방·하급보통경찰관이며 지방경찰청장의 소속이다.

40) 경찰행정청의 소송행위 내지 심판행위의 법적 효과의 귀속주체는 당해 경찰행정청이 아니라 국가나 지방자치단체이기 때문에 법인격의 소유자가 아니라 이에 유사한 취급을 받고 있다는 것이 오히려 타당하다. 따라서 경찰행정기관은 권한을 가진 실체집단이지 권리를 가지고 있는 법인성격을 가지고 있지는 않다.

나) 법적 근거

경찰관청은 국가경찰사무를 수행하는 경찰기관으로서 법적인 근거에 의하여야 한다. 경찰행위는 권력적 행위를 주된 수단으로 함으로써 조직법정주의에 의하여 법적 명확성이 확보되어야 한다. 경찰관청의 조직법정주의에 의하여 법률에 근거가 있어야 법치주의에 의한 법률유보의 원칙을 구현할 수 있으며 경찰작용을 수행할 수 있다. 경찰관청의 법적 근거는 정부조직법 및 경찰법과 경찰공무원법이다.

(1) 정부조직법

정부조직법은 경찰관청의 기본적인 법적 근거로서 동법 제22조는 행정각부에 대하여 정하고 있다. 제1항은 '대통령의 통할하에 다음의 행정각부를 둔다.'고 정하여 동항 제7호에 행정안전부를 정하고 있다. 동법 제29조는 행정안전부에 대한 업무 등을 정하고 있다. 그리고 제4항은 '치안에 관한 사무를 관장하기 위하여 행정안전부장관소속으로 경찰청을 둔다.'고 정하고 있다. 또한 제5항은 '경찰청의 조직 · 직무범위 그 밖에 필요한 사항은 따로 법률로 정한다.'고 정하여 위임 입법화하고 있다.

(2) 경찰법

경찰관청의 법적 근거로는 정부조직법 외에 직접적인 법률로 경찰법이 있다. 1991년 경찰청이 외청으로 독립되면서 경찰법을 제정하여 법적 근거를 확보하고 있다. 동법 제11조는 경찰청장에 대하여 규정하고 있으며 동법 동조 제1항은 '경찰청에 경찰청장을 두되 경찰청장은 치안총감으로 보한다.'고 정하고 있다. 동법 제14조는 지방경찰청장에 대하여 규정하고 있으며 제1항에서 '지방경찰청에 지방경찰청장을 두되 지방경찰청은 치안정감, 치안감 또는 경무관으로 보한다.'고 정하고 있다. 또한 동법 제17조 제1항에 경찰서장에 대하여 총경 또는 경정으로 보한다. 고 정하고 있다. 이러한 근거규정은 경찰관청의 설치에 대한 직접적이고 구체적인 규정으로 이에 의하여 경찰관청을 설치할 수 있다.

(3) 경찰공무원법

경찰공무원법[41]이라 함은 경찰공무원의 임용 · 인사 보수 교육훈련 · 복무 · 신

41) 동법은 1969년 법률 제2077호로 제정하였고 2010년 3월 22일 법률 제10145호로 일부 개정하였으며 총 31조와 부칙으로 구성되어 있다.

분보장 · 징계 · 사기관리 및 상훈과 직제, 기타 경찰관에 관한 기본사항을 규정한 법을 의미한다. 경찰공무원은 일반 공무원과는 다른 특수성이 있는 점을 감안하여 일반 공무원법과 달리 특별법으로 규율하기 위하여 제정한 것이다.

다) 종류

(1) 경찰청장

치안에 관한 사무를 관장하게 하기 위하여 행정안전부장관 소속하에 설치되는 경찰청의 장인 경찰청장은 중앙경찰행정관청이다. 이러한 경찰청장은 국가경찰사무를 총괄하는 중앙경찰행정관청으로서의 성격을 가진다. 현행 우리 법령에서 경찰사무는 국가사무화하고 있으며 경찰관청을 중앙에 설치하여 획일적으로 업무를 집행하고 있는 특성을 가지고 있다. 따라서 경찰청장은 중앙경찰관청의 최상급관청으로 볼 수 있다.

(2) 지방경찰청장

경찰법 제2조 제2항에서는 지방경찰청장에 대한 설치규정을 두고 있다. '경찰청의 사무를 지역적으로 분담 · 수행하게 하기 위하여 서울특별시장 · 광역시장 및 도지사 소속하에 지방경찰청장을 둔다.'고 정하고 있다. 지방경찰청장은 국가경찰사무에 대하여 경찰청장 아래에서 경찰행정사무에 대하여 상급경찰행정관청으로서의 지위를 가지고 있다. 경찰사무는 국가사무로서 법령에서 정하고 있으며 이러한 국가경찰사무에 대하여 경찰청장의 지휘 · 감독을 받으며 지역내의 경찰행정사무에 대한 책임자로서의 지위를 가지고 있다.

(3) 경찰서장

경찰사무를 지역적으로 분담하여 수행하기 위하여 지방경찰청장소속하에 경찰서를 둔다. 경찰법 제17조는 경찰서장에 대하여 정하고 있다. 제1항은 '경찰서에 경찰서장을 두되 경찰서장은 총경 또는 경정으로 보 한다.'고 정하고 있다. 따라서 경찰서장의 법적 지위는 경찰법에서 법적 근거를 부여하여 업무수행권을 가지도록 정하고 있으며 국가경찰사무를 수행하는 가장 아래에 위치한 하급 또는 최하급경찰행정관청으로서의 지위를 가지고 있다.

2) 의결기관

국가경찰사무에 대하여 심의·의결하는 기관으로 경찰위원회를 두고 있다. 경찰법 제5조는 경찰위원회의 설치에 대하여 정하고 있다. 제1항에 '경찰행정에 관하여 제9조 제1항 각호에 정한 사항을 심의·의결하기 위하여 행정자치부에 경찰위원회를 둔다.' 라고 정하여 설치근거가 되고 있다. 이러한 경찰위원회는 조직법상 의미에서의 행정관청이 아니라 단순한 심의·의결기관에 해당한다. 경찰위원회는 독립적으로 의사를 결정하고 이를 대외적으로 표시하는 기관은 아니기 때문이다.

3) 자문기관

가) 치안행정협의회

지방경찰사무에 대한 업무를 협의하기 위하여 치안행정협의회를 두도록 하고 있다. 경찰법 제16조는 치안행정협의회에 대하여 정하고 있다. 즉, 제1항은 '지방행정과 치안행정의 업무조정 그 밖의 필요한 사항을 협의·조정하기 위하여 시·도지사(제주특별자치도지사를 제외한다) 소속하에 치안행정협의회를 둔다.' 라고 정하고 있다. 동조 제2항은 '치안행정협의회의 조직·운영 기타 필요한 사항은 대통령령으로 정한다.'라고 정하고 있다. 이러한 치안행정협의회는 치안행정사무에 대하여 단순한 경찰사무에 대한 자문기관의 성질을 갖고 있다.

나) 경찰공무원인사위원회

경찰청장의 자문기관의 하나로 경찰공무원인사위원회를 두고 있다. 경찰공무원법 제4조는 경찰공무원인사위원회의 설치에 대하여 정하고 있다, 즉, 제1항은 '경찰공무원의 인사에 관한 중요사항에 관하여 경찰청장 또는 해양경찰청장의 자문에 응하기 위하여 경찰청 및 해양경찰청에 경찰공무원인사위원회를 둔다.' 라고 정하고 있다. 동법에 의하여 경찰청장이 인사에 관한 사항을 인사위원회에 부의하여 심의하고 결정은 경찰청장이 하도록 하고 있다. 따라서 경찰의 인사권은 경찰청장의 고유한 권한으로 인사위원회는 단순한 자문적 성격을 가지고 있다.

4) 제주자치도 자치경찰기관

제주자치경찰의 법적 근거는 일반적인 근거로 헌법이 있고 개별적인 직접근거로는 '지방분권촉진에 관한 특별법' 그리고 '제주특별자치도 설치 및 국제자유도시 조성을 위한 특별법'이 있다. 헌법에서는 지방자치를 민주주의 확립을 위하여 제도적으로 보장하고 있는데 헌법 제117조 제1항에는 '지방자치단체는 주민의 복리에 관한 사무를 처리하고 재산을 관리하며 법령의 범위 내에서 자치에 관한 규정을 제정할 수 있다.'고 규정하여 자치단체에 자치권을 보장하고 있다. 따라서 자치경찰에 대하여 직접적 효력을 가지는 근거규정을 가지고 있지는 않으나 간접적인 근거 조항으로 볼 수 있다. 2006년 2월 '제주특별자치도 설치 및 국제자유도시 조성을 위한 특별법[42]'이 국회를 통과·공포되면서 이를 근거로 동년 7월 1일 제주특별자치도에 한하여 자치경찰을 설치할 수 있었다. 이에 따라 제주특별자치도에서는 자치경찰이 실시되고 있다.

2. 경찰공무원법

가. 경찰공무원의 개념

경찰공무원이란 국가공무원법 및 경찰공무원법의 적용 대상이 되는 국가의 특정직 공무원으로서 경찰의 직무에 종사하는 자를 말한다. 보통 순경에서 치안총감에 이르는 계급을 가진 공무원이 해당한다. 여기서 공무원이란 직접 또는 간접적으로 국민에 의하여 선출되거나 임용되어 국가 또는 공공단체와 공법상의 근무관계를 맺고 공공적 업무를 담당하고 있는 자를 의미한다.[43] 그리고 공무원은 경비 부담 주체에 따라 국가공무원과 지방공무원으로 분류할 수 있으나 현행 국가경찰제하에서 경찰공무원은 모두 국가공무원에 해당한다. 다만, 제주특별자치도 설치 및 국제자유도시 조성을 위한 특별법에 의한 자치경찰은 경찰관직무집행법의 적용을 받지 않는 지방공무원이다. 그리고 작전전투경찰순경이나 의무전투경찰순경도 경찰공무원에 해당하지 않으나 형법상 공무집행방해죄의

42) 동법 제11장 제105조 내지 제118조에서 자치경찰에 대한 장을 구성하여 자치경찰의 조직과 사무, 자치경찰의 활동 목표 및 평가, 치안행정위원히, 자치경찰의 직무수행 등에 대하여 명시하였나.

43) 헌재결 1992년. 4.28, 90헌바27 내지 34, 36내지42, 44.

대상이 되는 공무원에는 해당되고 국가배상법상의 공무원에는 포함된다.[44] 전투경찰순경은 경찰청 산하의 전투경찰대에 소속되어 대간첩작전의 수행 및 치안업무의 보조를 그 임무로 하고 있다. 따라서 그 직무수행상의 위험성이 다른 경찰공무원의 경우보다 낮다고 할 수 없을 뿐만 아니라 전투경찰대설치법 제4조가 경찰공무원법의 다수 조항을 준용하고 있다. 이런 점 등에 비추어 보면 국가배상법 제2조 제1항 단서 중의 경찰공무원은 경찰공무원법상의 경찰공무원만을 의미한다고 단정하기 어렵다. 뿐만 아니라 널리 경찰업무에 내재된 고도의 위험성을 고려하여 경찰조직의 구성원을 이루는 공무원을 특별취급하려는 취지로 파악함이 상당하다. 그러므로 전투경찰순경은 헌법 제29조 제2항 및 국가배상법 제2조 제1항 단서 중의 경찰공무원에 해당한다.[45]

그러나 청원경찰법시행령 제18조는 청원경찰의 신분이 공무원이 아니라는 것과 다만 벌칙의 적용에 있어서만 공무원신분이 의제 된다고 규정하고 있다. 그리고 명시적 규정이 있는 경우에 한하여 공무원에 관한 규정이 준용될 수 있을 뿐이라는 것은 청원경찰법의 규정에 의하여 이미 확정적으로 정하여져 있기 때문에 청원경찰은 경찰공무원에 해당되지 않는다.[46]

나. 경찰관의 개념

경찰관의 '관'이라 하는 호칭은 사전적 의미로는 국가공무원 내지 공무원을 의미한다. 일본에서는 특정직권을 지닌 자의 포괄적 호칭이라고 하면서 현행 경찰법은 국가공무원이건 지방공무원이건 모두 경찰관으로 통일하고 있다.[47] 우리나라도 지방경찰제의 시행을 앞두고 있는 시점이므로 지방공무원을 포함한 모든 공무원이라고 해석하여야 할 것이다. 그러나 경찰관직무집행법상 권한을 실제로 발동할 경찰관이란 엄격한 해석을 요하므로 형식적 개념의 경찰업무를 수행하는 공무원을 말하며 이러한 자는 경찰공무원법상 경찰공무원 및 전투경찰대설치법상의 전투경찰순경이다.

---

44) 강용길, 김석범, 백창현, 이종화, 「경찰학 개론」, (서울: 경찰공제회, 2010), p. 147.
45) 헌재결(전) 1996. 6. 13, 94헌마118, 95헌바39(병합).
46) 김형훈, 경찰관직무집행법 개정 방향, 경찰학연구, 창간호, 경찰대학, 2001, pp. 70-71.
47) 치안연구소 제도개선기획단, 「일본경찰연구자료(Ⅲ-3)」, 1998-96-97면.

다. 경찰공무원의 분류

1) 경력직 및 특정직 공무원

경력직 공무원이란 실적과 자격에 의하여 임용되고 그 신분이 보장되며 평생토록 공무원으로 근무할 것이 예상되는 공무원으로서 실적주의와 신분보장이 적용된다. 여기에는 일반직, 특정직, 기능직 공무원이 포함된다. 일반직 공무원이란 기술, 연구 또는 행정일반에 대한 업무를 담당하며 직군, 직렬별로 분류되는 공무원을 말하며 행정일반직, 연구 지도직, 기술직 등이 있다. 특정직 공무원이라 함은 법관, 검사, 외무공무원, 경찰공무원, 소방공무원, 교육공무원, 군인과 군무원, 헌법재판소 헌법연구관, 국가정보원 직원과 특수 분야의 업무를 담당하는 공무원을 말한다. 그리고 기능직이란 기능적인 업무를 담당하며 그 기능별로 분류되는 공무원을 말한다.

2) 계급제와 직위분류제

계급제란 경찰공무원이 가지는 개인적 특성인 학력, 경력, 자격을 기준으로 하여 유사한 개인적 특성을 가진 경찰공무원을 여러 범주와 집단으로 분류하고 계층으로 구분하는 제도를 말하며 직책의 난이도와 보수에 차이가 크다. 현재 한국의 경찰의 계급은 순경부터 치안총감까지 11개의 계급으로 구성되어 있다. 반면에 직위분류제란 공무원이 담당하는 직무의 성격을 기준으로 한 공직의 분류방식을 말한다. 즉, 각 직위에 부여된 직무의 종류와 난이도 및 책임도를 기준으로 공직을 종적·횡적으로 분류하는 방식이다. 계급제와 대비시켜 볼 때 계급제가 사람의 능력을 기준으로 분류한 것이라면 직위분류제는 직무의 특성에 착안한 분류이다.

라. 경찰공무원의 근무관계

1) 경찰공무원 근무관계의 성질

경찰공무원 근무관계의 성질을 종래에는 특별권력관계로 이해하여 공무원에 대한 국가의 포괄적 지배권을 인정하여 공무원에 대한 법치주의와 인권보장의 적용 제한을 인정하였다. 현재는 특별권력관계가 아닌 특별행정법관계로 이해하여 공무원은 국민 전체에 대한 봉사자와 근로자이면서 한 사람의 인격체로서 인권보장의 대상이 된다. 다만 경찰공무원의 근무관계는 일반시민관계와 동일시 할 수 없기 때문에 근로 3권의 제한이나 이중배상의 금지 등 공익성이 강하다.[48)]

2) 경찰공무원 근무관계의 변동

가) 근무관계의 성립

근무관계의 성립이란 특정인에게 경찰공무원의 신분을 부여하여 근무관계를 설정하는 행위로써 경찰공무원법상 임용, 채용이라는 용어를 사용한다. 그리고 법적 성질은 동의를 요하는 쌍방적 행정행위설이 다수설이다. 그러나 판례에 의하면 전문직에 종사하는 계약직 공무원의 경우에는 공법상 계약으로 본다.

나) 경찰공무원 근무관계의 변경

근무관계 변경이란 경찰공무원으로서의 신분을 유지하면서 경찰공무원 관계의 내용 전부 또는 일부를 변경하는 행위를 말한다. 즉, 특정 계급에서 상위계급으로 임용하는 승진, 동일한 계급에서 보직을 변경하는 전보, 경찰공무원으로서 신분을 유지하나 직무를 담당하지 않는 휴직, 일정기간 그 직무에 종사하지 못하는 징계의 일종인 정직, 파견, 복직, 직위해제 등 여러 유형이 있다.

다) 경찰공무원 근무관계의 소멸

이는 공무원 신분을 상실하여 공무원관계가 소멸하는 경우이다. 경찰공무원법상 당연 퇴직, 직권면직, 정년 및 의원면직, 파면, 해임 등의 징계처분 등이 있다. 이러한 징계처분에 의한 경우에는 행정소송으로 다툴 수 있다.

3. 경찰작용법

가. 경찰권의 기초

경찰행정은 일반통치권에 기초를 둔 작용이다. 경찰권은 경찰행정의 분야에

48) 강용길, 김석범, 백창현, 이종화, 전게서, p. 150.

서 일반통치권이 사회공공의 안녕질서를 유지하기 위하여 직접 국민에게 명령·강제하는 권력으로 발동되는 경우에 그 권력을 말한다. 따라서 법률에 특별한 규정이 있는 경우를 제외하고는 일반통치권에 복종하는 자인 자연인, 법인, 내국인, 외국인 등은 모두 경찰권에 복종하여야 한다. 다만 외교특권이 인정되거나 조약상 특례가 인정되는 외국인의 경우에는 경찰권의 대상이 되지 아니한다. 경찰권은 일반통치권에 기초하고 있는 점에서 특별권력에 기초하고 있는 의원경찰, 법정경찰 등과 구별된다.

나. 경찰권 발동의 이론적 근거

경찰은 사회공공의 안녕과 질서에 대한 위험방지를 위하여 국민에게 명령, 강제 등 권력적 작용을 그 주된 수단으로 하여도 법적 근거 없이 그 권한을 행사할 수 없다고 하는 것이 일반적으로 승인되고 있는 법치국가의 기본원칙 중 하나이다. 따라서 경찰권 행사시에는 반드시 법률에 근거가 있어야 함이 원칙이며 법치주의 또는 법률에 의한 행정의 원리에 따른 당연한 귀결이다.

경찰권 행사의 법적 근거의 방식에는 법 기술상 개별적 수권조항에 근거한 수권방식과 개괄적 수권조항에 근거한 수권방식이 있을 수 있다. 개별적 수권조항에 의한 경찰권 행사의 수권방법의 하나는 일반 경찰법상 개별적 수권조항에 근거한 경찰권 행사이고 다른 하나는 특별경찰법상 개별적 수권조항에 의한 경우로써 내용적으로 두 가지 유형으로 구별할 수 있다.[49]

현행 법제상 개별적 수권조항에 근거한 수권방식이 인정되고 있음은 의문이 없다. 반면에 경찰권 행사의 근거와 관련하여 경찰법에서 개별적 수권조항 외에 개괄적 수권조항의 존재여부 및 개괄적 수권조항에 근거하여 경찰권 행사가 가능한지에는 다툼이 있다.[50]

1) 개별적 수권조항에 의한 경찰권

경찰관직무집행법은 공공의 안녕과 질서를 위하여 개인의 자유영역에 대하여 침해를 가져오는 특별구성요건을 가지고 있다. 이러한 일반 경찰법상의 개별수권조항에 근거한 경찰권을 표준조치라 한다.[51] 표준조치를 표준처분, 표준적 직

49) 김춘환, 「행정법 II」, (광주: 조선대하교출판부, 2006), p. 315.
50) 구형근, "한국 경찰법상 일반적 수권조항", 「법학연구」 제23집, 한국법학회, 2006, p. 45.

무행위, 표준적 경찰조직, 표준적 경찰작용, 경찰조치 등으로 부르기도 한다.

표준조치는 경찰법상 전형적 경찰권행사를 유형화한 것이라 할 수 있으며 우리나라 경찰관직무집행법상 제3조 내지 제10조의4에서 규정하고 있는 불심검문, 보호조치, 위험발생의 방지, 범죄의 예방과 제지, 위험방지를 위한 출입, 무기의 사용 등이 해당된다. 이러한 개별적 권한행사는 언제나 그 직무수행에 필요한 최소한도 내에서 행해져야 하며 결코 남용되어서는 아니된다.[52]

그리고 표준조치는 행정행위로서의 성질을 가지나 그 조치는 사실상의 집행과 구분되어야 한다. 조치의 사실상의 집행은 사실행위일 뿐이다. 예컨대 수색조치는 관계자에게 수색 행위시에 수인의 의무가 주어지는 행정행위이고 수색의 집행은 사실행위이다. 그러나 경우에 따라서는 표준조치도 강제집행이 필요하게 된다. 통상 이들 표준조치에서 강제집행이 문제되지 않는 것은 대개의 경우 표준 조치가 비대체적 작위의무와 관련되고 대집행이 적합하지 않기 때문이다. 또한 표준조치에는 영장이 요구되지 아니하며 영장주의의 예외라는 의미가 있다.[53]

한편 경찰법상 공공의 안전 및 사회질서의 유지라는 목적을 달성하기 위한 경찰권 행사는 경찰관직무집행법 이외에도 많은 특별법령에 근거하여 행하여 진다.[54]

2) 개괄적 수권조항에 의한 경찰권

경찰법상 개괄적 수권조항이란 경찰권 행사의 근거가 되는 개별적인 법률규정이 없는 경우 경찰권 행사의 일반적, 보충적 근거가 될 수 있도록 일반적 위험방지 및 장해제거를 위해 포괄적 내용을 규정하는 조항을 말한다.[55]

우리 헌법은 제37조 제2항에서 '국민의 모든 자유와 권리는 국가안전보장 · 질서유지 또는 공공복리를 위하여 필요한 경우에 한하여 법률로써 제한할 수 있

---

51) Drews/Wacke/Vogel/Martens, a.a.O., S.131: Friauf, Polizei und Ordnungsrecht, in: Schmidtaβmann, Besonderes Verwaltungsrecht, 11.Aufl., 2002, S.172.

52) 경찰관직무집행법 제1조 제2항

53) 홍정선, 「행정법원론(하)」, (서울: 박영사, 2007), p. 391.

54) 예컨대 교통상의 안전 및 위험방지를 위한 법령인 도로교통법 · 교통사고처리특례법 · 선박법 · 항공법 등 영업경찰권법령인 식품위생법 · 공중위생관리법 · 학교보건법 등 보건관계법령인 의료법 · 약사법 · 전염병예방법 등 환경상의 위험방지를 위한 법령인 폐기물관리법 · 자연환경보전법 · 해양오염방지법 · 대기환경보전법 등 특별행정법의 영역에서 경찰권 행사의 근거를 개별적으로 부여하고 있다.

55) 김철용, 전게서, p. 237.

으며 제한하는 경우에도 자유와 권리의 본질적인 내용을 침해 할 수 없다'고 규정하여 법률유보의 원칙을 선언하고 있다. 법치주의 원칙상 국가권력 행사의 주체와 행사방법 및 범위 등은 예측 가능해야 하므로 포괄적, 일반적 위임입법은 부정된다. 따라서 경찰권의 행사는 개별적 근거가 되는 수권규범에 근거하여 행하여져야 한다.

그러나 입법자가 경찰상 위해의 모든 형태를 추측하여 수권규범을 개별적으로 규정한다는 것은 불가능하므로 오늘날 급변하는 사회·문화적 사정으로 인하여 입법자가 예상할 수 없는 경찰상 위해가 발생하는 경우에는 개별적 수권조항에 의해 해결하지 못하는 문제가 발생할 수 있다. 이러한 경우에 경찰권행사는 긴급성과 상황적응성 및 피해의 광범위성 등 경찰권행사의 특수성으로 인하여 임기응변식으로 대처하도록 하는 경우가 불가피하게 발생할 수 있다. 이러한 경우를 대비하고자 인정되는 것이 개괄적 수권조항이다.

이와 같은 개괄적 수권조항은 개별적 수권조항이 없는 경우에 한하여 제2차적·보충적 수권조항으로서 적용되어야 한다. 이러한 이유로는 첫째, 급변하는 사회적, 문화적 사정으로 모든 경찰권 행사의 요건 및 효과 등을 개별적 수권조항으로 규정하는 것은 입법기술상 불가능하다. 둘째, 경찰권 행사에 관련된 법원칙(조리상의 한계)이 충분히 발달되어 있다. 셋째, 개괄적 수권조항의 확대해석 및 이에 근거한 권력남용 등은 법원이 심판을 통해 억제될 수 있기 때문이다.[56]

다. 경찰권 발동의 한계

경찰권 발동의 한계란 법치행정의 원리에 의해 경찰권의 행사가 적법, 타당한 행위로서 효과를 발생할 수 있는 한계를 의미하며 법규상의 한계와 조리상의 한계로 구분할 수 있다.

1) 법규상의 한계

법규상의 한계란 법률의 유보의 원리상 국민의 권익을 침해하는 경찰권 발동은 반드시 개별 법률의 근거가 있어야 할 뿐만 아니라 그 법률이 정하는 범위

---

56) 김남진, 「경찰행정법」, (서울: 경세원, 2002), p. 132.

내에서 이루어져야 함을 의미한다. 따라서 경찰법규는 경찰권 발동의 근거이며 한계로서 기능을 한다.

2) 조리상의 한계

개인의 이익을 침해하는 경찰권 발동은 법령에서 예정되어 있다고 하여도 경찰행정관청이 법령이 정한 범위 안에서 경찰권을 아무런 제한 없이 자유롭게 발동할 수 있는 것은 아니며 경찰법의 일반원리에 따라 이루어져야 한다. 이러한 조리상의 한계를 일탈하게 되면 재량의 일탈이나 남용으로써 위법성이 인정되어 처벌이나 징계사유가 된다. 따라서 이는 전통적인 경찰권 발동의 한계이론으로 재량통제와 밀접한 관련이 있다.

가) 경찰 소극목적의 원칙

이 원칙은 경찰작용은 공공의 안녕과 질서유지를 위한 소극적인 위해방지에 한정하여야 하며 복리증진이나 재정 등을 위한 발동은 할 수 없다는 원칙이다.

나) 경찰공공의 원칙(사생활 자유의 원칙)

이는 공공의 안녕과 질서유지에 직접 관계가 없는 개인의 사생활 관계는 경찰권 발동의 대상이 아니라는 원칙이다. 그 내용을 보면 다음과 같다. 첫째, 사생활 불가침의 원칙으로 이는 공공의 안녕과 질서에 관계없는 개인의 사생활 영역인 개인의 의복이나 외형상 치장, 개인의 가정불화 등에는 개입할 수 없다는 것을 말한다. 둘째는 사주소 불가침의 원칙으로써 경찰이 사인의 주소 내에서 일어나는 행위에 대해서는 침해할 수 없다는 원칙을 말하며 다만 공공의 안녕과 질서에 심하게 관련성을 갖는 경우는 관여가 가능하다. 셋째는 민사관계 불간섭의 원칙이다. 이는 경찰이 민사상의 법률관계 내지 권리관계에 개입할 수 없다는 원칙을 말하는 것으로 여기서 민사상 법률관계란 민법에서 규율하고 있는 법률관계를 의미한다.

다) 경찰비례의 원칙(과잉금지의 원칙)

이는 경찰권의 발동은 달성하려고 하는 공공의 안녕과 질서의 유지라는 필요와 개인의 권리에 대한 침해가 비례관계를 가져야 한다는 것으로 목적과 수단 사이의 합리적 비례관계를 요구한다. 그 구체적인 내용으로는 적합성의 원칙, 필요성의 원칙, 상당성의 원칙이 있다.

라) 경찰책임의 원칙

경찰책임의 원칙은 경찰권발동의 대상에 관한 것으로 경찰권은 경찰상 위험의 발생 또는 위험의 제거에 책임 있는 자에게 발동되어야 한다는 것이다. 다만 예외적으로 경찰 긴급사태에 대해서는 비책임자에 대해서도 경찰책임이 인정되는 경우가 있으며 이 원칙을 위반하게 되면 위법행위로 무효나 취소의 사유가 된다.[57]

57) 강용길, 김석범, 백창현, 이종화, 전게서, pp. 177-180.

제2장

경찰조직 및 행정의 환경변화

제2장 경찰조직 및 행정의 환경변화

제1절 환경에 따른 조직변화에 관한 이론

조직은 환경의 변화에 따라 지속적으로 적응해 나아가는 하나의 개체로서 환경 변화에 잘 적응하는 개체가 잘 성장하고 발전할 수 있다. 이러한 환경변화에 적응하기 위해 조직은 지속적으로 변화하는 혁신능력을 보유해야 한다. 혁신능력이란 제품, 시장, 생산방법, 원료, 조직 등에서 새로운 기회를 모색하는 능력이다. 조직을 둘러싼 환경은 계속 변화하고 이에 맞추어 정책은 변화된 환경에 적응하고 생존하기 위하여 노력한다. 즉, 조직이 생존하는 데 필요한 핵심요건은 바로 혁신능력이다.

최근 조직을 둘러싼 환경의 급격한 변화로 인해 환경으로부터 조직이 받게 되는 영향은 점점 증가하고 있다. 이에 따라 조직이론 학자들 사이에서 조직을 둘러싼 환경에 대한 학문적 관심도 함께 증가하고 있는데 지금까지의 환경에 대한 관심은 주로 기술적 환경에 중점이 두어져 왔다. 이는 자원, 기술 등에 초점을 둔 환경이 중시되는 것으로서 조직이 효과적이고 효율적인 생산 관리를 통해 보상을 받는 시장에서 재화나 용역이 생산되고 교환되는 환경이 기술적 환경이다.

그러나 최근 들어서 환경요인이 기술적인 측면보다는 제도 및 정책적인 부분의 변화에 대한 관심이 늘어나기 시작하였다. 즉, 개별 조직들이 외부환경으로부터 자원과 정당성을 획득하기 위해서 반드시 순응해야 하는 규칙이나 요구조건들에 중점을 둔 제도적 환경에 눈을 돌리기 시작한 것이다. 이처럼 제도적 환경을 중시하는 대표적 이론이 바로 제도론으로서 조직과 환경의 관계에서 환경의 역할을 강조하는 결정론적 접근방식을 택하고 있는 것이 가장 큰 특징이다. 제도론은 제도적 환경에서 형성된 규범을 그 제도적 환경의 영향을 받는 조직들이 받아들여야 하며 이를 통해서 조직들은 필요한 자원을 얻고 생존해 나간다고 주장한다.

환경은 조직의 내부 및 외부환경에 대한 연구로 구분할 수 있는데 경영정보시스템(MIS: Management Information System)의 대부분의 연구들에서는 주로 정보시스템이 운영되는 조직의 내부적 환경에 초점을 두고 이루어졌다. 그러나 MIS에서 외부적 환경의 중요성은 매우 크다. 특히, 인터넷 환경의 개방적 특성으로 다른 조직과의 연계적 정보화가 날로 중요해짐에 따라 조직에서 외부적 환경에 대한 고려는 매우 중요하다고 할 수 있다.[58]

1. 환경과 조직과의 관계

조직과 환경의 관계를 거의 도외시했던 조직이론의 고전기를 벗어나 신고전기에 접어들면서 조직을 연구하는 학자들은 조직과 환경의 관계에도 관심을 갖게 되었다.[59] 즉 신고전기 이후 시대가 변천함에 따라 환경문제에 점차 많은 관심을 갖게 되고 조직사회가 가속화되어 환경이 더욱 복잡하고 급속하게 변동해 감에 따라 조직들은 환경에 대응하고 적응해야 할 필요성을 한층 더 느끼게 되었다.

따라서 현대의 조직이론은 개방체계의 개념에 입각하여 환경과 조직의 관계를 중시하는 경향을 보여 주고 있다. 그러나 조직의 환경은 조직이 통제할 수 없고 예측할 수 없는 요인들을 너무나 많이 가지고 있는 복잡하고 불확실한 현상이다. 특히 과거에는 이와 같은 변화를 어느 정도 예측할 수 있었으나 현대에 들어와서는 환경변화의 예측이 더욱 어렵게 되어 드러커(P. F. Drucker)가 말한 이른바 '단절의 시대'에 들어섰다고 할 수 있다.[60]

---

58) 조진규, "정책환경의 변화에 따른 EC추진기구의 진화방향에 관한 연구 : ECRC 사례를 중심으로", 한양대학 대학원, 석사학위논문, 2007, pp. 5-8.

59) Peter F. Drucker, The Age of Discontinuity: Guide Lines to Our Changing Society (New York : Harper and Row, 1969) 참조.

60) 유종해, 「현대조직관리」, (서울: 박영사, 2000), p. 123.

이와 같이 조직은 환경과 어느 정도 밀접한 관계에 있다.[61] 그러나 어떤 조직이 어느 정도나 환경과 밀접한 관계에 있는지 정확하게 알 도리는 없다. 여기에서 한 가지 명백하게 해 두어야 할 사실은 환경이 조직에 미치는 영향의 정도는 이들 사이의 의존이 함수관계에 따라 달라진다는 것이다.[62] 가령 종사원들이 노조화되어 있는 조직의 경우 노조의 활동에 영향을 크게 받으며 그들의 유효성은 노조지도자들과의 우의를 돈독히 하는 여부에 달려 있다고 할 수 있다. 그리고 동적 환경의 속성이 정적 환경의 속성보다 조직구조에 미치는 영향이 크며 조직 규모가 크고 기술의 수준이 고도로 루틴화되어 있다고 하더라도 동적인 환경의 속성은 조직을 유기적 형태로 나아가게 하려는 경향을 보인다는 것이다.[63]

---

61) 조직 환경에 대한 제 연구로는 첫째, F. E. Emery와 E. L. Trist는 환경의 내용을 밝히는 데 일찍이 공헌한 학자들이다. 이들은 사례연구를 통하여 '복잡성과 변화율'이라는 특성에 중점을 두고 환경을 다음과 같이 분류하였다. 1) 평온·무작위적 환경(placid−randomized environment) 2) 평온·집약적 환경(placid−clustered environment) 3) 교란·반응적 환경(disturbed−reactive environment) 4) 소용돌이의 장(turbulent field) 등의 네 가지로 분류하면서 환경이 어떻게 변화하고 조직은 이러한 환경에 어떻게 적응하는가에 대하여 조직의 환경은 매우 단순한 단계로부터 점차 복잡성·불확실성이 높은 단계로 변화되어 간다고 한다.
둘째, D. Katz와 R. Kahn의 연구는 환경이 조직변화를 설명하는 가장 중요한 변수라는 명제로부터 시작한다. 이점을 가장 강력히 주장한 학자가 카츠(D. Katz)와 카안(R. Kahn)인데 그들에 의하면 조직의 변화를 일으키는 것은 조직 내부에 있는 수평적·수직적 압력이 아니고 그 변화는 조직 외부로부터 받는 압력에 의해서 이루어진다는 것이다. 이 압력에 따라 조직은 전략을 수립하게 되며 능동적이고 복잡하여 불확실한 환경일수록 폭이 넓고 다각적인 전략을 세우게 되고 이 전략을 뒷받침하기 위해서 구조의 변화가 유발된다고 한다.
셋째, P. Lawrence와 J. Lorsch는 조직의 환경적응에 관한 연구에 대해 분화(differentiation)와 통합(integration)의 양면에서 시도하였다. 분화와 통합은 구조의 재정비라는 의사결정점에 해당되는 것이지만 이들은 이 개념을 더 구체화하여 다음과 같이 정착시켰다. 즉 분화란 각 구성원이 환경에서 각기 상이한 측면을 읽게 되는 상이한 인지적·감정적 정향성(differing cognitive and emotional orientation)을 의미하고 이러한 상이한 정향성은 추구하는 목표설정(goal orientation)·시간관, 그리고 대인관계에 차질을 가져온다. 또한 통합이란 상이한 정향성으로 인하여 발생하는 부서간의 압력(갈등)을 해소하고 협동을 촉진하기 위해 사용되는 기법, 즉 역할·규율·보수제도·통합을 꾀하는 지도자의 질과 달성되는 협동의 질(quality of cooperation)을 지칭한다. 이런 개념을 갖고 분화·통합 및 환경이 어떠한 상호관계를 맺고 있는가를 연구하는데, 그들의 가설은 외부의 환경변화와 불확실성의 증진에 따라 조직 내부의 분화와 통합의 필요도 증진된다는 것이다.
로렌스와 로쉬의 연구에 있어서 환경의 특징은 조직구조의 특징을 결정짓는 강력한 요인으로서 규정되었고, 또한 쌍방의 특징이 서로 일치되지 않으면 효율적인 조직으로서 존재할 수 없다는 점도 입증되었다. 바꾸어 말하면 환경의 특징에 따라 조직의 구조도 다르게 설계될 수가 있는 것이다.

62) John Child, "Organizational Structure, Environment, and Performance: The Role of Strategic Choice," Socioiogy (January 1972), pp. 1~22.

63) Henry Mintzberg, *The Structuring of Organizations* (Englewood Cliffs, New Jersey: Prentice Hall, 1979), p. 272.

이러한 사실은 다음과 같은 몇 가지 결론을 가능하게 한다. 첫째, 환경의 급격한 변화가 실제로 그렇게 일어나고 있는 것은 아니라는 것이다. 둘째, 환경의 급격한 변화가 있다고 해도 관리자들은 쉽게 이를 인식하지 못한다는 것이다. 셋째, 조직은 환경의 급격한 변화에 직면하게 될 때 이 환경에 대한 의존성을 줄이기 위해서 여러 가지 방안을 강구하게 된다는 것이다.

여기에서는 이러한 세 가지 사실을 근거로 하여 앞서 제시한 환경의 동적, 정적 속성에 따른 환경과 조직간에 나타날 수 있는 관계 즉, 환경과 조직의 복잡성, 공식성, 집권화 등과의 깊은 관계를 가지고 있음을 알 수 있다. 이를 상세히 설명하면 첫째, 환경과 복잡성의 관계로써 조직의 복잡성과 환경의 불확실성과의 관계는 역관계에 있다. 로렌스(P. Lawrence)와 로쉬(J. Lorsch)의 견해에서도 이러한 사실을 밝혀주고 있다. 환경에 가장 의존적인 조직의 부처는 비교적 복잡성이 낮다는 것이다. 또한 여러 연구결과 가장 상호작용을 많이 하는 조직 경계상의 활동도 복잡성이 가장 낮은 것으로 밝혀졌다. 둘째, 환경과 공식성에 대해서도 복잡성과 같이 안정된 환경 하에서 공식성도 높다는 것이다. 안정된 환경하에서는 신속한 반응을 보여야 할 필요성이 없으며 활동을 표준화시켜 주는 필요한 경계도 조직에 존재하기 때문이다. 그러나 반대로 환경의 변화가 극심한 경우에는 조직 전체의 공식성을 떨어뜨린다는 가정도 성립할 수 있다. 셋째, 환경과 집권화에 대하여는 환경이 복잡하면 할수록 구조의 분권화는 커지게 된다.[64] 정적 또는 동적 차원을 불문하고 환경내에 상이한 요소와 구성부분이 많아지면 많아질수록 분권화를 통해서 이를 해결할 수밖에 없는 것이다. 대개의 경우 동적 환경하에서는 분권구조가 더 효과적인 것이다. 즉, 고도로 복잡한 환경을 이해하기는 어렵고 따라서 정보를 활용할 수 있는 능력은 중요성을 띄게 되며 이것은 곧바로 분권화를 촉진시키는 요인으로 작용하게 된다. 그러나 환경에서의 적대감의 증대가 일시적으로 구조를 집권화 시키는 경향을 보이기도 한다.

64) *Ibid*, pp. 273~286.

2. 환경변화에 대한 조직의 대응

어떤 조직이든 이들은 다양한 환경구성인자들의 영향을 받으면서 탄생하고 유지되며 발전한다. 반면에 조직은 이러한 환경에 대하여 또 다른 영향을 주기도 하는 것이다. 따라서 조직이 주어지는 환경에 대하여 어떻게 대응하는가는 매우 중요하다. 이러한 조직의 대응에는 크게 대내적 대응과 대외적 대응의 두 가지 측면으로 구분할 수 있다.

가. 조직의 내적 대응

조직은 환경에서 발생하는 사건을 직접 변화시키려 하지 않는다. 오히려 사건 그 자체에서 생긴 문제에 대하여 환경에 더 잘 적응하기 위하여 조직의 기술적 문제를 해결하고자 한다. 따라서 일반적인 조직내적 대응방안[65]은 다음과 같이 설명할 수 있다.

1) 영역의 선택(domain choice)

불확실한 환경에 처한 관리자가 취할 수 있는 가장 포괄적인 조치는 불확실성이 적은 영역으로 조직을 옮기는 것이고 이를 영역선택이라고 한다. 관리자는 약한 경쟁자가 있는 틈새를 차지하고 아울러 다른 경쟁자를 방해함으로써 조직을 강화하여야 한다. 그러나 규제가 없는 독점영역이 존재하지 않는 이상 이러한 영역 변경이 본질적 문제를 해결하지 못하는 경우도 많다. 만일 보다 바람직한 영역으로 변화가 어렵다면 조직의 목표, 구조, 활동 등에 대해 보다 일반적인 관점을 취해 다양한 전략을 선택하여야 한다. 이를 통해 환경의 역동적 변화에 신축적인 대응을 하고 비교적 환경이 안정적일 때는 종합적인 관점에서 조직을 운영하는 것이 바람직하다.

2) 채용(recruitment)

적절한 인재의 채용은 조직에 대한 환경의 영향을 감소시킬 수 있다. 환경적 불확실성을 감소시키기 위한 선택적 고용은 일반화되어 있다. 예를 들면 조직

---

65) Stephen P. Robinson, Organization Theory: Structure Designs and Applications, 3rd Edition(N. J.: Prentice—Hall, 1990), pp. 362~369.

은 경제적 유인 등을 통해 자신의 분야에 관련된 전직관료 등을 자기 회사에 충원하여 정부 운영에 대한 지식의 확보와 영향력 있는 정책결정자들과의 우호적인 관계를 유지해 나갈 수 있다. 또한 경쟁회사의 고위 관리자들을 채용함으로써 경쟁회사의 계획, 전문기술 등에 관한 정보를 통해 환경의 불확실성을 줄일 수 있다.

3) 환경탐색(Environmental Scanning)

이 방안은 조직의 운영에 영향을 미치는 경쟁사, 정부, 노동조합 등의 활동을 명확히 파악하기 위하여 환경을 조사하는 것을 말한다. 이러한 탐색은 환경변화에 대한 예측의 정도에 따라 불확실성을 감소시킬 수 있다. 이 예측이 정확할수록 환경의 불확실성은 감소하며 조직은 환경변화가 발생한 후 사후대응을 하기보다는 사전에 내부적 조치를 취할 수 있게 된다. 이러한 환경 탐색은 조직의 경계에 있는 담당자들 즉, 영업사원, 시장 조사원, 물품구매 담당자, 로비스트 등으로 조직의 투입과 산출의 양 측면에 관계하여 정보를 탐색, 수집하고 환경에 대하여 조직을 대표하며 조직을 보호하는 역할을 담당한다.

4) 완충(Buffering)

이는 조직운영이 투입과 산출의 급격한 변화로 인해 위협받는 것을 방지하는 운영상의 핵심전략이다. 투입과 산출의 양 측면에서 조직의 핵심을 환경의 영향으로부터 완충시킴으로써 관리자가 조직을 폐쇄체계처럼 운영할 수 있게 하는 전략이다. 예를 들면 투입 면에서 자재를 미리 비축함으로써 생산과정의 투입을 안정시켜 주든지 또는 미리부터 직원을 모집하고 이들을 조직에 적응하도록 훈련시키는 것을 말한다. 한편 산출 면에서는 창고의 재고품을 유지하면서 분배자적 역할을 수행하여 변환과정이 일정하게 운영되도록 하는 작용이 이에 속한다.

5) 평준화(Smoothing)

이는 외부의 환경변화로 인한 영향을 균등화하여 둔화시키는 것으로 특히 변동이 심한 환경에서 활동하는 조직원들에게 중요한 전략이다. 전화회사의 심야할인정책, 옷가게 등의 비수기 세일, 렌트카 회사의 주중 할인제, 잡지사 등의 정기구독자에 대한 할인 혜택, 스포츠팀의 시즌 티켓제 등이 그것이다.

6) 분배(Rationing)

이는 초과수요로 인한 환경의 불확실성이 발생하였을 때 관리자는 재화 또는 용역의 할당을 고려할 수 있다. 즉, 재화나 용역을 어떤 우선순위 체계에 따라 할당하는 전략을 말한다. 예를 들면, 병원에서 환자가 너무 많은 경우에 병의 정도가 심각한 사람이 우선순위를 갖게 되고 나머지 사람들에게는 비율할당의 방식을 통해 입원 여부가 결정된다. 수강생이 많은 대학의 강의나 손님이 많은 식당도 예약이나 비율할당의 방법을 사용할 수 있다.

7) 지역분산(Geographic dispersion)

환경의 불확실성은 때로는 지역에 따라 다양하게 나타난다. 이러한 지역적 불확실성을 감소시키기 위하여 불확실성이 적은 지역으로 조직을 이동시키거나 지역을 다양화하여 조직을 운영하는 전략을 지역분산 방안이라고 한다. 미국의 기업들이 전통적으로 노조활동이 약한 남부로 이동하는 것과 미국의 수입억제 정책 및 달러화의 가치등락 등에 대응하기 위하여 일본의 자동차회사가 미국 내에 공장을 설립하는 것이 좋은 예이다.

8) 예측작용(Forecasting)

환경의 변화를 미리 예측하여 그에 대비하는 방안을 예측작용이라고 한다. 일기예보 등이 그 좋은 예이다.

나. 조직의 외적 대응

환경을 조직에 적합한 것으로 변화시키려는 보다 적극적인 노력으로써 조직 외적 대응 방안은 소비자의 기호를 형성하기 위한 광고로부터 경쟁을 억제하기 위한 경쟁기업과의 담합적 협상에 이르기까지 매우 다양하다. 일반적으로 조직 외적 대응방안은 다음과 같다.

1) 광고(Advertising)

많은 회사들이 자신들의 제품광고에 천문학적인 돈을 쓰는 것은 소비자들에게 어떤 고정된 이미지를 형성시켜서 소비자들의 변하기 쉽고 새로운 것을 추구하는 심리를 자사제품에 대한 안정적 수요로 유지하기 위한 전략에서 기인하는 것이다. 이것은 조직의 외부환경, 특히 소비자에게 계속적인 조직의 입장과 상품의 가치를 알려 소비자의 마음에 내재하는 조직 환경의 불확실성을 감소시키는 전략이다. 광고를 통해 관리자는 경쟁적 압력을 감소시키고 수요를 안정시키며 경쟁자의 반응에 관계없이 가격을 설정할 기회를 갖게 된다.

2) 계약(Contracting)

이는 투입 또는 산출의 양 측면에서 거래량 또는 가격의 변화로부터 조직을 보호하는 전략이다. 예를 들어 관리자는 원료를 사기 위하여 또는 조직의 산출물을 판매하기 위하여 장기간의 고정계약을 맺을 수 있다.

3) 흡수(Cooperation)

이것은 조직이 안정을 유지하고 존립의 위협을 제거하기 위하여 조직의 지도층이나 정책결정과정에 외부로부터의 새로운 요구를 흡수하는 과정을 말한다. 흔히 미국에서는 이중겸임 중역제가 조직외적 대응방안으로 널리 사용되고 있는데 이는 2개 이상의 조직이 한 명 이상의 중역을 동시에 선임하는 방법이다. 이러한 방법을 통해 수평적으로 통합된 조직 간에는 공동의 관심사인 가격결정, 광고, 연구, 개발 등에 대한 높은 수준의 조정수단을 보유하게 되어 환경을 안정시킬 수 있는 능력을 갖게 된다.

4) 연합(Coalition)

공동목표의 달성을 위하여 2개 이상의 조직이 제휴관계를 가지는 상태이다. 합병과 합작투자가 연합의 예들인데 많은 회사들이 불필요한 관리 인력을 줄이는 방안으로 합병전략을 사용한다. 이것은 공동행동이라는 목적에서 둘 이상의 조직이 결합함으로써 경영합리화는 물론 합병전략을 통해 조직 간의 상호경쟁과 의존성을 줄여 보다 능동적인 환경관리를 꾀하는 방법이다. 이러한 연합전략은 조직이 환경을 관리하기 위한 합법적인 수단인 반면 불법적인 협력행위 즉, 기업들이 공모하여 이익증대를 위해 가격을 조정하는 행위도 존재할 수 있다.

5) 로비(Lobbying)

조직이 자신의 목표를 달성하기 위하여 영향력을 행사하는 것으로서 환경을 관리하는데 가장 광범위하게 활용되는 전략이다. 이것은 조직에 불리한 법안의 저지활동이나 유리한 법안의 통과를 위한 활동을 포함한다. 이러한 활동들로 인하여 정부의 규제가 일반대중의 이익을 보호한다기보다는 기업의 독점력을 유지시켜 주는 역할을 할 가능성도 높게 된다.

3. 조직변화와 변화의 성공 및 장애요인

가. 조직변화의 개념과 특성

1) 조직변화(organizational change)의 개념

변화의 사전적 의미는 "사물의 성질, 모양, 상태 따위가 바뀌어 달라짐"을 뜻한다. 조직 변화란 조직이 어떤 특징의 상태로부터 또 다른 상태로 이동하는 것을 말한다.

조직변화의 의미 해석은 연구자에 따라 조금씩 다르며 조직변화를 조직혁신, 조직발전, 조직개발, 조직개혁 등의 유사한 용어로 사용되고 있다. 또한 조직행동관련 연구에서 조직변화, 혁신, 개혁, 개발의 개념을 사회의 흐름과 변화의 강도에 따라 조금씩 바꿔서 명명하고 있을 뿐 기본적인 의미는 같게 정의되고 있으며 접근방법과 변화유형을 기본적인 조직변화에 맞춰 설명하고 있다. 이와 같이 조직 혁신, 개발, 개혁은 발전적인 변화의 가치적 의미를 담고 있다고 하지만 조직의 발전과 유지 등 조직을 위한 변화들은 의도적이고 발전적인 가치를 배제해서는 나타날 수 없기 때문에 조직혁신, 개발, 개혁의 의미를 모두 합쳐서 변화로 본다.

또한 조직변화라는 용어는 의식적이든 무의식적이든 모든 종류의 변화를 총칭하는 것이기 때문에 변화가 효과성을 판단할 수 있는 혁신, 개혁이란 단어를 변화로 통일할 수 있다. 그리고 변화는 조직을 구성하는 인적자원, 구조, 기술 등이 유기적으로 결합하여 전체 조직차원에서 변화하는 것을 의미[66]하기도 한다.

66) 정다정, "Lewin 모형과 Leavitt 관리전략을 통한 정부조직변화과정에 대한 연구 : 정부부처 혁신인사담당 공무원의 경험과 인식을 중심으로", 국민대학 대학원, 석사학위논문, 2007, p. 8.

2) 조직변화의 특성

조직변화의 개념 속에 포함되어 있는 중요한 특성은 크게 다섯 가지로 나눠서 볼 수 있다. 첫째, 조직변화는 계획적, 의도적이며 목표지향적 성격을 띠고 있다. 둘째, 조직변화는 동태적, 행동지향적이다. 셋째, 조직변화는 저항이 따른다. 넷째, 조직변화는 조직의 구조적, 기술적, 행태적 측면의 변화에 중점을 둔다. 조직구성원의 행태, 가치관의 변화를 모색하는 데에는 조직발전이 중요한 전략이 된다. 다섯째, 조직변화의 대상변수는 업무, 인간, 구조, 기술이다.[67]

나. 조직변화의 핵심요소

1) 변화 자극

조직변화의 자극으로서는 첫째, 노동력의 특성은 다양한 문화 환경에 적응하기 위해서 필요한 인적 자원에 따라 정책과 제도들 역시 변화해야 하기 때문에 중요한 요인으로 살펴볼 수 있다. 둘째, 컴퓨터, 핸드폰과 같은 기술의 발전은 시간을 단축시키고 정보공유로 직무를 변화시킨다. 셋째, 경제적 충격은 유가급등과 경제적 이유로 조직의 지속적인 변화를 요구하게 되었다. 넷째, 글로벌 경제체제하에서 생존을 위한 경쟁은 더욱 활발하게 변하고 있다. 다섯째, 사회적 추세도 많이 변하고 있다. 전자정부로 직접적인 시민단체의 영향력이 커지고 그에 맞는 정책과 제도도 나타나고 있다. 또한 결재시스템이 서면에서 전자결재로 바뀌게 되어 조직에 큰 변화를 가져왔다. 여섯째, 세계화로 인해 세계정치는 여러 나라의 경제 및 구조 등 환경을 동시적으로 변화시킨다.

2) 기대효과(desire outcomes)

조직변화의 해빙과정에서 나타나는 현상에서 조직 구성원들이 변화를 인지하여 행동으로 옮기기 전에 그 변화로 기대효과가 무엇인지 파악한다면 더욱 행동단계에서 활발하게 변화가 일어날 것이다. 정부조직들은 고객의 요구에 책임있고 효율적인 서비스를 제공하기 위해서 어떤 변화자극으로 변화가 이루어지며 또한 어떤 기대효과를 갖는지 예의주시해야 한다.

---

67) 상게논문, p. 9.

3) 실제 효과(actual outcomes)

실제효과는 변화단계의 맨 마지막인 재결빙 단계에서 나타난다. 변화가 잘 이뤄졌는지 평가할 수 있는 단계로 조직의 구조적 접근법, 기술적 접근법, 행태적 접근법의 변화가 실제 각 부처에 도입된 후 어떤 효과들이 나타났는지 평가할 수 있다. 실제효과는 긍정적인 효과와 부정적인 효과로 나눠진다. 긍정적인 효과를 기대한 것이지만 오히려 좋은 결과보다 나쁜 결과를 초래했다면 다른 변화방법을 찾아야하며 어떤 점들이 부정적으로 나타났는지 파악하여 정책 및 시스템에 반영해야 한다.[68]

다. 조직변화의 성공요인

보편적 적용은 어렵지만 변화를 성공시킬 중요한 요인으로는 다음과 같다.

1) 조직구조(Organizational structure)

Clarke은 조직구조는 사람들이 서로 얼마나 관련성이 있는지 밝히고 변화를 위한 추진력에 큰 영향을 준다고 한다. 변화를 달성하기 위한 중요 수단으로 적절한 조직구조의 변화는 필수적이다. 급격한 변화에서 성공하기 위해서는 내부의 장벽을 무너뜨려 수직적인 조직 구조를 수평적으로 평평하게 하여 지식의 확산과 기능적 협력이 가능하게 해야 한다. 이와 같은 조직구조의 변화는 조직이 환경에 민첩하게 반응하여 신속하게 대처할 수 있게 도와준다.

2) 조직문화(Organizational culture)

변화관리를 전략적으로 이용하기 위해서는 분석적, 합리적이기 보다는 본질적이고 문화적인 인지적 현상부터 조정해 나가야 한다. 지속 가능한 변화를 위해서는 문화에 맞는 제도, 정책, 관리가 이뤄져야 하고 외부 상황과 함께 내부 행태에 적합한 재조정이 요구되며 문화적인 부분이 민감하기 때문에 급변한 조직에 대응하기 위해서는 그 조직문화에 맞는 변화 전략이 필요하다.

68) 상게논문, p. 44.

3) 조직학습(Organizational learning)

변화는 조직구성원이 현재 체제와 절차의 불만족하거나 절박한 위기가 조성되었을 경우 해결하기 위해서 나타나는 현상이다. 이런 변화를 조직에 맞게 하기 위해서는 외부환경에 반응하고 기회를 이용하기 위한 조직 학습이 필요하다. 각 조직의 목적과 비전을 세우고 거기에 맞는 세부목표를 정하여 행동한다. 즉, 학습을 통한 상향 변화는 근본적인 조직의 변화를 가져온다.

4) 관리행태(Managerial behaviour)

조직의 전통적 관리는 '관리자들이 직원, 자원 정보를 지시하고 통제하는 것'으로 보았다. 그러나 급격한 변화의 접근방법은 관리행태에도 큰 변화를 요구한다. 단순한 관리를 넘어서 계층, 기능, 조직의 경계를 묶어 조직구성원이 일을 능동적으로 할 수 있는 촉진자로서의 일을 해야 한다.[69]

라. 조직변화의 유형

조직변화는 그 성격에 따라 크게 비계획적 변화와 계획적 변화로 구분된다. 비계획적 변화는 예기치 않았던 외부 환경의 변화로 인하여 조직이 생존 혹은 지속적인 성장을 위해서 어쩔 수 없이 수동적으로 적응해 나가는 것이다. 반면 계획적 변화는 어떤 목적을 달성하기 위하여 의도적으로 일으키는 변화를 말한다.

1) 계획적 변화(planned change)이론

조직변화는 상황에 따라 구체적인 과정은 다르지만 일반적으로 계획적인 변화의 전개는 다음과 같이 살펴 볼 수 있다. 첫 번째 단계는 문제의 증상이 지각되어 변화담당자의 연구조사를 거쳐 문제를 진단하는 것이다. 두 번째 단계는 문제의 요인을 구조적, 기술적 그리고 구성원의 행동 측면에서 분석하고 조직에 존재하고 있는 여러 가지 공식적 또는 관습적인 제약 조건을 고려하여 실행 가능한 변화전략과 방법을 설정하는 것이다. 세 번째 단계는 변화의 실행단계로서 변화담당자의 개입으로 조직의 구조적 변화가 일어나고 조직개발 기법을 적용한다. 마지막 단계는 집행된 변화의 결과와 효과를 주기적으로 측

69) 상게논문, pp. 10-13.

정 · 평가하고 변화전략과 방법에 환류하여 전체적인 조정과 수정을 가능하게 한다.

2) 비계획적 변화(unplanned change)

미래를 예측하지 못하고 조직의 핵심 사업이 외부 변화에 대응하기 위한 것으로 대체로 즉각적으로 적응하기 위한 변화이다. 예컨대, 디지털시계의 등장에 대한 스위스 시계산업의 발 빠른 대응이나 경제의 급변으로 인한 금리 및 이자율에 대한 시스템적 변화 등을 말한다. 계획되지 않은 변화를 과거에는 진화적 변화와 혁명적 변화로 크게 두 가지로 분류하였다. 그리고 급격한 변화는 비계획적인 변화 분류에 포함될 수 있는 유형이다. 이는 계획된 변화의 효과성을 불신하여 시작되었으며 합의된 방법이 아닌 새로운 개념으로 예측할 수 없는 변화의 속성을 강조한 것이다.

마. 조직변화의 촉진 및 장애요인

조직변화의 촉진요인과 장애요인은 변화를 할 때 구성원의 역할이 얼마나 중요한지 알 수 있는 요인이다. 대표적인 장애요인은 예산부족과 정치적 도움의 결핍과 같은 외부환경에 대한 문제점 보다는 조직내부의 저항이 심각한 것으로 나타난다.

1) 변화의 촉진 요인

변화 자극과 기대효과가 나타나면 변화관리를 전략적으로 잘 변화시키도록 도와주는 촉매역할을 하는 것이 변화촉진 요인이다. 촉진요인은 조직 구성원의 저항을 줄일 수 있는 것으로써 예컨대, 유인체계, 내부의 우호적 협조관계 등이 대표적이다. 변화가 잘 이뤄지기 위해서 주로 나타나는 요인은 외부의 지지, 내부의 지지, 자신의 자각 등으로 나눠 볼 수 있다. 주로 정책이나 정치적인 사건의 이슈로 조직이 변화를 가질 수밖에 없는 강압적인 것으로 나타날 수 있다.

2) 변화의 장애요인

변화의 장애요인의 가장 주된 핵심어는 저항이다. 저항을 어떻게 관리 하느냐에 따라 전략적인 변화관리가 가능하다. 개인과 조직행동의 연구에서 변화는 조직과 구성원의 저항을 가져온다고 한다. 조직행동에서 저항은 긍정적 의미와 부정적 의미로 나누어 볼 수 있다. 변화에 대한 저항의 원천으로는 개인적 요인과 조직적 요인으로 구분되고 있으며 실제로는 이러한 원천들이 상당부분 중복되기도 한다.

가) 개인적 측면

개인적인 측면에서 첫째는 습관이다. 조직구성원들은 자신들이 해온 방식으로 업무를 하는데 익숙하고 편하기 때문에 조직변화로 인한 새로운 체계를 배우는 것을 원하지 않는다. 둘째는 안정성이다. 조직의 업무나 기술을 계속적으로 사용하여 직업의 안정성을 추구하기 때문에 조직 변화를 위협으로 받아들여 저항하기 쉽다. 셋째는 경제적 요인으로서 조직구성원들은 그들의 직무가 쓸모없게 되어 안정된 봉급을 위협받을 수 있다고 생각하여 변화에 대한 저항을 한다. 넷째는 미지에 대한 두려움이다. 익숙한 기존의 체계가 무너지고 지금까지 알고 있는 것을 모호한 것, 불확실한 것으로 바꿔버려 인간에게 두려움을 가져오게 한다. 마지막으로 인식의 부족이다. 개인은 지각을 통해 자신의 세계를 만들기 때문에 자신의 인식을 바꾸기 위해 저항을 한다.

나) 조직적 측면

조직은 권위적이고 보수적일수록 그 성격상 변화에 적극적으로 저항한다.

(1) 구조적 타성

조직은 안정성을 추구한다. 유능하고 전문성을 갖춘 사람을 채용하기 위해 선발과정을 체계적이고 공정하게 하며 그 조직에 맞는 비슷한 가치를 가진 이들을 선택하고자 한다.

(2) 한정된 변화 범위

조직을 체제론적 관점으로 본다면 상위조직과 하위조직 간의 시스템이 상호의존적으로 구성되어 있다. 조직 내의 변화는 서로 연결되어 있어서 복합적으로 영향을 주고받는다.

(3) 집단의 타성

조직구성원들 중 한명이 변화를 원한다고 해도 집단의 규범에 의해 움직이는 제약을 받을 수 있다.

(4) 전문성에 대한 위협

조직 구성원들은 자신들이 갖고 있는 능력과 전문성을 그대로 유지하고 싶어 한다. 만약 새로운 기술이 도입 되고 조직의 업무가 바뀌게 되면 전문가들은 그들의 능력을 위협 받게 된다.

(5) 권력관계에 대한 위협

조직의 구조와 기술 등이 변화한다면 조직이 재편성되어 의사결정 권한과 구성원의 역할이 변하게 된다. 그래서 지속적으로 가져온 권력관계가 위협받을 수 있다.

(6) 자원할당 체계에 대한 위협

자원을 관리하는 집단은 흔히 변화를 두려워한다. 변화 없이도 충분한 자원을 다룰 수 있고 지휘를 하기 때문에 만족하는 경향이 있다.[70)]

3) 변화에 대한 장애 극복

가) 의시소통

조직구성원들은 변화의 필요성을 인식하고 그 논리를 알게 된다면 변화에 대한 두려움은 줄어들게 될 것이다. 이들은 잘못된 정보와 오해로 갈등을 야기하기 때문에 의사소통을 함으로써 정확한 사실을 알게 하고 오해를 해결하게 되어 저항을 줄일 수 있다.

나) 참여

자신이 참여해서 내린 결정은 최종적인 결과에 몰입하는 경향이 있다. 자신의 의견이 반영된 변화는 저항이 적기 때문에 성공적인 변화를 이루기 위해서는 변화를 반대하는 사람들을 동참시켜 의사결정과정에 의견을 반영하도록 하는 것이다.

---

70) 권형문, "조직변화에 대한 구성원 저항의 선행요인과 그 결과요인에 관한 연구", 서강대학 대학원, 석사학위논문, 2006, pp. 34-37.

다) 지지와 지원

변화담당자는 조직내의 변화를 자극·지도·안정시키는 역할을 하는 원조적 전문가를 의미한다. 이처럼 조직구성원의 문제점을 변화담당자가 적극적으로 경청하고 공감대를 형성해 준다면 새로운 기술 및 구조 등의 변화가 잘 수용될 수 있다.

라) 변화수용에 대한 보상

보상은 학습과 행동수정 부분에서 강력한 힘을 지닌다. 따라서 변화에 대한 적절한 보상은 변화를 수용하게 하는 원동력이 되므로 적절한 보상이 일어나도록 매력적인 강화를 제공해야 한다.

마) 학습조직

지속적으로 변화를 적응하고 유연성이 있는 조직은 변화에 대한 저항이 적을 것이다. 이러한 조직을 학습조직이라고 부르며 근본적인 특징은 첫째, 학습조직의 구성원들은 구시대적인 사고를 버리고 둘째, 모두 열린 마음으로 학습을 하고 셋째, 조직이 실제 어떻게 움직이는지 이해하고 넷째, 조직 구성원이 공감하고 동의하는 계획이나 비전을 제시하여 마지막으로는 그 비전을 달성하기 위한 노력이 필요한 것이다.[71]

제2절 경찰의 조직과 조직관리

1. 경찰의 조직체계

세계 각국의 경찰체계는 국가경찰체계와 자치제경찰체계로 양분하고 있는 것이 통례이다. 여기서 그 나라의 주체가 국가냐 자치단체냐 하는 것은 그 나라의 자치이념이나 행정제도 등에 의존하는 것이 보통이지만 궁극적으로는 그 나라의 역사적 전통이나 치안상태 및 경찰의 발전에 따라 결정되었다. 그러나 일

71) 상게논문, pp. 42-44.

반적으로 경찰의 임무가 사회공공의 안녕과 질서를 유지하기 위하여 국민의 생명과 재산을 보호하고 범죄의 수사 및 범인의 체포 등 특수한 임무를 수행하기 때문에 조직이나 관리의 측면에서 일반 행정조직과는 다른 특수한 요소를 내포하고 있다. 즉, 경찰조직은 전문성, 계층제, 실적주의로 인한 책임한계의 명확성 등의 유지 등 가장 전형적인 관료조직이다.

우리나라의 경찰조직은 대륙법계국가의 경찰제도에 바탕을 두고 있다. 중앙집권적 국가경찰인 우리나라의 경찰은 헌법을 비롯하여 정부조직법에 법적 기초가 있을 뿐만 아니라 구체적인 경찰의 조직과 직무에 대하여는 경찰법에서 규정[72)]하고 있고 구체적 직무집행권과 임용, 교육, 훈련 등에 관여하는 경찰직무집행법과 경찰공무원법 등 개별적인 법률에 규정하고 있다. 그리고 경찰작용은 모두 국가집행기관에 의하여 관장, 시행되는 결과로 현대적인 경찰기능인 복지행정기능의 확대보다는 사회공공의 안녕과 질서의 유지라는 경찰 본래의 기능으로서 여러 가지 규제적 기능으로서의 의미가 강하다. 한편 우리나라 경찰제도의 특성으로는 행정경찰과 사법경찰을 병행하고 있으며 사법경찰은 검사의 지휘를 받아 수사업무를 수행한다는 점이다.

2. 경찰조직의 특성

경찰조직의 특성으로는 첫째, 경찰은 공공의 안녕과 질서를 유지하는 것을 임무로 하기 때문에 본질적으로 현상의 변경과 발전보다는 현상유지 형태를 지니는 보수성이다. 이는 관료사회의 전통적인 현상이다. 둘째, 경찰은 정치성과 강제성을 띄고 있어 함께 행사되기도 하는 공권력의 행사의 중심인 권력성이다. 셋째, 경찰관은 직무상 언제나 불심자를 검문하여 범법자를 규제하고 색출해야 하므로 인한 직무대상에 대한 불신감이다. 이는 많은 경찰학자들이 공통적으로 지적하고 있는 사항이기도 하다. 넷째, 경찰의 가시성과 윤리성이다. 경찰관은 국민 속에 늘 존재하고 함께 함으로써 항상 고도의 윤리도덕이 요구되며 이는 정당한 행사의 규범이 되기도 한다.

---

72) 경찰법 제2조는 치안에 관한 사무를 관장하기 위하여 행정안전부장관 소속하에 경찰청을 둔다고 규정하고 있다.

3. 경찰조직관리

가. 경찰조직구조의 개념과 구성요소

경찰조직구조의 편성은 여러 가지 조건들을 고려하여 실증적으로 이루어져야 하며 기술적인 요인 외에도 국가적 및 정치적인 요인, 인간적 및 환경적인 요인 등을 고려하여 경찰의 고객인 국민을 위한 조직편성으로 그 구조가 이루어져야 한다. 즉, 조직은 사람과 직무를 일정한 형식과 절차에 따라서 제도화 시키고 조직화시켜 일정한 양식과 관계에 따라 운영하게 된다. 이와 같이 사람과 조직을 조직화 또는 제도화한 것이 조직의 구조라 할 수 있다.

1) 경찰조직구조의 개념

경찰조직구조란 경찰조직의 일정한 기능을 수행하기 위해서 확립된 역할 및 행위의 체계를 의미하는 것으로서 경찰조직 속의 집단과 개인들 사이에 권력이 어떻게 배분되는가를 결정하고 경찰조직 내 개개인의 행동에 대하여 누가 통제권을 행사하는가를 결정하며 경찰조직 내에서 의사결정이 이루어지는 흐름과 방식을 결정한다.[73)]

2) 조직구조의 구성요소

조직구조의 구성요소는 조직구성원의 행위나 행동을 유형화시키는데 작용하는 가장 기초적인 요인을 말하며 역할과 지위, 권력과 권위 그리고 규범 등이 있다. 역할이란 사회적 관계에서 어떤 지위를 차지하는 사람들이 해야 할 것으로 기대되는 행위나 행동의 범주를 말한다. 그리고 지위란 어떤 사회적 체제 속에서 개인이 점하는 위치의 상대적 가치 또는 존중의 정도를 의미하며 계층화된 체제 내에서 등급 또는 계급으로 표현되고 지위의 차이는 보수 및 권한과 책임 등에 차이가 생기는 근거가 된다. 그리고 권력은 개인 또는 조직 단위의 행태를 좌우할 수 있는 능력인 반면 권위는 조직의 규범에 의하여 그 정당성이 승인된 권력으로 조직에서 공식적 역할에 결부된 가장 중요한 권력이다. 또한 역할, 지위, 권력의 실체와 상호관계를 당위적으로 규정하는 것이 규범이다.[74)]

---

73) 황성모, "한국경찰 조직구조의 개편에 관한 연구: 경찰기구 개편을 중심으로", 동국대 행정대학원, 석사학위논문, 2004. p. 8.

나. 경찰조직편성의 원리

경찰조직편성의 원리란 조직의 목표를 효율적으로 달성하기 위하여 복잡하고 거대한 경찰조직을 합리적이고 적절하게 편성하고 통제하며 가장 능률적으로 관리하는데 적용되는 일반적인 원칙을 말한다.

1) 권한과 책임의 적용원리

조직구조는 권한과 책임에 의하여 형성되며 역할과 지위가 결정되고 과업에 따른 역할지위관계를 바탕으로 조직구조가 형성된다. 권한이란 과업을 수행하기 위한 힘 또는 직위에 부여된 공식적 권리를 말한다. 그리고 권한은 조직규범에 의하여 정당성이 부여된 권력으로서 조직 내에서 지배적 지위에 있는 권력이라 할 수 있다. 한편 책임이란 직위에 부과된 일, 직무를 수행할 의무라고 할 수 있으며 조직의 구성원으로서 조직의 목적과 규율에 따라 충실하게 일해야 할 의무와 특정한 직무를 의미한다.[75] 이러한 권한과 책임의 원리의 세부적인 내용은 다음과 같다.

가) 계층제의 원리(principle of hierarchy)

계층제란 조직 내의 권한과 책임의 정도에 따라 직무를 등급화 함으로써 조직구성원들 상하의 계층간에 직무상 지휘감독관계에 서게 하는 것을 말한다. 계층제 내에서 권력은 계층에 따라 차등적으로 배분되고 계층간에는 엄격한 상명하복관계가 형성되기 때문에 차등적 지위를 규정하는 지위체계라고도 한다.[76]

나) 통솔범위의 원리(principle of span of control)

통솔범위란 한 사람의 상관 또는 감독자가 혼자서 직접 효과적으로 통솔할 수 있는 부하의 수 또는 조직단위의 수를 말한다. 경찰조직 내에서 적당한 통솔범위의 결정요인으로는 업무의 복잡성 등 직무의 성질, 시간적 및 공간적 요인, 의사전달 기술의 발달, 작업의 조건, 직원의 교육과 기술, 감독자와 부하의 능력 등 수많은 변수에 따라 결정될 수 있다.[77]

---

74) 상게논문, p. 9.
75) 상게논문, p. 13.
76) 오홍석, 「행정학」(서울 : 박영사, 2004), p. 311.
77) Paul B. Weston, Police Organization & Management (Pacific Palisades, Cal. : Goodyear Publishing Co., 1976), p. 40.

다) 명령통일의 원리(principle of the unity of command)

명령통일의 원리는 조직체의 어떤 구성원이라 할지라도 오직 한사람의 상관으로부터만 지시와 명령을 받고 그 사람에게만 보고해야 한다는 것을 말한다.

2) 분화와 통합의 원리

분화와 통합은 조직편성의 기본적인 원리로 분화의 정도에 따라 통합이 효과적으로 이루어 질 수도 있고 지나친 분화는 통합을 어렵게 할 수도 있으므로 서로 보완될 수 있게 효과적으로 적용되어야 한다.

가) 전문(분업)화의 원리(principle of division of work)

조직구조편성의 원리로써 분화는 수평적, 수직적 분화에 의하여 나타나는 전문화로 설명될 수 있다. 수평적 분화는 조직이 수행하는 업무를 조직의 구성원들이 분할 및 세분하여 수행하는 양태를 말한다. 이에 반하여 수직적 분화는 조직 내에 있는 계층의 수 즉, 감독자의 수와 관리직의 장과 생산직원의 수 등을 지표로 삼을 수 있다. 따라서 계선, 참모, 보조기능의 분리는 관료조직 내에서 전문화의 대규모적인 예라고 할 수 있다.[78)]

나) 조정 및 통합의 원리(principle of coordination)

조정이란 분업과 밀접한 관련이 있으며 조정은 공동의 목표를 달성하기 위하여 하위체제간의 노력의 통일을 기하는 과정이라고 할 수 있다. 통합을 위한 효과적인 조정방법으로는 첫째 당사자끼리 직접 접촉하여 조정하고 통합하는 상호작용적 합의방식이 있다. 둘째로는 공식적 계층조직의 통로에 의한 개별명령방식이다. 셋째는 과업수행에 관한 표준을 정하고 거기에 맞도록 하는 표준설정의 방식 등이 대표적인 조정방식이다.[79)]

다. 경찰의 미래 조직모형

경찰조직의 특수성을 바탕으로 범죄퇴치와 시민보호를 통한 국민생활의 안전성 확보라는 목표를 달성하기 위한 임무수행 방법은 권력적 강제보다는 참여와

---

78) 오홍석, 전게서, p. 396.
79) 최종태, 「현대조직론」(서울 : 경세원, 1997), pp. 107-112.

협동 및 서비스 제공 등을 통한 비권력적 방법에 의하여야 한다. 그리고 업무의 중점 역시 사건이 발생한 후에 반응적이며 수동적으로 진압하는 것이 아니라 사전에 능동적으로 예방하는데 중점을 두고 있다.

1) 경찰조직의 축소 및 분권화

모든 조직은 정부조직이나 경찰조직 또는 기업조직의 구분 없이 축소화, 분권화, 적정화의 과정을 거치고 있다. Hillary M. Robinett는 경찰활동의 능률화라는 논문에서 경찰조직은 피라미드를 압축해서 조직의 평면을 확대하고 전통적인 준 군대적인 조직을 개조하여 유선형 조직으로 만드는 것이 보다 효율적이고 국민에 초점을 둔 치안을 할 수 있다고 주장한다.

2) 능력과 자질 위주의 인적자원 관리

미래조직을 구성하는 최고의 핵심적 건축자재는 바로 인적 자본이다. 따라서 최선 및 최우수의 인재를 유인하고 개발하며 지속적으로 확보하는 것이 바로 성공적인 미래조직의 관리의 관건이다. 직원에 대한 관리는 인사관리가 아니고 인적자원관리라는 용어로 바뀌었고 사람은 비용이 아니라 가장 중요한 자산 내지 자원으로 간주되고 있다.

3) 경찰조직 내 민주화 및 창조성의 육성

교육수준이 높은 경찰관 또는 전문화된 신세대 경찰관에게는 명령과 지시보다는 광범한 권한과 자율성 및 독립성과 재량권을 부여함으로써 창조성을 발휘할 수 있도록 경찰도 조직의 대내적 민주화 및 인간화가 심화 발전되어야 한다. 그리고 인센티브제도에 있어서 경찰관으로 하여금 보다 더 적극적인 동기유발을 할 수 있도록 부수적이고 예외적인 보상제도에 의존할 것이 아닌 본질적이고 원칙적인 보상제도로 전환하여야 한다.

제3절 경찰조직 및 행정의 환경변화

현대사회는 인류가 과거에 전혀 경험해보지 못하였고 또한 예측하기도 어려운 정도의 급격한 변화를 거듭하고 있다. 그것은 주로 전자 및 정보기술의 첨단화에 기인한 것으로서 정부조직이나 경찰조직 또는 기업조직이건 상관없이 모든 조직에 커다란 도전이 아닐 수 없다. 이렇게 모든 조직은 정보화 사회라는 거대한 흐름 속에서 능동적으로 대처해 나아가지 않으면 생존하거나 발전할 수 없게 되었다. 이와 같이 모든 조직은 국경 없는 개방과 경쟁에 광속의 시공간을 관리해 가야만 하고 이를 위하여 새로운 차원의 패러다임을 갖추지 않으면 안 될 혁명적 변화에 직면하고 있다.

한편 환경변화의 일반적 특징은 그 변화의 규모와 속도가 대규모적이고 비약적일 뿐 아니라 복잡성, 불확실성, 불안정성, 변칙성, 격동성, 역동성을 띠고 있다는 점이다. 환경의 변화가 이처럼 역동적이기 때문에 이에 대응하는 경찰조직의 변화도 동태성과 역동성을 갖지 않으면 유지하거나 발전해 갈 수 없다.

1. 경찰행정 환경변화의 특징

가. 대량화

대량화로 경찰이 대응해야 하는 문제가 대량으로 발생하고 있다. 교통과 통신이 발달하고 세계화와 정보화가 진행되면서 사회주체간의 상호작용의 빈도가 늘어나고 있다. 이에 따라 범죄행위 혹은 경찰이 대응해야 하는 문제의 발생 또한 그 수가 크게 늘고 있다. 대량화는 가치관의 변화와 정치, 경제, 사회의 구조적 변화에 의해서도 촉발되고 있다.

나. 다양화

경찰이 대응해야 할 문제가 그 내용에 있어 매우 다양해지고 있다. 성폭력문제와 외국인범죄 등 과거에 크게 경험해 보지 못했던 문제들이 일종의 일반적이고 보편적인 문제로 자리 잡아 가고 있다. 또한 사이버 테러와 생화학 테러 등 새로운 형태의 문제가 끊임없이 일어나고 있다.

다. 복잡화

초기 산업사회에 비해 오늘날 일어나는 문제들은 구조적으로 매우 복잡한 양상을 띠고 있다. 문제와 문제가 상호 밀접한 관련을 맺고 있어 어느 것 하나 독자적으로 처리하기가 쉽지 않은 상황이다. 흔히 말하는 딜레마 상황 즉, 어떤 결정도 쉽게 내릴 수 없는 상황이 발생할 가능성이 커지고 있는 것이다.

라. 신속성

최근 일어나고 있는 범죄행위는 신속성의 요구로 과거의 그것에 비해 빠른 대처를 요구한다. 범죄행위 자체의 기동성이 강화되고 있을 뿐만 아니라 사이버테러 등 부정적 효과가 빠르게 전파될 수 있는 범죄가 많이 발생하고 있기 때문이다.

2. 경찰조직 내부의 환경변화

최근에는 경찰의 조직과 인력 및 예산 등의 자원을 비롯하여 교육훈련과 치안서비스 등과 같은 경찰기능은 물론이고 직원들의 가치관과 경찰행정 관리방식 등 모든 분야에서 그 발상부터 과거와는 근본적으로 다른 변화양상이 나타나고 있다.

가. 경찰조직의 평면화 및 민주적 관리

경찰의 조직과 관리에 있어서 관료적, 권위적 상명하달의 피라미드 계층구조가 사라지고 평면화 조직으로 변하고 있다. 그리고 경찰의 중추적 활동 영역과 기능은 범죄예방과 순찰 등 치안서비스 분야가 될 것이다. 또한 새로운 리더십 패러다임은 지시 명령자가 아니라 부하와 함께 공동의 조직목적을 달성하려는 행태로 변화하는 경향을 보이고 있다. 한편으로는 직원들의 독립성과 자율성 및 발언권과 정책결정과정에서의 참여권이 크게 신장되고 그들의 성장발전과 성과보상 등 삶의 질에 대한 요구가 확대되고 있다.

나. 경찰사무의 정보화 확대

경찰도 정보화 시대에 맞추어 경찰종합정보시스템을 운영하는 등 정보화시대를 맞이하여 경찰의 통신정보기능을 확대하여 개편[80]하고 사이버상이나 통신상에 수많은 범죄가 발생하는데 따른 수사전문인력의 확충, 범죄정보수집 및 분석실은 물론 정보관리과를 신설하여 정보관련 법률의 연구, 정보공유의 필요성에 따른 정보제공부서와 정책집행부서의 처리 및 사용제한 규정이나 절차 등의 장벽을 제거함으로써 앞으로 경찰작전이나 범죄수사 등 경찰활동과 경찰행정분야에 효율적으로 대처할 수 있을 것이다.[81]

다. 경찰행정의 선진시스템 구축

경찰이 급변하는 환경에 능동적으로 대응하기 위해서는 일반적으로 지역사회의 현실에 부합하는 지역화된 치안활동을 해야 한다. 그리고 신뢰받을 만한 적법절차와 인권보호를 기반으로 하는 경찰행정과 경찰의 전문성 제고할 수 있는 적정 인력과 자원의 유지 등과 같은 당면한 과제들이 있다. 이러한 과제들은 서로 유기적으로 연결되어 있기 때문에 이를 효과적으로 수행할 수 있는 시스템이 구축되어야 한다.

사회 전반의 경찰환경 변화에 능동적으로 대처함으로써 범죄와 사고 및 각종 재해 재난으로부터 국민생활의 안전을 보장하기 위한 선진화된 치안시스템이 구축되어야 한다. 이를 위해서는 첫째, 범죄와 불법질서에 대한 정보의 수집과 분석을 통하여 대책을 강구하고 정보를 체계적으로 관리해야 한다. 둘째, 발생범죄에 관한 수사 환경의 변화에 부응하는 수사시스템의 과학화 및 현대화를 구축해

---

80) 112지령시스템으로 112신고의 접수에서부터 상황전파, 출동, 현장 도착, 조치결가 등 전 과정이 컴퓨터에 입력, 관리되는 것은 물론 112순찰차의 현장 검거능력 향상을 위하여 차량용 컴퓨터 단말기(MDT : Mobile Data Terminals)와 순찰차량 위치 자동표시 장치(AVL : Automatic Vehicle Location)를 활용하고 있다. 그리고 외근경찰관의 휴대폰조회기, 통계도형화시스템, 주민등록 · 범죄경력 · 지명수배 등의 전산조회시스템, 범인의 범행수법, 인상특징, 필적 등의 수사 자료인 영상정보시스템, 컴스텟의 사건수사시스템에서 수법수사 등의 종합적인 범죄정보관리시스템(CIMS)등을 운용하고 있다.

81) 황성모, 전게논문, p. 109.

야 한다. 셋째, 인권 지향적인 경찰활동을 위한 시스템을 정비하고 국제성범죄에 대한 대응능력을 강화하기 위한 조치가 필요하다. 넷째, 능력을 갖춘 재능 있는 인적 자원을 지속적으로 확보하여야 하며 신규 채용될 인력규모는 경찰수요와 연동하여 체계적으로 결정되어야 한다. 다섯째, 근무환경이 개선되어야 하며 공정한 법 집행으로 경찰과 접촉하는 시민들의 존중받을 수 있도록 해야 한다.

라. 조직 내의 원활한 소통 요구

국민과 소통하는 경찰행정시스템을 강구하는 것도 중요하지만 조직의 구성원 간의 의사소통도 매우 중요하다. 조직계층의 상하간의 상명하달과 하의상달의 원활한 흐름을 구축하여 유지할 수 있어야 한다. 그리고 수평적인 의사의 흐름과 소통은 조직 구성원의 사기를 고양하고 업무 의욕을 좌우하는 중요한 요소이다. 이러한 조직 구성원간의 원활한 소통은 조직 목적을 달성하기 위한 첩경이 될 수 있는 기반이 되기 때문이다. 따라서 경찰에 대한 시민들의 욕구를 파악하고 이에 부응하는 치안서비스 체계를 갖추어 시행하는 것도 중요하지만 우선적으로 조직 내적으로 인간관계를 통한 의사소통의 발전적인 시스템을 구축하고 평가방안을 개발하여 시행하는 등 실질적으로 유용한 제도를 개발하고 활용해야 한다.

3. 경찰행정의 환경 및 수요변화

사회적 변화는 경찰행정환경에도 영향을 주어 새로운 경찰행정의 수요를 창출함으로 사회변화의 특징들을 살펴보면 다음과 같다.

첫째, 지식정보사회에서는 20세기 후반부터 나타나는 사회변화의 특성들 중 하나이며 21세기는 보다 많은 국가에서 더욱 빠르게 진전될 것이다. 통신과 컴퓨터와의 결합으로 이루어진 지식정보사회는 인간의 삶을 완전히 새롭게 바꿔놓고 있다.

둘째, 세계화는 다양성과 고유성을 지니면서 공동의 목적을 추구하는 과정으로 동일 목적을 추구하는 범국가적인 사회에 못지않게 문화 공동체로서 개별국가는 물론 시민단체 및 인종 집단이나 개인의 다양성과 고유성을 중시한다.

이러한 세계화는 매우 다의적이기 때문에 세계화에 포함될 모든 요인들을 포함하는 정의를 내리기는 다소 어렵다. 그러나 국제적인 상호작용이 빈번해짐에 따라 사회적 성격이 변화하고 범지구적으로 해결해야 할 새로운 국제적 정책상의 문제점들이 도출된다. 따라서 이러한 변화에 적응하기 위한 세계적 기준의 관점이 생겨나는 것이다. 그 요인으로는 개인이나 기업, 국가의 국제적인 경제활동이 계속 증대되어 사회의 모든 분야에서 국제 기준에 따른 교류가 이루어지며 범국가적인 협조를 필요로 하는 국제적인 문제들이 새롭게 대두되고 있기 때문이다.

셋째, 사회는 집권화에서 분권화의 방향으로 변화되고 있다. 따라서 유사성보다는 차별성이나 다양성을 중요시하며 중앙집권적이고 하향적이었던 의사 결정이나 제도들은 점차 사라지는 반면에 분권화되고 상향적인 제도들이 새롭게 형성되고 있다. 그 요인은 전문성과 융통성의 증대이며 이는 분권화를 통해 얻게 되는 사회적 이익이 되기도 하다. 그리고 사회환경 변화의 가속화로 생활의 속도가 점차 빨라짐에 따라 빠르고 융통성 있는 의사결정이 필요하며 이를 위해서 조직의 규모나 형태 또는 관리 방식이 분권화하기 때문이다.[82]

결론적으로 현대사회에서 치안환경의 변화에 막대한 영향을 미칠 수 있는 주요 변인으로 인구, 경제발전, 정보화, 세계화, 다원화 등으로 파악할 수 있으며 이러한 각 변인들의 특징과 이로부터 유발되는 경찰활동의 수요 및 과제들이 무엇인지를 도출하여 대비하여야 할 것이다.

가. 국가간 상호 의존과 연계성의 심화

교통과 정보통신의 발달로 국경의 의미가 없어지고 경제사회 주체들 간의 국경을 넘는 상호의존이 가속화되고 있으며 자본과 인력 및 기술과 정보의 이동이 자유로워지고 있다. 세계를 하나로 묶는 인터넷문화의 발달은 이러한 현상을 더욱 가속화시키고 있다. 이러한 변화가 경찰행정 환경에 있어 적지 않은 변화를 초래하는 것은 두말할 필요도 없다. 경제, 문화, 사회에 있어서 세계가 하나의 장이 되면서 범죄도 세계화되는 양상을 보이고 있다. 즉, 국가간 상호의존성 증대와 세계화 추세에 수반하여 정보산업기술의 고도화와 첨단기술의 발

82) 서진석, "치안환경변화에 따른 경찰과 민간경비의 역할분담에 관한 연구", 경원대 대학원, 박사학위논문, 1999. p. 24.

전으로 뉴미디어를 통해 홈쇼핑과 홈뱅킹이 가능해져 세계를 1일 생활권으로 진입하게 하였다. 이 같이 정치, 경제, 사회, 문화 등 모든 면에서 활발한 교류가 이루어지고 있는 등 국제화시대는 빠르게 진행하고 있다.

아울러 세계화가 초래한 다양한 문화적 배경을 지닌 집단간의 활발한 접촉은 이른 바 '문명의 충돌' 가능성을 높이며 각종의 대립과 갈등 그리고 테러의 가능성을 높이고 있다. 또 세계화로 인한 다양한 문화적 배경을 지닌 사람들의 이입과 문화적 전이는 국내에 있어서도 세대간, 계층 간의 문화적 이질성을 높이고 있다.[83)]

나. 정보의 접촉과 교류의 확대

정보화 사회란 정보의 생산, 처리, 활용기술이 사회발전의 원동력이 되고 이러한 정보가 사회구조를 지배하는 사회를 말한다. 정보화 사회의 특징은 정보기술(IT: Information Technology)이 고도로 발달하여 변화의 기반이 되고 정보의 창출, 축척, 공유, 활용과 학습이라는 정보활동이 중요시 되는 사회이다.[84)]

이렇게 정보통신의 급속한 발달로 인하여 경찰행정의 새로운 환경이 조성되고 있다. 인터넷으로 대변되는 정보통신의 발달은 경찰행정환경에 큰 영향을 미치고 있다. 즉, 면대면 접촉이 아닌 온라인상의 다양하고도 빈번한 접촉과 정보의 교환은 새로운 범죄환경을 만들고 있으며 온라인과 오프라인을 연결하는 다양한 사회적 활동들 또한 과거에 경험해 보지 못한 새로운 환경을 만들고 있다. 이에 따라 개인의 프라이버시와 기업정보의 보호 등이 국가의 중요한 역할로 등장하고 있다.

그리고 정보화와 함께 지식산업이 발달하면서 과학기술이 급속도로 발전하고 있고 과학기술을 이용한 각종 기기가 대중적으로 이용되고 있다. 예를 들어 폭발물 제조와 관련된 기술이 보편화되고 있다거나 첨단도청장비 등 수사기관이나 이용할 정보통신기기가 대중화되고 있다. 최근에는 심지어 위성추적 시스템까지 대중적으로 이용이 가능한 체제로 전환되고 있다.

---

83) 이용선, "경찰조직 경쟁력 제고방안에 관한 연구: 인적, 조직, 구조적 측면을 중심으로", 한세대 경찰법무대학원, 석사학위논문, 2004, p.19.

84) 맥도넬에 의하면 정보관리는 두 사람 이상 사이에 정보의 배분을 뜻하는 의사선날이 포함되어 있다고 하면서 경찰관이 이용할 수 있는 가장 가치 있는 도구가 정보라고 지적하고 있다.

다. 시민사회의 성숙 및 정치의식 변화

시민사회의 권리의식이 신장되면서 크고 작은 사회적 대립과 갈등이 끊이지 않고 있다. 최근에는 노동인력으로 활용키 위하여 체류하고 있는 외국인 노동자의 인권 또는 노동권에 대한 반발이 생기는 등 시민의식이 확대되는 과정이기도 하다. 따라서 이와 관련한 집회와 민원성 시위의 증가로 인한 경찰의 대처방법도 과거의 강압적이고 권위주의적이던 방식에서 시민이 용납할 수 있는 정당성이 보장되는 방법으로 전환하여야 한다.[85)]

시민사회의 정치의식의 변화도 경찰행정의 환경을 바꾸고 있다. 시민의 정치 및 사회의식은 정치신뢰와 정치 효능감으로 나눌 수 있다. 정치신뢰는 정부와 정치인 및 행정기관 등을 얼마나 믿고 있느냐를 말하는 것이며 정치효능감은 스스로 정치사회를 변화시킬 수 있다고 믿는 일종의 능력감을 말한다. 그리고 시민사회는 정치 및 사회의식의 변화와 함께 능력의 신장이라는 점에서 과거와는 전혀 다른 모습을 보이고 있다. 물적 동원능력과 인적네트워크 등 적지 않은 부분에서 시민사회는 이미 공공부문을 앞지르고 있다고 보아야 하겠는데 이러한 상황은 경찰행정에 있어서도 중요한 환경 변인이 되고 있는 것이다.

라. 정보화의 심화로 경제 질서의 변화

세계는 국제적 금융혼란에 따른 공조체제 강화의 필요성과 인터넷을 통한 전자 상거래 등 디지털 경제시대로의 진입, 범죄조직의 세계화 및 국가간 시장개방의 가속화 등으로 무국경화 경향이 확산되었다. 이러한 세계화 및 정보화의 부수적인 변화의 영향이기도 하겠지만 사회경제질서에 큰 변화가 초래되었다. 즉, 지속적인 구조조정 작업 등으로 인한 도덕적 해이와 계층 간의 소득격차가 심화되어 계층 간의 반목과 갈등의 가능성이 높아지는 등 범인성 환경이 일반화 및 다양화하고 있다. 따라서 경찰은 이와 같은 변화에 적절하게 대처하기 위한 새로운 정책이 요구되고 있다. 즉, 경제성장에 편승한 사회적 부조리의 증가에 대하여 적극적인 대처가 필요하게 되었다.

85) 이용선, 상게논문, p.22.

마. 국민의 경찰행정 참여 확대 및 기대변화

국민의 경찰행정 참여가 크게 확대되고 치안서비스는 경찰이 국민에게 베푸는 혜택이 아니고 국민이 권리로서 요구하는 경찰의 의무이며 나아가서 헌법상 국민의 기본권으로까지 격상될 것이다. 따라서 경찰의 기능도 변화하여 진화할 것이며 경찰활동도 이와 관련한 체제로 이동하여 더욱 강화될 것으로 보인다. 그리고 민간경비에 의한 국민의 자위권 보호의 역할이 확대되고 그에 대한 수요가 급속히 증가할 것으로 예상된다. 따라서 개인의 안전과 관련된 산업의 발전이 이루어질 것이다.

미래학자들은 법집행에 활용되는 기술의 발전과 그로 인한 경비의 절감을 예견하고 있다. 컴퓨터, 첨단 도청과 감지 및 검색기술의 활용으로 경찰활동의 효율성과 범위가 향상될 것이라고 한다. 이러한 기술의 응용이 경찰의 범죄의 제압능력을 향상시킬 수는 있겠지만 경찰과 시민 모두에게 반드시 긍정적인 것만은 아니다. 법집행이 점점 더 기술적으로 향상되겠지만 과학기술이 만병통치의 약은 아니라는 것이다. 예를 들어 경찰이 아무리 최첨단 기술을 도입하더라도 그것을 운용하고 그 장점과 이익을 경찰조직으로 통합시키는데 요구되는 인력체계는 그를 따르지 못하는 경우가 많다. 뿐만 아니라 사회의 변화와 과학기술의 발전은 국민들이 경찰에 대해 갖는 기대의 눈높이를 저만치 높게 만들고 있다. 실제로 경찰은 기술의 성장과 그로 인한 국민기대에 보조를 맞추지 못하며 민간분야를 따라가고 있는 실정이다.

한편, 과학기술의 활용은 시민의 사생활 침해와 같은 인권의 침해를 초래할 수도 있으며 과거와는 달리 경찰을 감시하는 눈이 도처에 산재하고 있다. 인권과 관련된 각종 정부기구와 시민단체 뿐만 아니라 기존의 언론 기관에 더해 국민 모두가 인터넷을 통해 하나의 언론기관으로서의 역할을 하는 시대가 다가오고 있다. 이는 미래 경찰은 지금보다 더욱 높은 윤리 기준과 적법절차의 준수는 물론이고 주변 환경과 부드럽게 조화할 수 있는 융통성을 겸비하도록 요구받고 있다.

앞으로의 경찰활동에 대한 국민의 기대 수준이 높아지고 경찰 업무의 효율성과 민주성을 감시하는 외부 단체의 간섭과 개입은 당연해 질 것이다. 그리고 인터넷 등을 통한 과학 기술의 발달로 인하여 다양한 형태로 경찰활동을 모니터링해서 업무 수행을 더욱 어렵게 하는 환경을 맞이하게 될 것이다.

바. 국가간 이질적인 문화와 사회구조에 의한 갈등

세계가 하나의 장이 되어가면서 문화권과 정치 및 경제적 위상이 다른 국가 간의 대립과 갈등이 첨예화되고 있다. 접촉이 늘어나는 만큼 대화와 협력의 기회도 늘어나지만 반대로 대립과 갈등의 가능성도 커지기 때문이다. 이질적인 문화 및 정치와 경제구조를 포함하여 상호 쉽게 융화될 수 없는 신념체계를 지닌 경우 빈번한 접촉은 오히려 갈등과 대립으로 이어지게 된다.

최근 국제화 및 세계화는 세계를 하나의 장으로 만들면서 인적, 물적 자원과 정보 등이 국경을 넘어 자유롭게 이동하는 환경을 만들고 있다. 이러한 현상으로 경찰행정 수요도 큰 변화를 보이고 있다. 이러한 세계화는 잠재적 경찰활동 요인들인 인구와 자본, 물자, 과학, 기술의 이동을 증가시키기 때문이다. 뿐만 아니라 문화적 다양성, 가치관의 차이가 심각한 갈등을 초래하고 이들도 궁극적으로는 경찰활동의 대상이 되기도 한다.

따라서 미래 경찰환경의 진단과 분석을 위해서는 인구변동과 경제발전, 세계화, 정보화, 다양화가 독립적으로 혹은 서로 상호작용함으로써 유발하는 경찰의 수요 측면과 이에 대한 경찰활동의 공급 측면을 동시에 고려해야만 한다.

사. 정보화 기술의 부정적 이용의 증가

정보화의 진전을 이룬 정보화 기기 및 기술의 대중화는 경찰행정에 있어 새로운 수요를 낳고 있다. 즉, 정보화 기술과 기기를 이용한 범죄가 크게 늘어나고 있는 것이다. 컴퓨터가 보다 더 많이 보급되고 정보통신기술의 발달과 국가와 기업은 물론 개인의 정보화가 촉진되면 될수록 컴퓨터의 자료(정보)처리과정에 불법적으로 개입하는 컴퓨터 범죄는 급격하게 증가하고 있다. 또한 사제폭발물 제작에 대한 정보가 대중화됨에 따라 청소년들이 폭발물을 제작하거나 사용하는 사건이 발생하기도 하며 각종의 정밀 통신장비를 이용하여 개인의 프라이버시를 침해하는 사건도 연이어 발생하고 있다. 이 외에도 초정밀 인쇄기나 복사기를 이용한 통화 및 유가증권의 위조, 변조와 함께 위조 신용카드 관련 범죄 등도 빈발하고 있다. 그리고 각종 화학물질의 사용에 따른 환경 관련 범죄 등도 크게 늘어나는 추세이다.

제4절 국제화에 따른 경찰의 수요변화

오늘날 세계는 정보 네트워크와 하이테크 등 과학기술과 통신이 끊임없이 발달하고 개방화, 국제화가 급속히 진행되고 있다. 이러한 국제사회의 변화는 정치와 경제면에서 많은 긍정적 영향을 주기도 하지만 반면에 범죄현상이 국제적, 초국가적으로 확대되어 가는 부정적인 영향도 나타나고 있다. 즉, 교통과 정보통신기술의 발달로 인하여 현대사회의 부정적 현상인 범죄행위가 국가간의 국경을 초월하여 발생하면서 상호 직접적인 영향을 주는 국제적 현상을 보이고 있는 것이다. 이와 같이 범죄의 '탈 국경화' 현상은 복잡하고 다양한 사회구조와 국가간 인적, 물적 교류가 확대되면서 더욱 뚜렷해지고 있으며 범죄양상도 조직화 및 대형화 그리고 다양화하는 추세를 보이고 있다.

이러한 국제화의 부정적 영향은 저질 외국문화의 유입[86], 국내 첨단산업기술의 유출, 여러 국가를 동시에 대상으로 하는 범죄의 증가 등 사회적으로 많은 문제들을 제기하고 있다. 그리고 더욱 심각한 것은 최근 세계적으로 빠른 속도로 확산되고 있어 각 국가마다 국내 범죄의 제압만으로는 사회적 안전을 담보하기 힘들게 된 것이다. 따라서 국가의 의무인 국민의 생명과 재산의 보호와 사회 안정이라는 경찰이념의 내적인 경계를 기존보다도 더 확장하여야 하는 단계에 이르게 되었다. 그리고 이에 대응하는 경찰의 국제화도 시급히 요구되는 것이다.

1. 국제화의 개념

국제화의 개념은 국제사회의 변화나 복잡성의 만큼이나 다양하게 존재하며 정립되어 명확하게 규정되어 있지는 않다. 그러나 일반적으로 국제화란 국제질서의 변화를 올바르게 인식하고 이에 수반하는 상황변화에 능동적으로 대응할

86) 이러한 부정적 요인의 가장 큰 문제는 저질 외국문화의 유입이다. 이는 국내시장의 개방추세에 편승하여 저질, 폭력, 외설적인 영화, 비디오, 서적류, 인터넷 싸이트 등 영상·활자매체의 유입이 본격화되고 있다. 이와 같은 저질 외국문화는 감수성이 예민하고 호기심이 높은 청소년층을 대상으로 급속히 퍼져 그들의 정서에 악영향을 미쳐 잠재적으로 비행청소년을 양산하는 적지 않은 원인이 되고 있다.

수 있는 거시적인 시각과 안목을 가지는 것[87] 이라고 한다. 그리고 한편으로는 세계 각국이 지구촌 사회를 이루면서 점차 개방되고 상호 교류와 협력이 증대되어 국제적 관계를 형성하는 것을 말하는 것으로서 한 나라가 경제, 환경, 정치, 문화적으로 다른 여러 나라와 교류하는 것이라고 하는 이도 있다.

역사적으로 소규모의 부족국가를 제외하면 한 국가로서의 체계를 갖추고 있는 한 다른 국가와의 관계는 생성되게 마련이었다. 그런 의미에서 국제화는 오랜 역사를 갖고 있다고 볼 수 있다. 그러나 오늘날의 시점에서 말하는 국제화란 전지구화를 필두로 하는 다차원적인 변화를 의미하는 것으로도 표현한다.

그리고 유사개념인 세계화는 국제화의 광의의 개념으로서 국제화를 더 한층 발전시킨 개념으로 사용되고 있다. 즉, 국가간 교류가 증가해 국제화가 고도로 진행되어 궁극적으로는 전 세계가 하나의 사회로 형성되는 과정이라고 한다.[88] 외교 실무상에서는 국제평화와 군비통제, 빈곤퇴치, 환경보호와 자원 활동 등 전 세계적인 문제해결에 적극적으로 기여함으로써 세계의 움직임에 능동적으로 대처하고 이를 통하여 보다 정의롭고 살기 좋은 세계를 만드는데 공헌해 가는 것이라고 하고 있다.[89]

이처럼 국제화는 세계화 및 지구촌화해 가는 오늘날의 국제환경에서 필수불가결하다. 그러나 국제화가 초래할 수 있는 부정적인 결과들에 대해서도 충분히 대비해야 할 것이다. 무엇보다도 정치적, 경제적, 문화적 대외 종속의 심화, 문화적 정체성의 약화, 비생산적이고 불건전한 외래 대중문화의 유입 등의 문제가 우려된다. 그러므로 그와 같은 문제들을 예방해 나갈 수 있는 대응전략들이 국제화 정책 속에 포함되어야 할 것이다.

가. 경제 산업구조의 국제화

국제화가 가장 두드러지는 분야는 경제부문이다. 경제에서 무역이 차지하는 비율은 말할 것도 없고 제조업 부문의 생산과정에서 외국의 기계, 부품, 원료, 기술, 디자인 등이 차지하는 비율 또한 상당 수준이며 자본의 대외 의존도도 만만치 않다.

87) 박기남, 이종화, 「경찰외사론」, (경기: 경찰대학, 2004), p. 9.
88) 정선민, "고등학생의 국제화 의식에 영향을 미치는 요인 : 서울, 경기지역을 중심으로", 경희대학교 교육대학원, 2004, p. 5.
89) 외교통상부, 「외교백서」, (서울: 외교통상부, 2000), p. 14.

우리나라도 이제 국제사회에서 중추적 역할을 하고 있으며 빠른 속도로 국제화가 진행되고 있다. 그리하여 많은 국내기업이 세계적 기업과 합병하고 연합하는 것은 물론 국내기업의 해외진출도 급속히 증가하고 있다. 한편 국내기업에서는 3D업종을 중심으로 외국인 근로자의 고용을 계속적으로 확대하고 있어 불법으로 입국하는 경우도 많다. 그리고 이들은 이질적인 문화와 관습에 적응하지 못하고 탈선하여 범죄로 표출되는 사례가 발생하고 있으며 주거가 집단화하면서 이들을 통하여 그릇된 문화도 유입되고 있다.

나. 문화교류의 국제화

문화적 국제화는 쇄국의 울타리가 무너진 이래로 끊임없이 진행되어 왔다. 오늘날 정보 통신의 혁명으로 인하여 문화적 국제화는 그 속도가 빨라지고 범위는 더욱 넓어지고 있다. 이른바 고급문화에 해당하는 학문과 예술 분야는 물론이고 대중문화도 국제적 동질화의 물결과 함께하고 있다. 이러한 문화적 국제화는 기술 및 경제와도 밀접하게 맞물려서 가속화되면서 국제적인 문화와 사회적 관습의 세계화가 지속적으로 진행되고 있다. 즉, 세계적인 경제성장은 각 국가의 고유한 문화와 전통이 쉽게 인접국 등으로 옮겨가 상호 교류가 활성화되는 현상도 생기게 된 것이다. 최근 중국이나 동남아 국가에서 한국의 대중문화와 연예인의 인기가 한창인 한류라는 표현으로 나타나고 있는 것도 이와 같은 경우라고 할 수 있다.

다. 경찰의 국제화

경찰조직이 국제 치안환경의 변화를 올바르게 인식하고 이에 수반하는 상황변화에 능동적으로 대응할 수 있는 거시적인 시각과 안목을 가지고 국제 치안환경의 흐름에 맞도록 조직과 사고방식 및 행동양식의 선진화, 경찰장비의 현대화, 치안서비스의 전문화, 경찰문화의 개방화, 국제공조수사능력의 제고 등에 걸 맞는 체제를 갖추는 것이 외향적인 경찰의 국제화라고 말할 수 있다.

경찰조직의 국제화를 판단하는 척도로서는 첫째, 외국인이나 외국기업 또는 단체가 국내에서 체류하면서 활동하더라도 내국인과 동등한 대우를 보장받을 수 있는가 여부이다. 둘째, 다른 특정국가의 국민에 비해 차별을 받을 우려의 여부이다. 셋째, 자국 국민이나 기업이 외국에 나가서 받는 대우에 상응하는 대우의 여부이다. 넷째, 국내제도와 법의 적용이 투명하고 공정하게 운영되는 등 법치주의가 잘 적용되고 있는가 여부 등을 들 수 있다. 이와 같은 네 가지 척도가 충족되는 경찰행정이 이루어지고 있다면 경찰의 국제화는 어느 정도 이루어졌다고 판단할 수 있을 것이다.[90)]

2. 경찰행정의 국제화 요구

세계의 인구는 계속 증가하고 있으며 세계화의 여파로 인해 우리 사회의 인구 구성은 다양성을 더해가는 등 변모하고 있다. 따라서 우리나라 경찰활동에도 인구 및 인종적 다양성의 문제를 고려하여야 하며 변화에 적극 대처해야 하는 상황이다. 또한 정보통신의 발달로 인한 정보사회는 온라인 정치 참여의 기회를 확장하고 여러 커뮤니티의 통합을 용이하게 하는 등 긍정적인 기여를 하고 있다. 그러나 다른 한편으로는 사이버스토킹 등 사회적 일탈행위는 물론 국제적인 범죄유형의 기회로도 작용하고 있어 국제사회의 새로운 갈등으로 변모되고 있기도 하다.

교통과 정보통신의 발달로 국경의 의미가 없어지고 경제사회 주체들 간의 국경을 넘는 상호의존이 가속화되고 있으며 자본과 인력 및 기술과 정보의 이동이 자유로워지고 있다. 세계를 하나로 묶는 인터넷문화의 발달은 이러한 현상을 더욱 가속화시키고 있다. 이러한 변화가 경찰행정 환경에 있어 적지 않은 변화를 초래하는 것은 두말할 필요도 없다. 경제, 문화, 사회에 있어서 세계가 하나의 장이 되면서 범죄도 세계화되는 양상을 보이고 있다.

가. 국제화에 따른 경찰행정과정 개발

국제화에 따라 치안 수요가 다양해지고 전문화되기 때문에 이에 부응한 치안행정과정을 개발해야 한다. 세계 각 지역에 대한 정보와 지식을 수집하고 관리하는 역할을 강화하고 치안 조직에 지역 및 영역별 전문가들을 충원해야 한다. 또한 이들이 세계무대에서 전문성과 협상력을 지닌 치안 실무자로 성장하도록 인사제도들을 개편해야 한다. 그리고 국제기구, 지역별 협의체와 협력할 수 있

90) 남궁구 외, "외사경찰의 국제화 전략", 경찰대학 치안연구소 연구보고서(95-01), p. 5.

는 경찰조직구조의 개선이 요구되며 공동 이행이나 공동 규제 등 국제적 공조를 위한 국제적 경찰행정절차를 제도화하고 개발하여야 한다.

나. 새로운 국제문제의 해결능력 필요

국제화에 따라 범국가적 협조를 필요로 하는 경찰과 관련한 국제 문제들이 많아지게 된다. 국제사회의 일원으로서 합당한 의무를 담당해야 하지만 이러한 과정에서 국제사회에서 선도적 위치에서 우리의 입장을 강화하거나 국제 경쟁력을 높일 수 있도록 전략의 개발능력과 협상력을 키워나가야 한다.

다. 국제적 규범 및 국제협약의 준수

치안의 국제화에 따라 치안 담당자들은 국내법뿐만 아니라 국제법, 조약, 의정서 또는 집행 협정 등을 치안의 기준으로 삼아야 한다. 치안도 국수주의적 관점에서 벗어나서 세계적으로 생각하며 도덕적으로 행동하고 국제적 의무를 이행해야 한다. 만일 국제 기준과 국내의 치안 절차와 괴리가 있을 때 이를 세계화라는 기준에서 조정하는 관리 절차도 고려해야 한다.[91)]

라. 국제적 치안분담의 요구 증대

최근 세계는 민족·종교·자원·시장 등 지역적 차원의 소규모 분쟁이 증대되면서 UN의 분쟁해결 기능은 지속적으로 강화되는 추세이다. 그리고 기반시설 재건, 난민귀환, 선거지원 등 PKO 지원활동범위가 보다 적극적으로 확장되면서 인력과 예산 등의 면에서 선진국만의 참여는 한계에 이르고 있어 중진국가의 적극적인 참여가 요구되고 있다. 이와 같이 UN에서는 분쟁국가의 올바른 법집행시스템 구축을 위하여 경찰활동의 중요성을 인식하고 있다. 따라서 2000년 10월 'UN POLICE DIVISION'을 신설한 바 있으며 PKO 활동 지역의 특성에 따라 경찰인력의 활동 비율을 증가시키고 있다.

우리나라는 UN 사무총장을 배출하였고 세계 10위권의 경제규모라는 국제적 위상에 비해 PKO 참여규모는 저조한 편이다.[92)] 향후 국제사회 기여를 위한 경찰의 적극적인 참여 확대가 요구되고 있다.

91) 임상호, "치안환경변화에 따른 경찰 범죄예방활동의 효율화 방안에 관한 연구", 원광대학교 석사학위논문, 2004, pp. 9-10.

92) 각 국의 PKO 요원 파견 규모(07.1 기준)

〈표 2-1〉 한국군 해외파견 현황

□ 총 15개국 1,463명 ('12. 6. 11. 현재)

구 분				현재 인원	지 역	최초 파병	교대 주기
UN PKO	부대 단위	레바논 동명부대		359	티르	'07. 7월	6개월
		아이티 단비부대		240	레오간	'10. 2월	
	개인 단위	인·파 정전감시단(UNMOGIP)		7	스리나가	'94. 11월	1년
		라이베리아 임무단(UNMIL)		2	몬로비아	'03. 10월	
		남수단 임무단(UNMISS)		8	주바	'11. 7월	
		수단 다푸르 임무단(UNAMID)		2	다푸르	'09. 6월	
		레바논 평화유지군 (UNIFIL)	사령부 참모	5	나쿠라	'07. 1월	
			서부여단 참모	4	티브닌	'08. 3월	
		코트디부아르 임무단(UNOCI)		2	아비장	'09. 7월	
		서부사하라 선거감시단(MINURSO)		4	라윤	'09. 7월	
		아이티 안정화지원단(MINUSTAH)		2	포루토프랭스	'09. 11월	
	소 계			635			

※ 개인단위(58명) : UN PKO(36), 다국적군(22)
※ 부대단위(1,405명) : UN PKO(599), 다국적군(656), 국방협력(150)
자료 : www.peacekeeping.go.kr(국방부 파병공감)

국가	계	민간경찰	군 감시요원	부대	순위
총 114개국	81,992	9,028	2,532	70,252	
파키스탄	9,989	663	127	9,199	1
방글라데시	9,656	768	102	8,786	2
인도	9,612	491	84	9,037	8
프랑스	2,029	148	33	1,868	10
중국	1,861	174	66	1,621	12
미국	316	290	17	9	48
캐나다	141	85	41	15	59
대한민국	34	5	26	3	80

3. 국제화에 따른 경찰수요의 변화요인

국제사회의 변화는 정치, 경제면에서 많은 긍정적 영향을 주기도 하지만 한편으로는 사회 안정에 부정적인 영향을 주기도 한다. 최근의 국가간 인적 및 물적 교류가 확대되고 복잡하고 다양한 사회구조가 더욱 두드러지는 특징을 보이고 있다.

우리나라는 1990년대 이후 외국인의 입국과 수출입 물량이 계속적으로 증가하였고 다국적 기업과 같은 외국의 상사와 외국계 단체들도 상당수가 국내에 진출하고 있다. 그리고 각종 국제회의와 국제경기의 증가 및 해외용역 진출의 수월성 그리고 이민 및 관광객의 증가 등으로 인한 출입국 인구의 급증 하였다. 특히 1997년 IMF체제 이후에는 국내의 경제개방으로 인한 국제화가 가속되어 불법체류 외국인이 급증하면서 각종 국제성범죄가 지속적으로 증가하고 있다. 즉, 국내 범죄자의 국외도피, 불법무역과 기타 관세범의 증가, 문화재 및 재산의 해외반출, 외래퇴폐풍조의 유입, 국제사기와 기타 범죄의 국제화 현상 등과 함께 국내체류 외국인에 의한 범죄도 다양하게 발생하고 있다.

따라서 이 같이 국제적으로 급속히 확장하는 국제성범죄는 각 국가마다 국내적인 범죄의 제압만으로는 사회적 치안안정을 담보하기 힘들게 되었다. 그리하여 자국의 사회 안정 개념의 내적 경계를 기존보다도 더 확장하여야 하는 단계에 이르게 되었다. 이에 우리나라도 국제성범죄에 효과적으로 대응하는 전략과 역량을 갖추기 위해서는 국제성범죄에 대한 1차적인 대응조직인 경찰의 인력과 조직을 조정하고 보강해야 한다. 또한 장기적인 계획을 수립하고 단기적으로는 국제성범죄에 대한 정보수집 능력과 수사력을 강화하기 위한 실효성 있는 대책을 강구할 필요가 있다.

가. 국제교류의 확대

최근 국제화의 급속한 진행으로 세계는 무국경화 경향으로 변화하고 이에 따라 국가간 교류와 더불어 외국인 출·입국자가 계속 증가하고 있다. 이러한 과학기술의 발전과 교통·통신의 발달로 인하여 경제활동이나 관광, 취업, 결혼 등 국가간 인적 교류의 급속한 증가는 국가간 국민들이 자유로이 빠른 시간에 이동하는 지구촌 일일 생활권을 이루고 있다. 이에 따라 국내 외국인의 체류가 증가하는 등 인구비율의 다양성이 특징으로 나타나고 있으며 범죄의 광역화와 국제화도 진행되고 있어 국가간 대응체제의 변화가 요구되고 있다.

1) 국제교류의 개념

국제교류라 함은 인종, 종교, 언어, 체제, 이념 등의 차이를 초월하여 개인, 집단, 기관 등 다양한 주체들이 우호, 협력, 이해증진 및 공동의 이익을 도모하기 위한 목적으로 공식 또는 비공식적으로 추진하는 대등한 협력관계를 말한다. 전통적 의미의 국제교류는 외교라고 할 수 있으나 외교가 국가와 국가간 교섭활동이라면 현대적 의미의 국제교류는 다양한 주체간의 다양한 형태의 협력행위라고 할 수 있다. 즉, 과거의 국가간 조약, 안보협력 등과 같은 차원뿐만 아니라 국제기구, 비정부간 기구 등 다양한 주체들이 각각의 인적자산, 물자, 제도, 정보, 지식 등의 교환을 통해 상호이해를 도모하는 일체의 과정을 포함하는 광의의 개념이다.[93]

이러한 국제교류에 있어서 전제될 부분으로 어느 한 주체가 그들의 가치관이나 우월성 등을 고집하거나 상대 주체의 입장을 간섭하거나 강제해서는 안 된다는 점이다. 그러므로 상호간의 전통이나 문화 및 가치관을 존중함으로써 대등한 관계에서 국제교류가 이루어져야 한다는 것이다.

2) 국제교류의 대상과 유형

가) 국제교류의 대상

국제교류를 외국과의 인사, 문화, 제도 등이 서로 오가는 것으로 정의하면 그 범위는 상당히 광범위해진다. 단순히 초청과 방문에 그치는 것이 아니라 시설견학, 참관, 국제회의의 참석과 개최, 외국의 경찰교육연수에 참여 또는 개최, 상호 합동훈련 등도 국제교류의 대상에 포함 될 수 있다.

93) 경찰청, 국제교류협력 매뉴얼(외사 1−1), 2005, pp. 3−4.

나) 국제교류의 형태와 유형

(1) 국제교류의 기본 형태(PIBI Model)

국제교류의 기본모형으로 다양한 형태를 구상해 볼 수 있겠지만 제일 기본적인 차원에서 볼 때 인력(P), 정보(I), 우수사례(B), 아이디어(I) 등이 국제교류의 근간이 된다고 볼 수 있기 때문에 이들의 영어 머리글자를 따서 PIBI모형이라고 명명한다. 바람직한 상호교류와 상호협력을 위해서는 선린우호관계 증진뿐만 아니라 사람(people), 정보(information), 우수사례(best practice), 아이디어(idea) 등을 교환할 수 있어야 하고 이러한 것들에 기초하여 다양한 형태의 국제교류 결과물이 생산될 수 있을 것이다.[94]

〈그림 2-1〉 국제교류의 기본모형(PIBI Model)

(2) 국제교류의 유형

국제교류의 유형에 있어 그 분류 기준에 따라 다양하게 구분지을 수 있겠지만 크게 두 가지로 나눈다. 즉, 하나는 국제교류의 주체로 구분하고 다른 하나는 국제교류의 형태로 구분한다.[95]

94) 이영수, "부산광역시의 국제교류에 관한 연구", 동의대학 대학원, 석사학위논문, 2008. p. 14.
95) 상게논문, p. 20.

〈표 2-2〉 추진주체별 국제교류 유형

주체별	내용	형식
국가	정치, 군사, 외교 협정	의례적, 형식적, 관례적
지방자치단체	자매결연, 경제, 문화, 체육, 상징적 교류	지방자치단체와 지역주민의 상호신뢰
민간	유학, 여행, 홈스테이, 기타 등	개인적 친분, 알선 센터

나. 외국인 및 불법체류 외국인의 증가

1) 국내 체류외국인의 증가

경제구조의 국제화는 산업인구의 국제간 이동을 심화하고 자유롭게 발전시켜 외국인 내방객의 증가와 함께 장기체류자도 점차 늘어나고 있다. 또한 체류외국인의 구성이 종래 단순기능 분야 종사자 중심이었던 것에 비해 결혼이민자, 유학생, 투자가 등 활동유형별로 다양화되고 있다. 또한 출신국가, 민족, 취업분야, 체류기간 등도 복잡해지고 있다.

우리나라의 지속적인 경제성장으로 국제 교역량이 해마다 증가함에 따른 국제화 및 개방화 추세는 필연적으로 인적교류의 급속한 증가를 가져왔다. 체류외국인을 비롯하여 각국 상사, 외신들은 물론 국제 무역과 교류를 위한 사업 등의 활발한 활동과 증가로 인한 장기체류 등이 해마다 늘어났다. 이와 같은 국제적인 교류의 급증과 다원화사회의 진행은 치안환경[96]의 중요한 변화의 양상으로써 이에 대응하는 치안정책의 방향수정이 필요하게 되었고 각 국가에서는 관련 전략수립 등 대책마련에 심혈을 기울이고 있다.

---

96) 치안의 사전적 의미로는 잘 다스려 편안하게 하는 것과 국가와 사회의 안녕과 질서를 보전하고 지켜가는 것을 말한다. 환경의 사전적 의미는 생활체를 둘러싸고 직접 또는 간접으로 영향을 주는 자연 또는 사회의 조건이나 형편 등을 말하거나 주위의 사물이나 사정을 말한다. 따라서 치안환경은 세계화, 분권화, 지식정보화 등 사회 환경의 변화에 따른 사회의 안녕과 질서를 보전하고 지켜나가는데 직간접으로 영향을 주는 조건이라 할 수 있다.

〈표 2-3〉 체류외국인현황

(단위 : 명 %)

구 분	총 계	등 록	단기체류	거소신고
2011년 7월	1,411,013	984,771	314,882	111,360
2012년 7월	1,455,611	968,991	318,477	168,143
전년대비 증감률	3.2%	-1.6%	1.1%	51.0%
구성비	100%	66.6%	21.9%	11.5%

출처 : 출입국 외국인정책 통계월본, 2012년 7월호

〈그림 2-1〉 체류외국인 증감추이

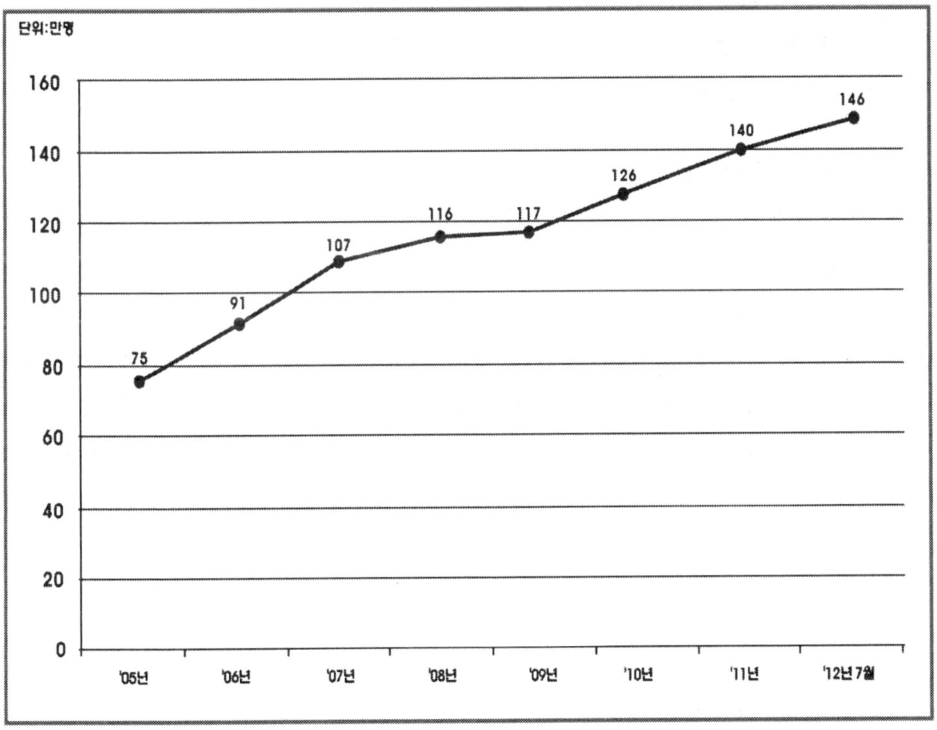

가) 관광 등 문화교류의 확대

정부에서 정책적으로 관광산업의 발전과 수입증대를 추진함으로써 외국인의 국내 입국은 매우 급속히 증가하고 있다. 그리고 국제회의의 개최와 국가와 지방자치단체에서 실시하는 국제화 프로그램 등을 통하여 각 지방의 문화행사 등에 외국인이나 외국의 문화예술단체의 초청이 확대되고 있다. 이에 따라 외국의 문화와 관련한 자의 국내 출입이 증가함은 물론 그들로 인하여 들어오는 문화와 풍습 등도 많은 영향을 주고 있다.

나) 국내 외국인 유학생의 증가

국내 대학의 꾸준한 발전과 외국학생에 대한 대학들의 유치의 노력으로 유학생들이 증가하고 있다. 이에 따라 최근에는 중국을 비롯하여 동남아권에서 국내 대학 등으로 입학하기 위하여 입국하는 유학생이 전체 외국인 유학생의 상당수를 차지하는 등 특별한 증가를 보이고 있다. 그 중 일부는 유학목적으로 입국하여 생활비와 학비를 조달할 목적으로 고의적으로 불법체류하기도 하지만 일부는 브로커의 알선으로 처음부터 불법취업의 목적으로 유학이라는 편법을 이용하는 사례도 있다.

다) 국내 노동시장의 개방

현재 합법적으로 외국인 기능 인력을 이용하는 방법으로는 고용허가제도[97)]가 있다. 이 제도는 외국 인력으로 인한 국내 일자리의 부족을 막기 위하여 내국인 구인 노력을 하였음에도 불구하고 채용하지 못한 사업주에 한하여 외국인근로자의 고용을 허용토록 하기 위한 것이었다. 즉, 불법체류외국인 고용요인을 사전에 차단하고자 합법적으로 외국인력을 사용하는 사업자에 대하여 신규 또는 변경되는 인력을 신속하고 적정하게 공급 할 수 있는 정책으로 시행되고 있다. 그러나 고용허가제에 의한 노동시장의 개방으로 외국인의 체류가 급속히 증가하였다.

---

97) 2004년 8월 17일부터 시행된 고용허가제는 제조업, 건설업, 서비스업 및 농축산업, 어업 등 다섯 개 분야에서 시행중이다. 2006년 11월 현재 태국, 필리핀, 인도네시아 등 9개 국가와 양해각서를 체결하였으며 이 제도는 국가간 양해각서를 체결하여 외국인구직자의 선발조건, 방법 등을 정하고 공공 기관이 직접 관장하도록 함으로써 외국인력 제도가 투명하게 운영될 수 있도록 하였다. 그리고 장기체류로 인한 정주화문제가 발생하지 않도록 취업기간을 3년으로 설정하였다.

2) 불법체류 외국인의 증가

가) 불법체류 외국인의 개념 및 현황

국내에 체류하는 외국인은 장기 및 단기를 불문하고 당해 체류자격 내에서만 적법하게 활동할 수 있다. 이러한 출입국관리법이 규정한 체류자격을 위반한 외국인 모두를 포괄하는 용어로 통상 불법체류외국인 또는 불법체류자라고 지칭하고 있다. 즉, 우리나라에 입국한 외국인이 출입국관리법에 규정한 제반요건[98]을 구비하지 않았거나 체류자격을 이탈하는 활동을 하고 있거나 소정의 절차나 의무 및 준수사항을 한 가지라도 이행하지 않고 있으면 불법체류외국인이 되는 것이다.

따라서 불법체류외국인의 반대개념인 합법체류자는 출입국관리법 등 관계법에 따라 적법하게 체류하는 외국인을 말한다.[99] 또한 동법 등에 위반하여 취업을 한 외국인근로자를 불법취업자라고 한다.

〈표 2-4〉 불법체류외국인 현황

연 도	총 계	등록외국인	단기체류외국인	거소신고
2005년	204,254	107,049	96,373	832
2006년	211,988	106,657	103,835	1,496
2007년	223,464	107,278	114,295	1,891
2008년	200,489	93,461	106,486	542
2009년	177,955	83,729	93,613	613
2010년	168,515	78,545	89,238	732
2011년	167,780	82,848	84,354	578
2011년 7월	167,514	80,858	85,404	1,252
2012년 7월	174,058	88,932	83,621	1,505
전년대비 증감률	3.9%	10.)%	-2.1%	20.2%

자료 : 출입국·외국인 정책 통계월보 2012.7

98) 외국인 체류에 대한 기본법규는 출입국관리법으로서 체류외국인은 크게 나누어 체류자격 91일 이상의 장기체류와 90일 이하의 단기체류로 분류된다. 장기 체류자는 입국한 날로부터 90일 이내에 그의 체류지를 관할하는 출입국사무소 또는 출장소에 등록하게 되어 있다.

99) 김민재, "외국인범죄의 실태와 대책", 법무연수원 연구위원 논문, 2007. 3월, p. 66.

나) 불법체류 외국인의 발생원인

(1) 노동구조의 이동

경제발전에 따라 주산업이 노동집약산업, 제조업, 건설업 등 저임금 노동력이 필요한 노동집약구조에서 하이테크, 금융업 등으로 고부가가치 중심으로 옮겨감에 따라 숙련된 노동자들도 고부가가치 업종으로 대거 진입하였다. 이에 따라 인력공백을 메우기 위하여 기존의 서비스 업종에는 저임금, 비정규직, 임시직 노동자가 필요하게 되었다. 또한 건설업 및 단순 기능 인력에 의존하는 3D 업종의 중소제조업체에서는 고용과 해고가 내국인보다 상대적으로 용이하고 저임금의 임시적 불법체류 외국인노동자가 그 수요를 채우게 되었다.

(2) 중국동포의 유입

1980년대 후반부터 중국동포들을 역사적 피해자로서의 보상차원에서라도 적극적으로 입국을 장려하여야 한다는 우호적인 분위기가 확산되었다. 그리하여 2000년 이후 중국동포의 자유로운 출입국 보장 및 국적회복 문제와 인권국가로서의 위상에 걸맞는 국가정책수립 요구가 급부상하여 중국동포를 포함한 재외국민정책에 대한 전향적인 대책이 필요하였다.[100] 그러나 이러한 이유로 시작한 방문취업제도의 시행은 불법체류 하는 동포들을 지속적으로 증가하게 하였다. 이에 따라 정부는 이들을 강제추방에서 선별적으로 구제하기 위해 불법체류기간이 1년 미만인 동포로서 일정한 요건을 갖춘 경우에는 법규 위반사실에 대하여 조치한 후에 방문취업(H-2) 자격으로 체류자격 변경허가를 하여 구제하는 조치를 취하기도 하였다.

(3) 중소기업의 외국인 선호현상

내국인의 3D업종 취업기피에 따른 인력난으로 중소기업은 저임금 외국인 노동자 특히 고용부담이 적은 불법체류자를 고용하는 것을 선호하고 있다. 더욱이 고용주는 숙련된 장기 불법체류외국인을 선호하는 현상마저 있어 불법체류자의 증가 원인의 하나가 되고 있다. 그러나 일부의 불법체류자들은 밀입국 브

---

100) 2007. 3. 시행된 방문취업제도에 의해 중국 및 구소련지역에 거주하는 만 25세 이상의 중국국적동포에 대한 방문취업 사증을 발급하여 국내 호적이나 친인척 등이 있는 동포는 연간 허용인원(쿼터) 제한 없이 사증을 받아 입국이 가능하고 무연고 동포의 경우는 연간 허용인원 범위 내에서 한국어시험에 응시하여 소정의 기준 점수에 도달한 자 중에서 무작위 컴퓨터 추첨으로 선발한다.

로커 등 범죄 집단의 개입을 통하여 이들에게 비싼 입국비용을 지불한 후 입국하고 있으며 이는 장기 불법체류를 양성하는 경우가 되고 더욱 심각한 것은 인권침해의 사례로 이어지고 있는 것이다.

(4) 국가의 정책적 일관성 부재

1990년대 이전에는 불법체류 외국인을 부족한 노동력 공급원으로 일면 활용하기도 하였다. 이후 법무부, 노동부, 중소기업청, 국정원 등 정부 부처간의 이견으로 일관성 있는 정책을 시행치 못했다. 특히 법무부 등의 불법체류자에 대한 강력한 단속방침은 일부 산업계, 노동계 시민단체 등 이익관련단체와 인권단체의 반대의 주장에 따라 실효를 거두지 못하였다. 그리고 다른 한편으로는 유화책을 시행하여 자진신고 등을 통하여 불법체류 외국인의 합법화조치 등을 단행하기도 하는 등 초기부터 정부의 일관성 없는 단발식 정책으로 불법체류외국인의 양산을 차단하지 못하였다.

다. 국내 외국인범죄의 사회문제화

국내에 체류하는 외국인의 수가 증가하면서 이와 비슷한 비율로 외국인형사범이 증가하고 있으며 국내에서 범죄피해를 당한 외국인도 늘어나고 있는 추세다. 또한 외국인 근로자나 불법체류 외국인 상호간의 범죄사례도 급속히 증가하고 있다. 외국인범죄의 증가 이유는 먼저 전체 외국인의 체류증가와 대표적인 외국인범죄인 불법입국과 불법체류자의 증가와 관련이 깊다. 특히 이들 불법체류자의 수는 세계화 추세와 함께 매년 크게 늘고 있으며 국적 또한 다양해지고 있다. 그리고 한편 외국과의 인적 및 물적 교류의 확대는 필연적으로 국내외의 범죄조직 등의 연계현상을 보이고 있다. 세계화 측면은 범죄에서도 나타나고 있어 마약, 살인, 자금세탁 등의 각종 범죄가 흉포화, 전문화, 지능화되고 국제범죄조직과 연결되는 경향이 나타나고 있는 것이다.

1) 외국인범죄의 개념

외국인범죄란 범죄의 주체가 대한민국의 국민이 아닌 외국인, 즉 외국 국적을 가진 사람에 의하여 행히여지는 범죄로서 대한민국의 형벌법규에 위배되는 행위를 한 자를 말한다. 일반적으로 외국인이 대한민국의 영토 내에서 죄를 범한 경우를 말하나 형법 제5조에서 정한 내란 및 외환죄 등에 있어서는 외국인이 대한민국의 영역 외에서 범한 경우도 포함된다. 그러나 북한주민은 헌법과 판례상[101] 대한민국 국민이므로 북한주민에 의한 범죄는 외국인범죄가 아니다.[102]

2) 외국인범죄의 특성

가) 외국인범죄 발생의 특성

(1) 조직화

외국인범죄가 최근 조직화하는 경향을 보이고 있다. 국제화 및 개방화 물결을 타고 우리나라를 출입하는 외국인의 수가 크게 증가하고 동남아지역 국가에서 취업목적 입국자들의 불법체류가 늘어나면서 외국인범죄는 폭력, 절도, 성범죄 등에 국한하지 않고 사기, 인신매매 및 매춘, 밀수행위까지 이르고 있다. 특히 외국인들이 범죄조직을 만들어 자국인들에게 취업을 알선해 주고 소개료 명목으로 금품을 갈취하거나 살인, 강도 등의 강력범죄를 저지르는가 하면 자기들끼리 세력 다툼까지 벌이는 사례가 발생하고 있다.

(2) 국제화

외국인범죄의 국제화 현상은 우리나라에도 본격적으로 나타나고 있다. 아편, 코카인, 헤로인 등을 원산지로부터 국내로 반입하여 들여오는 사례나 국제적 밀수조직이나 폭력조직에 의한 범죄와 관련하여 외국인이 가담하는 현상이 늘어나고 있다.

(3) 광역화 및 기동화

외국인범죄도 내국인에 의한 범죄와 마찬가지로 광역화 및 기동화 되어 가고 있다. 불법체류자, 산업연수생 등 외국인들이 전국에 산재됨에 따라 수도권에 집중되었던 외국인범죄가 부산, 대구, 울산 등 전국의 대도시권과 인근의 중소도시로 확산되고 있다. 그리고 범행 후 승용차를 이용하거나 심지어는 본국이나 외국으로 바로 출국하여 도주하는 수법의 범죄도 늘어나고 있다.

---

101) 대법원 1996. 11. 12. 선고 96누1221 판결.
102) 김민재, 상게논문, p. 4.

나) 외국인범죄 피해의 특성

외국인은 범죄피해에 있어서 잠재적 반복피해자, 자기방위능력 결여자, 피해신고 부자유자 등의 피해자학적 특성을 가진다.[103)]

(1) 잠재적 반복피해자

국내에 체류하는 외국인들은 대부분 한국사회에 익숙하지 못한 사람들이다. 한국의 언어, 법률, 제도, 역사, 관습, 문화, 기후를 알지 못할 뿐만 아니라 한국인의 기질과 성향을 모르는 사람들이다. 그런데 피해자학적 관점에서 보면 외국인들의 한국사회에 대한 무지는 범죄를 유발하여 피해를 당하게 되는 중요한 요인으로 작용할 수 있다.

한국어를 모르면 의사소통의 불확실성으로 인하여 오해가 야기되는 상황이 자주 발생할 수밖에 없을 것이다. 그로 인하여 결과적으로 곤란한 입장에 처하거나 재산상의 손해를 보게 되는 경우가 얼마든지 발생할 수 있을 것이다. 의사소통이 자유롭지 못하기 때문에 각별한 배려를 받는 경우도 있겠으나 사정이 그렇지 못한 경우에는 의사소통의 차질로 인한 신체적, 금전적 손실을 입을 가능성이 높을 수밖에 없다.

(2) 자기방위능력 결여

대다수의 외국인들은 기본적으로 한국사회의 구조와 특성을 모르기 때문에 범죄피해의 위협으로부터 자신을 방위할 능력을 지니지 못한 사람들이다. 국내체류외국인 중에는 범죄를 당할 가능성이 낮은 환경에서 안전을 보장받으면서 지내는 사람들도 있겠지만 많은 수의 외국인들은 범죄피해에 대하여 거의 무방비상태로 체류하고 있다.

실제로 범죄피해를 당한 경우에는 즉시 수사기관에 피해사실을 신고해야 피해의 확대를 방지하고 범인을 검거하여 피해보상이라도 받을 수 있다. 그러나 한국어를 아예 모르거나 미숙한 외국인은 피해상황이나 범인의 인상착의 등을 수사기관에 정확하게 신고할 수가 없을 것이다. 수사기관이 어디에 위치하고 있는지 알기도 어려울 뿐만 아니라 수사기관의 소재를 알아서 방문하더라도 사정을 설명하기는 여전히 어려울 것이다.

103) 조병인, "국내체류외국인의 범죄피해와 보호실태", 피해자학연구 제5권 제1호, 한국피해자학회, 1997, pp. 33–36.

(3) 피해신고 곤란

불법체류 외국인들은 취업의 여부와는 상관없이 범죄피해나 인권침해행위로 인하여 정신적 및 신체적 고통을 당하거나 금전적 손해를 보더라도 적극적으로 대응하지 못하고 있다. 즉, 이들은 피해사실을 수사기관에 신고하여 가해자를 응징하거나 피해보상을 받는 문제와는 별도로 국내에서 추방될 것을 우려하여 관계기관에 피해사실을 신고하는 것을 주저하는 등 자유롭지 못하다. 따라서 불법체류 외국인들이 정신적 피해와 경제적 손해를 감수해야하는 경우가 대부분이다.

3) 외국인범죄의 발생원인

가) 개인 환경적인 원인

직업은 여러 가지 면에서 범죄성과 밀접한 관계를 가진다. 특정한 직업에 종사함으로써 그 사람의 경제적인 생활정도가 결정되고 직업에 의해 자신과 그 가족의 생활환경이 정해지기도 한다. 그리고 사회적 지위가 낮은 불안정한 직업에 종사하거나 전직이 심한 것은 개인적인 소질이 떨어지거나 적응할 능력이 없다고 볼 수 있다.

이와 같이 외국인범죄자의 직업의 차이는 직업과 범죄성의 관계에도 크게 차이를 보이게 된다. 첫째 유형은 합법적인 취업을 하고 있는 외국인 화교를 제외하고는 거의 화이트칼라로서 연구직, 어학강사 등 일정한 수준 이상의 교육을 받은 사람들이 대부분이다. 합법적인 취업을 하고 있는 외국인의 경우는 그 종사 직업으로 보아 화이트칼라의 범죄성향을 가진다. 화이트칼라 범죄의 특징은 통상적으로 범죄통계상 잘 나타나지 않아 정확히 파악할 수 없고 암수범죄가 많아 그 대책 수립도 매우 어렵다고 보는 것이 일반적이다.[104)]

반면, 둘째 유형은 불법취업을 하고 있는 외국인으로 이들 대다수는 남자의 경우 불안정한 단순노동자로서 공업, 건설업 등에 종사하고 있는 것으로 파악되고 있다. 이러한 직종은 기존의 범죄원인론에 의하면 직업의 안정성이 떨어지고 개인적 소질도 저열한 경향이 있는 반면에 경제적으로도 불안정하여 실업자의 범죄율 다음으로 범죄성이 높다. 그리고 여성의 경우 단기체류나 흥행 등

104) 윤덕중,「범죄사회학」, 박영사, 1982, pp. 183-185

의 체류자격으로 입국하여 풍속관계사범으로 관여하는 경우가 많이 발생하고 있다. 결과적으로 외국인범죄 증가의 원인 중 하나로 볼 수 있다. 즉, 외국인 취업자 범죄가 증가하고 있는 것은 불안정한 단순노동자로서 불법취업하고 있는 외국인이 급증하고 있는 사실과 관련하여 추산할 수 있는 것이다.

또한 외국인 여성의 불법취업의 경우 윤락행위는 그 자체만으로도 부도덕할 뿐만 아니라 퇴폐문화를 조장할 수 있다. 더욱이 이들의 입국 및 취업알선과 관련하여 외국 범죄조직의 연계가 이루어질 수 있으며 외국인 윤락여성의 수입금 착취와 갈취 등 제2의 범죄가 가능하다는 점에서 범죄원인으로 작용한다고 볼 수 있다.[105]

나) 경제적 원인

경제적 환경이란 인간의 의식주 등 경제생활과 관련된 모든 경제적 조건을 말하는데 많은 학자들은 경제적 환경이 범죄에 미치는 영향이 크다고 보고 이들의 상관관계에 대해 연구해 왔다.[106] 경제적 환경은 사람들의 실생활에 직접 관계될 뿐만 아니라 심리적으로도 큰 영향을 미치는 요인이기 때문에 범죄발생에 중요한 변수가 될 수 있다. 이 중에서 외국인 취업자의 경제적 환경과 범죄성에 관련된 인자로는 외국인 취업에 영향을 주는 경기변동과 빈곤 문제를 들 수 있다.

(1) 경기변동

자본주의 경제체제에서는 그 생산관계에 내재하는 여러 가지 모순으로 인하여 불가피하게 호황과 불황이라는 경기의 주기적인 변동이 나타나기 마련이다. 이러한 경기변동은 국민생활 전반에 중대한 영향을 미치게 되는데 노동시장에도 많은 영향을 준다. 호황기에는 생산과 거래가 증가하고 고용이 확대되면서

---

105) 최성규, "외국인범죄의 실태와 대책에 관한 연구:, 원광대 행정대학원 석사학위논문, 2005, p. 13.

106) 경기변동과 범죄와의 상관관계에 관하여 종래의 연구를 종합한 서덜랜드는 다음과 같은 결론을 내리고 있다. 첫째 일반적인 범죄율은 불황기에 그리 증가하지 않는다. 둘째 중대범죄는 불황기에 경미하고 불규칙적으로 증가하고 호황기에 감소한다. 셋째 폭력을 수반하는 재산범죄는 불황기에 증가하는 경향을 나타내지만 절도와 같은 폭력을 수반하지 않는 재산범죄는 매우 경미하고 불규칙적으로만 증가한다. 넷째 일부 연구에 따르면 알콜 중독은 호경기에 증가하는 경향을 보이지만 다른 연구에서는 이의 차이가 인정되지 않는다. 다섯째 대인범죄는 경기순환과의 사이에 어떠한 규칙적 관계를 나타내지 않는다. 여섯째 소년비행은 호황기에 증가하고 불황기에 감소한다. 그러나 그는 최종 결론에서 범죄와 경제적 상태의 관계를 긍정하는 것은 불가능하다고 하였다.

신용경제가 팽창한다. 반면, 불황기에는 생산과 거래가 줄고 실업이 증가하며 기업이 도산하는 등의 현상이 발생하며 이러한 경기변동은 사회전체 구성원들의 경제생활과 심리상태에 큰 영향을 미치게 된다.[107)]

(2) 빈곤

경기변동과 범죄와의 관계가 거시적 차원에서의 범죄를 유발할 수 있는 요인이라고 한다면 빈곤과 범죄와의 관계에 대한 논의는 미시적 차원에서 범죄를 유발할 수 있는 가장 큰 경제적 요인이라고 할 수 있다. 범죄자의 개인적 경제상태가 범죄성에 어떠한 영향을 주는가 하는 문제이다. 그러나 절대적인 경제적 생활수준이 낮다는 의미에서는 빈곤 자체가 범죄의 결정적인 요인이라고 하기보다는 빈곤에 수반되는 현상, 즉 열등감, 좌절감, 소외, 아노미, 목표와 그 달성수단의 단절, 가정의 기능적 결함 등이 매개로 되어 범죄를 유발하는 경우가 많다.[108)] 이러한 측면에서 우리나라의 외국인 고용업체가 밀집되어 외국인들이 집단거주하고 있는 곳을 빈곤과 관련된 범죄성을 인정하기는 어렵다 해도 최소한 이들을 방치할 경우 이들 지역이 슬럼화 되거나 게토(Getto)처럼 되어 비행적 하위문화지역을 형성할 우려가 있다고 할 수 있다.[109)]

다) 사회문화적 원인

사회문화적 원인이란 한 나라의 국민이 가지는 윤리관, 종교관, 풍습, 교육정도, 문명과 기술적 발전의 정도를 말하는데 사회문화적 원인은 그 조건이 어느 정도 인위적으로 개조 가능하다는 점에서 자연적 환경과는 달리 형사정책적으로 중요한 의의를 가진다.[110)]

(1) 문화갈등이론

문화갈등이란 용어는 셀린(Sellin)에 의해 처음 사용되었는데 셀린의 문화갈등은 행위규범간의 갈등, 즉 사회적 가치, 이해 및 규범 등의 충돌을 가리키는 말로 사용되었다. 셀린은 문화갈등과 범죄현상과의 관계를 크게 두 가지 측면에

107) 배종대, 「형사정책」, 홍문사, 1998, pp. 222−225
108) 빈곤한 계층의 주거지역은 비행 하위문화지역을 형성해 범죄와 친밀성을 갖게 되고 2세들에게 더욱 큰 영향을 줄 수 있다는 이유로 서덜랜드는 빈곤의 범죄성을 인정하고 있다.
109) 최성규, 상게논문, p. 18.
110) 정영석, 신양균, 「형사정책」, 법문사, 1996, p. 206−207

서 지적하였다. 첫째 문화갈등이 존재하는 지역의 사람들은 그 지역의 행위규범이 모호하고 서로 경쟁적이기 때문에 사회통제가 약화되고 스트레스를 유발하여 보다 용이하게 범죄나 일탈행위에 끌리게 된다. 둘째 지배적인 문화의 행위규범만이 법제화됨으로써 그렇지 못한 문화를 가진 사람들은 자신들이 속한 문화의 행위규범을 따르다 보면 법과 자주 마찰을 일으킬 수밖에 없게 된다는 것이다.[111]

그리고 서덜랜드는 서로 다른 문화규범에서 행위규범간의 충돌이 일어날 수 있는 세 가지 방법을 제시하였다. 첫째, 인접한 문화영역의 경계에서 일어날 수 있다. 둘째, 식민지 개척과정에서 일정한 문화집단의 법률이나 규범이 다른 지역까지 확대될 때에 일어날 수 있다. 셋째, 어떤 문화에 속하였던 자가 다른 문화지역으로 이민하게 되는 경우 일어날 수 있다고 한다. 외국인 취업자의 경우는 이러한 문화갈등의 유형 중 제1차적 문화갈등으로 볼 수 있고 서덜랜드가 제시한 서로 다른 문화규범과 행위규범간의 충돌의 세 가지 방법 중 세 번째 이유이라고 할 수 있을 것이다.

우리나라에 있어서 문화갈등은 외국인취업자 범죄의 원인적 성격을 나타낼 수 있는가 하는 의문에 대해서 1990년대 중반까지는 외국인취업자의 불법취업 형태가 단기적인 양상을 보여 문화 갈등적 요인이 범죄원인이라고 할 수 있는 근거를 제시할 수 없었다.[112] 그러나 1995년 이후 불법취업이나 체류의 장기화 및 우리나라 사람들과의 문화갈등으로 인한 범죄발생 등도 범죄원인의 한 가지 유형으로 파악되고 있다.

(2) 외국인에 대한 인권침해

동남아 지역의 외국인들과 중국교포들은 주로 3D업종에 종사하고 있어 우리나라 근로자에 비해 상대적으로 낮은 임금과 임금체불, 과도한 근무시간에 노출되어 있다. 그리고 시민들의 편견에서 기인한 인격적 무시는 물론 불법체류 외국인 노동자들은 후진국가에서 돈을 벌러 온 천한 사람들이라는 고용주 및 한국인들에 의한 무시와 홀대, 욕설 및 폭행 등 인권침해 사례가 빈발하고 있다.[113] 이와 같은 피해를 당한 외국인 노동자들은 우리 국민에 대한 부정적 이

111) 박상기 외, 「형사정책」, 한국형사정책연구원, 2001, p. 184
112) 진태호, "외국인 범죄에 관한 연구", 전북대학원 석시학위논문, 2000, p. 40-41
113) 외국인노동자대책협의회, 외국인 산업기술연수생 인권백서, 2000, p. 9.

미지를 갖게 되고 이러한 피해가 반복되면서 누적된 반감으로 인한 즉흥적이고 우발적인 범죄가 발생하기도 한다.

(3) 동료집단의 형성

불법체류 외국인들은 취업을 위하여 영세제조업체들이 산재한 수도권 등 대도시 주변에 거주하며 생활비 등을 절약하기 위하여 같은 국가 및 지역 출신의 외국인들이 단체로 합숙하거나 자취함으로써 동료집단을 형성하게 된다. 이러한 동료집단은 보통 외국생활 중 향수를 달래고 상부상조하는 긍정적 역할을 수행하는 반면, 동료집단 내에서 절도 등 생계형 범죄, 개인적 불화나 채권채무 문제로 인한 폭력이나 강력범죄가 발생하는 토양을 제공하며 심지어 범죄 집단으로 변질되기도 한다.[114]

라. 다문화가정에 대한 사회적 문제 제기

모든 국가는 지식과 정보력을 갖추고 기술혁신을 주도할 수 있는 우수한 인재의 확보를 위해 입국문호 확대와 국내정착을 유도하고 해외사무소를 통한 우수인재의 영입을 적극 추진하고 있다. 이렇게 인구이동은 대부분 경제부국으로 집중되고 있다.[115] 이와 관련하여 각국은 국경관리를 강화하고 불법이민과 국익 위해자의 유입을 차단하기 위해 출입국심사는 물론 인구이동 정보의 수집과 분석 및 국가간 협력을 강화하고 사회갈등 발생을 방지하기 위해 불법 체류자에 대한 강력한 단속 기조를 유지[116]하고 있다. 또한 이민자 증가에 따른 갈등과 마찰[117]을 예방하기 위해 이민자에게 언어와 문화에 대한 교육 이수를 의무화하는 등 사회통합 정책을 강화하고 사회구성원으로 자립할 수 있도록 유도하는 사회통합정책을 추진하고 있다.

다문화사회는 민족적, 문화적 다양성이 의미 있게 부각된 사회로서 우리사회도 국내 정착 이민자의 증가로 다문화사회에 진입하고 있다. 그러므로 각 국의

---

114) 최성규, 전게논문, p. 21.

115) '05년 전 세계적으로 이민자는 약 1억9천여만 명으로 인구 64억7천만 명의 3%를 차지하였으며 전체 이민자 중 약 60%(약 1억1천5백만 명)가 유럽·미국 등에 집중 (World Demographics Trends, UN, 2007)

116) 미국은 '07년부터 단속강화로 불법체류자 약 100만명 감소, EU는 '08.10월 불법이민자의 엄격 관리를 내용으로 하는 '이민과 난민에 관한 유럽협정'에 합의하였다.

117) 프랑스 이민자 소요('05년), 호주 인종 간 폭력사태 발생('05년) 등

경험상 다문화사회는 이민자와 이민자 자녀의 사회 부적응과 저소득층 전락, 인종적, 문화적 배경에 따른 차별 등으로 인한 사회갈등의 문제에 직면할 것으로 예상되고 있다. 이러한 사회문제의 극복을 위해서는 이민자에 대한 사회적응 지원과 국민의 차별적 인식의 해소를 동시에 추진해야 할 것이다.

1) 다문화의 개념

문화라는 말은 토양을 경작한다는 뜻을 가진 라틴어에서 유래한 것으로 정신의 소프트웨어라고 부르며 대부분의 구미권 언어에서는 문명 또는 정신의 세련화를 뜻하며 교육, 예술, 문학 등을 의미한다.[118] 또는 문화란 그 사회에서 행해지는 이상, 가치관 틀과 사용되는 종류, 인생 가치관 그리고 무의식이나 의식적으로 틀리지 않고 옳다고 판단되는 행위를 같이 인정하고 나누는 것[119] 이라고 정의한 학자도 있다.

이런 문화는 인간이 문화를 배우고 습득할 능력을 지니고 태어나서 배우고 익혀가는 학습성, 문화는 끊이지 않고, 전승하고 축적하여 전통을 만들고 관습을 만들어 나가는 축적성, 사회구성원 모두가 유기적인 관계를 맺으면서 통합된 전체를 구성하는 공유성, 반복적으로 지속되는 규칙성과 새롭게 점차적으로 변화해 가는 변동성의 특성을 지니고 있다. 그리고 민족마다 다양한 성향을 지니고 있어 환경과 상황이 서로 유사하더라도 사회구성원의 가치관, 사고방식에 따라서 문제를 해결해가는 방식이 서로 다르다.[120]

여기에서 '다문화'란 다의적 개념으로 객관적 사회 현상을 지칭하는 기술적 개념으로 문화적 다양성의 존재 자체를 의미하고 사회구성을 목표로 하는 이념적 지향을 의미한다.[121] 그러나 다문화는 multi−cultural, inter−cultural, cross−cultural로 혼합하여 변역될 수 있을 정도로 아직은 그 개념의 이해와 논의가 명확하지 않다. 일반적으로 다문화란 성별, 종교, 직업, 계층, 인종 등에서 비롯되는 각 사회집단들의 고유한 문화적 특성이 다양하게 존재하고 있음을 나타낸다[122]고 볼 수 있다.

---

118) Geet Hofstede, 차재호 · 나은영 역, 「세계의 문화와 조직」, (서울: 학지사. 2001), p. 25.
119) 은숙 리 자엘펠더(Eunsook Lee Zeilfelder),「한국사회와 다문화 가족」,(경기도 : 양서원, 2007), p. 17.
120) 정하성 외 2인 공저, 전게서, pp. 16−23.
121) 김이선 외 2인 공저, "다민족 · 다문화 사회로의 이행을 위한 정책 패러다임 구축(Ⅰ) : 한국사회의 수용 현실과 정책과제." 한국여성정책연구원, 2007, p. 22.

2) 다문화 사회에서의 적응

외국인과 그 가족 구성원들과 함께 산다는 것은 그 이웃과 지역사회 나아가 한국사회 전반이 지금까지 경험하지 못했던 도전이다. 전통적인 부계혈통중심의 순혈주의 등 가족보다는 민족과 국가를 우선적 가치로 지켜온 국민정서의 바탕에서 국내 거주 외국인이 양적으로 증가하고 내용적으로 다양화하는 것에 대한 한국사회의 적응이란 국가와 제도 및 정책뿐 아니라 국민의 재사회화를 위한 포괄적이고도 중요한 사회공학적 접근이 필요한 일임을 알 수 있다.

가) 지향할 가치로서 다문화주의

우리사회는 다문화사회나 다문화주의가 무엇인지에 대한 합의는 물론 본격적인 논의도 이루어지지 않은 상태이다. 학계의 일반화된 관행에 따라 다문화주의를 일찍부터 채택한 서구의 문헌과 정책을 기반으로 정의를 내릴 수도 있다.[123] 이런 맥락에서 불 때 문화권과 문화다양성을 존중한다 할 때 대두되는 과제로 다음과 같은 것이 고려되어야 한다. 첫째, 국가사회 차원의 통합을 어떻게 이루는가의 문제이다. 둘째, 문화의 단위는 민족이나 국민, 국가 단위뿐 아니라 계층, 성별, 세대, 직업, 지역 등의 전통적인 사회학의 단위이다, 그리고 같은 사회집단에 속한 개인들 간에도 존재하는 다양성과 개인이 맡고 있는 다양한 역할간의 상충 등 국가사회, 사회집단, 개인, 개인내면 차원으로 다양하다. 그러므로 어디에 기준을 두고 논의하는가의 문제가 있다. 셋째, 보편적 가치로 보아 문제가 있다고 의심되는 잘못된 전통도 문화다양성과 문화권리로 보호되어야 하는가의 논쟁이 있다.

나) 현실로써 다문화사회

세계경제의 국제화에 따라 한국인의 해외진출은 더욱 가속화될 것이므로 만성적인 노동력 부족의 수급을 위해서 이민자 또는 이주노동자를 받아들이지 않을 수 없는 상황으로 이미 다인종, 다문화 사회로 급속히 진전하고 있다. 결국

---

122) 정하성 외 2인 공저, 전게서, p. 42.

123) 1948년의 유엔 인권선언을 기반으로 이루어 낸 2001년 유네스코 문화다양성 선언, 2005년 유네스코의 문화다양성 협약 등에 나타난 문화권과 문화다양성(cultural rights and diversity) 관련 쟁점은 향후 국내에서 다문화주의를 지향하는 정책에 가장 우선적으로 활용될 수 있다.

다양한 외국인의 수용을 통한 부족한 노동력 해소 및 경제발전, 사회통합을 이루기 위해서는 외국인에 대한 일방적인 한국 문화로의 동화를 강요하는 것이 아니라 자신의 정체성을 유지하면서 공존하기 위한 다문화사회로의 노력은 대단히 중요하다.

3) 다문화가정의 사회적 문제점 제기

우리나라의 급속한 산업의 발전은 농촌의 인구를 감소케 하였으며 농촌사회에 거주하는 것을 싫어하는 젊은 여성의 성향에 따라 농촌의 젊은 남성의 결혼이 어려워짐에 따라 동남아국가를 중심으로 국제결혼이 증가하게 되어 농촌을 중심으로 다문화 가정이 급격히 늘어나는 현상을 보이고 있다.[124)]

한국남성과 외국여성 사이에 이루어지고 있는 국제결혼은 단지 문화가 다른 사람들 사이에 이루어지고 있는 단순한 국제결혼의 경우가 아니고 경제적 요소가 강하게 자리 잡고 있는 측면도 있다. 따라서 국제결혼으로 인해 이주하는 외국 여성들이 한국에서 당하는 고통이 점차 커다란 사회적 문제로 부각되고 있다.

가) 다문화가정의 정의

「다문화가족지원법」 제2조[125)]는 다문화가족을 ①「재한외국인 처우 기본법」 제2조제3호의 결혼이민자와 「국적법」 제2조부터 제4조까지의 규정에 따라 대한민국 국적을 취득한 자로 이루어진 가족 ②「국적법」 제3조 및 제4조에 따라 대한민국 국적을 취득한 자와 같은 법 제2조부터 제4조까지의 규정에 따라 대

---

124) 이는 한국에 외국여성들이 유입되는 것은 계급화 된 결혼시장 내에서 결혼상대를 찾지 못하는 많은 하층 한국남성들의 수요에 기인한다는 점에서 한국이 노동력 수용 국가로 전환되기 시작한 1990년대 이후에 나타나게 된 현상이다.

125) 「다문화가족지원법」
제2조(정의) 이 법에서 사용하는 용어의 뜻은 다음과 같다. 〈개정 2011.4.4〉
1. "다문화가족"이란 다음 각 목의 어느 하나에 해당하는 가족을 말한다.
가. 「재한외국인 처우 기본법」 제2조제3호의 결혼이민자와 「국적법」 제2조부터 제4조까지의 규정에 따라 대한민국 국적을 취득한 자로 이루어진 가족
나. 「국적법」 제3조 및 제4조에 따라 대한민국 국적을 취득한 자와 같은 법 제2조부터 제4조까지의 규정에 따라 대한민국 국적을 취득한 자로 이루어진 가족
2. "결혼이민자등"이란 다문화가족의 구성원으로서 다음 각 목의 어느 하나에 해당하는 자를 말한다.
가. 「재한외국인 처우 기본법」 제2조제3호의 결혼이민자
나. 「국적법」 제4조에 따라 귀화허가를 받은 자

한민국 국적을 취득한 자로 이루어진 가족으로 정의하고 있다. 현행법은 다문화가족을 결혼이미잔+한국인(출생), 귀화+한국인(출생)인 경우로 제한하여 규정하고 있기 때문에 외국인가족 등은 현행법의 다문화가족의 범위에서 제외된다.

행정안전부가 조사한 자료[126]에 따르면, 2010년 1월을 기준으로 결혼이민자(혼인귀화자 포함)는 181,671명으로 전체 외국인주민의 15.9%에 해당하고 2009년도 167,090명에 비하여 14,581명(8.7%)이 증가하였다. 성별로는 여성이 161,999명(89.7%)이고 남성이 19,672명(10.3%)이다. 국적취득자가 56,584명(31.1%)이고, 국적미취득자가 125,087명(68.9%)이다.[127]

최근 다양한 다문화가정의 증가는 결국 우리사회가 갖고 있는 단일인종으로 구성되었다는 기존의 생각을 변화시키고 있다. 한국에서도 단일문화 내지 단일민족으로 구성된 사회가 아니라 다양한 인종과 그들의 고유의 문화가 어우러지는 다민족국가 내지 다문화주의를 인정하는 다문화사회로 나아가게 되는 계기가 되고 있다.

나) 다문화가정 유형

다문화가정의 구성원들은 각각 성장한 문화적 배경에 따라 각각 1세대와 2세대로 나뉠 수 있다. 1세대는 한국 내 거주 이전 단계에서 유아기와 성년기를 보내면서 자국의 문화적 배경을 가진 세대들을 들 수 있고 2세대는 한국 내에서 출생하고 성장한 경우를 들 수 있다. 그리고 그 중간 단계로서 1.5세대를 들 수 있는데 한국 외에서 출생하여 유아기를 보내고 한국 내에서 초중등학교의 학령기를 보내고 있는 구성원들을 들 수 있다.

〈표 2-3〉 다문화 가정의 유형

다문화 가정	자녀
국제결혼 가정	한국인 아버지와 외국인 어머니 사이에서 태어난 아이
	한국인 어머니와 외국인 아버지 사이에서 태어난 아이
외국인 근로자 가정	외국인 근로자가 한국에서 결혼하여 태어난 아이
	본국에서 결혼하여 형성된 가족이 국내에 이주한 가정의 아이

126) 「2010년 지방자치단체 외국계국민 현황조사」

127) 주성훈, 다문화가족지원사업 문제점과 개선과제, 예산현안분석 제38호, p. 26.

다) 다문화가정의 일반적인 문제점

국제결혼으로 인한 인종적 편견이나 관계 등이 문화적, 정치적, 위계질서까지도 재설정하게 만들기 때문에 국제결혼 가정에는 많은 문제점들이 발생할 수 있다.

(1) 사회적 편견

다문화가정에 대한 사회적 편견은 일부 언론 등을 통해 피상적이며 과장되거나 편협하게 알게 된 내용을 토대로 여성결혼 이민자들을 한국으로 팔려온 씨받이로 이해한다거나 혹은 돈을 벌기 위해 정상적 결혼생활을 할 의사가 없으면서도 한국에 온 것으로 생각하는 등 선입견에 기초와 판단하는 경우가 대부분이다. 그리고 다문화가정을 비정상적인 가족 등 사회문제의 원천으로 보는 시각이 잔존하고 있어 이러한 편견과 차별이 지속될 경우 이로 인한 사회적 갈등이 표출될 우려를 낳고 있다.[128)]

(2) 언어문제 및 문화적 차이

국제결혼 이주여성의 의사소통 어려움은 남편이나 가족원과 대화를 기피하게 만들며 스스로 고립시키는 부정적인 결과를 초래하며 궁극적으로 부부갈등으로 이어져 결혼생활을 어렵게 하고 있다. 또한 언어 상호작용에 있어서 가정의 충분한 모국어 습득 환경과 주된 양육자인 어머니의 사용언어 및 의사소통 유형은 아동의 언어발달에 직접적인 영향을 미치게 되어 학교에 들어가서도 학습능력 부진으로 이어질 수 있는 것이다.

(3) 경제적 문제

다문화가정의 경제적 여건은 대단히 열악한 것으로 밝혀지고 있다. 즉, 경제적 이유로 식비를 줄이거나 끼니를 거른 경험이 있는 이주여성 가구와 최저생계비 이하인 가구도 많은 것으로 나타났다. 그러나 국민기초생활[129)] 수급가구

128) 보건복지가족부 실태조사, 2005.

129) 대한민국 국민과 혼인한 외국인은 남녀 모두 혼인 후 국내에 2년 이상 거주하는 등 일정요건을 갖추고 법무부장관의 귀화허가를 받아야만 우리 국적을 취득할 수 있게 되었다. 이는 부계혈통을 위주의 국적법에서 남녀평등의 원칙을 받아들인 점에서는 진일보하였으나 위장결혼을 방지한다는 명분으로 2년의 유예기간을 둠으로써 하향평준화 되었다. 위장결혼방지라는 명목 하에 2년 이상의 유

로 혜택을 보는 가구는 얼마 되지 않아 이들의 과반수가 심각한 빈곤문제에 직면해 있는 것으로 분석되었다.

(4) 가정폭력과 불화

다문화가정의 문제는 단순히 서로 다른 국가출신간의 결합이어서 문제가 되는 것이 아니라 경제적으로 차이가 있는 국가간의 결합이기 때문에 문제가 된다. 부부관계가 마치 준 계급 관계로 변화될 수 있다는 것이다. 많은 다문화가정 여성들은 한국식 생활방식과 문화를 강요하는 남편과 시댁식구의 학대와 부부폭력으로 인하여 심각한 고통을 받고 있는 것으로 나타났다.[130]

라) 국제결혼중개에 관한 문제점 및 관련 법령의 검토[131]

국제결혼으로 인해 이주하는 외국여성들이 한국에서 당하는 고통이 점차 커다란 사회적 문제로 부각되고 있다.[132] 국제결혼을 위한 남녀의 만남은 지인의 소개를 통하여 이루어지기도 하며 일부의 경우에는 종교단체를 통하기도 하는 등 여러 유형이 있다. 그러나 많은 경우가 결혼중개업체를 통한 맞선과정을 통하여 이루어진다. 이러한 국제결혼 중개업은 '99. 2월부터 결혼상담업이 자유업으로 전환된 후 업체가 난립하여 사기결혼 등으로 피해가 속출하였다. 이에 따라 정부는 '08. 6 '결혼중개업의 관리에 관한 법률'을 제정하였다.[133] 2010년 9월 기준으로 국제결혼 중개업체는 1,371개소이며 이들 중 자본금 4,000만원 이하가 전체의 55.4%로 파악되었다(여성가족부, 2010).

예기간은 외국인 여성과 결혼한 한국 남성들이 신분이 불안한 외국인 배우자들의 약점을 악용하여 그들을 지배하려고 한다는 점이다.

130) 2005년 보건복지가족부의 실태조사에 따르면 이들 이주 여성의 31%는 지난 1년 동안 언어폭력을 당한 경험이 있었고, 26.5%는 신체적 폭력에 시달렸으며 성적학대(23.1%)나 위협(18.4%)도 받고 있는 것으로 조사되었다. 그러나 가정폭력으로 경찰에 신고한 사람은 10% 정도에 불과하며 이주여성상담소 등의 상담전화를 이용한 사람도 10-13% 내외로 집계되고 있다.

131) 조규철, "국제 결혼이주여성의 인권침해예방을 위한 경찰활동에 관한 연구", 자치경찰연구 제4권 1호, pp. 204~205

132) 2006년 열아홉 살의 베트남 신부 후안마이는 한 결혼정보업체의 소개로 27세 연상의 한국남자를 소개받아 그날로 결혼하고 5개월 후 한국에 들어와 천안의 한 지하 셋방에서 행복한 결혼을 꿈꿨지만 언어소통과 경제적 어려움으로 남편과 갈등을 겪는다. 결국 베트남으로 돌아가겠다는 그녀의 말에 남편은 가혹한 폭력을 휘둘렀고 결국 그녀는 남편의 폭력에 의해 꽃다운 19세 나이에 사망했다.

133) 결혼중개업에 관한 소관 정부부처는 여성가족부이며 최근('10.11.18 시행) 결혼당사자간 신상정보서면제공을 의무화하는 세부규정을 마련, 동법과 시행령 및 시행규칙을 제정, 공포하였다.

이와 관련하여 국제결혼의 중개에서 가장 기본적인 문제는 중개업소에서 결혼의 신성한 가치나 의미보다 단지 돈벌이의 수단으로써 경제적 수입만 챙기기 위하여 국제결혼을 중매·주선하기 때문이다.[134] 또한 한국 결혼중개업자와 상대국의 브로커들과 위계화 된 하청구조에 의하여 국제결혼 이주여성들은 많은 피해와 인권침해를 당하는 등 국제결혼은 상당부분 전통적 의미의 결혼이 아닌 국제적으로 상업화된 결혼으로 많은 문제점을 내포하고 있다.

(1) 편법의 중개절차로 인한 인권침해

결혼중개의 과정이 비용지불자인 한국 남성을 중심으로 이루어지고 있어 다양한 형태의 인권침해가 발생하고 있다. 중개업자들은 정상적인 결혼과정보다 짧은 시간 내에 맞선을 진행하기 때문에 결혼 당사자들의 사려깊은 의사결정에 의한 배우자선택이 곤란함은 물론 맞선을 본 당일 성혼을 결정하도록 강제하고 다음날 현지에서 바로 결혼식을 주선하는 관행 등으로 많은 문제점이 있다. 이 같은 성적인 합일을 이용하는 편법의 중개절차로 인하여 성혼을 결정한 후 당해여성이 국내에 입국하지 못하는 경우에는 정신적, 육체적으로 심각한 상처를 받게 된다. 즉, 결혼이주여성의 본국에서 결혼식을 하고 합방 절차까지 거친 후 상대의 남자가 한국에 돌아와서는 초정을 하지 않는 사례가 있어 이를 가장 염려한다고 한다. 이처럼 결혼중개업을 통하여 성혼이 이루어진 국제결혼 이주여성은 배우자가 자신을 구타하는 것보다 더 무서운 것이 자신을 유기하는 경우라고 한다.

(2) 결혼 희망여성에 대한 거주통제 등 기본권 침해

일부 국제결혼 중개과정을 보면 한국 또는 현지 중개업체들은 조직적으로 여성을 모집하고 기숙시키면서 관리하기 때문에 그들을 통제하는 것은 기본이다. 맞선준비기간뿐만 아니라 결혼 후 입국까지 여성들은 중개업자가 운영하는 숙소에서 생활하면서 외출을 제한 받는다. 그러면서 이 기간 생활비는 스스로 부담해야 하고 일부는 빚으로 계산되며 이러한 부채 예속의 상황은 여성이 중간에 맞선을 포기하거나 맞선 과정에서 거부권을 행사할 수 없도록 강제하는 수

134) 2005년 기준으로 결혼을 원하는 남성들이 1,000만원 안팎을 부담하고 이 중 20~30%는 중개업자들의 수수료 등 수입이 된다. 이에 따라 수많은 국제결혼중개업이 급증하였고 이들은 전문업체는 물론이고 개인이 결혼 브로커로 나서는 경우도 많다. 최근에는 온라인에서 영업하는 업체만도 매우 많은 것으로 추정하고 있다.

단이 되기도 한다. 이는 최근 국제법으로 엄하게 규제하고 있는 인신매매의 속성에 해당한다고 할 수 있다.

(3) 허위 및 부실한 개인 신상정보 제공

결혼 당사자에게 제공되는 정보는 상대방의 나이, 직업, 초혼·재혼여부, 학력, 경제력, 가족상황 등이다. 그러나 이러한 정보를 중개업체에서 정확한 정보를 제공하지 않고 내용을 과대하여 부풀인 허위의 정보를 제공하는 등 부실하게 이행하고 있다. 또한 맞선 당사자 상호간 언어소통의 어려움으로 인하여 직접적인 대화를 통하여 이해하거나 필요한 정보교환을 교환하는 것도 곤란하다. 여성가족부의 2006년도 조사결과에서도 외국인 신부의 10명 중 1.3명이 결혼 전에 입수한 남편에 대한 관련 정보가 사실이 아니었다는 결과가 나왔다.[135] 이는 신뢰를 바탕으로 해야 할 결혼이 처음부터 잘못되고 있음을 단적으로 보여주는 결과이다. 결혼중개업자가 제공하는 정보의 미흡과 불량은 너무나 일반화된 문제로서 결혼실패의 가장 중요한 요인이 되고 있다.

(4) 지참금 횡령 및 중개수수료의 문제

결혼비용은 대상국에 따라 상이하나 중개업체의 과도한 수수료의 수취가 문제인 경우도 많다. 중개수수료에는 기본적으로 항공료, 서류 처리비용, 수속비용, 현지 체류비용, 지참금 등이 포함되어 있다. 그러나 일률적인 공중가격은 없으며 국가 등에 따라 차이가 있고 빠른 수속을 위한 별도의 대금을 요구하는 경우도 있다. 이러한 수수료는 대개의 경우가 남성이 지불하지만 여성이 현지의 지사에 지불하는 경우도 있다고 한다. 그리고 결혼중개업연합회가 추진료, 성혼료 등의 가격 담합으로 결혼비용[136]이 과다하게 부과되고 있어 문제가 되고 있다. 그리고 대부분 현지 모집책과 여성의 부모에 대하여 일종의 리베이트 형식의 수수료가 존재하며 그 지참금 중 일부가 중개업체와 관계하는 현지 모집책에게 지불된다.

---

135) 2005년 이루어진 보건복지부의 국제결혼 이주여성 실태조사에 의하면, 국제결혼업체를 통한 여성결혼이민자의 44%가 업체로부터 제공받은 남편에 의한 사전정보가 사실과 달랐다고 응답한 것으로 나타난다(박지영, 2008).

136) 공정거래위원회가 발표('06.5.16)한 한국결혼상담소협회의 '협정가격표'에 따른 추진료와 성혼료를 보면 필리핀·몽골·러시아는 1천만원과 5백만원, 중국·베트남은 8백만원과 3백만원, 미국, 캐나다, 호주 등은 1천2백만원과 8백만원, 일본은 30만원과 1백만원을 각각 부과하고 있다.

(5) 결혼중개업의 난립과 허위 및 과장 광고

'99년 '가정의례에 관한 법률'을 폐지하고 허가제인 결혼중개업을 자유업으로 변경되면서 국제결혼 중개업체는 난립하였다. 그리고 국제결혼 중개업자들이 결혼을 원하는 남성을 보다 많이 모집하는 것이 사업성공을 위한 중요한 영업행위가 된다. 이에 따라 중개업자들은 다양한 방법을 동원하고 있는데 일반적으로 현수막 게시, 신문 등에 지면광고, 인터넷 홈페이지 광고 등을 활용하고 있으며 최근에는 온라인부터 오프라인까지 다양한 매체를 활용하고 있다.[137] 그러나 일부 중개업자들은 거리에 게시하는 현수막 등 게시물을 불법적으로 게시하거나 심각한 인권 침해적인 문구를 사용하는 사례가 행정기관에 적발되거나 인권단체에 의하여 지적되거나 고발되기도 한다.

(6) 정부(지방자치단체)의 행정관리 및 불법행위 단속 소홀

국내결혼 중개업은 시·군·구에서 관리하나 오히려 중개업체수가 많은 국제결혼 중게업은 시·도 단위에서 소수의 인력이 관리하고 있어 국제결혼 중개업에 대한 실질적인 관리가 곤란한 한계를 노출하고 있다. 그리고 국내 및 국제결혼중개를 겸업하는 경우에는 당 업체에 대한 관리주체가 이원화되어 행정지도 및 감독 등의 관리가 비효율적이며 중복적인 이중규제의 문제가 있다. 한편 여러 국가가 관련되고 특별한 절차로 진행되는 특성으로 인하여 불법행위를 단속하여 사법처리하는 경찰의 활동도 매우 미약하고 미온적이다. 더욱이 국제결혼과 관련한 문제는 경찰기능 중에서 외사경찰이 담당·처리하고 있으며 국제범죄의 수사 등 현안의 처리에 비하여 후순위의 활동대상이 되어 적극적인 대응을 하지 못하는 실정이다.

한편 현지에서 이루어지는 중개업체의 위법행위에 대하여 당해 국가의 관련 사법기관과의 협조를 강구하기 위한 실무적인 활동도 미흡하다. 즉, 국제결혼 중개업체의 신고를 받고 필요한 관리를 해야 하는 지방자치단체와 이들의 불법행위를 단속하여 사법처리해야 하는 경찰은 물론 정부의 노력이 부족하였다.

마) 개정 "결혼중개업의 관리에 관한 법률"의 검토

국내로 이주하였던 베트남 출신 국제결혼 이주여성의 비극적인 살해사건[138]

---

137) 국제결혼 중개업체의 회원모집은 43.5%가 인터넷 홈페이지, 39.1%가 생활정보지 광고, 38%가 벽보 및 현수막 광고, 26%가 신문광고를 통해 이루어지고 있는 것으로 나타난다(박지영, 2008).

이 발생하면서 국제결혼의 중개과정에서의 문제점을 해결 또는 보완하기 위하여 엄격하고 세부적인 내용으로 2012년 6월 12일 동법과 시행령 및 시행규칙 개정하여 시행하고 있다. 중요한 개정내용은 다음과 같다. 결혼당사자간에 제공해야 할 신상정보의 제공시기, 절차, 입증방법 등 구체화하였다. 즉, 국제결혼중개업자는 이용자와 상대방으로부터 혼인경력, 건강상태, 직업, 범죄경력 등에 대한 증빙서류를 제출받아 국제결혼 개인신상정보확인서를 작성한 후 양 당사자가 이해할 수 있는 언어로 번역하여 제공하여야 한다. 그리고 양 당사자가 신상정보확인서를 확인한 후 쌍방이 모두 만남에 서면동의 한 경우에만 만남을 주선토록 규정하였다. 또한 준수해야 하는 외국 현지 법령의 범위를 조정하여 국제결혼 중개업체의 외국 현지 법령위반 시 국내통보 범위를 행정법령까지 확대하였다. 한편 표시 및 광고에 신고번호 또는 등록번호 표기를 의무화했으며 국제결혼 중개업 업무제휴에 관한 규정을 신설하여 외국 현지 업체 등과 업무제휴 시 서면계약 체결의 의무화 및 결격사유 있는 자와의 제휴금지 하였다. 그리고 등록 당연취소 사유의 추가 및 영업정지 조항을 추가하여 거짓이나 부정한 방법으로 결혼중개업을 신고하거나 등록한 자는 당연취소하고 신상정보 및 통역, 번역 서비스의 미제공자는 영업정지의 대상이 되며 양벌규정을 두어 결혼중개업자가 종사자의 위반행위 방지를 위해 주의와 감독을 다한 경우에는 처벌을 면하도록 하였다.

〈표 2-4〉 결혼중개업의 관리에 관한 법률의 개정 내용(2012. 6. 12)

주요 개정 내용	관련 규정
○ 결혼중개업 등록, 신고업무 및 휴업·폐업의 시·군·구 일원화 - 국내결혼중개업 및 국제결혼중개업을 모두 시·군·구 일원화	법 제4조, 제5조, 시행령 제2조
○ 국제결혼중개업자의 신상정보의 작성 및 제공 의무 부과 - 결혼당사자간 필수 신상정보를 서면으로 교환토록 규정	법 제10조의2, 시행령 제3조의2

138) 한국에 결혼하여 온 지 8일만에 남편이 휘두른 흉기에 의해 목숨을 잃은 스무살의 베트남 신부의 사건이 발생하였다. 그녀가 결혼할 당시에는 남편이 정신병의 소유자인지 알지 못했다고 한다(중앙일보, '10. 7. 12. 월요일 34면 사설).

○ 통·번역 서비스 제공의무 부과	법 제10조의3, 시행규칙 제9조의3
○ 준수해야 하는 외국현지법령의 범위 조정 - 외국현지법령 위반시 국내 통보범위를 행정법령까지 확대	법 제11조, 시행령 제4조
○ 표시·광고에 신고번호 또는 등록번호 표기 의무	법 제12조제3항
○ 외국 현지업체와 업무 제휴시 서면 계약체결 의무화 등(신설)	법 제14조의2
○ 등록 당연취소 사유 추가 및 영업정지 조항 추가 - 거짓·부정한 방법으로 신고·등록한 자는 당연취소 - 신상정보 및 통·번역서비스 미제공자 영업정지 등 24개 요건	법 제18조, 별표2
○ 결혼중개업자가 종사자의 위반행위 방지를 위해 주의와 감독을 다한 경우 처벌을 면함(양벌규정)	법 제27조

이와 같은 법령의 개정으로 상기에서 재기되었던 국제결혼의 중개에 관한 많은 부분의 취약점을 제도적으로 보완하였다.

바) 다문화가정의 사회적 정책지원

정부는 2006년에 다문화 및 다민족 사회로 전환하여 이주노동정책에서 이민정책으로 다문화 통합정책과 고용허가제를 단일화하였다. 이는 정부가 다문화주의 정책을 통해 단기적인 방문노동의 문제를 이민의 문제 즉, 노동력 관리의 문제에서 사회문화 통합을 문제로 새롭게 자리 매김하겠다는 의도로 볼 수 있다. 또한 2007년부터 국민기초생활보장법이 적용되고 있고 여성결혼이민자와 관련하여 국제결혼중개업 관리법안, 혼혈인지원법, 다문화가족지원법, 이주민가족지원법 등의 이주 외국인들을 보호하기 위한 법안들이 하나씩 제도화 되고 있다.

이에 따라 다문화가족지원사업은 2010년 11월 현재 8개 부처(여성가족부, 법무부, 교육과학기술부, 고용노동부, 행정안전부, 문화체육관광부, 농림수산식품부, 방송통신위원회)에서 30개 세부사업을 수행하고 있다. 2011년 예산안은 고용노동부가 일자리지원사업 예산안을 편성하지 아니하고, 보건복지부가 다문화가정 보육료지원사업을 신설하여 8개 부처 29개 세부사업을 실시하는 것으로 예산안을 편성하고 있다.

특히 여성가족부의 다문화가족지원사업 2011년 예산안은 전년대비 32%가 증가한 555억 2,400만원을 편성하고 있다. 다문화가족지원사업 정부 예산안 886억 6,800만원(2011년) 중 여성가족부 사업이 전체 예산안의 62%를 차지하고 있다. 2011년 예산안을 세부사업별로 살펴보면, ① 다문화가족지원사업(14억 8,900만원) ② 결혼이민자 현지 사전정보제공 및 국제결혼중개업 관리사업(9억 9,400만원) ③ 다문화가족지원센터 운영지원사업(113억 7,800만원) ④ 다문화가족 언어 및 교육지원사업(337억 800만원) ⑤ 글로벌 다문화센터 건립사업(17억 8,500만원) ⑥ 폭력피해 이주여성 지원사업(47억 7,000만원) ⑦ 여성결혼이민자 일자리 지원사업(14억원)으로 구성되어 있다.[139]

〈그림 2-1〉 다문화가족지원정책 추진체계

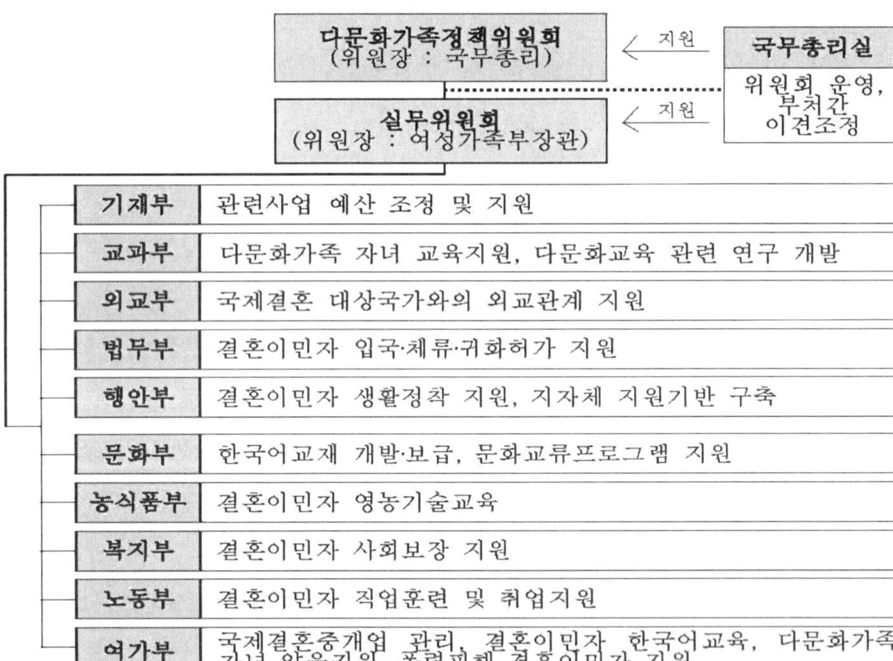

자료 : 다문화가족지원정책 기본계획(2010~2012), 국무총리실(2010. 5)

139) 주성훈, 상계논문, p. 62.

제3장

경찰활동에서의 외사경찰

제3장 경찰활동에서의 외사경찰

제1절 외사경찰의 의의

일반적으로 경찰조직은 각 소관업무의 성격과 기능에 따라 구분·편성되어 있다. 그 중에서 외사경찰은 외국인과 외국관련 치안활동을 주로 담당하는 경찰활동의 한 분야로써 각 국가의 정치 및 사회구조, 역사와 문화적인 전통 등은 물론 정치체계 또는 구조에 의하여 서로 다른 조직과 편제로 그 기능적 역할을 담당하고 있다.

1. 외사경찰의 개념과 특성

가. 외사경찰의 개념

외사경찰이란 대한민국의 안전과 사회공공의 안녕과 질서보호를 목적으로 외국인, 해외교포 또는 외국과 관련된 기관이나 단체 등 외사대상의 동정을 관찰하고 이들과 관련된 범죄를 예방 및 단속하는 것을 주된 임무로 하는 경찰활동이다.[140] 따라서 외사경찰은 국외로부터 유입되는 정치적인 불순세력으로부터 국가정치체제를 보호하고 외국 범죄조직의 침투와 피해를 차단하여야 한다. 그리고 최근 급격히 증가한 해외체류 내국인에 대한 보호도 중요하다. 또한 국내체류 외국인들의 불법행위에 대하여 선량한 우리국민을 적극적으로 보호하기

140) 이종화, 외사수사론, (서울: 범신사, 2008), p. 19.

위하여 정보 수집활동과 수사는 물론 외국 및 외국과 관련한 정부정책의 수립에 기여하는 등의 경찰작용을 포함하는 의미이다.

나. 외사경찰의 특성

1) 경찰활동의 대상

외사경찰은 국내에 체류하는 외국인, 외국기관, 단체 또는 해외교포를 주요 대상으로 하므로 일반 내국인과 관련된 범죄의 예방과 단속을 주 업무로 하는 일반경찰 활동과 구별된다. 국내 치안질서 유지와 반국가적 행위의 예방과 단속에 관해서도 그 대상이 외국인 또는 해외 교포라는 점에서 일반 정보 및 보안활동과 구별된다.[141] 그리고 대상 법률도 일반 형법위반사건 보다는 출입국관리법, 여권법, 외환관리법, 밀항단속법 등 특별법 관련범죄를 주된 대상으로 하며 외교사절도 그 활동 대상으로 하고 있어 그들의 외교사절로서 가지는 특권 즉, 특별한 지위로 인한 업무상 특성도 내재하고 있다.

2) 경찰활동의 광역성 및 국제성

외사경찰은 외사정보 및 외사보안활동은 물론 외국인 및 외국관련 범죄인 외사범죄의 수사, 국제협력업무 등 일반 경찰활동의 전체 기능을 포함하는 광범위한 업무를 취급하고 있다. 즉, 업무가 국내에 한정되지 아니하고 주로 국가간의 문제를 다룬다는 점에서 독특한 면이 있으나 정보, 보안, 수사, 경무 분야에서 담당하는 업무를 통합한 형태로 취급하고 있는 것이다.

또한 경찰활동도 국내에 한정하지 아니하고 국제형사사법공조 업무, 경찰간 이해증진을 위한 상호 교육이나 파견, 국제회의의 개최와 참석, 정보기관간의 범죄정보의 교환 등 국제사회를 무대로 전개된다는 특징이 있다.[142]

141) 경찰청, 경찰서 보안과장 매뉴얼, 2005, p. 91.
142) 포동, "외사경찰의 국제범죄 대응역량 제고방안에 관한 연구", 동국대 행정대학원, 석사학위논문, 2003, p. 8.

2. 외사경찰의 활동 근거

외사경찰의 활동근거로는 법률적인 근거와 이론적인 근거로 크게 대별할 수 있다.

가. 법률적 근거

각 국가마다 자국의 해당 법률에 정한 것에 따르며 우리나라의 경우에는 '경찰청과 그 소속기관 등 직제'에 관한 대통령령에 규정된 외사국의 업무에 관한 조항이 있다. 또한 외사활동에 근거법령이 되는 조약이나 협정 등과 출입국관리법, 범죄인인도법, 국제형사사법공조법, 외국환거래법, 여권법, 밀항단속법 등 여러 단행 법령이 있다. 외사경찰활동의 법적 근거를 구체적으로 살펴보면 외사경찰의 업무에 관한 가장 명확한 근거는 '경찰청과 그 소속기관 등 직제'에 관한 대통령령 제15조의2(외사국)에 규정된 경찰청 외사국의 업무에 관한 조항이다.[143]

이외에도 경찰관직무집행법을 근거로 볼 수 있으나 동법은 외사경찰에 국한된 것이 아니라 전반적인 경찰활동에 관한 규정이라는 점에서 직접적인 근거법률로 볼 수 없다. 특히 국제범죄수사 등 외사수사 활동은 여러 단행 법령 또는 조약과 협정을 근거로 하고 있다. 구체적으로는 출입국관리법, 범죄인인도법, 국제형사사법공조법, 외국환거래법, 여권법, 국가보안법, 밀항단속법, 국내재산도피방지법, 외자도입법, 해외이주법, 대외무역법, 외국인의 토지취득 및 관리에 관한 법률, SOFA 즉, '대한민국과 아메리카 합중국간의 상호방위조약 제4조에 의한 시설과 구역 및 대한민국에서의 합중국 군대의 지위에 관한 협정' 등이 있다.

나. 이론적 근거

국가이익의 확보라는 명제로 최근 각 국가의 정세는 정치, 경제, 군사 등 모든 분야에서 국가간 첨예한 이해관계의 대립 양상을 보이고 있다. 자국의 이익을 위한 경찰활동이 점차로 발전하고 적극적으로 수행되고 있다. 이를 위하여

---

143) 이에 따르면 1) 외사경찰업무에 관한 기획·지도 및 조정 2) 재외국민 및 외국인에 관련된 신원조사 3) 외국경찰기관과의 협력 및 교류 4) 국제형사경찰기구에 관련되는 업무 5) 외사정보의 수집, 분석 및 관리 6) 외국인 또는 외국인과 관련된 간첩의 검거공작 및 범죄의 수사지도 7) 외사보안업무의 지도, 조정 8) 국제공항 및 국제해항의 보안활동에 관한 계획 및 지도 등의 업무이다.

전문적인 인적자원을 양성하고 경찰을 비롯한 관련 제도 및 법령 등의 개선을 통하여 외사활동을 강화하여야 한다. 즉, 대외통상이나 외교정책에 필요한 정보를 수집하고 외국인이나 외국과 관련된 범죄를 차단하고 억제하는 등 효과적으로 대처하여 국익을 확보하여야 하는 것은 경찰의 목적이며 외사경찰의 활동에 대한 이론적 근거이기도 하다.

3. 외사경찰의 주요 활동유형

외사경찰활동을 여러 형태로 설명할 수 있으나 실무적인 측면에서 '외사요원 관리규칙'[144]에 따르면 외사정보업무, 외사방첩업무, 외사 수사공작업무, 대테러업무, 해외주재업무를 취급하는 경찰공무원을 외사요원이라고 규정하고 있다. 그리고 외사요원의 경찰활동은 크게 4가지의 활동내용으로 구분하여 외사정보활동, 외사수사활동, 외사보안활동, 국제협력활동 등으로 설명할 수 있다.

가. 외사정보활동

외사정보활동이란 대한민국의 안전과 이익, 사회공공의 안녕과 질서유지를 목적으로 주한외국인, 외교사절, 외국기관, 외국상사단체 및 해외교포 등 각종 외사활동의 객체를 대상으로 외사첩보를 수집하고 이를 판단, 분석하여 정책수립자료로 제공함으로써 경찰상 또는 국가안보상의 위해요인을 사전 제거하고 그 대책을 마련하는 외사경찰의 활동을 말한다.

나. 외사수사활동

외사수사활동이란 대한민국의 안전과 이익, 사회공공의 안녕과 질서유지를 목적으로 외국인 또는 외국과 관련된 범죄 및 범죄자에 대해 공소를 제기하고 이를 유지하기 위한 준비절차로서 범죄사실을 탐지하고 범인을 검거, 조사하며 증거를 수집 및 보전하는 외사경찰의 활동을 말한다. 일반 경찰수사 활동과의 차이점은 첫째로 그 대상이 외국인 또는 외국과 관련된 것이라는 점, 둘째로

---

144) 경찰청 훈령 제36호, 1991.7.3 제정, 2007.10.30 일부개정

수사 및 수사관련 활동범위가 국내에 그치는 것이 아니라 외국 또는 국제기구와의 경찰공조 등 국제적으로 이루어진다는 점 등에서 차이가 있다.

다. 외사보안활동

외사보안활동이란 대한민국의 안전과 사회공공의 안녕 및 질서유지를 목적으로 외국인, 외국기관, 상사·단체원, 외국인과 관계있는 내국인, 해외교포, 출입국자 등을 대상으로 간첩행위 등 국가보안법 위반사항이나 산업스파이 등 기타 반국가적 행위의 여부를 파악하고 동향을 관찰하는 외사경찰의 활동을 말한다. 이에는 간첩혐의 있는 자에 대한 검거공작은 물론 국가테러단체와 그 조직의 동향을 파악하고 대책을 수립하는 활동이 포함된다.

라. 국제협력

국제협력 활동이란 외국경찰 및 인터폴과 같은 국제 경찰관련 기구와의 경찰공조, 상호방문, 교육파견, 자매결연, 국제회의 및 세미나 참석 등을 통하여 경찰활동에 관한 협력관계를 증진하고 정보를 상호 교환하며 국제성범죄에 보다 효과적으로 대처하여 궁극적으로는 경찰목적을 달성하고자 하는 경찰활동을 말한다.

제2절 외사경찰의 활동 범위

외사경찰은 일반경찰이 대상으로 수행하는 활동과는 다른 특정한 대상에 대하여 중점적으로 경찰활동을 하고 있다. 우선 대인적인 대상으로는 불법체류자를 포함한 국내체류 외국인, 외교사절, 외신의 기자 등 관계자, 주한미군 등 외국군대와 군속, 재외국민 등이다. 그리고 장소적 활동범위로는 주한 외국공관을 비롯한 UN산하의 국제기구는 물론 외국의 상사와 단체, 외국군대의 시설과 장비 등이다.

1. 대인적 활동 범위

가. 외국인

1) 외국인의 개념

외국인[145]의 개념은 여러 가지로 사용된다. 먼저 최광의의 개념으로는 자국의 국적을 갖지 않은 모든 자를 말하며 무국적자와 외국국적을 가진 자를 포함한다. 광의의 의미로는 무국적자와 외국국적을 가진 자 중에서 사인만을 말하며 공적 지위에 있는 자 즉, 국가의 원수와 외국사절 및 군대의 구성원은 포함되지 않는다. 협의의 외국인의 개념은 외국국적을 갖고 있는 모든 사람으로서 무국적자는 포함되지 않는다. 일반적으로 외국인의 국제법상 지위를 논할 때의 외국인이라 함은 광의의 의미의 외국인을 말하는 것이 보통이다.[146]

2) 외국인의 입국과 출국

가) 입국

입국이란 국가에 체류하거나 통과하기 위하여 당해 국가의 영역으로 들어오는 것을 말한다.[147] 즉, 출입국관리법 제7조에 의거 유효한 여권과 법무부장관

---

145) 헌법 제2조 제1항은 '대한민국의 국민이 되는 요건은 법률로 정한다'고 규정하고 있다. 대한민국의 국민이 되는 요건을 규정하고 있는 국적법 제2조 제1항은 ① 출생한 당시에 부 또는 모가 대한민국의 국민인 자 ② 출생하기 전에 부가 사망한 때에는 그 사망한 당시에 부가 대한민국의 국민이었던 자 ③ 부모가 모두 분명하지 아니한 때 또는 국적이 없는 때에는 대한민국에서 출생한 자는 출생과 동시에 대한민국의 국민이 된다고 하고 있고 또 제2항은 대한민국에서 발견된 기아는 대한민국에서 출생한 것으로 추정한다. 뿐만 아니라 국적법은 인지, 귀하, 국적회복 등에 의한 국적취득도 규정하고 있다.

146) 박기남, 이종화, 전게서, p. 34.
"이중 국적자"는 외국인으로 취급되지 않으며 자국에 있는 한 그가 국적을 가진 다른 외국의 외교적 보호를 받을 수 없다. 그리고 "난민"은 정치적 기타의 이유로 그의 자국으로 귀환할 수 없는 자로서 일반의 외국인과 구별된다. 난민의 보호에 관하여는 많은 조약이 체결되어 있으며 이들은 특별한 보호를 받는다.

147) 입국과 상륙을 구별하면 외국인의 상륙이라 함은 외국인이 대한민국 영토 내에 들어오는 것을 말하므로 입국과는 구별되는 개념이다. 외국인의 입국은 사증면제협정이 체결되어 있는 국가의 국민을 제외하고는 반드시 사전에 입국사증을 받아야만 입국할 수 있는데 대하여 상륙은 부득이한 사유로 인하여 사증 없이 출입국공항, 항만에서 출입국관리소장의 허가를 받아 일시 상륙하는 것을 말한다. 상륙에 필요한 부득이한 사유에는 승무원 상륙, 긴급 상륙, 재난 상륙, 난민 임시상륙 등이 있다.

이 발급한 사증이 필요하다. 그리고 일반적으로 외국인의 입국은 금지할 수 있다.[148] 이는 외국인의 입국문제가 국가의 교통권이라는 기본적인 권리를 인정하는데 기인하는 것이다. 일반 국제법상으로 외국인의 입국을 허가할 의무는 없으며 입국을 허가하는 경우에도 그 조건은 각 국가가 자유로이 이를 결정할 수 있다고 한다.

나) 외국인의 출국

출국이라 함은 외국인이 체류하는 국가의 영역 밖으로 퇴거하거나 여행하는 것을 말한다. 외국인이 체류하는 국가 밖으로 나가는 것으로 유효한 여권을 가지고 출입국항에서 출입국관리공무원의 출국심사를 받아야 한다. 외국인이 자발적인 의사에 의해 체류 국가에서 출국하는 것은 원칙적으로 자유이며 체류국은 외국인의 출국을 금지할 수 없는 것이 원칙이다. 다만 일정한 사유가 있는 경우에는 예외이다.[149]

3) 외국인의 체류와 등록

가) 외국인의 체류

외국인의 체류라 함은 외국인이 대한민국에 입국하여 머무르는 것을 말하는데 외국인은 입국사증에 기록된 체류자격과 체류기간의 범위 내에서 대한민국에 체류할 수 있다. 체류 중에는 명시된 활동범위 내에서만 활동이 가능하며 이외의 활동을 하고자 할 때에는 사전에 법무부장관의 허가를 받아야만 한다.

---

148) 출입국관리법 제11조(입국금지 사유)
①전염병 환자 · 마약류 중독자 기타 공중위생상 위해를 미칠 염려가 있다고 인정되는 자, ②총포 · 도검 · 화약류 등 단속법에서 정하는 총포 · 도검 · 화약류 등을 위법하게 가지고 입국하려는 자, ③대한민국의 이익이나 공공의 안전을 해하는 행동을 할 염려가 있다고 인정할만한 상당한 이유가 있는 자, ④경제질서 또는 사회질서를 해하거나 선량한 풍속을 해하는 행동을 할 염려가 있다고 인정할 만한 상당한 이유가 있는 자, ⑤사리분별 능력이 없고 국내에서 체류활동을 보조할 자가 없는 정신장애인, 국내체류비용을 부담할 능력이 없는 자 그밖에 구호를 요하는 자, ⑥강제퇴거명령을 받고 출국한 후 5년이 경과되지 아니한 자 등이다.

149) 법무부장관은 범죄수사를 위해 출국이 부적당하다고 인정되거나 형사재판 계류, 징역형 등 형집행, 대한민국의 이익 · 공공안전 등을 고려해 외국인 출국을 정지할 수 있다.(출입국관리법 제29조, 제4조 제1항)

나) 국내체류 외국인의 구분

국내 체류외국인은 크게 국내체류의 합법 여부, 국내체류 기간, 국내체류 자격 등에 따라 구분되어 진다.[150]

(1) 국내체류의 합법 여부에 따른 구분

국내 체류외국인은 그들의 국내체류의 합법여부에 따라 구분하면 국내체류가 합법인 외국인과 불법인 불법체류 외국인으로 나눌 수 있다. 먼저 합법체류 외국인에 대해 살펴보면 최근 합법체류 외국인의 사회통합을 위해 제정된 '재한외국인처우기본법'의 제2조 제1항에서 국내 합법체류 외국인을 재한외국인이라고 명하고 재한외국인이란 '대한민국의 국적을 가지지 아니한 자로서 대한민국에 거주할 목적을 가지고 합법적으로 체류하고 있는 자를 말한다'. 라고 규정하고 있다. 따라서 법률적인 의미에서 합법체류 외국인은 대한민국 국적을 가지지 아니하고 합법적으로 국내에 거주하고 있는 자를 말한다.

반면에 불법체류 외국인은 정식의 입국절차를 거쳐 합법적으로 입국한 외국인이 입국 당시 정해진 체류기간을 넘기고도 계속 국내에 거주하는 것 또는 밀입국한 후 국내에 거주하는 것을 의미한다. 즉, '출입국관리법'에서 정하고 있는 외국인의 국내 출입국 및 체류에 대한 규정을 준수하지 않고 법규에 위반한 상태로 국내에 체류하는 외국인을 말한다.

(2) 국내체류 기간에 따른 구분

국내체류 외국인은 체류기간에 따라 단기 체류외국인과 장기 체류외국인(등록외국인), 거소신고 외국인 등으로 구분할 수 있다. 외국인이 국내에 입국한 날부터 90일을 초과하여 국내에 체류하게 될 경우 그의 체류지를 관할하는 출입국관리사무소장 또는 출입국관리소 출장소장에게 외국인등록을 하여야 한다고 규정하고 있다.[151]

이에 외국인이 국내에 체류하는 기간이 90일 이하일 경우 단기체류 외국인이라 하고 91일 이상일 경우 장기체류 외국인이라 한다. 장기체류외국인의 경우 외국인등록을 한 경우이기 때문에 일반적으로 등록외국인이라 칭한다.

---

150) 최영록, "국내체류외국인 증가에 따른 경찰의 치안체계 구축방안에 관한 연구", 원광대학교 대학원, 석사학위논문, 2008, pp. 7−9.

151) 출입국관리법 제31조.

또한 거소신고는 재외국민과 재외동포체류자격으로 입국한 외국국적 동포가 대한민국 안에 거소를 정하여 그 거소를 관할하는 출입국관리사무소장 또는 출입국관리사무소 출장소장에게 국내거소를 신고하는 것이다.[152] 즉, 거소신고 외국인은 국내에 거소(주소)를 정하고 체류하는 외국국적 동포를 말한다.

(3) 국내체류 자격에 따른 구분

국내체류 외국인은 체류자격에 따라 구분할 수 있다. '출입국관리법' 제10조에 '입국하려는 외국인은 대통령령으로 정하는 체류자격을 가져야 한다'고 규정하고 있으며 외국인의 체류자격은 '출입국관리법시행령' 제12조에 의하여 구분하고 있다.

다) 체류자격의 부여

대한민국에서 체류중 대한민국의 국적을 상실하거나 이탈하는 등 그 밖의 사유로 출입국관리법 제10조에 따른 체류자격을 가지지 못하고 체류하게 되는 외국인은 사유 발생일로부터 30일 이내에 체류자격을 받아야 한다.[153]

4) 체류외국인의 법적 지위

외국인의 법적 지위는 원칙적으로 대한민국 국민과 동일하고 대한민국의 통치권의 대상이 되며 그 법령에 복종함을 원칙으로 한다. 국제법상 외국인이 향유할 수 있는 권리는 일반적으로 확정되어 있지 않고 각국이 임의로 결정할 수 있지만 국가적으로 중요한 관계가 있는 공법상 및 사법상의 권리는 제한되는 것이 보통이다.

실제로는 통상항해조약 등으로 상호간에 입국, 거주, 영업 등의 권리가 인정될 뿐만 아니라 신체와 재산의 보호를 받으며 국가는 행정적, 사법적인 보호를 제공하지 않으면 안 된다. 보호의 정도에 관하여는 보통의 문명국이 할 수 있는 정도의 보호를 요한다는 객관설인 국제표준설과 당해 국가로서 보통 할 수 있는 정도의 보호로써 충분하다는 주관설인 국가표준설이 있다.

우리나라 현행 헌법은 기본권 주체로서 국민만을 상정하고 있기 때문에 외국인이 기본권의 주체가 될 수 있는지에 관해서는 논란의 여지가 있다. 그러나

---

152) 재외동포의 출입국과 법적지위에 관한 법률 제6조.
153) 출입국관리법 제23조의 일부

외국인은 헌법 제6조 제2항에 의하여 국제법과 조약이 정하는 바에 의하여 그 지위가 보장된다. 하지만 헌법에 규정된 기본권 보장이 외국인에 적용될 것인가에 관하여는 학설의 대립이 있다. 통설과 헌법재판소는 외국인에게 내국인과 동일한 기본권을 인정할 수는 없으나 일정한 범위 내에서는 기본권의 주체가 된다고 본다.[154] 그리고 '재한외국인처우기본법'에서는 차별방지, 인권옹호, 사회적응 지원 등 재한외국인에 대한 국가적 보호를 규정하고 있다.[155]

원칙적으로 우리나라에서는 합법체류 외국인에게는 자유로운 국내 출입국과 사회·경제적 활동을 보장하면서 그들의 법적 지위를 인정했지만 불법체류 외국인에 대해서는 사회·경제적 활동을 보장하기보다는 단속과 본국송환에 주력해 오면서 그들의 법적 지위를 인정하지 않고 있었다. 그런데 2007년 2월 불법체류외국인 노동자의 노조 설립도 인정해야 한다는 서울고등법원의 항소심 판결이 나오면서 국내에서 불법체류외국인의 법적 지위가 인정되는 계기가 마련되었다. 이를 통해 불법체류 외국인 역시 외국인의 법적 지위를 보장하는 헌법 제6조 제2항에 의하여 그 지위가 보장되며 기본권의 주체가 될 수 있음이 확인되었다.

5) 외국인의 의무

외국인은 일정한 사법상의 권리에 대응하는 의무를 내국과 동일하게 부담한다. 공법상의 의무에 있어서는 원칙적으로 내국인과 동일하게 체류국가의 통치권에 복종할 의무를 부담하므로 체류국가의 재판권, 경찰권, 납세권에 복종해야 한다. 예외적으로 외국인은 내국인이 부담하는 병역의 의무, 교육의 의무, 사회보장가입의무 등은 부담하지 않는다.

또한 체류국가의 행위로 인하여 입은 손해에 대하여 자국의 외교적 보호권에 의한 보호에 우선하여 체류국가의 국내법 절차에 따른 국내적 구제를 다하여야 할 의무와 체류국가에서 추방의 원인이 되는 행위를 하지 않을 의무 등 외국인

---

154) 이미경, "외국인범죄 피해자 연구", 한양대 대학원, 석사학위논문, 2007, p. 55.

155) 재한외국인처우기본법에서는 제10조 "국가 및 지방자치단체는 재한외국인 또는 그 자녀에 대한 불합리한 차별 방지 및 인권옹호를 위한 교육·홍보, 그 밖에 필요한 조치를 하기 위하여 노력하여야 한다.", 제11조 "국가 및 지방자치단체는 재한외국인이 대한민국에서 생활하는 데 필요한 기본적 소양과 지식에 관한 교육·정보제공 및 상담 등의 지원을 할 수 있다.", 제18조 "국가 및 지방자치단체는 국민과 재한외국인이 서로의 역사·문화 및 제도를 이해하고 존중할 수 있도록 교육, 홍보, 불합리한 제도의 시정이나 그 밖에 필요한 조치를 하기 위하여 노력하여야 한다."라고 규정하고 있다.

만이 부담하는 의무가 있다. 그리고 체류국가의 국내법 규정에 의한 등록의 의무를 갖는 경우가 있다.[156)]

나. 외교사절

외교사절의 기원은 멀리 고대 그리스 도시국가시대로 거슬러 올라간다. BC 5, 6세기경에 아테네 등의 도시국가에서 임시 외교사절을 교환했었는데 이는 오늘날의 외교사절과 유사한 사신의 교환이었다. 그러나 오늘날과 같은 외교사절제도가 본격적으로 그 모습을 드러낸 것은 15세기 중엽의 이탈리아 도시국가에서였다. 즉, 1450년 이탈리아의 도시국가 밀라노는 제네바에 사신을 파견하였는데 이것이 상주 외교사절의 효시이다.

역사적으로 국가간 관계가 확대됨에 따라 정치지도자들은 정기적으로 협상을 해야 할 필요성이 점차 증가되었다. 그러나 거리의 문제로 말미암아 간접적으로 협상이 이루어질 수밖에 없었고 이러한 목적으로 외교관들이 파견되었다. 국가를 기본으로 한 외교 활동이 전통적인 외교 구조의 중심을 차지하면서 국가를 대표해서 활동하는 외교관들이 이후 제도화되었고 전문화되기에 이르렀다. 제도화되었다는 것은 외교의 주 기능을 하는 특별한 기구가 등장하고 외교가 더 이상 임시변통의 대표들이 수행하는 부정기적인 활동이 아니라는 것을 의미하게 된 것이다.

1) 외교사절의 개념

외교사절이란 외국에서 자국을 대표해서 외교관계를 처리하는 국가의 대표자를 말한다. 외교사절은 상주외교사절과 임시외교사절로 구별되는데 단순히 외교사절이라고 할 때에는 상주외교사절을 의미한다. 외교사절의 계급은 대사, 공사, 대리공사로 나뉘며 외교사절 상호간의 석차는 계급에 의하고 동일 계급 간에는 직무개시 일시의 순서에 따라 결정된다.

그리고 외교관계의 수립은 국가간의 합의에 의하며 파견국은 외교사절을 임명하기 전에 접수국의 동의를 구하는 것이 보통이고 신임장을 주어 파견한다. 접수국은 외교사절이 비우호적인 인물이거나 그 밖의 이유가 있는 경우에는 동

---

156) 박기남, 이종화, 전게서, p. 44.

의를 거절할 수 있다.

이와 같은 외교사절에 관한 국제법은 1815년의 '외교사절의 석차에 관한 규칙', 1818년의 '변리공사의 석차에 관한 규칙', 1928년의 '외교관에 관한 협약' 등이 있었다. 그러다가 1964년에 발효한 '외교관계에 관한 빈 협약'이 하나의 포괄적인 성문법규로 성립하게 되었다.

2) 외교사절의 종류

외교사절은 상주외교사절과 임시외교사절로 구별된다. 전자는 접수국에 상주하여 본국과의 외교 관계를 처리하는 외교사절이다. 후자는 특정의 외교교섭을 위하여 국제회의에 참석하거나 조약체결을 위하여 일시적으로 파견되는 외교사절이다. 그 중에서도 특히 중요한 것은 국가를 일반적으로 대표하는 자격을 가지는 상주외교사절이며 외교사절에 관한 국제법의 원칙도 주로 이를 중심으로 형성되었다.

임시외교사절은 파견에 즈음해서 임무가 부여되는데 정치적 임무로 외교교섭이나 국제회의에 파견되는 정치사절과 사무사절, 국가를 대표하여 외국의 식전 등에 파견되는 의례사절 등으로 분류할 수 있다. 일시적으로 외국에 파견되는 사절로서 외교관계가 수립되어 있지 않은 경우라 하더라도 접수국의 동의를 얻어 임시외교사절을 파견할 수 있다.[157)]

3) 외교사절의 임명

외교사절과 외교직원을 외교관이라고 한다. 외교사절의 임명은 파견국이 실시한다. 그러나 접수국은 사절로 파견되는 자에 대해서 개인적인 이유로 접수를 거절할 수 있으나 이유를 명시할 필요는 없다. 그렇다 해도 이유없이 거절하거나 부당한 이유로 거절할 때는 국제여론의 비난과 파견국의 항의나 보복을 면할 수 없다. 상주외교사절의 파견에 대한 물의를 피하기 위하여 파견국은 사

157) 대외직명대사는 국가관과 사명감이 투철하고 학식과 덕망, 해당분야 전문성, 외국어 구사능력을 포함한 외교활동 능력이 뛰어난 자 중 외교통상부 장관의 제청으로 국무회의 심의를 거쳐 대통령이 임명한다. 즉, 국제안보, 경제통상, 문화협력, 인권사회 등 기타 외교통상부 장관이 필요하다고 판단하는 외교 업무 분야에 임명하며 대사의 수는 10인 이내이다. 임기는 원칙 1년으로 하나 임무수행상 특별히 필요한 경우 1년에 한해 연장할 수 있다. 그리고 대외직명대사는 우리 정부정책의 대 내외 홍보, 관련 국제회의 참석 등을 통해 정부의 외교활동을 지원하며 관련분야에서의 풍부한 지식과 경험을 바탕으로 국가이익 증진과 우리나라의 국제적 위상 제고에 크게 기여한다.

전에 접수국에 동의의 의미인 아그레망을 구하게 되어 있다. 상주외교사절의 파견은 신임장에 의해서 행해지고 신임장 제출로 정식 접수가 성립된다. 임시외교사절의 파견은 전권위임장에 의해서 행해지는 일이 많다.

4) 외교사절의 계급과 직무

가) 외교사절의 계급

상주외교사절의 계급은 최초에는 없었으나 외교사절제도가 일반화됨에 따라 외교사절간에 계급과 등급에 관한 분쟁이 발생하는 경우가 많았다. 그래서 1815년 빈회의에서 외교사절의 등급에 관한 규칙이 제정되었다. 그리고 1818년의 액스라샤펠회의에서는 이것을 보완하여 외교사절을 4계급으로 구분하였다. 이에 의하면 외교사절의 계급은 ① 대사 및 로마교황대사 ② 공사 및 로마교황공사 ③ 변리공사 ④ 대리공사로 구분되며 그 등급은 계급의 순위에 의하며 같은 계급 간에는 정식으로 부임한 일자의 순서에 따르는 것으로 되어 있다.

그러나 이러한 내용이 현실에 맞게 보다 구체화된 것은 1961년의 '외교관계에 관한 빈 협약'에서 이다. 여기서는 외교사절의 계급을 ① 국가원수에 대하여 파견되는 대사, 로마교황대사 및 이와 동등한 지위를 가지는 기타 사절단의 장 ② 국가원수에 대하여 파견되는 공사 및 로마교황공사 ③ 외무부장관에 대하여 파견되는 대리공사의 3계급으로 구분하였다.[158)]

나) 외교사절의 직무

외교사절의 주요한 직무는 접수국과의 외교교섭, 정치, 경제, 군사, 여론 기타 본국의 이해에 관계되는 사항의 관찰과 보고 및 접수국에 있는 자국인을 보호, 감독을 하는 것이다. 외교사절의 직무는 구체적으로 다음과 같다.

첫째, 접수국에서 자국을 대표한다. 오늘날 외교사절과 영사의 본질적인 차이는 영사가 이와 같은 대표성을 갖지 못한다는 데 있다. 외교사절은 의례적인 행사에서 자국의 대표로서 행동하며 자국을 대신해 접수국에 대하여 항의를 제기하기도 한다. 또한 접수국에 자국의 정책을 소개한다. 둘째, 국제법이 허용하는 범위 내에서 자국과 자국민의 이익을 보호한다. 접수국 내에서 자국민의 이익이 침해되었을 때 외교사절은 분쟁조정자로서의 임무를 다해야 한다. 셋째,

158) 외교관계에 관한 비엔나 협약 제14조 1항.

외교사절 본래의 기능은 자국을 대표해 접수국과의 조약 체결과 같은 외교교섭을 하는 것이었다. 그러나 교통, 통신의 발달로 인해 단순히 자국을 대변하는 성격을 갖게 되었고 정상외교의 성행으로 대사급 협상이 빛을 잃어가고 있다. 넷째, 모든 적법한 수단에 의해 접수국의 정세와 동향을 확인하고 이에 관해 본국 정부에 보고한다. 다섯째, 본국과 접수국 간의 우호관계를 증진시키고 양국 간의 경제적, 문화적, 과학적 관계를 발전시킨다. 그리고 이밖에 영사임무를 수행할 수 있다.

5) 임무의 종료

외교사절의 직무가 종료되는 경우는 다음과 같다. 첫째, 국가원수의 변경은 외교사절의 직무를 일단 종료시키며 신임장의 갱신이 요구된다. 둘째, 사직, 면직, 전직 등의 사유에 의해 파견국으로 소환될 때 그의 직무는 종료되며 소환은 파견국의 발의에 의해 또는 접수국의 요구에 의해 이루어진다. 전자는 국교단절, 사절의 사임, 전임 등에 의하고 후자는 국교단절, 사절의 부당 또는 불법행위 등에 의하여 실시된다. 셋째, 파견국의 소환요구에 응하지 않는 경우 접수국은 그를 강제로 추방시킬 수 있으며 이때 직무는 종료된다. 넷째, 접수국과의 충돌에 의한 자발적 퇴거, 외교관계의 단절, 전쟁발발은 외교관계를 당연히 단절시키며 외교사절은 곧 접수국으로부터 퇴거해야 한다. 다섯째, 그밖에 파견국 또는 접수국의 소멸, 외교사절의 계급 변경, 파견국 또는 접수국의 정체 변경 즉, 파견국 또는 접수국에서 정부형태나 원수의 변경이 생겼을 때는 상당기간 내에 신임장을 다시 제출하지 않으면 사절의 임무는 종료된다. 그 밖에 외교사절의 사망 등이 있다.

6) 외교특권(diplomatic privilege)

가) 외교특권의 의의

외교특권이란 외교사절 및 외교사절단이 파견국의 대표로서 그 맡은 기능을 독립적이고 효율적으로 수행할 수 있도록 접수국 내에서 누리는 특별한 국제법상 지위를 말한다.[159] 이런 외교특권을 치외법권 또는 특권과 면제 등의 용어

159) 유병화, 국제법II, (서울: 민영사, 1996), p. 399.

로 사용하기도 한다. '외교관계에 관한 비엔나 협약'은 외교특권을 '특권과 면제'로 표시하고 있다.160)

외교특권은 불가침권과 치외법권으로 대별된다. 불가침권은 외교사절의 신체, 명예, 관사 및 문서의 불가침을 말한다. 치외법권은 외교사절이 접수국의 영사 내에 있으면서 원칙적으로 접수국의 재판권, 경찰권, 과세권에 복하지 않는 특권이다. 이러한 특권을 향유하는 기간은 외교사절이 접수국의 영역에 들어간 때부터 그 임무가 종료된 후 상당한 기간 내에 접수국을 퇴거할 때까지이다.

나) 외교특권의 근거

외교특권의 근거에 관해서는 몇 가지 학설이 있다. 첫째, 과거의 치외법권 개념을 외교특권과 면제에까지 확대하여 적용하는 입장으로 외교사절은 자기 파견국의 영토를 떠나지 않는 것으로 생각하여 비록 접수국가 안에서 그 임무를 수행하고 있으나 법률적으로는 접수국 영토 밖에 있는 것으로 간주한다는 치외법권설(extraterritoriality theory) 둘째, 외교사절이나 외교공관의 파견국가 및 그 국가원수를 대표하고 있기 때문에 그 품위와 독립성을 존중하는 것이 곧 파견국가 및 그 국가원수의 품위와 독립성을 인정하여 주는 결과가 된다고 보는 대표설(representative character theory) 셋째, 외교특권과 면제는 외교사절이 접수국의 간섭을 받지 아니하고 자신의 기능을 독립적으로 수행할 수 있게 하기 위하여 인정된다고 보는 기능설(functional necessity theory) 등이 있다.161)

다) 외교특권의 구분

외교사절의 특권과 면제는 외교사절단 그 자체에 대해 인정되는 특권 및 면제와 외교관 개인에게 부여되는 특권과 면제로 나뉜다.

(1) 외교사절단의 특권과 면제

외교사절단의 특권과 면제는 다음과 같다. 첫째, 사절단 공관의 불가침이다. 즉, 접수국의 관헌은 사절단장의 동의가 있는 경우 이외에는 공관에 들어갈 수 없으며 접수국은 사절단의 공관을 보호할 의무를 진다. 공관 및 공관내의 용구류, 그 밖의 재산, 사절단의 운송기관은 수색, 징발, 압류, 강제집행으로부터 면

160) 외교관계에 관한 비엔나 협약 전문.
161) 이석룡, 「국제법」, (서울: 세창출판사, 2003), p. 226.

제된다. 둘째, 사절단의 문서, 서류, 공적 통신, 외교행낭은 언제 어디서나 불가침이며 접수국은 모든 공적 목적을 위한 사절단의 자유로운 통신을 허가하고 보호해야 한다. 셋째, 공관에 대한 일체의 조세 및 부과금은 면제된다. 그러나 전기, 수도, 가스요금과 같은 제공된 특별한 역무에 대한 급부로서의 성질을 갖는 것은 면제되지 않는다.

(2) 외교관의 개인적 특권과 면제

외교관의 개인적 특권과 면제의 내용은 다음과 같다. 첫째, 외교관 신체의 불가침을 들 수 있다. 외교관은 어떠한 방법에 의해서도 체포 또는 구금되지 않으며 접수국은 상당한 경의로써 외교관을 대우해야 한다. 둘째, 외교관 개인의 주거는 사절단의 공관과 동일한 불가침 및 보호를 향유하며 외교관의 서류와 통신문 및 예외적인 경우를 제외한 재산도 똑같이 불가침이다. 셋째, 외교관은 접수국의 재판관할권으로부터의 면제를 향유하는데 이것은 접수국의 실체법으로부터의 면제가 아니고 절차법으로부터의 면제를 의미한다. 특히 외교관은 접수국의 형사관할권으로부터 면제를 향유하는데 이것은 관습법상 오랫동안 인정되어온 절대적 면제사항이다. 외교관은 접수국의 민사 및 행정재판관할권으로부터도 면제되지만 형사관할권의 경우와는 달리 그 면제는 절대적인 것이 아니다. 또한 외교관은 증인으로서 증언해야 할 의무를 지지 않는다. 그러나 예외적인 경우에 사건당사자로서의 증언은 면제되지 않으며 임의로 증언하는 경우도 예외이다. 외교관의 공적 행위에 대한 면제는 영구적, 절대적인 것으로서 재판관할권 자체의 면제를 말한다. 반면, 사적 행위에 대한 면제는 재판관할권 행사로부터의 면제를 의미하는데 불과하다. 넷째, 외교관은 예외의 경우를 제외하고는 접수국의 세금으로부터 면제된다. 다섯째, 외교관은 접수국의 역무 및 사회보장규정으로부터 면제된다. 그밖에도 접수국은 국가안전을 이유로 출입이 금지되어 있거나 규제된 지역에 관한 법령에 따르는 것을 조건으로 모든 공관원에 대해 접수국 영토 내에서의 이동과 여행의 자유를 보장해야 한다.

(3) 외교사절 및 구성원과 가족에 대한 특권과 면제

외교사절 및 사절단 구성원과 아울러 그들의 가족에 대해서는 여러 가지 특권과 면제가 인정된다. 임무의 원활한 수행을 위하여 접수국의 국권 행사가 억제되고 사절 등을 보호하며 편익을 제공할 필요가 있기 때문이다. 한편으로는 외교사절 등 외교관에 대한 테러 등의 침해행위도 많아 1973년 국제연합 총회는 외교관 등 보호조약을 채택하여 이에 대한 방지와 처벌에 대하여 규정하였다.

라) 외교특권의 내용

외교특권을 치외법권[162] 또는 특권과 면제 등의 용어로 사용하기도 하나 외교관계에 관한 비엔나 협약은 '특권과 면제'로 표시하고 있다. 외교특권은 전통적으로 인정되어 온 제도이나 각국은 그 실제적 적용에 있어 관례상 그 적용의 범위와 내용을 달리하고 있기 때문에 실제로 외교특권의 범위와 내용이 무엇인지를 일률적으로 설명하기는 어렵다. 외교특권은 불가침권과 치외법권으로 크게 대별할 수 있다.

(1) 불가침권

이에는 신체의 불가침, 관사의 불가침, 문서의 불가침 등 세 가지로 분류하여 설명할 수 있다. 첫째, 신체의 불가침권이란 외교관은 어떠한 형태로의 체포, 구금도 당하지 아니한다는 권한으로 접수국은 상당한 경의를 가지고 외교관을 대우해야 하며 그 신체의 자유 및 존엄성에 대하여 침해를 방지하기 위해 적절한 조치를 취하여야 한다.[163] 둘째, 공관뿐만 아니라 외교관의 개인주택도 불가침이다. 소유 또는 임차를 불문하며 관사는 본 건물뿐만 아니라 부속건물, 정원, 차고 등을 포함한다. 외교사절의 요구나 동의가 없는 한 접수국에서는 직무수행을 위해서라도 여기에 들어갈 수 없는 것이 원칙이다. 그러므로 공관 내의 시설, 비품, 운반수단은 수색, 징발, 압류, 강제집행 등을 할 수 없다. 또한 접수국 정부는 공관의 안녕을 방해하거나 그 위엄에 대한 침해를 방지하기 위하여 적절한 노력을 해야 하는 관사보호의 의무를 진다.[164] 다만 범죄인의 비호권은 원칙적으로 인정하지 않으므로 형법상 범죄인에 대하여 접수국이 요구하면 관사 밖으로 인도하거나 추방하여야 한다.[165] 그리고 예외적으로 화재나 전

162) 치외법권이라는 용어는 사람과 사물이 주재국의 주권영역 내에 있지 않다고 의제한 데서 유래한다. 이 원리는 프랑스의 법학자 피에르 에로(1536~1601)가 창안했고 후고 그로티우스(1583~1645)와 자무엘 폰 푸펜도르프(1632~94) 같은 국제법에 관한 고전학자들이 이 원리를 채용하면서 폭넓게 수용되었다. 치외법권이라는 말은 18세기말에 와서야 사용되기 시작했다. 게오르크 프리드리히 폰 마르텐스(1756~1821)가 국제법에 관한 저술(1788 발간)에서 치외법권이라는 말을 처음 사용함으로써 국제적인 법률용어로 통용되기 시작했고 곧이어 영어를 포함한 여러 가지 언어로 번역되었다.

163) 외교관계에 관한 비엔나 협약 제29조.

164) 동 협약 제22조 제1항, 제2항, 제30조 제1항 등.

염병의 발생 등으로 공안을 유지하기 위하여 긴급을 요하는 경우에는 사절의 동의 없이 공관에 들어 갈수 있는데 이는 국제적 관습으로 인정되고 있다. 셋째, 외교공관의 문서와 서류는 언제 어디서나 불가침이며 수색, 검열, 압수되거나 그 제시가 요구되지 않는다. 외교관의 개인서류, 통신문서 및 그 개인재산도 불가침이며 심지어 외교단절의 경우에도 접수국은 문서의 불가침을 존중하고 보호해야 한다.[166] 다만, 관사에 속한 문서가 간첩행위의 서증이 되는 경우 또는 사절과 동일한 국적의 간첩이 주재국에서 절취 또는 북사한 문서로서 그것을 접수국이 입수한 경우에는 그 문서는 불가침성을 상실한다.

(2) 치외법권

외교사절에 대한 치외법권의 효시는 영국의 앤여왕 재위 중 러시아대사가 부채로 인해 체포되는 국제적인 사건이 발생했고 이때 '대사의 외교특권 보호에 관한 법률'(Act Preserving the Privileges of Ambassadors:1708)이 제정되었다.[167] 또한 치외법권 원리를 발생시킨 전형적인 사례 중의 하나는 외국의 군주가 우호국을 방문한 경우였다. 이 경우에 어떠한 민사적, 형사적 재판권도 외국원수에 대하여 행사될 수 없게 되었다. 나중에 치외법권의 원칙은 공화국 대통령에 대해서도 확장하여 적용되었다. 그러다가 외국의 영해에 있는 상선에 대해 해당국 관할권으로부터 일정한 면제를 보장하는데까지 확대되었다.

치외법권은 국제법상 외국정부 또는 국제기구와 이들의 공식 대표들이 향유하는 접수국 관할권으로부터의 면책특권으로써 외국정부 또는 국제기구와 이들의 대표, 외교사절, 이동 중인 군대, 전함, 재외공관과 다른 여타의 재산에까지 확대되고 있다. 외국의 주권영역 내에 있는 경우에 이상의 사항들은 당해 주재국의 재판절차나 경찰개입과 다른 강제조처로부터 면제된다. 그러고 외교관이 그의 임기 동안 주재국의 형사, 민사 재판 관할권으로부터 완전히 면제되는 일반협정이 등장했다. 그러나 치외법권 원리가 포함하고 있는 면책권의 실제 범위는 특정 국가 내에서 적용되는 국제관습법 원리와 특별법, 행정규제, 국제협정 등 상황에 따라 정해진다.

---

165) 어떠한 상황 하에서 국외자에게 피난처 또는 비호를 제공할 수 있느냐의 여부에 관해서는 논란이 있다. 미주협약(Inter-American Convention: 1954)은 정치범과 망명자를 위한 외교적 비호를 인정했다.

166) 동 협약 제24조.

167) 1790년 미국에서도 실질적으로 거의 동일한 법률이 제정되었다. 1961년 빈에서 개최된 외교와 면책특권에 관한 국제연합(UN) 회의에서 외교관계에 관한 협약이 채택되었다.

(가) 사법권으로부터의 면제

외교사절은 접수국의 형사재판관할에서 면제된다.[168] 외교관은 어떠한 경우에도 체포, 구금, 소추, 처벌되지 않는다. 이는 공무수행 중에 행하여진 행위에 대해서 뿐만 아니라 개인적으로 행한 행위에 대해서도 그러하다. 그러나 이는 기본적으로 행위의 책임으로부터의 면제를 의미하는 것이 아니므로 접수국 정부는 외교관을 형사범으로 소추할 수는 없지만 사건의 중대성을 감안하여 소환을 요구하거나 추방조치를 취하거나 또는 긴급한 필요가 있는 경우에는 일시적으로 신체의 자유를 구속할 수 있다.

(나) 민사재판권의 면제

외교사절은 원칙적으로 접수국의 민사재판으로부터 면제된다.[169] 즉, 민사소송을 접수국의 재판소에 제기할 수 없고 또 접수국 재판소는 이를 수리할 수 없다. 그러나 그 면제 범위는 형사재판권에 비하여 매우 제한적이다. 예외적인 경우로는 외교관이 접수국 내에서 개인적으로 관계하고 있는 상속재산에 관한 소송, 개인자격으로 운영하는 영업체에 관한 소송 등의 경우가 있다. 그리고 본국정부의 허가를 얻어 면제권을 포기하고 소송당사자로서 민사재판정에 자진출석하여 응소하는 경우도 예외적으로 있다.

(다) 증언의무로부터 면제

외교사절은 접수국 내에서 형사, 민사, 행정재판과 관련하여 재판정에 출석하여 증언할 의무가 없다. 그러나 자발적인 의견에 따라 자진출석, 증언하는 것은 물론 상관 없으며 접수국과의 관계를 고려하여 증인요청에 응하는 경우도 있다.

(라) 경찰권의 면제

외교사절은 접수국의 경찰권으로부터 면제된다는 것이 통설이며 경찰의 명령이나 규칙은 외교사절을 구속하지 않는다. 그러나 특권을 부여한 것이 아니므로 교통경찰의 수신호 등 사절의 직무수행을 방해하지 않는 경찰상의 명령이나 규칙으로서 사회의 안전과 질서유지에 필요한 것은 자진해서 이를 준수할 것이 기대된다. 접수국은 경찰규칙을 위반한 경우에 외교사절의 파견국에 대하

168) 동 협약 제31조 제1항 전반부.
169) 동 협약 제31조 제1항 후반부.

여 소환을 요구하거나 퇴거를 요구할 수 있으며 긴급을 요할 때는 일시적으로 신체의 자유를 구속할 수 있다.

(마) 과세권의 면제

외교사절은 원칙적으로 접수국의 과세권으로부터 면제되므로 인적, 물적, 국세, 지방세를 불문하고 조세로부터 면제된다. 그러나 예외적으로 간접세, 사유부동산에 대한 조세, 상속세 및 개인영업상의 투자에 대한 등록세, 법원의 수수료 등은 면제되지 않는다.

(바) 통신의 자유

외교관은 본국정부 또는 타국주재 자국 공관으로부터 자유로이 공용통신을 행할 권리를 가지며 접수국 관헌은 이를 압수하거나 수색하지 못한다. 통신의 방법은 외교신서사(Diplomatic Courier), 기호, 전신암호 등을 포함한다. 한편 외교공관이 접수국 내에 무선통신시설을 설치하고자 할 때에는 접수국정부로부터 허가를 받아야 한다.

(사) 기타의 특권

모든 공관원은 접수국 영역 내에서의 거주이전 및 여행의 자유를 접수국으로부터 보장 받는다. 그리고 종교의 자유를 가지며 공관 내에서 자유로이 종교상의 예배를 행할 수 있다. 그리고 외교사절은 의료보험 등 접수국의 사회보장규정 적용으로부터 면제된다. 단 접수국의 법령에 의하여 허용되는 경우에 자발적으로 가입하는 것은 무방하다.

마) 외교특권의 한계와 제한

(1) 특권의 유효기간

외교특권의 시기는 외교사절이 부임하기 위하여 접수국의 영역에 입국하였을 때부터이다. 외교사절이 접수국에 있을 때에는 그 임명의 사실이 접수국의 외무부에 통고되었을 때부터 시작된다. 그리고 종기는 동 사절이 접수국의 영토를 출국할 때까지이다. 그러나 외교사절이 접수국의 영역에 남아 있을 경우에는 그 기간이 종료되었을 때에 특권이 상실된다.

(2) 특권의 인적 제한

외교특권이 인정되는 인적범위는 공관 내에서의 그의 신분과 국적 여하에 따라 결정된다.

(가) 외교직원 및 가족

외교직원은 그가 접수국 국민이 아닌 한 원칙적으로 공관장에 대한 것과 같은 특권과 면제를 향유한다. 외교직원은 공사, 참사관, 각급 서기관, 각종 주재관 등 본국정부가 임명하는 대사관직원으로서 외교관 신분이 부여되고 또 접수국에서 그 신분이 인정된 자를 말한다. 또한 외교직원의 특권과 면제는 그들의 가족에게도 미친다. 그러나 이는 직원의 가족이 접수국의 국민이 아닐 때만 해당된다.

(나) 행정 및 기술직원 등

행정 및 기술직원은 그들의 가족과 더불어 접수국의 국민이나 영주권가 아닌 경우에 민사 및 행정재판관할면제는 공부집행중의 행위에 한하고 관세면제는 부임시의 수입물품에 한한다는 제한 이외에는 외교직원과 같은 특권을 향유한다.

그리고 접수국의 국민이나 영주자가 아닌 개인 사용인의 경우 그들이 받는 보수에 대한 세금은 면제되나 그 밖의 것에 대하여는 각종 재량으로 정하도록 여지를 남겨두고 있다.

(3) 특권의 장소적 제한

외교특권이 인정되는 접수국의 공간은 접수국의 배타적 통치권이 미치는 일체의 영역이다. 따라서 영토, 영해, 조차지, 신탁통치권, 공해 또는 공공에 잇는 접수국의 선박 및 항공기가 포함된다. 외교사절이 부임, 귀임, 전임 또는 국제회의 참석 등과 같은 공적인 목적으로 제3국에 체류하는 경우에 외교사절은 무해통행권을 가진다. 제3국은 외교사절의 통과 또는 상당한 이유가 있는 체제의 경우에 불가침권과 기타 필요한 특권을 인정해야 한다.

바) 외교특권과 관련한 특례

법인격체로서의 UN, UN의 직원, UN 회원국 대표사절은 그들이 체류하는 국가의 사법권으로부터 광범위한 절차적, 재정적 면책권을 향유한다. 대다수의 회원국에서는 1946년 UN 총회에서 채택된 UN 외교특권과 면책에 관한 협약

(Convention on the Privileges and Immunities of the United Nations)에 따라 문제를 규율하고 있다.

그러나 미국에는 UN 본부가 있고 스위스에는 UN 사무소가 있기 때문에 미국과 스위스에서는 별개의 특별협약이 적용되고 있다. 미국에서는 회원국 상주대표부의 서열뿐만 아니라 상주관리의 동의에 따라 미국 내에서 관습상의 외교적 면책권이 부여된다.[170] 그러나 이들의 사법적 면책권은 상당히 제한된 것이어서 공무상 임무수행의 경우에만 특권과 면책권이 적용된다.

5) 영사(Consul)

가) 영사제도의 유래

영사제도의 원형은 그리스의 도시국가에 두었던 심판관에서 찾을 수 있는데 현재의 명예영사와 흡사했다. 그러나 본격적 의미에서의 영사의 시작은 중세의 십자군시대에 이탈리아의 상업도시가 중동의 지중해 연안에 설립했던 거류지역에 임명한 행정장관이다. 이들은 12세기경부터 영사로 불리게 되었으며 이 제도가 서유럽의 다른 도시에서도 채용되었다. 당시의 영사는 매우 광범위한 권한과 상당히 높은 지위를 가지고 있어서 거류지역의 행정장관이자 자국민이 관여된 사건의 재판관이었다. 그리고 오늘날의 외교사절처럼 정치적으로 중요한 문제에 대해 접수국의 정부와 교섭할 권한이 인정되고 있었다.

그러나 근대국가가 성립되면서 영사의 지위는 격하되었다. 그 이유는 영토주권의 개념이 확립되면서 타국의 공무원이 재판권을 행사하는 것은 부정되었다. 그리고 상주외교사절제도가 일반화되면서 종래 영사가 가지고 있었던 외교적 교섭권을 대행하게 되었기 때문이다. 그 결과 17, 18세기에는 영사가 미미한 존재였으며 심지어 사인인 외국인과 별다른 대우를 받지 못하는 경우도 있었다. 그러나 19세기에 이르러 국제무역이 활발해지자 영사의 중요성은 재인식되었으며 영사의 지위나 특권 등에 대하여 당사국간의 우호통상항해조약 등에서 상세한 규정을 두게 되었다.

---

170) 예를 들어 외교사절과 그 배우자는 교통위반으로 미국법원에 기소되지 않는다. UN의 관리와 직원들은 미국 국무부에 보고, 승인되면 마찬가지로 일정한 특권과 면책권을 부여받는다.

나) 영사제도에 관한 협약

영사제도에 관한 최초의 지역적 협약은 1911년 중남미의 볼리비아, 콜롬비아, 페루, 베네주엘라 간에 체결된 '카라카스 협약(Caracas Convention)'이라고 할 수 있다. 1949년 UN 국재법위원회가 '영사관계에 관한 협약'의 성문화에 착수하여 1963년 국제연합 총회에서 73개조로 된 '영사관계에 관한 비엔나 협약(Vienna Convention of Consular Relations)'이 채택되었으며 우리나라는 1977년 이에 가입하였다. 그리고 영사제도에 관해서는 일반조약으로서 국제연합의 국제법위원회가 기초하여 1963년에 채택하여 1967년에 발효한 '영사관계에 관한 빈 협약'[171]이 있다.

다) 영사의 의의 및 외교사절과의 차이

영사란 접수국에서 자국 및 자국민의 통상 및 경제상의 이익보호를 임무로 하는 파견국의 공무원이다. 즉, 영사는 임명국의 통상, 산업, 교통, 항해 기타의 국가 경제적 목적수행과 임명국 국민의 보호를 위하여 국가 간에 파견된 공식기관을 말하며 정치목적을 주로 수행하는 외교사절과는 구별된다. 영사는 국제법상 법인인 국가의 기관이므로 영사의 사실적, 법률적 행위의 결과는 법인인 국가에 귀속된다.

그리고 영사는 국제법상 국가의 기관이라는 점에서는 외교사절과 같으나 다음과 같은 차이가 있다. 첫째, 외교사절은 국제법상 외교교섭을 하는 국가의 대외적 대표기관이지만 영사는 국가기관이기는 하지만 국가를 대표해서 외교교섭을 할 권한이 없다. 둘째, 외교사절은 반드시 자국민이어야 하나 명예영사는 자국민이 아니어도 되며 접수국의 국민 중에서 선임하는 것이 보통이다. 셋째, 외교사절의 파견에는 아그레망을 요하지만 영사의 파견에는 이를 요하지 않는다.

---

171) ① 영사관원은 직업영사관원과 명예영사관원의 두 가지 카테고리로 구분된다. 동 협약 제2장의 규정은 직업영사관원을 장으로 하는 영사기관에 적용되며 또한 제3장의 규정은 명예 영사관원을 장으로 하는 영사기관을 규율한다(제1조 제2항). ② 영사에는 총영사, 영사, 부영사, 영사대리의 4계급이 있다(제9조). ③ 영사의 파견과 접수는 신임 영사가 파견국의 위임장을 제출하면 접수국은 이에 대해 인가장을 교부한다(제11, 12조). ④ 영사는 특정의 영사구역에서 임무를 수행한다(제4조). ⑤ 그 임무는 자국민의 보호와 감독에 관한 사항 외에 접수국과 파견국과의 통상·경제상 관계의 발전증진과 우호관계의 촉진, 접수국의 통상·경제상의 사정을 파견국 정부에 보고하거나 이해관계자에게 정보를 제공하며 여권 및 사증의 발급, 호적사무, 유언의 증명, 증거조사, 소송서류의 송달 등을 포함한나(제5조). ⑥ 영사는 임무수행에 필요한 한도 내에서 특권, 면제가 인정되나 외교사절에 비하면 제한적이며 명예영사는 그가 접수국 국민임에 비추어 더욱 축소된다(제28조 이하).

넷째, 외교사절의 파견, 접수, 직무, 특권 등은 일반 국제법에 의해 규제되나 영사의 그것은 일반적으로 개별적 조약에 의한다.

라) 영사의 종류와 계급

(1) 종류

영사의 종류에는 전무영사와 명예영사가 있다. 전무영사는 본국으로부터 일정한 봉급을 받고 영사직무에 전임하는 자로서 파견국의 국민이며 관리이다. 그러나 명예영사는 접수국의 국민 중에서 선임되며 단순히 위촉을 받아 영사직무에 종사하나 이에 전임되는 것이 아니며 일정한 봉급을 받지 않고 수당의 성격을 가진 보수를 받을 뿐이다.

'영사관계에 관한 빈 협약' 제1조에 의하면 영사의 종류에는 위임영사(본무령사·파견령사)와 명예영사(선임령사)가 있다. 전자는 오로지 영사의 임무수행을 위해 본국에서 파견된 자이며 후자는 흔히 접수국의 유력한 국민을 영사로 위촉한 경우이다.

(2) 계급

영사의 계급은 외교사절과는 달리 국제법상 기준이 없으며 각국의 국내법에서 이를 규정하는데 대체로 총영사, 영사, 부영사 등의 3계급이 보통이다. 이를 구체적으로 보면 총영사는 총영사관의 장으로서 영사, 부영사를 감독하고 이들의 업무를 총괄하며 비교적 광대하고 중요한 구역을 관할한다. 영사는 독립된 영사관장인 경우와 총영사를 보좌하는 경우가 있고 부영사는 독립된 관할구역을 가진 분관장인 경우와 총영사 또는 부영사를 보좌하는 경우가 있다.

마) 영사의 직무

(1) 자국민 보호 및 우호관계 촉진

접수국에서 국제법상 인정되는 범위 내에서 자국민의 이익을 보호한다. 이를 위하여 영사는 필요한 경우에 자국의 외교사절을 통하여 접수국의 정부와 교섭할 수 있다. 그리고 접수국의 통상, 경제, 문화, 과학상의 관계를 발전시키고 양국간의 우호관계를 촉진시킨다.

(2) 여권과 사증발급 등

접수국에 체류하는 파견국의 국민에 대하여 여권을 발급하고 파견국에 여행을 희망하는 자에 대하여 사증 및 필요증서를 발급한다. 그리고 접수국의 법령이 허용하는 한도 내에서 공증사무, 호적사무, 소송서류 송달 등 행정, 사법사무를 행한다.

(3) 선박 및 항공기에 대한 지원

자국의 선박과 항공기 및 승무원을 자국 법령에 의해 감독, 관찰하고 필요한 원조를 제공하며 선박서류의 검사, 인증 및 항행중의 사건에 대한 조사와 선원, 승객 간의 분쟁을 처리한다.

(4) 정보수집

접수국의 통상, 경제, 문화, 과학의 모든 사정을 적법한 수단으로 관찰하고 이를 파견국 정부에 보고한다.

바) 영사의 특권

영사관의 관리들은 주재국 사법권으로부터의 면책특권을 다른 외교공관의 관리들만큼 향유하지는 못한다. 영사관의 면책특권을 규율하는 법은 양자간 조약 또는 다자간 조약의 문제라기보다 관습상 확립된 국제규칙의 사소한 문제에 지나지 않는다. 즉, 영사는 외교사절이 아니므로 외교관과 같은 특권과 면제는 향유하지 않으며 또 본국을 대표하여 접수국과 직접 교섭을 행할 자격도 부여되어 있지 않다.

그리고 영사는 제한된 일정범위의 임무를 행하는데 불과하므로 접수국의 지방 관헌과의 직접 교섭만이 허용될 뿐 중앙정부와의 교섭은 외교사절을 경유하여야 한다. 그러나 영사도 외교사절에 비하여 제한적이긴 하여도 일정한 면제의 특권이 있는데 그 내용은 대체로 상기 협약을 준용하지만 자세한 특권의 내용은 국가마다 조금씩 상이하다.

6) 통상대표

외국과의 통상교역을 위해 파견된 자를 말한다. 이는 외교사절도 영사도 아니나 상주통상대표는 대부분 쌍무적인 무역협정에 의하여 설치되고 통상, 무역에 관한 한 영사의 지위를 갖게 되는 수가 많다.

다. 재외거주 내국인

우리 국민으로서 미국 등 이민의 절차에 의하여 외국에서 거주하거나 일본의 재일교포 등과 같이 특수한 사유로 인하여 해당국에 거주하지만 귀화하지 않은 국민은 기본적으로 대상이 된다. 그리고 그 밖의 여러 가지 이유 등으로 비교적 장기간 외국에 체류하고 있는 내국인은 포함된다. 또한 외국의 공관에 근무중인 외교관, 해외지사 등에 파견되어 근무 중인 언론기관 및 기업의 직원, 유학생 등과 같은 장기 체류자는 물론 관광 등 단기간 체류목적으로 외국에 체류중인 내국인은 모두 외사경찰의 활동 대상이 된다.

2. 장소적 활동 범위

가. 외국공관

1) 공관의 개념

외국공관이라 함은 외교사절이 상주하면서 업무를 수행하는 건물 또는 장소를 말한다. 이에는 대사관, 총영사관, 대표부[172], 공사관[173] 등이 있다. 그리고 대사관저를 비롯한 외교사절의 개인주택은 외국공관은 아니지만 공관에 준하는 보호의 대상이 된다.

2) 법적지위

외국공관은 외교사절에 대한 불가침이 적용되는 곳으로서 치외법권 지역이다. 그러므로 외교사절의 동의나 요구가 없는 한 접수국의 관헌은 직무집행을 위해서도 출입할 수 없는 것이 원칙이다. 다만 범죄인의 비호권은 원칙적으로 인정되지 않는다.

---

172) 대표부는 정식 외교관계가 수립되기 이전의 재외공관의 명칭으로 외교관의 특권을 동일하게 가지며 대만 대표부가 대표적인 예이다.

173) 외교관계 수립에서 영사관으로 하기는 부담스럽고 대사관을 설치하기에는 조금 이전인 경우의 설치하는 재외공관으로 책임자를 보통 전권공사라고 한다.

나. 외신 및 외국 상사 · 단체

우리나라에는 UN 산하기관에 속한 기관이 많으며 대다수가 국제관계에 의하여 성립된 기관들이다. 또한 한국에서의 취재활동을 위하여 나와 있는 미국이나 일본 등의 주요 메스미디어는 국익과 관련이 있고 국내에서 활동하므로 당연히 외사대상이 되는 것이다. 그리고 기업이나 경제활동을 위하여 해외에 지사 등을 두고 경영하는데 우리나라에 들어와 있는 외국 기업의 지사 등 상사 단체들 모두가 외사대상이 된다.

1) 외신(Foreign Correspondents)

외신이라 함은 외국에 본사를 두고 한국에서 활동하고 있는 외국의 언론매체를 말하며 외국통신사(AP, REUTERS 등), 외국방송사(CNN, ABC, BBC 등), 외국신문 · 잡지사 등이 있다. 이 외신사는 직접 특파원을 파견하기도 하지만 현지 언론인을 고용하여 운영하고 있기도 하다.

2) 외국상사

외국상사는 한국의 국내 또는 국외를 대상으로 상거래를 할 목적으로 국내에 사무소 또는 영업장, 공장, 전시장 등을 마련하여 활동하고 있는 외국의 기업으로서 외국기업의 한국지점 및 연락사무소, 외국자본 100% 투자 기업체, 외국합작 업체 등을 말한다.

3) 외국관련 단체

이러한 단체로는 외국 종교단체 · 사회사업단체 · 경제단체인 주한 미 · 일 · EU 상공회의소 등 상공단체, 외국군 관련단체인 한미친선협회 등이 있고 국제협력 · 친선교류협력단체 등도 포함한다. 또한 외국 문화원은 자국의 문화를 전파하고 주재국과의 문화교류를 증진시킬 목적으로 설치된 비정부 기관이다.

다. 국제기구

국제기구는 일반적으로 다수의 국가가 조약이라는 형태의 자발적인 합의에 의하여 결합된 국제적 단체를 말한다. 즉, 상설적인 기관을 갖고 일정한 자치능력과 국가 간의 협조기능을 가진 국제법상의 법인격체로 외국공관에 포함되지 않은 기관으로서 외국정부나 UN[174] 등 국제기구 소속 기관 또는 외국인 학교 등을 말한다.

라. 비정부간 국제기구(NGO)

1) 개념

비정부간 국제기구(NGO : Non—Governmental Organizations)란 전부간의 조약이 아니라 여러 나라의 국적을 가진 사적, 공적 인물 또는 단체로 구성되어 국제사회에서 활동하는 비정부간 국제조직을 말한다. 정부와 비정부 조직과의 차이는 국가 또는 정부가 회원국이냐 아니냐의 차이 및 국제법에 의해 규율 되는가 혹은 사법에 의해 규율 되는가의 차이 그리고 국제법의 주체가 되는가 하는 것이다.

2) 지위와 대표적인 단체

NGO는 국제사회에서 정부간 국제조직에 못지않은 국제 사회적 교섭기능을 담당하고 그 수도 점차 증가되어가고 있는 추세이나 국제법상의 주체가 아니므로 국제회의에 회원국으로 참가할 권리는 없지만 옵저버로서 참가하여 의견을 발표할 수 있고 실제로 NGO의 비중이 커지고 있다.

NGO의 대표적인 예로는 국제농산물생산자연합(International Federation of

---

174) 국제연합은 얄타협정의 합의에 따라 1945년 4월 25일 미, 영, 소, 중 등 50개국의 대표가 미국 샌프란시스코에 모여 2개월간 토론을 거친 끝에 동년 6월 25일 '국제연합헌장(The Charter of the United Nations)'과 '국제사법재판소규정(The Statute of the International Court of Justice)'에 서명하였으며 동년 10월 24일부터 효력이 발생하여 1946년 영국 런던에서 제1차 국제연합 총회가 개최되어 UN은 그 기능을 수행하게 되었다.
국제연합의 조직 : 국제연합은 크게 주요기관인 총회, 안전보장이사회, 경제사회이사회, 신탁통치이사회, 사무국, 국제사법재판소 등이 있다. 주요기관의 임무수행을 보조하기 위해 그 하위에 설치되는 하급기관으로서 독립된 법인격을 갖지 않고 통상 주요기관 내에 위원회, 위원단, 단 등의 명칭으로 보조기관이 있다. 그리고 경제협력분야에 국제통화기금, 국제부흥개발은행, 국제식량농업기구 등이 있고 문화협력분야에는 국제연합 교육과학문화기구, 세계기상기구, 세계지적소유권기구 등이 있다. 사회협력분야에는 국제노동기구, 세계보건기구가 있으며 교통, 통신 분야는 국제민간항공기구, 국제해사기구 그리고 특수협력분야에는 국제원자력기구, 세계무역기구 등 여러 가지의 전문기관 등으로 크게 3가지 조직으로 구분하여 설명할 수 있다.

Agricultural Producers), 국제적십자위원회(International Committee of the Red Cross), 국제적십자연맹(International Federation of Red Cross and Red Crescent Societies), 국제법학회(Institute of Law Association), 국제자유노동연맹(International Confederation of Free Trade Union), 국제상공회의소(International Chamber of Commerce), 국제사면위원회(Amnesty International), 여성위원회(Women's Council) 등이 있다.

마. 외국군대 및 SOFA

우리나라는 특히 6.25 이후 연합군의 주둔과 한미협정 등으로 인하여 많은 수의 미군이 주둔하고 있으며 이와 관련된 군속들도 적지 않으며 이들과 이들의 시설, 장비, 무기 등이 외사대상이 된다.

1) 외국군대의 개념

군대라 함은 국가의 독립, 권위, 안전을 유지하기 위하여 존재하는 국가기관이며 국제법상 군대는 법인인 국가의 기능을 담당하는 기관이다. 따라서 군대의 행위는 국가의 행위로 그 효과가 귀속된다. 외국군대의 구성원은 현역군인, 군속, 이들의 부양가족을 포함한다. 외국군대의 주둔이라 함은 파견국과 접수국 간의 우호관계에 기하여 파견국의 군대가 접수국의 영토 내에 주유하는 것을 말한다. 외국군대의 주둔에는 의례적, 일시적 방문을 목적으로 하는 비상주 주둔과 공동방위 또는 집단방위를 목적으로 일정기간 장기 주둔하는 상주 주둔이 있다.

2) 주둔군의 지위

외국군대의 법적지위에 관해서는 여러 가지 다양한 관련 조약이 있으나 1951년 NATO 당사국들 간에 체결된 London협정이 가장 대표적이다. 어느 나라가 평화시에 군대를 외국 영토상에 주둔하려면 반드시 주둔 국가 정부의 승낙을 받아야 한다. 이러한 경우 외국군대의 구성원은 이른바 국가사면의 혜택을 받지 못한다는 것이 국제법상의 원칙이다.

3) 외국의 군함

가) 군함의 지위

군함 자체의 지위란 군함이 외국의 영해 내에 있는 경우의 지위를 말하는 것으로서 연안국의 관헌은 함장의 동의 없이 함내에 들어갈 수 없으며 군함은 범죄자에 대한 비호권을 갖지 못한다. 그리고 함내에서 발생한 민사, 형사사건, 군함 자체에 관한 사건에 대해서 연안국의 재판관할권으로부터 면제된다.[175) 군함은 항해, 위생, 경찰에 관한 연안국의 행정규칙을 준수해야 하지만 그 위반행위에 대하여 연안국은 군함 또는 함장에게 제재를 가할 수 없으며 군함의 퇴거를 요구할 수 있을 뿐이다.

나) 군함의 승무원 지위

공무상 상륙한 승무원이 육상에서 공무집행 중에 행하여진 범죄행위는 연안국의 관할권이 면제된다. 그러나 사무 또는 단순한 휴양 중에 육상에서 행하여진 범죄에 대해서는 치외법권을 갖지 못한다. 그러나 이런 경우에도 연안국에서 재판권을 행사하지 않고 범인을 군함에 인도하는 것이 보통이다. 또한 군함승무원이 탈주한 경우에는 그를 육상에서 체포하려고 해서는 안된다. 본국의 영사를 통해 연안국 관계기관에 체포를 요청해야 하며 체포한 경우에도 군함의 지휘자에게 인도하는 것이 일반적인 관행이다.[176)]

4) SOFA(Status of Forces Agreement) 관련 대상

SOFA란 한 국가의 군대가 다른 국가의 영토 내에 주둔하는 경우 발생하는 제반문제의 처리를 위하여 파견국과 접수국간에 체결하는 조약을 말한다.[177)] 공식명칭은 "대한민국과 아메리카 합중국간의 상호방위조약 제4조에 의한 시설과 구역 및 대한민국에서의 합중국군대의 지위에 관한 협정"이다. 이를 보통 "한미행정협정"이라고 하며 1966년 7월 9일 서명되었고 1967년 월 1일부터 발효되었으며 1991년 및 2001년 회의 개정이 있었다. 그 내용을 보면 형사사건의 처리에 관한 규정이외도 출입국, 관세, 시설 및 구역의 이용, 불법행위에 대한 민사청구권, 기타 조세, 외환, 우편 및 통신 등 각 분야의 문제를 규율하고 있다.

---

175) 해양법협약 제32조.

176) 박기남, 이종화, 전게서, pp. 80-81.

177) 경찰청, 경찰서 보안과장 매뉴얼, 2005, p. 135.

가) 인적 적용범위[178]

(1) 미국군대의 구성원

대한민국의 영역 안에 있는 미국의 육해공군에 속하는 인원으로서 현역에 복무하는 자이며 대사관 부속 군인, 군사고문단협정규정 인원은 제외된다.

(2) 군속

미국의 국적을 가진 민간인으로서 대한민국에 있는 미국 군대에 고용되거나 동 군대에 근무 또는 동반자와 대한민국이나 미국에서 공급할 수 없는 특정한 기술을 가지고 있는 자로서 미국에 의한 고용만을 위하여 미국 군대에 의하여 대한민국에 입국한 자, 미국 군대에 고용되어 근무하거나 동 군대를 동반하는 제3국 국민이다.

(3) 가족

배우자 및 21세 미만의 자녀와 부모 및 21세 이상의 자녀 또는 기타 친척으로서 그 생계비의 반액 이상을 미국 군대의 구성원 또는 군속에 의존하는 자이다.

(4) 초청계약자

미국의 법률에 따라 조직된 법인, 통상적으로 미국에 거주하는 그의 고용원 및 가족, 미국 군대 또는 동 군대로부터 군수지원을 받는 통합 사령부 산하 주한 외국 군대를 위한 미국과의 계약 이행만을 위하여 대한민국에 체류하는 자로서 소정의 지정절차를 거친 자이다.

나) 장소적 적용범위[179]

대한민국 영역 안에서 범한 범죄에 대해서만 적용되며 미국 당국은 미군 구성원이 대한민국 영역 밖에서 범한 범죄에 대하여 대한민국 영역 안에서 형사재판권 및 징계권을 행사할 권리를 가진다.

---

178) 한미행정협정 제1조, 15조.

179) 동 협정, 제22조, 제1항.

제3절 우리나라의 외사경찰

외사경찰은 과학 및 기술의 발전과 함께 지속적으로 발전해 왔고 앞으로도 발전해 나갈 것이다. 특히 20세기의 교통 통신의 급속한 발전으로 지구촌이라는 말을 만들어 내듯이 세계가 1일 생활권에 근접하게 되므로 이에 편승한 범죄의 발생과 피해가 크게 변화하고 있으며 각 국가는 이에 대한 적극적인 대처가 필요하게 되었고 이러한 사회의 급속한 변화는 결과적으로 외사경찰이라는 기능을 생성하였으며 점차 확대하여 발전하게 되었다.

1. 외사경찰의 성장과정

가. 외사경찰 업무의 등장

우리나라는 정부수립 후 외국자본의 침식으로부터 국가경제를 보호하며 외국의 불량 사조로부터 민족문화를 보호하기 위하여 국내 외국인의 실정과 해외교포의 거류국에 대한 실정을 파악해야 했다. 그리고 국내 외국인의 제 단체 각계 각층의 대표적 인물과 요시찰 외국인의 동태 및 요시찰 해외교포와 그 단체의 반국가적 요소의 유무 등 외사문제에 대한 세심한 사찰이 필요했다. 이러한 임무의 수행을 위한 외사경찰은 건국이후 정보경찰의 성립과 더불어 일본, 구주, 아주를 대상으로 정보과 또는 사찰과의 일개의 반으로 편성되었다.[180] 이후 외사경찰의 대상이 점차 증가하여 1948년에 사찰과에 외사계를 신설하였다. 이로써 외국인 및 외국인단체 등에 대한 동향을 본격적으로 내사하게 되었으며 1949년에는 외사계를 서무와 외근으로 확장하였다.

180) 우리나라 외사경찰의 효시는 광복 이후 국립경찰이 발족하면서 경찰부 정보과에서 중국인들을 중심으로 다수의 외국인을 대상으로 하여 인천경찰서에 중국인출신 순경 2명을 특채한 것이 외사업무의 시작이다.

〈표 3-1〉 외사경찰 직제 변천(1948—1953)

날짜	주요 직제 개편 사항
1948. 3. 1	▶ 외사계 신설
1949. 7. 26	▶ 사찰과 외사계 외근반 운용
1950. 9. 28	▶ 사찰과 제3계 산하 "외사반"으로 개편
1953. 7. 7	▶ 사찰과 제2계 산하 "외사반"으로 개편
1953.	▶ 김포, 부산 수영비행장에 최초 경찰관 배치

자료 : 경찰청. 「외사경찰사」, 2009

나. 치안국 외사과(1966. 7)

1948년 11월 4일 내무부에 치안국이 설치되어 일부 외사업무가 운영되어 오다가 치안국 직제에 의해 처음으로 외사과가 설치된 것은 1966년 7월 11일이다. 이렇게 본격적으로 시작한 외사경찰업무는 1962년 이후 양적 팽창기로써 1972년부터는 업무기능의 전문성 심화기를 거쳐 조직과 기능이 정립된 시기였다. 우리나라의 국력이 신장되고 국제적 지위가 크게 향상된 1970년대에 접어들면서 외사경찰의 기능은 외세의 침식에 대처하는 1960년대 중반의 방어적 기능 위주에서 점차 탈피하여 국가발전 차원의 정책첩보수집 등 발전 지향적 전문성향상에 주력하게 되었다. 경찰로서 외국인에게 올바르고 새로운 한국관을 심어주기 위해 출입국 교포 및 해외취업자를 선도하는 등 업무영역을 확대해 나갔다.

1970년대에는 국제협력증진과 국제 교통·통신수단의 발달에 의한 무역의 증대, 각종 국제회의와 이민 및 관광객의 급증, 해외용역진출, 해외교포의 모국방문 등으로 인한 출입국 인구가 급증하였다. 이러한 이유로 국제정보의 수요는 증가하였고 불법무역과 기타 관세범이 증가하였다. 그리고 한편으로 외래 퇴폐풍조의 유입과 국제범죄의 국내로의 잠입은 물론 국내 범인의 국외도피가 늘어나고 국내 외국인 상주지역에서 외사범죄도 다양하게 발생하였다.

이와 같은 변화에 적절하게 대처하게 대응하기 위하여 외사경찰은 새로운 정책적 대처가 요구되는 성장저해요인의 척결에 집중적 노력을 경주하여야 했다. 그리하여 1973년 경찰서의 사무분장을 통일시켜 외사반을 모두 정보 3계에 소속시키도록 하였다. 이는 처음으로 외사경찰기능을 분야별로 표준화 및 전문화하는 기회가 되었으며 수사와 방첩 보안업무기능을 대폭 강화하는 사무분장이 이루어지게 되었다.[181)]

〈표 3-2〉 외사경찰 직제 변천(1966—1974)

날 짜	주요 직제 개편 사항
1966.7. 11	▸치안국 외사과 신설 — 서울, 부산, 외사과 신설, 기타시도 정보과내 — 경찰관 해외주재관 제도신설
1967.5. 19	▸외사공작 분실 설치
1968.7.6	▸김포공항경찰대 내 100호실 설치
1968. 12. 12	▸주 사이공주재관 최초 파견(안응모 총경)
1974. 12. 24	▸치안국에서 '치안본부'로 개편 — 제 3부장 산하 외사과

자료 : 경찰청. 「외사경찰사」, 2009

다. 치안본부 제3부 외사과(1974. 12)

1980년대의 국제정치는 미 · 소의 새로운 대립격화와 회교세력의 대두로 대표되는 제3세계의 출현 등으로 새로운 긴장상태가 되었다. 국내적으로 10 · 26사태 이후의 혼란된 사회불안요소가 점차로 회복되고 비적성 국가와의 상호친선방문 등으로 새로운 수교의 증가를 가져오기도 했다. 한편 1983년 KAL기 격추사건과 버마를 방문중인 전두환대통령을 겨냥한 버마국립묘지 폭탄테러사건은 북한의 외교적 고립과 공산권에 대한 경각심을 일깨우는 계기가 되었다.

그리고 우리나라는 올림픽 주최국으로서의 올림픽 외교를 통해 소련, 동구제국, 중국, 베트남 등 미수교 사회주의 국가들과의 교류를 확대하고 한 · 헝가리간에 대사관에 준하는 상주대표부의 교환설치, 한 · 유고무역사무소 교환설치, 한 · 폴란드 상호무역 및 경협증진을 위한 업무협정, 한 · 불가리아 경제협력협정, 한 · 소 경제협력협정체결 등의 성과를 거양하였다. 그러나 한편으로 테러리

181) 내무부령 제357호 내무부사무분장규정 제36조 및 제37조의 규정에 의한 치안국정보과 및 외사과 사무분장에 관한 규정이 공포, 시행되었다.

즘이 세계적으로 증가함과 관련하여 1981년 9월 30일 서울의 제24회 올림픽 유치가 확정되자 정부적 차원의 대테러대책이 중요 문제로 대두되었다. 그리하여 치안본부 외사과의 대테러활동도 '86 아시안게임 및 '88 올림픽의 성공적 수행을 위한 목표에 큰 비중을 두고 전개하였다.

1974년 12월 24일자로 치안국에서 치안본부로 개편되면서 제3부장 산하 외사과로 소속되었다. 그 이후 1980년대 외사경찰의 조직변화는 1982년 3월 30일 외사3계에 대테러반을 설치한 것에서부터 시작되었다.[182] 1980년대 중반에 이르러서는 외국인의 한국방문 및 내국인의 해외진출이 활발해 짐에 따라 김포공항경찰대를 창설하였다. 1987년 3월 4일에는 경찰직급의 상향조정에 따라 치안본부에서는 외사관리관실이 제4차장 산하에서 제5차장 산하 및 서울시경 외사과는 제4부장산하에서 제5부장 산하로 개편되었다. 한편, 올림픽을 1년 앞둔 87년도에는 외사보안활동 및 외국정보기관과의 교류가 긴요하게 되었고 외사첩보의 신속한 입수 및 전파가 필요하게 되었다.[183]

〈표 3-3〉 외사경찰 직제 변천(1982—1992)

날 짜	주요 직제 개편 사항
1982.3. 30	외사3계 대테러반 설치
1986.1. 28	제4조정관 산하 "외사관리관"으로 개편
1987.2.	제5조정관 산하 "외사심의관"으로 개편
1991.7.	경찰청 발족 (보안국 산하 외사심의관으로 개편)
1992. 10.	차장직속 "외사관리관실" 승격 (형사국 "인터폴 업무" 외사 1과로 이관)
1992. 12.	"김포공항 분실"을 서울청 공항경찰대로 이관

자료 : 경찰청. 「외사경찰사」, 2009

182) 당시 제24회 올림픽 유치가 확정된 상황에서 안전하게 대회를 마무리하는 것은 국제적 요청이었으며 그 목표의 성실한 수행에 치안본부 외사과의 노력이 필요하였던 것이다. 그리하여 이듬해 6월 4일에는 내무부 훈령 제754호에 의거 외사3계에 대테러 종합업무가 신설되기에 이르렀다.

183) 이에 따라 정부에서는 1987년 11월 9일 대통령령 제12269호에 의거 대한민국 재외공관직제를 개정하여 재외공관원을 대폭 증원시켰다.

라. 경찰청 외사관리관(1991. 7)

1990년대에 들어서 외사경찰의 큰 변화는 무엇보다 경찰청 개청과 더불어 외사관리관이 신설되면서 명실상부한 외사업무의 독립성을 확보한 것이다.[184] 그리고 외사2과 내에 형사국 국제형사계를 흡수하여 외사경찰의 위상을 일신하게 되었다. 이후 2006년 경찰청 외사국으로 확대되면서 경찰청 차장의 업무보좌 기관에서 경찰청 직제의 한 가지 기능을 담당하는 계선조직으로 격상된 것이다.

〈그림 3-1〉 경찰청 외사관리관실 직제(1992. 12)

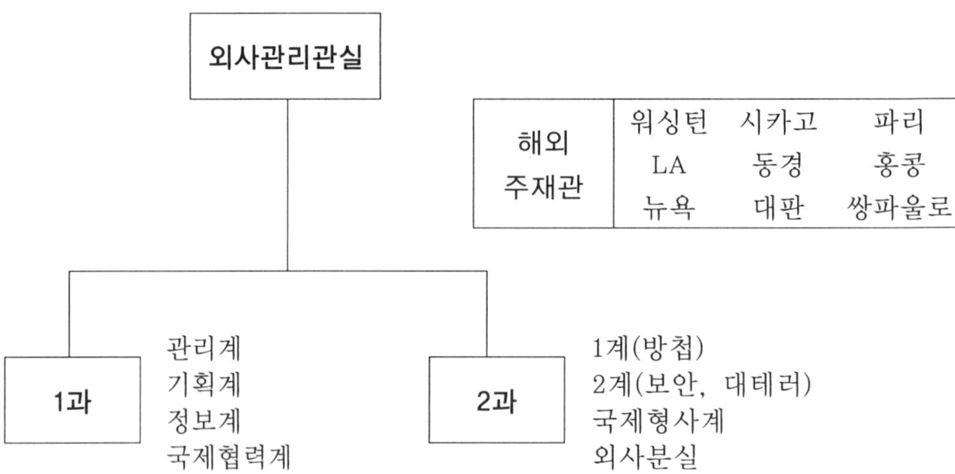

184) 1991년 8월 1일 경찰청 개청 후 1992년 10월 17일 대통령령 제13740호 경찰청과 그 소속기관 등 직제개정령에 의하여 경찰청 직제가 4관 7국 5심의관에서 5관 7국 4심의관으로 확대 개편되면서 외사관리관실이 신설되었다.

〈그림 3-2〉 서울 · 부산지방경찰청 외사경찰 직제

〈그림 3-3〉 기타 시 · 도지방경찰청 외사경찰 직제

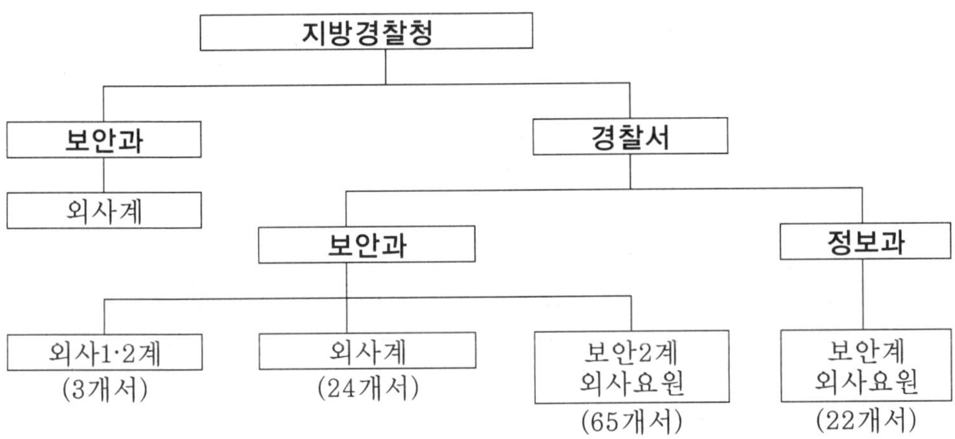

마. 경찰청 외사국(2006. 3)

외사경찰의 조직은 시대별 그 수요에 따라 지속적으로 변천하여 왔다. 이는 외사환경의 변화에 의한 외사치안수요의 증가에 대비하기 위해 당연한 결과라고 할 수 있다. 최근에도 외사경찰의 조직 및 인력보강을 지속 추진하여 2006년 3월 경찰청 외사관리관실의 '외사국' 승격을 통해 외사국장을 치안감으로 격상하고 3담당관 6계를 3과 8계로 확대, 개편하여 급증하는 외사수요에 걸맞은 전담 대응조직으로서의 체계를 확립하였다.

〈그림 3-4〉 외사국 직제 개편

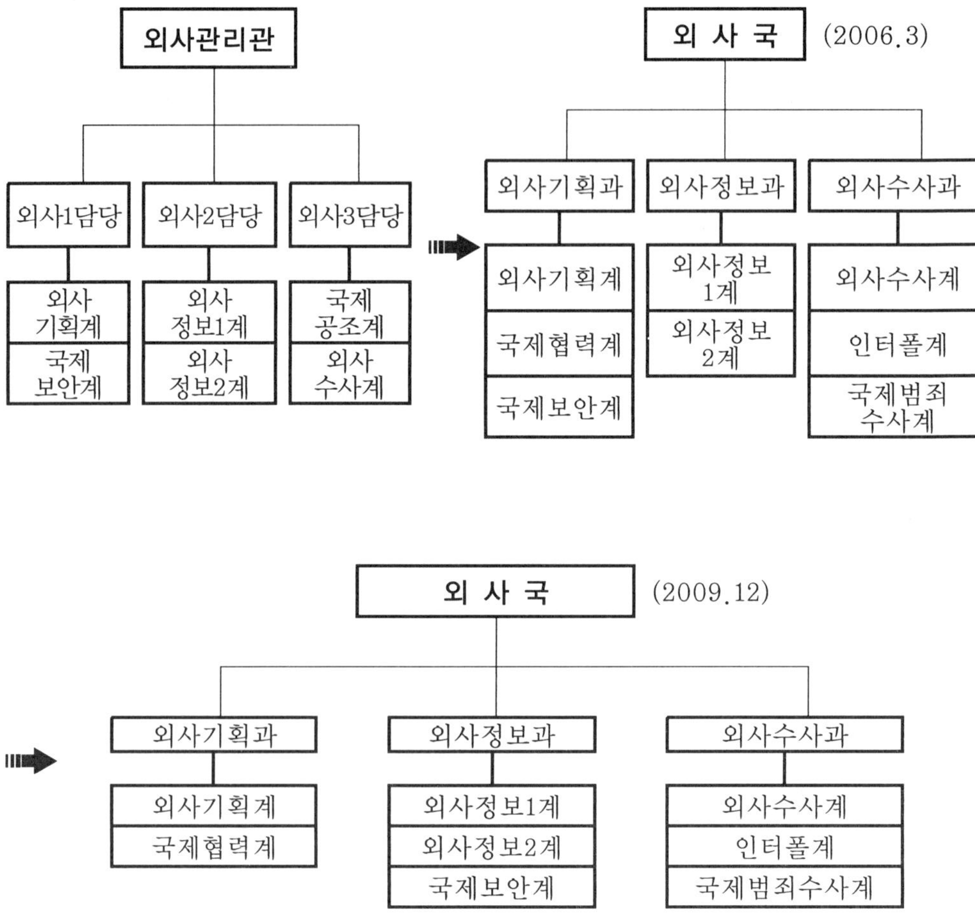

또한 외사 치안수요가 많은 지방청에 외사과 신설을 추진하여 2006년도 인천청에 그리고 2007년도에는 경남청에 외사과를 신설하였다.[185)]

185) 2007년도에 인천남부 등 19개서, 2008년도에는 대전둔산 등 11개 경찰서에 외사계를 신설하였다.

2. 외사경찰의 직제와 사무

외사경찰은 경찰조직구조의 일부를 이루고 있는 기능별 조직이다. 따라서 먼저 경찰조직을 보면 경찰청장을 정점으로 하부에 경찰청 차장을 두며 그 아래 업무기능에 따라 경무기획, 생활안전, 교통, 수사, 경비, 정보, 보안, 외사국 등 8개의 국과 대변인실, 감사관실, 정보통신담당관실 등 8개의 관을 두고 있다.

가. 경찰청 외사국의 직제와 업무

〈그림 3-5〉 경찰청 외사국 직제(2010.2)

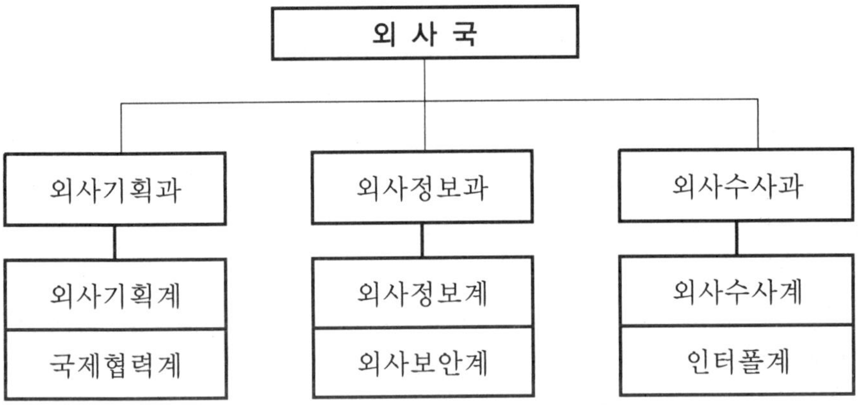

1) 외사기획과 담당 업무

외사기획과 산하에는 외사기획계와 국제협력계로 나누어져 있다. 외사기획계는 외사관리국내의 외사경찰 선발, 관리와 훈련, 인사고과 등 인사업무 및 제도개선을 담당한다. 또한 예산의 편성과 집행, 경리 및 장비보급 등은 물론 해외주재관 파견을 위한 선발과 추천 및 성과평가 등 그 운영에 관한 사항을 처리한다. 그리고 장기 외사경찰의 발전 방안을 강구하고 국내 문서의 접수와 발송 등 서무업무와 외사관련 법령의 제정 등의 업무를 수행한다.

그리고 국제협력계에서는 경찰청의 대외협력을 위한 제반 사항을 기획하고 수행한다. 경찰청장의 외국과의 방문교류와 외국 경찰기관의 국내 방문과 관련한 시행과 조정 등과 외국경찰과의 상호협력을 위한 MOU체결 등 국세경찰협력업무를 담당한다. 그리고 경찰청내 각 기능에서 협조요청 하는 외국경찰의 자료수집과 통보의 역할을 담당하며 전국 경찰관의 공무국외여행을 조정하고 지원하는 업무를 수행한다.

자세한 담당업무는 다음과 같다. 가) 외사경찰 제도·운영에 관한 기획 및 복무, 인사, 교육, 예산관리 나) 통역요원 관리 및 통역지원 다) 해외주재관 등 국외파견 외사경찰의 선발, 교육 및 관리 라) 재외국민 및 외국인 관련 신원조사 마) 외국 경찰기관 등과의 국제협력 바) 외국경찰자료 등 외사자료 수집 및 관리 사) 경찰관 해외교육 및 공무국외여행 관리 자) 외사교류협력 관련 파견 경찰관 선발, 교육 및 관리 등이다.

2) 외사정보과의 직제와 업무

외사정보과에는 외사정보계와 외사보안계로 나뉘며 외사정보계에서는 외국공관과 기관이나 언론기관, 외국기업체 등을 상대로 관련 첩보수집·분석, 각종 외사정보 보고서 생산 및 배포한다. 특히 해외파견 경찰주재관으로부터 각종 선진 경찰제도 및 첩보를 수집하고 국익에 유용한 자료로 생산하여 관련 부처나 기관에 통보한다. 또한 각 지방청 외사과(계)에서 보고하는 외사첩보를 분석하고 평가하며 또한 외국인, 외국기관·단체의 현황을 파악하고 중요한 국익저해 동향을 파악하여 그에 대한 기록을 관리하는 등의 업무를 수행한다. 또한 상주 외국공관 연락관(Liaison Officer)업무와 외사관련 대상자 및 대상기관에 대한 첩보수집 및 보고 등의 업무를 수행한다.

한편 국제보안계에서는 국내에서의 국제회의 및 행사, 대테러업무 등 외사보안활동에 관련된 업무를 수행한다. 그리고 외국인이 연관되거나 외국을 통하여 우회침투 하는 국익저해사범에 대하여 방첩공작을 수행함은 물론 국가적으로 위해가 심각한 국제테러범 등의 불순분자를 차단, 검거하기 위한 업무도 담당한다. 또한 외국의 중요인사가 참여하는 국제행사시에는 안전한 행사가 되도록 특히 외국인을 상대로 보안활동을 한다.

자세한 담당업무는 다음과 같다. 가) 외사치안정보의 수집·평가·분석·전파 및 관리 나) 외사 관련 치안정책 자료의 종합·분석·전파 및 관리 다) 사이버 외사정보의 수집·분석·전파 및 관리 라) 중요 외사정보 상황유지 및 전파 마) 상주외국공관·외신기관·외국 상사단체 및 국내 주요 외국인 등에 대한 치안정보수집 바) 외사관련 치안정책 자료 수집 사) 국제보안 및 테러관련 정보수집 · 분석 및 전파 자) 국제공항만 및 외빈방한 · 국제행사 보안활동 지도 · 조정 차) 신원특이 외국인 동향 관리 등이다.

3) 외사수사과의 직제와 업무

외사수사과에서는 외국인범죄와 국제성범죄를 수사하고 특히 외국의 범죄조직의 국내 침투를 차단하고 마약, 돈세탁, 첨단산업 기밀유출사범 등 주요 외사사범의 단속에 집중하고 있다. 그리고 국내에 집단으로 체류하는 외국인 밀집지역에 대한 관리와 이들의 인권보호를 위한 경찰활동도 중요한 업무로 되어 있다.

구체적으로 살펴보면 외사수사과 산하에는 외사수사계, 인터폴계 등 2개의 계로 구성되었으며 외사수사계에서는 주로 국제성범죄에 대한 대책을 강구하여 대응전략을 수립, 시행하며 이와 관련한 광범위한 수사업무를 담당하고 있다. 그리고 인터폴계에서는 인터폴 국가중앙사무국 운영 및 사무총국이나 다른 회원국과의 협력업무, 인터폴 통신망관리 및 운영, 국내 외국인범죄에 대한 수사지도 및 조정, 외국인 범죄통계 및 수사자료 분석, 해외도피 범죄자에 대한 공조수사 및 국제범죄첩보수집 및 분석 등의 업무를 수행한다.

자세한 담당업무는 다음과 같다. 가) 외사범죄에 대한 대책 수립 및 자료 수집 · 분석 · 관리 나) 외국인 또는 외국인과 관련된 범죄의 수사지도 및 조정 다) 산업기술 유출사건 수사지도 및 조정 라) 국내 체류외국인 인권보호 마) 인터폴 국가중앙사무국 운영 및 사무총국 · 회원국과의 협력 바) 인터폴 통신망 관리 및 운영 사) 해외도피사범에 대한 공조수사업무 등이다.

나. 지방경찰청 외사기능의 직제 및 업무

1) 지방청 외사기능의 직제

일부 지방청산하에 외사과를 두고 있으며 외사과내에 1계 내지 3계로 나누어 외사국의 직제와 같이 업무를 구분하여 수행하고 있으나 서울 · 부산 · 인천 · 경기 · 경남청 등 5개 지방청은 외사과 직제, 기타 지방청은 보안과 소속 외사계로 운영하고 있다. 외사과가 설치되지 못한 지방경찰청의 경우는 보안과 소속으로 되어 있는 외사계에서 업무를 각 구분하여 수행하고 있다. 그리고 경찰서에는 보안과내에 외사계가 소속되어 있으나 그렇지 못하고 경찰서 보안계내에 외사업무 담당자를 지정하여 운용하고 있는 경우도 아직 많다.

먼저 서울지방경찰청의 외사기능은 〈그림 3-6〉과 같이 보안부 산하에 외사과로 운영되고 있으며 외사기획정보계와 5개의 국제범죄수사대로 구성되어 있다.[186]

〈그림 3-6〉 서울지방경찰청 외사경찰 직제

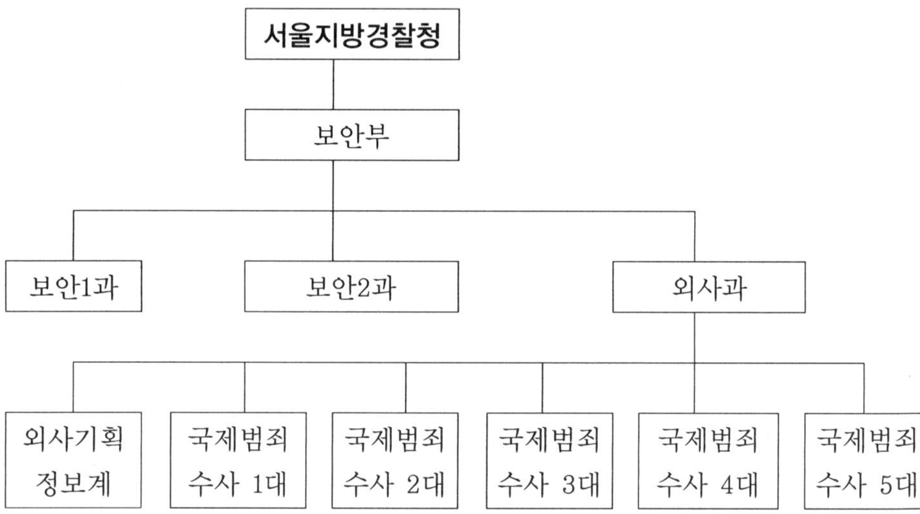

각 계의 분장업무를 보면 외사기획정보계는 서무팀, 정보분석팀, 국제협력팀, 등 7개의 팀으로 운영되고 있다. 여기서는 주로 외국인, 외교사절, 외신, 외국기관, 상사단체 등에 대한 첩보수집과 각 경찰서의 외사계에서 보고되는 외사첩보를 분석, 평가하여 정보보고서를 생산하는 업무를 담당한다. 또한 외사보안활동 등 구체적인 담당사무는 경찰청 외사국의 외사정보과 국제보안계 업무와 같다. 또한 5개의 국제범죄수사대는 지역과 권역별로 담당을 나누어 외국인의 집단폭력, 국제성범죄 등에 대하여 전담수사하고 있다. 2001년도부터는 내부적인 업무조정을 통하여 외사활동을 국제성범죄의 유입차단과 억제에 역점을 두고 있다.

186) 기존 외사과내 외사1, 2, 3계의 직제로 운영했으나 2010년 2월 16일 〈그림3-6〉과 같이 직제를 변경하였다.

〈그림 3-7〉 부산지방경찰청 외사경찰 직제

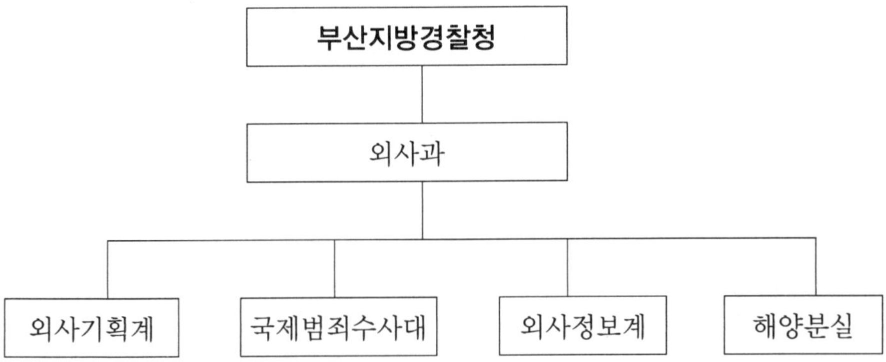

부산지방경찰청의 외사경찰 조직구조는 〈그림 3-7〉과 같으며 외사과 내에 외사기획계와 외사정보계의 2개의 계와 국제범죄수사대 및 해양분실로 편성되어 있다. 외사기획계는 외사서무, 신원조사 및 외국경찰기관과의 교류, 협력업무를 담당한다. 외사정보계는 외사정보와 외사방첩과 외사보안업무를 담당하고 국제범죄수사대는 국제성범죄수사 등 외사수사업무를 담당한다.

〈그림 3-8〉 경기지방경찰청의 외사경찰 직제

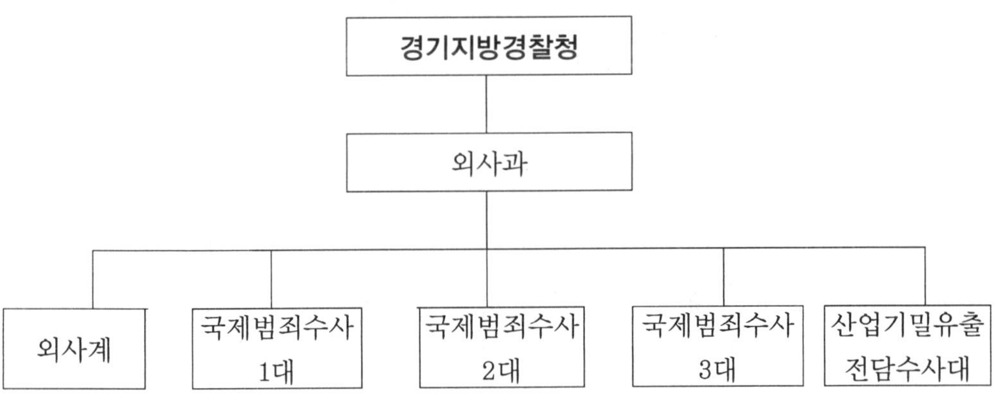

〈그림 3-9〉 기타 지방경찰청의 외사경찰 직제

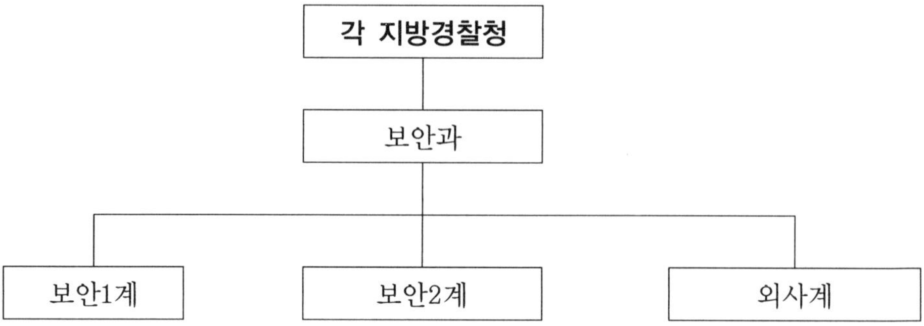

또한 서울, 부산, 인천, 경기, 경남지방경찰청을 제외한 나머지 지방경찰청의 외사경찰은 〈그림 3-8〉와 같이 보안과 외사계로 편성되어 운영되고 있다.

다. 경찰서 외사기능의 직제 및 업무

1) 외사기능 직제

〈그림 3-10〉 경찰서 외사경찰 직제

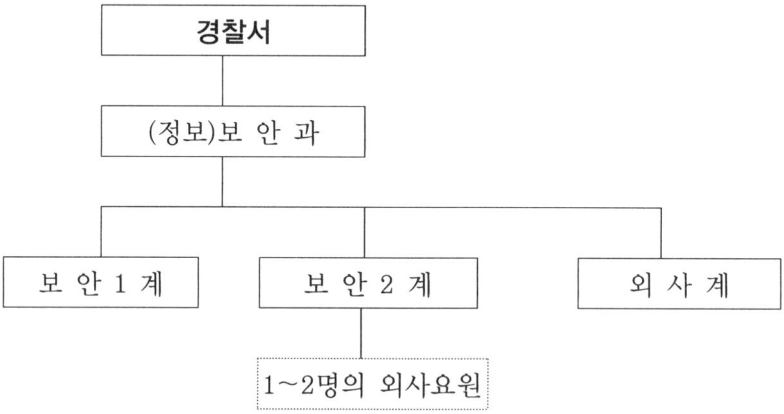

경찰서 단위에서는 〈그림 3-9〉과 같이 보안과(정보보안과) 외사계에 속하나 대부분의 경찰서에는 계 단위 편제가 없이 보안계에 속해 있다. 단 서울지방경

찰청의 일선 경찰서에는 이러한 취약점을 보완하기 위하여 '외국인범죄 전담수사반'을 운영하였으나 단지 국내에서 발생한 외국인 관련 범죄를 수사하기 위한 비상설 조직으로서 실제로 적극적인 국제범죄수사는 수행하고 있지 못하였고 그 역할이 미미하다.

제4절 외국의 외사경찰제도

1. 개관

오늘날 세계 각국의 경찰체계는 경찰제도의 발전과정 속에서 그 주체가 국가냐 아니면 자치단체냐를 중심으로 국가경찰체계와 자치제경찰체계로 양분하고 있는 것이 통례이다. 한편 한 국가의의 주체가 국가냐 자치단체냐 하는 것은 그 나라의 자치이념이나 행정제도 등에 의존하는 것이 보통이며 궁극적으로는 그 나라의 역사적 전통이나 치안상태 및 경찰의 발전에 따라 지속적으로 변천되어 왔다. 이렇게 국가마다 역사와 정체에 따라 경찰의 체제나 조직구조도 다르게 형성되었으며 외사경찰의 구조와 역할도 당연히 이러한 이유로 각각 다른 구조를 가진다.

2. 미국 및 유럽

가. 미국

미국의 경찰은 지방경찰(Local Police)을 위주로 하고 그 상위에 주경찰(State police), 연방법집행기관(Federal Law Enforcement Agencies)으로 되어 있다. 즉, 미국의 정부수준은 각 급의 5체제이며 경찰도 이에 따라 도시경찰(City police), 군보안관(County Sheriff), 읍치안관(Town or Township Constable), 주경찰(The state Police), 연방집행기관(Federal Law—Enforcement Agencies)의 5종류가 있다.

그리고 그 외에 특수경찰로서 특별구(학교구, 공원구, 도로구 등)경찰과 인디언 부락경찰, 민간경찰인 경비요원이 있다.[187)]

1) 경찰관련 법집행기구

가) 연방경찰기관

미국의 연방수준의 법집행기관 중에서 FBI는 모든 연방범죄와 타기관에서 관할하지 아니하는 모든 범죄를 수사하는 가장 광범위한 통제력을 가지고 있다. 그리고 FBI 내에는 반독립적 기구인 DEA(Drug Enforcement Agency)가 있다. 이 밖에 기타의 연방경찰기관으로서는 재무성에 세금관련 범죄를 다루는 IRS(Internal Revenue Service), ATF(Bureau of Alcohol, Tobacco, and Firearms), 세관(Customs Service)이 있다. 그리고 그 외에도 특별한 법집행 권능을 가진 기관으로 재무성 소속 기관인 Secret Service(화폐위변조 및 대통령 경호 담당), 우정성 산하의 Bureau of Postal Inspection(우편관련 범죄담당), 이민국산하의 국경순찰대(Border Patrol), 해안경비대(U. S. Coast Guard), 국립공원경찰 등이 연방경찰기관들 중의 대표적인 것들이다.

나) 주(州)단위 경찰기관

미국 하와이를 제외한 49개주는 주 전체를 관할하는 주경찰이 있는데 주경찰의 효시는 1925년에 설립된 펜실베니아 주경찰이다. 이러한 주경찰은 주정부의 집행기관으로서 다른 지역단위 경찰기관이 관장하지 아니하는 법의 집행을 주요한 임무로 한다. 모든 주경찰은 기본적으로 주요 고속도로에서의 교통통제(highway patrol)를 임무로 하며 이중 2/3만이 일반적인 법집행 권한이 부여되어 있다. 그리고 인구가 많은 12개 정도의 주경찰은 시경계의 밖에서 법을 집행할 수 있는 권한이 부여되어 있다.

다) 카운티 경찰기관

카운티경찰기구의 대표적인 보안관은 미국의 3,100여 개의 카운티에 1명씩 있

187) 정진환, "주요국가간 경찰의 임무 및 치안상태의 비교연구", 「경찰대학 치안연구소 연구보고서」(97—20), 1998, p. 54.

다. 보안관은 선거에 의하여 선출되는 카운티내의 법집행기관 수장으로서 임무를 수행하며 33개 주의 경우에는 광범위한 권능을 갖고 있으나 시(city)나 읍(town)의 관할권 내에서는 경찰권한을 행사할 수 없다.

또한 지역단위 경찰기관(Local Agencies)로서 지방정부에 의하여 설립된 시와 town경찰은 주법에 의하여 법집행의 일반적 권한이 부여되어 있다. 시 경찰의 규모는 New York시 경찰국과 같이 35,000명의 직원을 가진 곳으로부터 한 명의 직원이 있는 1,602개의 지방경찰까지 다양하다. 그리고 관할구역은 대도시의 경우에는 중앙지역의 시와 주변지역의 독립적인 교외지역으로 구분하고 있다.

2) 외사경찰 역할의 법집행기관

미국의 경찰조직은 위와 같이 연방경찰의 성격을 갖는 조직과 지방경찰, 자치경찰 등으로 구성되어 조직구조를 일률적으로 정의하기 힘들다. 외사업무 총괄부서는 없으며 따라서 별도의 외사경찰 편제도 없고 관련 업무를 각각 별개의 조직에서 독자적으로 수행한다.[188]

법무부내에 인터폴을 설치하여 연방수사국, 마약단속국(DEA), 이미세관단속(ICE), 주류·담배·화기단속국(ATE) 등 연방 법집행기관의 파견관이 합동으로 근무하고 있다. 그리고 FBI내 OIO(Office of International Operations)에서는 미국에 상주하는 각국의 경찰주재관 및 외국의 법집행기관과의 협력, 해외파견 주재관 운영 등 국제협력업무를 담당하고 있다.

한편 이와 같은 구조에 따라 워싱턴DC 경찰의 경우에도 외사관련 별도 직제는 없으며 외사사건 발생시 일반 수사부서에서 담당한다. 다만 언어불통 문제 등이 발생하면 경찰관 중에서 언어가 가능한 직원의 조력으로 처리하고 있다. 그리고 뉴욕시경(NYPD)은 정보국 연락과에서 국제범죄수사, 외국 경찰기관과의 정보교류, 외국 요인경호업무를 담당하고 있다.

그리고 주요 국제범죄에 대한 대처를 중심으로 보면 다음과 같다. 미국에서는 국제범죄가 개별범죄의 퇴치보다 훨씬 큰 영향력을 갖기 때문에 각종 국제범죄에 대처하기 위해서 국제범죄 통제전략[189]을 공식화하였다. 이 전략은 연

188) 경찰청, 주요국 치안 동향, 2008. p. 152.

189) 이에 대한 주요 목표와 이니셔티브는 다음과 같다. 1) 해외에서의 법 집행과 외교적 노력을 강화함으로써 범죄를 예방하고 범죄자들에 대한 법적 처벌을 철저히 한다. 2) 밀수의 수사·탐지·감독능

방정부의 협력하에 범죄에 대처하는 틀을 제공하고 있다.

첫째, 국제테러에 대하여 미국은 국제 테러리즘과 다른 국제범죄들과 연계될 수 있는 화기와 군수품, 폭발물의 불법거래의 차단을 위하여 무기수출 통제법을 제정하였다. 또한 주류·담배·화기담당국(ATF)은 외국인들이 국내에서 화기를 구매하는데 필요한 거주기한의 규제를 강화했다. 그리고 97년 11월 미국과 미주기구(Organization of American States, OAS)는 화기의 불법제조와 밀매에 관한 미주국가간 협약을 체결했다. 한편 ATF와 관세청은 다른 국가들이 이들 범죄에 대처할 수 있도록 계속적으로 지원해 오고 있다. 그리고 2001년 9월 11일 무역센타 테러발생 이후 법무부는 국가 각료급 기구인 국토보안국(Office of Homeland Security)를 설치하였고 대테러 공조강화를 위하여 FBI, INS(이민귀화국) 등 연방 사법기관과 주·지방경찰을 총괄적으로 연계한「대테러 연합 FT」를 출범시켰다. 그리고 대테러법을 대폭 강화한「USA Patriot Act 2001」를 제정하였다.[190]

둘째, 미국 경찰기관이 국제성범죄에 대한 가장 강력하고 중요하게 대처하는 것중 하나는 미국내 전역으로 점차 확산되고 있는 코카인, 헤시시, 엑스터시 등의 마약관련 문제이다. 연방법 수준에서의 마약과 관련한 주된 법집행기관은 법무성의 마약단속국(Drug Enforcement Agence: DEA)이다. 그러나 조직범죄와 관련이 있는 경우에는 FBI도 다룰 수 있으며 주법의 수준에서는 주경찰국, 주마약단속국 및 주경찰국 자치체 경찰로 되어 있다.[191]

그 밖에 국제범죄와 관련한 법집행기관으로는 이민귀화국(INS), 재무부산하의 국세청(IRS), 연방관세청(US Customs Service), 운수부산하의 해안경비대(US Coast Guard) 등이 있다.[192]

력을 강화하여 국경을 보호한다. 3) 새로운 국제적 협정의 체결을 통해 범죄자의 즉각적 체포와 본국 송환, 범죄자의 입국 금지 등을 위해 노력한다. 4) 돈 세탁의 발본색원과 국제범죄자의 자산 압류, 금융 범죄에 대한 다자적 협조, 국제적 사기·위조·세금탈루 등의 범죄집단의 근원을 색출한다. 5) 불법적인 기술유출, 불공정 무역, 지적 재산권 도용, 산업스파이 등 국제무역이 범죄에 악용되는 것을 방지한다. 6) 국제범죄집단에 의한 새로운 유형의 범죄들에 대한 대응을 강화하고 인신매매, 아동상대의 범죄, 신기술과 컴퓨터 관련 범죄들을 차단한다.

190) 한국형사정책연구원,「싸이버테러리즘에 관한 연구」(연구보고서 01-07), 2001, p. 141.

191) 정진환,「미국경찰론」, (서울: 양영각, 1994), p. 67.

192) 경찰청,「국제범죄 : 동향과 대응」제6호(2001. 2월), p. 10.

나. 영국

영국의 경찰제도는 전통적 지방자치 경찰제도를 채택하고 있으며 그 조직구조는 런던경시청을 포함하여 잉글랜드, 웨일즈, 스코틀랜드, 북아일랜드 등의 지역에 52개의 지방경찰청으로 구성되어 있다.

1) 경찰의 조직체계

영국의 내무부는 경찰법령, 제도, 인사, 보수 등 광범위한 영역에서 경찰과 밀접한 관계를 맺고 중앙경찰행정기관의 업무를 수행하고 있다. 1990년대 이후 내무장관 권한강화 등 중앙집권화 경향을 보이고 있다.

2006년 국가범죄수사대, 국가범죄정보국, 국가 하이테크범죄국, 세관과 이민국의 일부 기능을 통합하여 조직범죄와 불법마약범죄 등 범죄정보를 수집하고 수사하는 중대조직범죄수사국(The Serious Organized Crime Agence : SOCA)을 발족하였다. 그리고 2007년에는 국가경찰력향상국(National Policing Improvement Agency : NPIA)을 창설하여 국가차원에서 각 지방경찰이 일정한 경찰력을 갖출 수 있도록 정보통신기술, 정보의 공유와 경찰관의 교육 등을 지원하고 있다.[193] 지방경찰기구로는 런던경시청과 지방경찰청이 각각의 독립성을 갖고 경찰활동을 하고 있다.

2) 외사경찰 업무직제

영국의 외사경찰은 각 지방경찰청 소속으로 되어 있고 런던경시청의 경우에는 2006. 4. 중대범죄수사국(SOCA : Serious and Organized Crime Agency)이 발족되었다. 여기서는 국제업무국에서 인터폴 국가중앙사무국 역할을 수행하고 해외파견근무자 관리업무도 수행하고 있으나 경찰관 신분이 아닌 것이 특징이다. 그리고 영국의 NCB(인터폴 중앙사무국)는 SOCA 산하 국제업무국의 4개 부서중 하나로 조직 내에서의 정식 명칭은 Multi—Lateral Operation이다.

그리고 테러, 조세, 이민분야는 별도기관에서 인터폴 NCB 역할을 담당하고 있다. 또한 런던경시청에는 테러수사국내에 국제연락과, 범죄인도과, 국제공조과를 설치하고 있다. 기타 자치경찰은 형사과내 International Liasion Officer라는

193) 강용길, 김석범, 백창현, 이종화, 전게서, p. 373.

외사전담요원을 두고 있으며 SOCA Multi-Lateral Operation과 긴밀히 공조하고 있다.

다. 프랑스

1) 경찰의 조직체계

프랑스 경찰제도[194]는 절대왕권의 제국주의에서 비롯된 중앙집권적인 행정문화를 기반으로 하여 내무부장관의 강력한 지휘아래 중앙집권적 국가경찰제를 근간으로 자치경찰을 제한적으로 운용하고 있는 시스템이다. 특이한 것은 군인경찰제도를 운용하고 있는 것으로 읍과 면소재지 등 시골지역을 주로 담당하고 있다. 그리고 각 기초자치단체에는 국가경찰의 권한을 침해하지 않는 범위내에서 자치경찰 업무를 제한적으로 수행하고 있다.

국립경찰청에는 내무부장관과 총리의 제청으로 대통령이 임명하는 국립경찰청장이 치안총수로서 임기는 없다. 그 산하에는 경무국, 교육국, 수사국, 방범국, 보안국, 국경정찰국, 정보국, 경비국 등 8개의 국 및 감사담당관실, 경호실 등 2개의 실로 구성되어 있다. 그리고 청장 직속으로 마약과, 대테러과, 내무장관 경호과, 교통과, 특공대, 홍보실, 피해자 보호실을 설치하여 운영하고 있다.

그리고 특별히 파리경찰청은 수도의 안전과 행정 및 사법의 경찰업무를 담당하고 있고 관할구역은 파리시 이외에 오드센, 센생드니, 발드마르느도 등이다. 파리경찰청장은 관할구역 내의 철도안전, 화재진압 및 구조 등은 물론 도지사들과의 상호 협력 등을 담당한다. 그리고 각료회의에서 임명되는 고급 공무원으로서 사실상 경찰청장보다 위상이 높은 것이 특징이다.

2) 외사업무 경찰직제

프랑스경찰의 외사경찰[195] 업무를 총괄하는 내무부 경찰청 국제기술협력국(SCTIP : Service de Cooperation Technique Interationale de Police)은 1961년 아프리카 신생 독립국의 경찰활동 관련 원조를 위해 설치되었으며 1980년대 이후 전 세계로 활동범위를 확대하였다. SCTIP의 주요한 업무로는 첫째로 치안문제

194) 경찰청, 전게서, p. 282.
195) 상게서, p. 288.

와 관련하여 조언 및 교육활동, 국제체육행사 등 관련 외국경찰과의 협력 프로그램의 연구와 시행 및 평가하는 기술적 협조이다. 둘째로는 프랑스 치안관련 테러리즘, 마약, 불법 예술품의 거래, 불법이민, 조직범죄와 관련한 정보의 교환 등의 작전적 협력이다. 셋째로는 EU, UN 등 국제기관에 경찰 또는 치안문제와 관련 전문가 그룹으로 참여하는 기관적 협력 등이다.

그리고 외교관의 자격을 가지고 내무장관이 지정하는 치안관련 업무를 대외 조정, 조율하는 치안협력관을 운용하고 있다. 그리고 해당국의 협약에 따라 정보교류 등의 목적으로 연락관을 파견하여 운용하고 있다. 그러나 지방경찰청과 경찰서에는 외사담당이 별도로 존재하지 않는다.

라. 독일

독일의 경찰제도[196]는 지방분권적 경찰제도에 연방경찰이 가미된 분권화 체제로 되어 있다. 즉 16개의 주마다 독자적인 경찰권을 행사하고 있다. 따라서 연방경찰은 긴급사태 발생시나 특정임무에만 적절하게 개입하는 등 분권화 체제를 유지하고 있다. 독일경찰의 조직구조는 연방경찰기관, 주의 경찰기관 및 하급경찰기관의 기본적인 구조를 갖추고 있다. 그리고 주의 최상급 경찰관청은 주 내무부장관이다. 주 내무부에는 경찰담당국이 설치되어 있으며 도 단위에도 경찰담당 부서가 설치되어 있고 부서의 장이 지방경찰청장이다. 주 범죄수사국, 주 기동경찰, 주 경찰학교, 주 경찰대학(학부) 등이 내무부 산하에 공통적으로 편성되어 있다.

1) 경찰기관의 조직체계

독일의 연방경찰기관은 첫째, 연방내무부 산하 외청으로서 연방수사국(Bundeskriminalamt)이 있다. 특정한 범죄유형의 수사대상인 국제적 범죄, 조직범죄, 마약, 폭발물관련, 화폐위조사건, 무기밀매, 요인암살 기도행위 등에 있어서 관할권을 가진다. 따라서 범죄정보수집, 분석업무가 부여되어 있으며 요인경호에 대한 책임도 맡고 있다. 연방수사국설치법에 의하여 각 주 내무부산하에 주범죄수사국(Landeskriminalamt)이 설치되어 있다.

---

196) 상계서, p. 271.

둘째, 연방헌법보호청(Amt f Verfassungsschutz)은 연방헌법의 기본질서를 파괴하는 행위에 대한 정보수집업무를 담당하는 기관으로서 집행조직을 가지고 있지 않다. 정보수집대상은 좌익테러, 군대내의 극좌테러분자, 연방헌법의 기본질서를 파괴할 위험성을 갖고 있는 이념단체, 정당, 이들과 연계된 국제조직, 극우세력, 신나찌 추종세력 및 조직원, 이들과 연계된 단체, 출판물, 내적 안전을 위협하는 극단적인 외국인 관련사항이다. 그리고 외국 첩보기관의 침투에 대한 방첩업무(스파이방지) 등을 담당하고 있다. 그러나 반국가사범에 대한 수사권은 부여되어 있지 않다.

셋째, 국경수비대는 연방내무부의 국경수비(경찰)국 소속이며 연방수사국과 같은 외청은 아니지만 항만, 공항, 국경통제소 등에서 출입국관리업무와 경비임무를 맡고 있다. 또한 대규모 시위사태를 비롯한 대규모 자연재해발생, 외국원수의 방문, 범죄자 수배 등과 같은 경비수요가 발생할시에는 각주를 지원하는 업무를 맡고 있다. 연방경찰특공대(GSG—9)는 국경수비대 소속이다. 그 외에도 연방내각에 소속된 연방정보국(BND)와 군 정보기관(MAD)등도 직접 강제수단과 집행경찰공무원은 없지만 연방경찰기관이다.[197] 또한 연방특별경찰로서 연방철도경찰과 수상경찰이 있다.

그리고 주경찰기관으로서 주내무부에는 경찰담당국이 설치되어 있으며 도 단위에도 경찰담당 부서가 설치되어 있고 부서의 장이 지방경찰청장이다. 지방경찰청과 경찰서의 체제는 행정지원, 경비, 교통, 수사, 방범순찰업무를 수행하는 부서들이 공통적으로 설치되어 있다. 그리고 각 주의 경찰은 크게 4가지 형태의 집행경찰구조와 영역으로 이루어져 있으며 일반집행경찰, 수사경찰, 기동경찰, 수상경찰 등의 경찰기관들이다.

또한 각 주에서는 이러한 경찰기능을 수행하기 위하여 도 단위에 지방경찰청과 우리나라의 시, 군, 구 지역에 해당하는 행정구역마다 설치된 경찰서가 있다. 그리고 동, 면, 읍에 해당하는 행정구역에 파출소(Polizeiposten)가 설치되어 있고 경찰서와 파출소 중간단계의 경찰조직이 경찰서마다 2—3개에서 10개미만 정도로 설치되어 있는 것이 특징이다.

197) 상게서, pp. 222—223.

2) 외사업무 경찰직제

연방내무부 산하에 연방경찰청과 연방수사청(Bundes-Kriminalamt : BKA)을 설치하고 있으며 외사경찰 직제[198]는 연방수사청 국제조정국의 2개 과에서 외사업무를 담당하고 있다. 첫째, '전략 외사관계과'에서는 외사정보의 수집, 평가를 통한 범죄, 안보상황을 파악하여 조기대책을 강구하는 업무를 담당한다. 그리고 EU, 국제경찰조직이나 외국경찰기관과의 협력업무 조정과 주재관을 통한 정보수집과 교류 등의 업무를 담당한다. 둘째, '국제지원과'에서는 독일의 국내주재 해외주재관들과의 협력과 경찰관련 국제회의 개최 및 참여는 물론 국제조직에 의한 세계분쟁지역 치안유지와 관련한 업무와 협력, 외국경찰에 과학장비 등을 지원하는 업무를 담당하고 있다.

그리고 인터폴 NCB도 연방수사청에서 임무를 수행하고 있다. 특히 인터폴 관련 전문작성, 전달 등은 국제조정국의 전략 외사관계과에서 담당한다. 따라서 독일경찰의 국제범죄에 대한 임무는 주로 연방수사국의 소관업무로서 여기서는 국제적 범죄, 국제조직범죄, 마약, 화폐위조, 무기밀매 등의 관할권을 행사하고 있다. 연방수사국설치법에 의하여 각 주의 내무부산하에는 주범죄수사국이 설치되어 있어 전국적인 수사체계를 갖추고 있다.[199] 또한 연방헌법보호청에서는 정보수집업무를 담당하면서 특히 독일의 내적 안전을 위협하는 극단적인 외국인 관련사항, 외국 첩보기관의 침투에 대한 방첩업무(스파이방지) 등을 담당하고 있다. 그러나 독자적인 수사권은 없으며 연방국경수비대에서는 항만, 공항, 국경통제소 등에서 출입국관리업무와 경비임무를 맡고 있다. 연방경찰특공대(GSG-9)는 국경수비대에 소속하고 있다.

3. 일본 · 중국 및 동남아 국가

가. 일본

1) 경찰기관의 직제

일본의 경찰은 1945년 항복 이전의 전형적인 전제주의적, 중앙집권적 국가경

198) 상게서, p. 276.
199) 상게서, p. 228.

찰을 철폐하고 경찰제도의 개혁을 추진하였다. 1954년 5월에 경찰법의 전면 개정안이 통과됨으로써 도도부현단위의 도도부현경찰제도와 공안위원회에 의한 경찰관리라는 현행 제도의 골격이 마련되었다. 일본의 경찰제도[200]는 국가경찰인 국가공안위원회 및 경찰청과 자치경찰인 동경경시청 및 도도부현 경찰본부로 구성된 이원화된 절충형 경찰제도이다. 이들 상호간에는 원칙적으로 대등, 협력관계이나 인사, 예산, 소관사무 등에 대한 국가경찰의 광범위한 조정과 통제가 이루어지고 있다.

가) 국가경찰기관

일본은 국가경찰인 경찰청과 관구경찰국, 도도부현경찰인 동경도 경시청과 도부현 경찰본부로 이루어진 2중 체계로써 경찰관리기관으로 국가와 도도부현에 공안위원회를 설치하여 운영하고 있다. 국가경찰인 경찰청은 내각총리대신의 소할[201]하에 국가공안위원회가 관리한다. 도도부현경찰은 지사의 소할하에 도도부현 공안위원회가 있어 경시청과 도부현경찰본부를 관리한다.[202] 이와 같은 일본경찰의 조직체계는 첫째, 일본의 경찰조직 중 국가경찰은 경찰청과 관구경찰국이 있다. 경찰청은 국가공안위원회에 속하나 단순한 보조기관이 아니고 관청이다. 경찰청에는 장관을 두고 경찰청장관은 국가공안위원회가 내각총리대신의 동의를 얻어 임면하며 경찰청의 소장사무의 범위 내에서 도도부현경찰을 지휘 및 감독한다. 그리고 국가공안위원회는 경찰예산, 경찰교양, 경찰통신, 범죄감식, 경찰장비, 황궁경찰 등 경찰청의 소장사무에 대해서 경찰청을 관리한다. 경찰청에는 장관관방과 생활안전국, 형사국, 교통국, 경비국, 정보통신국이 있고 장관관방 밑에 국제부, 형사국 밑에 폭력단대책부가 있다.[203] 그리고 부속기관으로서 경찰대학교, 과학경찰연구소, 황궁경찰본부가 있다. 또한 관구경찰국은 경찰청의 지방기관으로서 전국에 7개의 관구경찰국이 있으며 관구경찰국장이 관구경찰국의 소장사무의 범위 내에서 부현경찰을 관리한다.

---

200) 상게서, p. 4.

201) 일본에서 소할이라는 용어는 위원의 임면권 등을 제외하고는 지휘감독권이 없이 단지 그 기관이 해당 부성청안에 설치되어 있다는 정도의 관계를 나타낸다.

202) 경찰관의 신분은 국가경찰기관에 소속된 경찰관은 국가공무원이고 도도부현에 소속된 경찰관은 지방공무원이다. 다만 경시정 이상으로서 도도부현에 근무하는 「지방경무관」은 국가공무원이며 국가공안위원회가 도도부현 공안위원회의 동의를 얻어 임면한다. 그러나 대규모의 재해나 소란, 기타 긴급사태 발생시에는 내각총리대신과 경찰청장관에 의한 중앙통제를 인정하고 광역수사를 위한 필요에서 국가경찰의 개입 또는 도도부현간 관할의 극복 등을 위한 제도적 장치가 마련되어 있다.

203) 경찰대학 치안연구소, 「일본경찰연구자료집(Ⅲ－1)」 기본자료편, 제도개선기획단, p. 65.

나) 도도부현 경찰본부

도도부현경찰에는 동경도 경시청과 도부현경찰본부가 있으며 경찰관리기관으로 지사의 소관하에 도도부현에 공안위원회를 설치·운영하고 있다. 그러나 도부현경찰본부의 사무를 분장하기 위하여 지정시에 시경찰부를 두고 북해도에는 5이내의 방면본부를 두고 방면본부마다 방면공안위원회를 두도록 되어 있다. 그리고 도부현경찰본부에는 경찰본부장을 두며 국가공안위원회가 도부현 공안위원회의 동의를 얻어 임면한다. 도도부현 지사는 공안위원회를 소관하에 두고 있을 뿐이므로 경찰운영에 관하여 위원회의 지휘 및 감독권한은 갖고 있지 않다. 그러나 지방자치법상 직무권한으로 도도부현경찰에 관한 조례안 및 예산안의 의회 제출권, 예산의 지출명령권, 경찰서의 설치권 등을 가지고 있다. 도도부현경찰은 자치경찰적 성격과 국가경찰적 성격이 혼재되어 있는 독특한 형태의 경찰이다.

2) 외사업무 경찰직제

일본경찰의 외사업무 편제와 관련 경찰청내 외사업무 총괄부서는 없으며 외사정보, 수사 및 국제협력업무를 각기 상이한 기능에서 담당하고 있다. 경찰청 내무부국 장관관방의 소관사무를 1994년 개정하면서 그 산하에 국제부를 신설하였다.

첫째, 국제부의 소관사무는 내무부국 소관행정과 관련된 국제협력에 관한 것, 국제적인 경찰에 관한 것, 외국인 관련 경찰에 관한 것, 국제수사공조에 관한 것, 그리고 기타 대략적으로 경찰임무범위내의 행정 중 국제적인 관계를 발생하는 모든 것들이다. 그러나 기본적으로 다른 부국에서 처리하는 것은 제외한다. 즉, 특정사항에 관한 사무가 당해 성 또는 청의 부 및 국 전체에 미치는 것과 같은 사무 중에서 하나의 부국 소장사무로써 본래적으로 처리되어야 할 사무인 국제형사경찰기구와의 연락, 미일합동위원회와의 연락 등은 제외된다.[204)]

둘째, 경비국의 소관사무 중에서 일본국과 아메리카합중국간의 상호협력 및 안전보장조약에 근거한 시설 및 구역과 일본국에서의 합중국군대의 지위에 관한 협정실시에 수반되는 형사특별법에 규정하는 범죄를 처리한다. 또한 외국인등록법 및 출입국관리법, 난민인정법에 규정하는 범죄에 대한 단속 등의 임무

204) 상계서, p. 73.

는 경비국에서 처리한다. 그리고 생활안전국 약물대책과는 일본의 마약류 단속의 핵심기관으로서 마약류사범의 단속에 관한 기획, 조사, 지도, 조정 및 관계부처와의 협조와 국제정보교환 등을 담당한다.

셋째, 형사국에서는 2001년 9월에 악질적이고 사회적 피해가 큰 조직범죄에 강력히 대처함과 동시에 조직범죄의 방지와 검거를 위해 구성된 조직범죄대책본부를 설치하였다. 여기에는 조직범죄대책실과 외사특별수사대, 수사4과, 폭력단대책과, 국제수사과, 총기대책과, 약물대책과, 국제조직범죄특별수사대 등을 편성하여 체제를 강화하였다. 그리하여 조직범죄에 관한 정보수집, 범죄조직의 실태파악, 조직범죄의 방지 및 검거 등 주요 업무를 담당하고 있다. 이는 지금까지 조직범죄대책 담당 참사관 아래 사건 주무과와 연계하여 단속하여 왔던 것을 최근 폭력단범죄, 국제조직범죄, 권총사범, 마약사범 등 조직범죄가 계통적이고 잠재적으로 감행되고 있다. 또한 총기 및 마약의 밀수와 밀매그룹과의 연계가 강화되는 등 커다란 사회문제가 됨에 따라 동 본부를 설치하게 된 것이다.[205]

그리고 자치경찰인 경시청에는 공안부내 외사 1–3과를 두고 아시아지역 외국인 정보수집과 범죄단속을 실시하면서 국제테러리즘 관련 정보를 수집한다. 조직범죄대책부 산하 조직범죄대책 1, 2과에서는 집단밀입국 및 지하금융, 위장결혼, 무자격사범 등 범죄 인프라 관련 범죄수사, 외국인 강력범죄수사를 담당한다. 총무부 광보과에서는 국제시찰단 응대 및 국제협력업무를 수행하고 있다. 또한 각 경찰서에는 경비과 공안계에서 외사정보 업무를 담당하며 조직범죄대책과 조직범죄대책계에서 외국인 관련 범죄를 수사하고 있다. 한편 국제범죄 관련한 기타의 부처로서는 외무성, 후생성, 세관, 해상보안청 등에서 일부를 담당하고 있다.

나. 중국

1949년 중화인민공화국이 성립되면서 정무원 산하 '정치법률위원회'의 한 기관으로서 공안부가 최초로 설립되었다. 이는 군과 유사한 형태로 운용되다가 별도의 인민무장경찰이 군에서 분리되어 공안부 소속으로 편입되면서 점차로 확대되어 갔다. 이후 1966년 모택동의 문화대혁명을 계기로 기존 공안체제가

205) http://www.police.go.kr/photo/pds_frg/p882166001004338832.htm.

완전히 붕괴되어 군사관리체제로 예속되면서 외형적으로만 존재하였다. 그러나 1980년대에 공안기관의 면모를 완전히 갖추게 되었고 1990년대 이후 조직변화의 필요성이 제기되어 개혁이 이루어 졌다.

1) 중국경찰(공안)의 조직체계

중국의 중앙경찰기관으로서는 행정부인 국무원 산하 공안부[206]에서 국가최고 공안기관으로서 전국의 공안기관을 통일적으로 지휘하고 있다. 그리고 공안부 내에는 형사, 경비, 치안, 교통, 소방, 출입국관리, 예심, 경호, 변방경비, 법제, 계획 장비 등의 소속 부서로 구성되어 있다. 한편 인민경찰법 규정에 의하면 공안부의 주요 임무는 인민경찰과 인민무장경찰부대의 지도와 관리, 사회치안과 국내 안전보호 업무의 지도와 관리, 공민 권익의 보호, 사회질서의 유지, 국가안전의 보장, 사회주의현대화 건설, 형사범죄 활동의 예방과 퇴치, 인민민주정권의 공고, 사회주의 제도의 유지이다.

각 지방정부에서 지역별 특성에 맞게 지방공안기관을 관리, 운영하고 있다. 지방 공안기관으로는 4개 직할시(베이징, 텐진, 상하이, 충칭) 공안국과 22개 성 및 4개 자치구 공안청으로 구성되어 있다. 그리고 성 · 구에는 공안청, 시에는 공안국이 있고 2급 행정기관인 자치주, 현, 자치현 등에는 공안국(공안처)이 있다. 그리고 규모가 큰 직할시의 구나 현에는 공안분국이 있다. 또한 3급 행정기관인 향, 민족향, 진에는 공안파출소가 있다. 이와 같이 중국의 공안부의 기본적인 조직구조는 3단계로 되어 있다. 이 밖의 국가경찰기관으로서 경찰기관의 역할을 하고 있는 국가안전부, 인민무장경찰대 등이 있다.[207]

2) 외사업무 담당 공안직제

중국의 공안은 중앙과 지방 모두 외사업무 총괄부서를 두고 있다. 공안부 국제합작국에는 8처 1실로 구성되어 외사업무를 담당하고 있다. 그리고 PKO 관련 전담부서를 두고 있으며 국제협력업무는 대륙을 권역별로 나누어 3개의 부서에서 담당하고 있다. 공안부 외사국은 외사공작관리, 각국 경찰과의 교류의

206) 중국에서는 경찰이라는 용어 대신에 '공안'이라는 용어를 주로 쓰며 우리나라의 '경찰청'에 해당하는 부서 명칭도 '공안부'이다.
207) 경찰청, 전게서, p. 483.

업무를 담당하고 있다. 인터폴 관계의 국제협력 등의 업무를 수행하는 부서인 국제협력국은 인터폴 중국중앙사무국으로서 각종 국제성범죄의 예방과 진압에 효과적으로 대처하기 위해 필요한 사항을 외국경찰에 협조한다. 그리고 외국경찰이 요청한 사항 등에 대해서는 국제협력의 일환으로 국내 각 기관과 각 성, 시, 자치구 공안청과 공조하는 업무도 수행한다. 이러한 인터폴 중국국가중앙사무국은 각국 경찰과 협조하여 사건을 해결하고 있으며 광동과 상해에 각각 인터폴 연락처를 설치하고 있다. 또한 홍콩과 마카오에 인터폴 중국국가 중앙사무국 연락관을 파견하고 있다.[208]

또한 중국 공안부의 조직체계상 국제성범죄와 관련이 있는 부서로서는 제4국인 변방관리국에서 국경경비, 변방검사, 국경관리 등의 업무를 처리하고 있다. 제5국인 출입경관리국에서는 출입국관리, 외국인의 출입국과 여행, 거주관리 등의 업무를 담당하고 있다. 또한 제11국인 계산관리감찰사에서는 컴퓨터 안전감찰, 공안통신 등의 업무를 담당하며 마약과 관련되는 모든 업무는 국제금독위원회변공실에서 국가적 주요업무로 다루고 있다.

그리고 지방공안청에는 국제협력 및 교류행사와 의전을 담당하는 외사판공실과 외국인관리와 출입국업무와 외국인범죄를 담당하는 출입경관리국이 있다. 경찰서에 해당하는 공안분국의 외사과에서는 외사업무 전반을 담당하고 있다.

다. 동남아 국가

1) 필리핀

가) 경찰제도

필리핀의 경찰제도[209]는 자치경찰제도가 혼합된 국가경찰제도로 되어 있다. 1991년 국립경찰로 창설되었지만 경찰법상 주, 시, 경찰서장 임명에 대한 추천권 및 경찰업무 감독권을 주지사와 시장이 갖고 있으며 지방정부에 경찰예산이 상당히 편성되어 있다. 경찰조직체계는 경찰청산하에 지휘, 참모, 행정지원, 실행지원 등 4부 아래 인사, 감사, 장비, 기획, 인력개발, 연구개발, 지역경찰, 정

208) http://www.npa.go.kr/archive/cooper_index.html, "중국인터폴".
209) 상게서, p. 76.

보, 수사, 작전 등 10국과 20개과가 설치되어 있다. 또한 13개 지방구역에 17개소의 지방경찰청을 설치하고 수도경찰청은 치안감, 기타 지방경찰청은 경무관이 청장직을 수행하고 있다. 경찰서장은 총경, 경정급이며 지방청장의 추천을 받아 시장 및 군수가 임명한다.

나) 외사경찰업무 조직직제

외사업무를 총괄하는 부서는 없으며 외사정보, 수사업무를 각기 상이한 기능에서 담당한다. 인터폴 국가중앙사무국을 경찰이 아닌 대통령부 산하 PCTC(Philippine Center on Transnational Crime)[210]에 설치하고 있다. 이 필리핀 국제범죄센타에서 외사범죄 관련 정보관리 및 국제성범죄 발생시 경찰과 이민국 등 법집행기관을 지휘하고 있다. 경찰청 국제연락과는 정보국 소속으로 필리핀 내 주재 외국공관과의 정보교환 등 업무를 담당하고 있다. 그리고 외사업무와 관련되는 타 법집행기관으로서는 국가 광역수사 조직인 국가수사국(NBI: National Bureau of Investigation)이 있다. 이곳에 설치된 인터폴과에서는 외사범죄 관련 정보수집 및 직접적인 수사업무를 담당하고 있고 출입국 관련 업무 및 범죄수사는 이민국에서 담당한다. 대통령 직속의 마약단속청(PDEA)이 있어 마약관련 수사를 전담하고 있다.

2) 태국

가) 경찰제도

태국의 경찰제도[211]는 태국왕립경찰 중심의 국가경찰체제로 중앙 및 지방정부와 대등한 입장에서 상호 협력체제를 구축하고 있다. 따라서 일반 경찰업무뿐만이 아니라 이민, 마약, 국경경비, 소방, 산림 등 영역에서 광범위한 경찰권을 행사하고 있다. 경찰청 산하에는 6개의 국과 139개의 부, 10개의 지방경찰청과 1,446개의 경찰서(2008년도 기준)로 구성되어 있으며 방콕시경은 청장 직속이며 방콕 외의 전국 75개도를 9개 지방경찰청에서 관할한다. 그리고 경찰서에는 경무, 방범, 교통, 형사, 조사과로 편제되어 있으며 소규모의 경찰서는 경무,

210) 대통령산하 조직으로써 계획국과 운영국 등을 두고 있으며 운영국 산하에 인터폴중앙사무국(NCB)을 두고 있다.

211) 상게서, p. 93.

형사, 방범과만 설치되어 있다. 파출소는 없으나 시내 교차로 등에 교통초소가 설치되어 범죄신고 접수하면 관할 경찰서로 인계한다.

나) 외사경찰업무 조직직제

외사경찰의 직제는 경찰청 외사국에서 외사업무를 총괄하며 5개의 주요 부서로 구성되어 있다. 즉, 행정과 인사와 의전 및 예산을 담당하는 일반 행정 부문과 인터폴 협력과 국제성범죄 관련 통계를 담당하는 인터폴의 부서가 있다. 그리고 국외훈련 등 외국원조를 받기 위한 계획과 예산의 준비 및 외국에 파견하는 경찰관의 관리 등을 담당하는 기술·경제협력부서가 있다. 또한 주재공관 및 국제기구 협력을 담당하는 외국협력업무와 통역 및 번역을 주로 담당하는 부서 등이 있다. 한편 주요 관광지에 관광경찰청을 설치하여 외국인 관련사건 사고처리 및 안내와 홍보를 담당하고 있다. 그리고 지방청은 별도 외사부서가 없으며 경무 부서에서 국제공조업무를 처리하고 있다.

3) 베트남

가) 경찰제도

베트남의 경찰제도[212]로 공안부에는 장관 밑에 차관이 있고 그 산하에 경찰총국을 비롯한 6개의 총국[213]으로 구성되어 있다. 한편으로 장관 직속으로 국제협력국 등 10개의 소국으로 구성되어 있다. 또한 공안부는 우리나라의 국정원, 대통령 경호실, 소방방재청, 출입국관리사무소 등의 업무를 처리하는 기관을 총괄한다. 범죄의 수사와 시위진압 등 경찰의 고유 기능은 국가경찰(경찰총국)에서 18개의 담당 국[214]을 두어 운영하고 있다. 그리고 전국에 64개의 성 공안국(지방청)과 600여개의 현 공안(경찰서) 및 3천여 개의 동 공안(지구대 또는 파출소)이 있다.

---

212) 상게서, p. 109.

213) 보안총국, 정보총국, 교육인사총국, 물류지원총국, 과학기술총국, 경찰총국 등이다.

214) 경찰참모국, 사회범죄조사국, 수로교통국, 도로철도국, 경제범죄조사국, 행정관리국, 경찰자료국, 마약범죄조사국, 조사경찰사무소, 인터폴사무소, 사법보호지원국, 정치사무국, 물류지원국, 소방경찰국, 마약통제소, 환경경찰국, 형사과학원, 경찰견훈련센타 등이다.

나) 외사경찰업무 조직직제

외사업무 총괄부서는 없으며 외사정보, 수사 및 국제협력 업무를 각기 상이한 기능에서 담당하고 있다. 인터폴 국가중앙사무국은 경찰총국 산하에 있다. 그리고 장관 직속의 국제협력국에서 국제협력 1, 2과를 두고 외국방문단의 의전과 방문일정의 조정 및 MOU 체결 등 국제협력 업무를 담당하며 6개의 총국 소속 각 참모국내의 국제협력 업무담당자가 사무를 처리하고 있다. 공안부 보안총국 출입국관리국에서 외국인에 대한 동향파악 및 파일관리, 비자 발급과 심사, 불법체류자 단속 등의 업무를 담당한다. 또한 공안부 보안총국 이민국에서는 외국인범죄의 단속과 외국인 관리 및 출입국업무 등을 수행하고 있다.

한편 각 지방의 공안청 공안사무소 참모과에서 국제협력 업무를 담당하고 보안총국 산하의 출입국관리국과 이민국에서 외국인에 대한 동향파악과 비자 발급 및 외국인범죄의 단속과 관리업무를 수행하고 있다. 그러나 64개 특별시 및 성 공안청에는 외사업무를 전담하여 처리하는 조직이 없다.

제4장

국제성범죄 및 국제형사사법공조

제4장 국제성범죄 및 국제형사사법공조

국제성범죄에 대한 국제공조수사는 각 국가마다 상이한 형사사법 절차와 수사체제, 문화와 관습, 언어 등의 문제를 극복하고 관련 국가의 경찰 및 사법기관이 다방면에 걸쳐 서로 협력하여 대처해야 하는 현실적인 요구에서 비롯된 것이다.

국제공조수사의 방법으로는 먼저 외교경로를 통한 공조가 있다. 이 외교경로를 통한 공조는 다시 국제형사사법공조 조약 및 법에 의한 국제형사사법공조와 범죄인인도조약과 이에 근거한 관련법에 의한 범죄인인도에 의한 국제공조이다. 그리고 다른 방법으로 국제성범죄의 예방과 진압을 위하여 회원국 상호간 인터폴 헌장과 각 회원국 내의 국내법이 허용하는 한도 내에서 가능한 방법으로 정보를 교환하고 범죄자를 체포하고 인도하는 인터폴을 통한 공조가 있다. 그리고 일부 특별한 경우에는 경찰주재관에 의한 해당국의 경찰 및 사법기관과 실무 협의에 의한 공조가 이루어지는 경우가 있다.

한편 이 같은 국제공조를 공조의 요청사항에 따라 분류해 보면 범죄인인도를 위한 공조, 증인신문 · 압수 · 수색 · 검증을 위한 자료수집과 교환 등 증거물과 관련한 공조가 있다. 또한 각종 수배사항 공조와 각종 사실 확인 및 범죄예방을 위한 정보교환 또는 교육 파견도 있으며 그 밖에 기타 경찰과 관련된 협력 등으로 구분할 수 있다. 그러나 이와 같은 방법으로 국제공조를 수행하고 있지만 서로 다른 문화와 관습 및 법률구조 등으로 각각의 범죄에 대한 모든 분야를 조약 내지 협정으로 규율한다는 것은 사실상 불가능하다. 또한 외교경로를 통한 국제공조는 시일이 오래 걸리는 등의 이유로 긴급 사안에 대하여는 공조효과를 기대하기 어렵다는 한계가 있다.

제1절 국제성범죄의 의의

경제여건이 나아지고 세계화가 진행되면서 내국인의 해외여행이 큰 폭으로 증가하고 있다. 한편 동남아 지역을 중심으로 여러 국가의 많은 외국인이 한국의 노동 현장이나 산업체에 근무하기 위하여 입국하거나 체류하고 있으며 이들 중에는 불법체류자도 많다. 이에 따라 사회에 부정적인 요소로써 여권의 위조 및 변조, 밀수 등 외사관련 범죄의 발생이 새로운 양상으로 증가하고 있다. 한편 국내에서 범죄 실행 후 해외로 도피하는 피의자 등 국가간 범죄인이 이동하는 것을 특징으로 하는 국제성범죄가 지속적으로 증가하고 있다. 이에 따라 최근 외국경찰과의 공조수사의 필요성도 크게 높아지고 있다.

1. 국제성범죄 개념

국제성범죄에 대하여는 기존의 법적인 관점보다는 사회학적 의미에서 폭넓게 개념을 정의하고 실무적 측면도 적극 고려하는 것이 의미가 있다고 본다. '범죄의 실행행위는 물론이고 범죄의 수사, 재판, 형의 집행 등 모든 형사사법과정에서 사건의 전부 또는 일부가 국제적 관련성을 가지는 범죄이다.' 라고 정의할 수 있다. 그리고 경찰실무에서 처리하고 있는 외국인에 의한 국내 형사범을 비롯하여 출입국관리법, 여권법, 외환거래법 등 특별법 위반사범은 물론 한미행정협정 등 각종 국제조약이나 협정에 위반한 외사사범까지 포함하는 총체적 개념으로 정의[215]하기도 한다. 그러나 국제성범죄 중에서 정치, 군사, 인종학살 등은 국제법상으로는 국제성범죄로 칭하고 있으나 실질적으로는 범죄의 주체가 국가주권이고 범죄의 성질상 그 대상에서 제외하기도 한다.

한편 일반적으로 기존의 국제성범죄에 대한 개념정의는 법적인 측면으로 구분하여 다음과 같이 셋으로 나누어 설명하기도 한다.[216]

215) 경찰대학, 전게서, p. 199.
216) 이상식, "외사경찰조직강화방안에 관한 연구", 서울대 행정대학원 석사논문, 1997, pp. 6-7.

가. 국제법적 관점의 개념정의

이는 범죄의 구성요건 결정의 구조와 소추 및 처벌절차에의 회부가 국제관습법 또는 조약에 기하여 결정되는 범죄를 의미한다. 이러한 의미에서의 국제범죄에 해당하는 것으로는 평화에 대한 죄,[217] 인도에 관한 죄, 집단 살해죄 등을 들고 있다. 따라서 국제 범죄조직이 마약 등을 국가간에 운반하거나 판매하다가 체포되어 처벌받는 경우에는 처벌하는 국가의 일반적인 국내범죄로서 취급되고 국제범죄에서는 제외된다. 이러한 분류는 국제범죄에 대하여 가장 엄격한 입장을 취하는 자들에 의한 것이다.

나. 국가의 범죄행위로서의 정의

국가의 범죄행위를 국제범죄로 이해하려는 흐름으로써 국제사회 전체의 제재를 가하려는 국제 정치적 목적에서 파생된 것이다. 즉, 테러를 자행한 구성원의 행위를 국가전체의 행위로 의제하여 그 책임을 부담케 하고 국제적인 제재를 강구하려는 것이다. 최근 국제적인 관심의 대상인 환경문제와 관련 있는 공해에서의 핵폐기물 투기행위 등도 같은 범주에 속한다고 할 것이다. 그러나 이 견해는 국제법상의 국제범죄 개념과 마찬가지로 국가간 정치적인 성격이 강하여 법 집행의 가능성이 희박하다 할 것이다.

다. 국제화된 범죄로서의 개념

이는 국제범죄를 국제법상 범죄나 국가의 범죄행위로 이해하기보다는 일반범죄가 국제화된 것으로 이해하려는 것이다. 최근의 국제화는 순수 일반범죄가 국제적인 관련성을 갖고 이루어지는 경향이 급속히 증가하고 있는데 이를 국제범죄라고 하는 것이다. 이와 같이 '국제적인 관련성'의 구체적인 의미를 포함하는 국제범죄의 개념을 시도한 연구에 의하면 국제범죄란 한 나라의 국민이 국내에서 범행을 실행한 후 국외로 도주하거나 외국에서 범죄를 실행하거나 외국인에 의한 범죄로 인하여 자국민 또는 자국의 법익이 침해당하는 경우 등을 포함한다. 그리고 범죄의 실행행위는 물론 범죄의 예방, 수사, 재판, 집행 등 전

---

217) 국제법에서 "평화의 죄"에 해당하는 것으로는 1954년도 뉘른베르그 전범재판과 1946년도 극동전범재판소에 다루어진 2차대전 전범이 그 대표적인 예이다.

체의 형사사법단계에서 사건의 일부 또는 전부가 국제적 관련성을 갖는 범죄(국제성범죄)라는 것이다.[218]

2. 국제성범죄의 특성

가. 범죄학적 특성

국제성범죄는 국내범죄와는 다른 특성을 갖고 있다. 첫째, 범죄학적인 특성으로서 범죄학을 연구하는 학자들에 의하면 범죄의 동기가 국제성범죄의 경우는 일반범죄에 비하여 범죄인의 기질이나 이상성격 등에 의한 범죄가 아니라 이성적이라는 점이다. 둘째, 범죄의 행태로 폭력의 수단이 일반 범죄보다 대체로 적은 특성을 갖고 있고 폭력은 도구로써 활용될 뿐 직접적이거나 핵심적인 내용이 아니라는 것이다. 셋째, 범죄행위에 의한 피해가 일반 범죄보다 크게 국익과 관련성을 갖는다는 것과 피해자가 뚜렷이 구별되어 확정되지 않는다는 특성을 갖고 있다. 그 대표적인 것이 총기의 밀반입, 마약의 유포 등이다.

나. 형사사법적 특성

국제성범죄는 범죄의 주체, 객체, 보호법익, 발생장소 등이 2개 국가 이상이 관련되는 범죄이기 때문에 범죄행위가 이루어진 이후의 범인의 검거나 사법적인 절차에 있어서 일반 범죄와 다른 복잡한 절차에 따른다. 즉, 국가간의 서로 다른 국내 법령과 사법절차는 물론 국제법이 정하는 원칙이나 기준에 의하여야 하는 특성을 갖고 있다.

다. 범죄요소로서의 특성

1) 범죄 행위자

국제성범죄는 범죄조직에 의하여 행해지는 경우가 많으며 단순히 외국인라는 점에서 개인적인 관계로 연관되어 있는 경우도 적지 않다. 이는 외국에서 범죄

218) 박종록, "국제범죄수사의 이론과 실제", 「해외파견검사 연구논문집」제6집, 1987, p. 255.

를 실행하든가 혹은 범행 후 외국으로 도피하기 위해서는 실정을 잘 아는 그 해당국의 국민(외국인)의 도움이 절대적으로 필요하기 때문이다.

2) 범죄지

실무적 입장의 국제성범죄의 개념정의에 따르면 국제범죄의 범죄지는 모든 국가에 해당한다. 즉, 내국은 물론 외국을 포함하며 국제범죄의 유형에 따라 마약이나 테러 등의 경우에는 여러 국가의 영역에 미친다. 또한 최근에는 전자통신의 발달로 인하여 특정 범죄의 범죄지는 매우 다국적으로 이루어지기도 한다.

3) 보호법익

종래 국제성범죄는 조직범죄로써 마약거래, 대규모 유가증권이나 달러 등 통화위조, 해상보험 사기, 밀수, 불법무기 거래, 야생동물 밀매, 예술품 불법거래 등이 있고 그로 인한 경찰활동은 국가 및 사회법익의 침해로부터 보호에 주안점이 있었다. 그러나 최근에는 유명브랜드 위조, 신용카드사기 및 인터넷을 통한 해킹 등 개인적 법익보호로 확장, 변화하고 있다.

4) 처벌법규

국제성범죄의 처벌법규는 크게 국내 형법에 의한 경우와 국제법에 의한 것으로 구분한다. 비록 국제성범죄가 국제성을 띠었다 하더라도 그 위반자의 처벌은 국내법에 위임하는 간접 이행체제에 맡기고 있다. 따라서 처벌 법규는 내국형벌의 장소적 적용범위와 관련하여 원칙적으로 속지주의에 의하여 범죄지 또는 결과 발생지의 국내 형법이 된다.[219]

219) 이득희, "국제선 조직범죄에 대한 경찰수사의 대응방안", 초당대 산업대학원, 석사학위논문, 2004, pp. 5–6.

3. 국제성범죄의 주요 유형

가. 국제조직범죄

1) 국제조직범죄의 개념

국제조직범죄에 대하여 인터폴은 '자신들의 금전적, 경제적 이익추구를 위해 국경을 초월하여 계속적인 불법 활동을 자행하는 자들의 집단이나 조직체'[220]라고 정의하고 있다. 이러한 국제범죄조직은 첫째, 동구권 공산체제의 붕괴와 함께 태생한 러시아 마피아는 전 세계로 활동영역을 팽창하여 세계최대의 범죄조직으로 급성장하고 있다. 둘째, 홍콩을 근거지로 각국의 차이나타운을 중심으로 활동하고 있는 삼합회는 홍콩의 중국반환을 계기로 주요 활동무대인 싱가포르, 동남아지역은 물론이고 일본, 캐나다, 호주, 뉴질랜드, 남아공 등지까지 진출한 것으로 나타나고 있다. 셋째, 이탈리아 마피아와 일본의 야쿠자들도 그들의 활동무대를 주변국으로 확대하고 있다. 넷째 아프리카의 나이지리아인들을 주축으로 한 아프리카 범죄조직들도 미국 등 흑인 거주지역을 중심으로 활동하는 등 소수민족을 중심으로 한 민족성 범죄조직의 활동이 두드러지고 있다.

2) 국제조직범죄의 유형

가) 일본의 조직범죄

일본에서는 조직범죄라는 용어 대신 '폭력단범죄' 라는 용어를 많이 사용하고 있으며 이를 조직범죄의 대표적인 유형으로 보고 있다. 일본 경찰청에서 발간한 1989년 경찰백서에 의하면 경찰에서는 폭력단을 '掉徒[221]·的屋[222] 등 조직이나 집단의 위력을 배경으로 하여 집단적 또는 상습적으로 폭력적 불법행위를 행할 위험이 있는 조직'으로 정의 하고 있다. 그리고 1991년 5월에 제정, 공포된 '폭력단대책법'에서는 폭력단을 '집단적 또는 상습적으로 폭력적 불법행위를

---

220) 한진희, "한국의 국제성범죄 실태와 대응방안", 「경찰고위정책과정 논문집」, 경찰대학, 2001, p. 4.

221) 직업적 노름꾼이라고도 불리며 관할구역에서 비합법적인 도박장을 개설하고 여기서 이익을 올리는 것을 가업으로 하는 집단을 말한다.

222) 제례에 즈음하여 경내와 거리에서 영업하는 노점상의 예인의 집단 가운데 관할지역을 가지고 폭력적 불법행위를 행하거나 행할 우려가 있는 집단을 말한다.

행하는 것을 조장할 우려가 있는 단체' 로 정의하고 있다.[223] 일본의 조직범죄는 야쿠자와 폭력단의 두 가지 용어로 이해할 수 있다.

일본의 조직범죄의 유래를 보면 1604년 도쿠가와 이에야스가 일본을 통일하자 검술을 생계수단으로 삼던 사무라이들이 실직하면서 대다수가 상인이 되거나 행정관료, 학자 등이 되었으나 일부는 이에 적응치 못하고 노름꾼 집단인 바쿠토 등과 어울려 화투판을 전전하여 거리의 무법자가 되었는데 이것이 야쿠자의 기원이다.[224] 이처럼 역사적인 발생의 형태와 활동영역 및 수입원에 따라 바쿠토(博徒), 데키야(的屋), 구렌따이(愚連隊)로 구분하며 이러한 집단에 속하는 자들을 일반적으로 야쿠자라고 통칭하고 있었다. 그러나 1950년대 중반 이후 일본의 수사기관이 이들 범죄조직을 통칭하여 폭력단이라고 부르면서 지금까지 사용되고 있으며 폭력단이라는 용어가 일본의 범죄조직를 지칭하는 공식용어가 되었다.

2006년 현재 야쿠자는 약 3,300여개의 조직에 조직원은 85,000여명 정도로 파악하고 있다. 그 중에서 제일 큰 조직은 고베를 활동무대로 하는 '야마구치구미'파로 조직원이 39,000명 정도이다. 이들은 공공연히 간판을 달고 행세하고 있다. 2005년 8월 2인자인 '시노다 겐이지'가 제6대 두목으로 임하였다.[225] 그리고 동경을 거점으로 활동 중인 '스미요기카이'파가 '이나가와카이'파와 일본 폭력단의 3대 파벌을 형성하여 세력을 유지하고 있다. 한편 일본 야쿠자 조직은 세습적인 연결인 혈연이 아닌 입양을 통하여 이루어진다는 점에서 그 특징을 갖는다.

이러한 일본의 폭력단은 기존의 마약류 밀거래, 총기밀매, 도박, 암거래행위, 강청, 협박과 공갈, 청부폭력, 부동산투기, 업소로부터의 보호비 명목의 갈취행위 등에서 최근에는 사회운동과 정치활동을 표방하면서 기업에서 위법, 부당한 이익의 획득을 도모하는 등 활동영역을 확장하고 있다. 즉, 일반시민의 일상생활이나 경제거래에 민사상의 권리자나 관계자의 자격으로 개입하여 위법한 행위로 부당한 이익을 얻는 민사사건 개입이 폭력단의 주요한 자금원이 되고 있다.[226]

---

223) 폭력단대책법 제2조 2호.

224) 안홍진, 「한국조직폭력의 실태와 효과적인 대처방안」, (서울: 정문사, 2004), p. 308.

225) 이존걸, "조직범죄에 대한 고찰", 비교법학 3월호, 2003. : 조선일보, 2005. 8. 29일자 참조.

226) 이들은 심시어 교통사고에 내한 합의, 부동산 임대차에 따른 문제를 폭력단의 힘을 빌려서라도 해결하려고 하는 사람들에게 접근하여 교묘하게 이익을 가로채기도 한다.

한편 1975년경부터 풍부한 자금력을 바탕으로 한국, 대만, 미국, 호주 등지로 진출하여 부동산 투기, 총기, 마약류 등의 밀거래를 통하여 수입을 올리는 등 두드러진 해외활동을 하고 있다. 또한 외국인의 불법이민알선을 통하여 노임을 착취하거나 알선료를 갈취하기도 한다. 특히 최근에는 거대한 조직력을 배경으로 폭력단원을 해외에 보내 권총이나 마약류를 조달하거나 해외의 부동산을 구입하거나 부동산 거래를 하는 등 국제적인 활동을 적극적으로 전개하고 있다. 이 과정에서 외국 범죄조직과 연계되는 사례가 눈에 띠게 늘어나고 있다.[227)]

나) 중국 삼합회(트라이어드)

중국 홍콩의 삼합회는 17세기에 청조를 전복시켜 명조를 복원하기 위해 복건성 소림사의 승려들에 의하여 비밀결사로 조직된 천지회의 후신이다. 이들은 이후 홍방과 청방으로 나뉘어 중국 혁명당시 좌우 양쪽에서 활동했다. 이러한 삼합회는 전 세계적으로 화교와 차이나타운을 중심으로 활동하고 있으며 일본의 야쿠자와 같은 다른 나라들의 범죄조직과도 깊은 관계를 갖고 있다.[228)] 그리고 조직의 본거지인 홍콩이 중국에 반환된 이후 활동영역을 넓히고 미주지역에서 유통되고 있는 헤로인 밀매의 중간 경유지 혹은 히로뽕 판매의 소비지로 우리나라를 활용하면서 국내 마약조직 등과 연계를 강화하려는 움직임도 포착되고 있다. 그리고 미국의 마피아, 일본의 폭력단과 함께 대표적인 범죄조직으로 알려져 있다. 중국, 홍콩, 타이완을 중심으로 50여개 조직에 30여만 명의 조직원이 활동하고 있는 것으로 추정된다.

한편 1990년대부터 해외 진출을 시도하여 1997년 홍콩 반환 이후에는 타이완, 싱가포르, 일본 등 동남아지역은 물론 미국, 캐나다, 호주, 뉴질랜드, 벨기에, 네덜란드, 체코, 미얀마, 파나마 등을 중심으로 해외 불법 활동을 강화하고 있다. 이들은 미국, 유럽지역에서 현지 화교범죄조직과 연계하여 불법이민알선, 여권 위·변조, 마약류 밀거래에 개입하고 있으며 특히 황금의 삼각지대에서 나오는 마약판매망을 장악하고 있다. 최근에는 여권위·변조, 위조화폐의 유통, 불법밀입국 알선 뿐 아니라 합법을 위장한 사업체 운영을 통한 불법 자금세탁, 카지노 등 오락 및 향락산업 분야의 진출도 시도하고 있다.

---

227) 송태종, "조직범죄에 관한 연구 : 범죄론 및 형사사법적 대응책을 중심으로", 호남대 대학원, 박사학위논문, 2005, pp. 68-69.

228) 한진희, 전게논문, p. 882.

다) 미국의 조직범죄

조직범죄라는 용어는 영어권에서 사용되는 'organized crime' 번역어이다. 특히 미국에서는 1919년에 설립된 기관인 시카고 범죄위원회의 회원들 사이에서 처음으로 조직범죄라는 말이 보편적으로 사용되었다. 당시 동 위원회에서 표명된 바에 따르면 조직범죄는 흔히 이에 연상되는 마피아 등과 같은 범죄조직을 가리키는 용어로서가 아니라 그보다 훨씬 더 넓은 의미로서 사용되었다. 당시 시카고에서 활동하는 약 10,000명의 직업적 범죄자들로서 이른바 범죄계층이 외관상 합법적인 형태로 수행하는 업으로서의 범죄를 가리키는 용어로서 조직범죄라는 말이 사용되었다.[229)]

(1) 마피아(MAFIA)

조직범죄인 미국의 마피아는 18세기 후반 이탈리아계 이민들이 미국으로 유입되면서 마피아조직이 함께 유입되었다. 미국내 조직범죄의 역사에서 전환점은 1920년 금주법(Volstead Act)의 제정과 함께 나타났다. 즉 1920년대에서부터 1930년대 사이에는 주류와 마약류를 둘러싸고 이탈리아 마피아와 gangster 사이에도 치열한 투쟁이 있었지만 이탈리아 마피아가 평정하게 되었다. 이와 같이 이탈리아 마피아는 금주법 시대를 통해 인적·경제적 기반을 확고히 하는 동시에 거액의 자금을 이용하여 결속을 다지면서 이탈리아 그룹은 하나로 통합되었다. 1934년 여러 도시에서 형성된 24개 패밀리의 활동영역을 인정한다.

제2차 세계대전 후 조직범죄는 활동영역을 향락산업과 합법적인 도박, 자동차 대리점, 호텔연쇄점, 음식점, 주점, 노동조합, 세탁공장, 의류가공업, 경마 등 뿐만 아니라 New York의 증권가인 Wall Street에까지 확장한다. 1950년대 후반은 신디케이트가 성장과 기반을 다지는 시기였다. 조직범죄는 화이트칼라범죄

---

229) 법집행및사법행정에관한대통령위원회의 정의를 보면 동 위원회는 1967년에 조직범죄에 관한 특별보고서에서 조직범죄를 '미국국민과 정부의 통제권 밖에서 활동하려는 사회' 라고 정의하고 이러한 조직범죄는 위협과 불법적인 방법을 중심으로 막대한 이익을 취득하며 부패에 의존하고 상당한 법의 보호를 받고 있다고 하면서 조직범들의 조직은 독재주의적이며 범죄조직의 하부단원들은 상당한 훈련을 통해 범죄를 행하는 한편 상부단원은 직접 범죄를 저지르지 않으므로 체포의 우려가 없다고 밝히고 있다.
또한 미국의 형사사법기준및목표에관한국가자문위원회의의 조직범죄특별반은 조직범죄에 대해서 단지 대략적인 정의를 내리고 있는데 이에 의하면 '조직범죄란 강탈행위에 관여하고 또 적절한 경우에는 복잡하게 얽힌 금융조작에 참여함으로써 불법적인 이익과 권력을 추구하기 위해 형법을 위반하는 활동을 주로 하는 개인들의 모든 집단을 포함한다' 고 한다.(배종대, 형사정책, 2001. 637면)

영역에까지 확장되었고 범죄조직은 수많은 사업에 막대한 투자를 하고 지역정치에 더욱 관여하게 된다.230)

1960년대를 거치면서 미국의 조직범죄는 하나의 사업이 되면서 미국의 제5부로 불려지게 된다. 그리고 1970년대에 들어 미국인의 자유를 심각하게 위협하면서 변화하고 성장한다. 1980년대 들어 조직범죄의 중심에 서 있던 마피아는 RICO법의 적용 등에 의하여 심각한 타격을 입지만 마약류의 수입과 분배로 세력을 키워온 히스패닉계 범죄조직과 아시아계 범죄조직들의 끊임없는 도전은 법 집행기관들을 계속하여 긴장시키고 있다.231)

최근 미국에는 24개 패밀리가 모여 입법, 사법, 행정적 성격을 갖춘 LCN(La Cosa Nostra: 마피아의 4개 조직 중 하나임)을 구성하고 있고 New York의 5대 패밀리와 Detroit, Chicago, Philadelphia 등의 패밀리가 중심이 되어 합의체를 운영하고 있다. 모든 패밀리들은 전국협의회의 통제와 조정을 받고 있다. LCN은 주로 절도, 장물, 사취증권매매, 고리대금, 주거침입, 자동차절도, 포르노산업, 매춘, 마약류, 도박, 노동조합에 대한 공갈 등 불법행위와 기업경영, 호텔, 제빵업, 쇼비지니스 등 합법적 사업도 경영한다.232)

(2) 기타의 범죄조직

(가) 흑인 범죄조직(Black Organized Crime)

흑인 범죄조직의 발생은 1960년대 중반 정치적, 사회적 투쟁을 수반한 흑인의식의 태동과 시기를 같이 한다. New York에서는 프랑크마튜스(Frank Matthews)파, 르로이반즈(Le RoyBarnes)파, 찰스루카스(Charles Lucas)파 등이 주로 마약류를 밀거래하면서 활동영역과 정교한 조직으로 다양한 거래 범위를 구축하였다. 이와 같은 미국출신 흑인범죄조직과 함께 자메이카 출신 흑인범죄조직인 라스타파리안(Rastafarians)은 1960년대 후반 이후 New York, New Jersey, Baltimore, Washington D.C, Florida, California, 캐나다의 Toronto에 이르기까지 주도적으로 마리화나와 코카인 밀수에 개입하였다. 종교적 이념과 함께 이디오피아 황제였던 하일레 세라시에를 신격화하는 정치적 색채를 지닌 이 범죄 조직은 활동영

---

230) Bequai, August, Organized Crime, Lexington Books, Lexington, Mass., 1979, pp. 44-45.
231) Attacking Organized Crime, U. S. Department of Justice, Office of Attorney General, 1991, pp. 5-18.
232) August Bequai는 이와 같은 범죄조직을 입법, 사법, 행정, 언론에 이은 제5부라고 한다(August Bequai, op. cit., p. 250).

역을 둘러싸고 백인범죄조직은 물론 다른 흑인범죄조직들과 냉전 상태를 계속하고 있다.

(나) 히스패닉계 범죄조직

미국내의 Los Angels, San Diego, Miami, Houston, Chicago, Phoenix 등 태평양과 Gulf만 연안의 많은 도시들은 New York, Boston, Baltimore 등 인종적 거대도시들과 함께 새로운 이민의 관문이 되어 있다. 이러한 도시를 향한 이민은 초기 이민과 같이 본국에서의 가난과 인내의 한계 그리고 한심한 정치라는 요인들에 의하여 국제적인 유입이 계속되었다. 1980년대는 미국에서 히스패닉들이 정치적으로나 문화적으로 자신들의 입지를 공고하게 하는 시기가 되었다. 히스패닉들의 다양한 미국 유입은 우연히 발생한 예사로운 문제가 아니라 그 부수적인 복잡성이 미국 형사사법제도까지 흔들어 놓을 정도로 절박한 현실이 되었다.

(다) 멕시코계 범죄조직

멕시코 범죄조직(Mexican Crime Organizations)인 헤레라(Herrera)는 다른 범죄조직들의 전형을 보이는데 단일 규모로는 최대의 헤로인 밀수집단이다. 헤레라는 맥시코 두랑고(Durango)에서 활동하면서 Chicago 등에 선박으로 헤로인을 공급하는 한편, 그 활동영역을 Boston, New York, San Juan, Miami, Washington, Los Angeles까지 확장한 것으로 알려지고 있다. 헤레라는 LCN의 전성기에 버금가는 조직을 갖고 있으며 조직원은 대부분 혈연이나 혼인 등의 관계를 맺고 동일한 지역적 배경을 지닌 약 5,000여명의 조직원들로 구성되어 있다. 헤레라는 헤로인 밀수 등으로 축적한 부를 멕시코의 부동산, 목장, 낙농업과 중북부 및 서부의 토지개발사업 등에 투자하고 있다고 한다.[233]

(라) 중국계 범죄조직

거리폭력단(street gangs)은 미국 이민당국이 아시아국가에 대한 연간 이민할당제도를 폐지한 이후 홍콩을 떠나 미국으로 들어온 중국인들이 1970년대부터 New York, Los Angeles, San Francisco 등을 중심으로 만든 조직이다. 이들의 연령은 10대 초반부터 30대 후반에 이르는 남자들이 주류이고 20–50명 정도의 핵심요원과 준요원 그리고 주변지역 동료들로 구성되어 있다. 이들은 주로 차

233) 송태종, 전게논문, pp. 57–58.

이나타운에서 상인들을 대상으로 강탈행위를 하면서 조직을 유지하고 있으며 살인, 강도, 무기밀수, 마약류 밀거래, 방화, 밀입국알선 등에도 관여하는 것으로 알려져 있다.

그리고 통즈(tongs)는 제2차 세계대전 이후 미국으로 이주한 광뚱(廣州)지방인을 중심으로로 만들어진 범죄조직이다. 이 조직은 불법복권의 물주가 되거나 식당, 노동착취공장, 도박장을 경영하거나, 마약류 밀거래, 매춘 등으로 차이나타운의 세력구조에서 중요한 역할을 하였다. 이러한 전통은 오늘날까지 계속되어 미국 차이나타운에서는 이들에게 일정 금액을 상납하지 않고는 영업을 할 수 없다. 미국 사법당국은 New York을 중심으로 미국에 공급되는 헤로인의 70% 이상이 이들에 의해 거래되는 것으로 추정하고 있다.

(마) 일본계 범죄조직

미국내 일본의 야쿠자는 정교하게 짜여진 방대한 집단으로 하부조직인 패밀리와 패밀리 아래 소규모 단위 조직으로 구성되어 있다. 야쿠자는 1960년대까지는 일본과 필리핀 마닐라 일대, Hawaii에서 합법적으로 유흥업소나 마사지업소를 운영하는 등 관광객을 상대로 한 영업행위를 하였다. 특히 Chicago와 Los Angeles에서는 합법적인 기업을 잠식하며 고리대금업이나 매춘부, 접대부를 일본으로 이송하기 위한 위장결혼과 인신매매, 포르노나 총기밀수, 미국 범죄조직과 연계한 마약류 밀거래 등으로 수입을 얻고 있다. 특히 미국 내 야쿠자는 일본인 사업체에 대한 공갈과 매춘, 총기류와 포르노 밀수 그리고 일본인 관광객에 대한 갈취행위 등 전형적으로 자국민을 그 희생자로 삼는다.[234)]

라) 러시아 마피아

러시아에서는 공권력의 이완과 경제 질서의 문란과 정부재산의 민간에의 불하과정에서 각종의 이권에 개입하면서 소위 러시아 마피아라고 불리는 신생의 경제마피아 조직이 등장하였다. 이들은 카라카스지방 출신자로 구성된 '체첸그룹' 등 여러 조직이 전국적으로 활동 중인 것으로 파악되고 있다. 그리고 조직원의 상당수가 구KGB, 군 출신 요원으로 구성되어 있고 일부 구 공산당의 관료가 조직의 간부로 활동 중이라 한다. 또한 이들은 해외로 활동영역을 확대하면서 미국, 유럽과 아주지역으로 진출한데 이어 일본의 야쿠자는 물론 중국의

---

234) 상게논문, pp. 61-62.

삼합회와도 연계되어 있고 이탈리아의 마피아와도 교류 중인 것으로 알려져 있다.[235] 이렇게 급성장한 러시아마피아는 세계 각국의 범죄조직과 연계되어 활동 중이고 우리나라도 대상국에 포함된 것으로 알려졌다.[236]

러시아 마피아 중에서 연해주, 사할린 등 극동지역에서 활동 중인 지역마피아인 홈스크 마피아가 가장 강력하다. 특히 연해주에서 활동하는 이들 마피아들은 우리나라를 상대로 마약류의 밀반입 뿐 아니라 매춘알선, 불법 돈 세탁, 채권해결 등에도 개입하면서 최근에는 부산을 중심으로 한 무기 밀거래도 개입할 가능성이 있는 것으로 알려져 상당히 위협적인 존재로 부각되고 있다.

나. 국제통화 등 화폐의 위조

1) 통화 등 화폐의 위조의 개념

통화 등 화폐의 위조란 화폐 및 유가증권의 발행권자가 아닌 자가 진짜 화폐 또는 유가증권이라고 오인할 수 있을 정도로 정밀한 가짜 화폐 및 유가증권을 제조하는 것을 말한다. 변조는 진짜 화폐 및 유가증권을 이용하여 액면금액의 변경 등 변형하여 그 가치를 변경하는 것이다. 국내·외적으로 적용되는 위조화폐에 대한 처벌은 위조화폐의 제조, 수입, 수출, 수송, 판매, 사용을 모두 포함한다. 위조화폐를 제재한다는 것은 모든 거래의 기초가 되는 화폐교환의 안전과 신속성에 관한 일반이익을 보호하는 행위이다. 위조화폐로 인해 침해를 받는 이익의 중대성으로 인하여 무거운 처벌이 정당화된다.[237]

2) 화폐 등 위조의 유형

가) 위조동전

진짜 동전은 압단기로 찍어 만들지만 위조 동전은 대부분 주형이나 형판을 이용하여 주조된다. 이 경우에 위조 동전에 돌기처럼 생긴 형판 표시가 남는

235) 한진희, 전게논문, pp. 882-883.

236) 부산지방경찰청에서는 1999년 9월 러시아 마피아조직의 중간보스가 국내에서 한·러 무역을 구실로 위장무역회사를 이용하여 범죄조직 거점을 구축하고 내국인의 채권·채무문제에 개입해 감금·폭력을 행사한 혐의로 검거하였다.

237) 우리나라의 경우 화폐 위조 및 변조행위는 형법 제207조(통화의 위조) 제1항의 규정에 따라 무기 또는 2년 이상의 징역에 해당하는 처벌을 받는다.

경우가 종종 있다. 일반적으로 위조 동전은 수집가들이 찾는 희귀한 동전을 모방하여 위조하며 화폐의 가치를 높이기 위해 진짜 동전을 변형시키기도 한다. 가장 일반적으로 사용되는 방법은 동전의 주조일자나 표식을 제거 또는 추가하거나 변형시키는 것이다.

나) 위조지폐

위조지폐는 그 제조방식에 따라서 전통적인 오프세트 인쇄방법을 사용한 경우와 최근 컴퓨터, 스캐너 및 프린터 기술의 발전에 따라 디지털 기술을 사용하여 제조된다.[238)]

다) 수퍼노트

국가를 상대로 판매되는 정밀 화폐인쇄기를 이용해 만든 수퍼노트가 있다. 이는 무엇보다도 북한이 제조한 위폐는 너무 정교해 진짜와 구별이 어려워 특히 '수퍼노트'로 불린다. 따라서 미국 달러 위폐에서 관심의 대상이 되고 있는 것은 너무나 정교해 위폐감별기로도 식별이 어려운 이 수퍼노트 이다. 북한산 수퍼노트는 감식 펜으로 판별할 수 없고 은행의 전문 위폐 판별기로만 구별이 가능한 것으로 알려져 있다.

라) 액면가 변조

진짜 지폐를 변조하여 액면가를 높이는 방법이다. 많이 사용되는 방법으로는 액면가가 높은 지폐에서 숫자를 오려와 낮은 액면 금액권에 붙여 사용하는 경우이다. 지폐를 변조한 경우도 위폐에 해당되며 위폐와 동일한 처벌을 받게 된다.

마) 유가증권(securities)

유가증권이란 증권상에 표시된 재산상의 권리의 행사와 처분에 그 증권의 점유를 필요로 하는 것으로서 사법상 재산권을 표시한 증권을 말한다. 유가 증권에는 법률상의 유가증권과 사실상의 유가증권이 포함된다. 법률상의 유가증권이란 어음, 수표, 화물상환권, 선하증권, 창고증권과 같이 법률상 일정한 형식을

---

238) 국내에서 발견한 외화 위폐의 매수를 보면 '01년도 189장이던 것이 '02년에 286장, '03년에 544장, '04년에 667장에 달하고 있다. 그리고 외화 위폐 중에서도 통화가치가 높고 기축통화인 달러화만을 대상으로 국내에서 발견된 액수를 보면 '05년 11월말까지 $83,790로 집계되어 '04년도 한해 동안 발견된 $26,150의 3배가 넘는 액수를 기록하였다.

필요로 하는 증권을 말한다. 반면 사실상의 유가증권은 승차권, 상품권과 같이 법률상의 형식이 규정되어 있지 않는 유가증권을 말한다.[239]

그리고 유가증권 위조란 작성권한 없는 자가 타인 명의의 유가증권을 작성하는 것을 말한다. 위조는 외형상 일반인에게 진정하게 작성된 유가증권이라고 오신케 할 정도로 정밀하게 작성될 것을 요한다. 흔히 유가증권에 관한 죄란 '행사할 목적으로 유가증권을 위조·변조 또는 허위작성하거나 위조·변조·허위 작성한 유가증권을 행사하거나 수입 또는 수출함으로써 성립되는 범죄'를 말한다.[240]

다. 국제 테러리즘

1) 테러에 관한 개념정의

가) 테러

법적 제재의 대상으로서 테러의 개념은 추상적 법개념이 아닌 테러행위의 본질을 통해 정의되어야 한다. 모든 테러리스트의 행동은 범죄이며 모든 테러행위는 특정한 요구와 폭력의 위협을 포함하고 있다. 그리고 Terrorist란 용어는 특정의 목적 및 견해를 실현하기 위한 조직적인 테러행사의 혁명분자 또는 각종 테러의 행사자를 의미하는 것으로 이해되고 있다[241].

나) 테러리즘

테러리즘은 주권국가 혹은 특정단체가 정치, 사회, 종교, 민족주의적인 목표 달성을 위해 조직적이고 지속적인 폭력의 사용에 대한 협박으로 광범위한 공포 분위기를 조성함으로써 특정 개인, 단체, 공동체 사회 그리고 정부의 인식 변화와 정책의 변화를 유도하는 상징적, 심리적 폭력행위의 총칭이다.[242] 그러나 공

---

239) 민수홍, 이민식, 전게서, p. 280.

240) 우리나라 형법에는 행사할 목적으로 외국의 공채증서 기타 유가증권을 위조 또는 변조한 자(제214조1항)나 유가증권의 권리의무에 관한 기재를 위조 또는 변조한 자(제214조2항)는 10년 이하의 징역에 처하도록 하고 있다. 또한 동법은 자격모용에 의한 유가증권의 작성(215조), 허위유가증권의 작성 등(제216조), 위조유가증권등의 행사 등(제217조)에 대해서도 처벌규정을 두고 있다.

241) 하재환, 「국제법과 테러리즘(一)」, 2001, p. 3.

242) 이규범, "뉴테러리즘의 대응방안에 관한 연구", 동국대 행정대학원, 석사학위논문, 2004, p. 10.

포심의 유발을 목적으로 하는 행동주의로써 테러리즘에 대한 정의에 대하여 학자들의 의견은 다양하며 일치되어 있지 않다.[243)]

이러한 다양한 가능성 속에서 미국의 대외관계법은 테러리즘을 '통상적으로 여론에 영향을 미치려는 의도로 국가하부단체 또는 비밀요원에 의하여 비전투원을 대상으로 의도적이며 정치적 동기에 의하여 행하여진 범죄'라고 정의하고 있다. 또한 국제테러를 '한 국가 이상의 시민이나 영역이 포함된 테러리즘'으로 정의하고 테러리스트그룹을 '국제 테러리즘행위를 수행하거나 수행하는 상당한 하부조직을 가지고 있는 그룹'으로 정의하고 있다.

다) 국제테러리즘(international terrorism)

테러리즘에 대한 국제법적 개념은 평화시 특정국가에 대한 정치적 저항, 특정국가의 정치적 조치의 이행을 확보하기 위한 민간인 및 군인에 대한 개인에 의한 폭력적 범법행위가 기초이다.[244)] 결국 자신의 의사를 표명하거나 자국의 정책에 영향을 미치기 위하여 자국민이 아닌 자를 대상으로 한 모든 범죄행위 그리고 외국의 정책에 영향을 미치기 위하여 자행되는 모든 범죄행위는 국제테러라고 할 수 있다.

한편 국제테러리즘은 테러행위와 연계되어 있는 자에 대한 타국의 재정지원, 훈련 그리고 격려 등을 통하여 행해진 테러를 의미하며 때로는 식민지 정책, 인종차별정책 그리고 타 국가에 대한 침략 등과 같이 국제법상 허용되지 않는 국가적 불법행위에 대한 경멸적 용어로 사용되기도 한다.

2) 테러리즘의 특징

테러리즘이 갖고 있는 특징은 첫째, 테러리즘은 규범의 변경 또는 유지를 통한 정치적 또는 사회적 영향력의 증대를 목표로 하고 있다. 둘째, 테러리즘은 상징적인 인물이나 민간인을 포함한 불특정 다수를 대상으로 하고 있다. 셋째, 테러리즘은 비합법적인 폭력의 직접적인 사용 또는 폭력 사용을 위협의 수단으로 하고 있다. 넷째, 테러리즘은 대상, 시간 및 장소 등을 사전 계획하는 치밀

---

243) G. B. Murphy, A proposal onInternational Legal Response to Terrorism, 2 Touro J. Transnational Law 67, 1991, pp. 80-95.

244) Rosalyn Higgins, "The General International Law of Terrorism", in Rosalyn Higgins and Maurice Flory (ed), Terrorism and International Law, 1997, p. 26.

한 준비를 하고 있다. 다섯째, 테러리즘의 효과로 직접적인 희생자보다 포괄적인 공격대상에 대한 심리적 공포심 부여 등을 들 수 있다. 즉, 조직적인 테러는 폭력을 통해 특정인이나 일반대중에게 공포심을 불러일으키고자 하는 것으로서 그 본질은 대개의 경우 폭력사용과 연계되는 공포 분위기 조성에 있다. 그러므로 대상과 방법에 한계를 두지 않는 범행의 잔인성, 정치적 동기나 목적을 위한 범행대상의 불특정성에서 범행과정에서의 공포분위기 조성, 그리고 무차별성에서 그 특징을 찾을 수 있다.

라. 자금세탁

1) 자금세탁의 개념

자금세탁이란 불법적으로 조성한 자금을 금융기관 등을 통해 합법적인 자금으로 전환하는 행위로써 수입원, 자금출처 및 사용과정을 은닉하고 그 수입을 합법적인 것으로 위장하는 일련의 과정을 의미한다. 여기서는 개인 또는 단체가 범죄활동에 직접 및 간접적으로 참여한 대가로써 또는 범죄활동의 결과로써 파생된 불법수익을 합법자금인양 위장하거나 범죄결과에 대한 처벌을 회피할 목적 또는 탈세 목적 등으로 은닉 또는 위장하거나 전환, 이체하여 그 불법성 추적을 어렵게 만드는 과정으로 정의하고자 한다.[245)]

그리고 국가마다 개념을 달리 정의하기도 하는데 즉, 호주에서는 '비엔나협약'에서 규정한 자금세탁의 개념을 인용하고 있다 그러나 '자금세탁목적은행제도의범죄적사용방지에관한성명'[246)](바젤성명)에서의 자금세탁의 개념, '범죄수익의세탁 · 수색 · 압류및몰수에관한EC협약'[247)](EC협약)에서의 개념, '자금세탁목적금융제도사용방지를위한EU이사회지령'[248)](EU이사회지령)에서의 개념 등이 각각 조금씩 다르다.

---

245) 박일선, "자금세탁행위의 국제화, 범죄화에 따른 대응방안 연구", 카톨릭대 국제대학원, 석사학위논문, 2001, p. 11.

246) Basel Committee, *Statement on Prevention of Criminal Use of the Banking System for the purpose of Money Laundering*, Basel Committee on Banking Regulations and Supervisory Practices, December 1988. Preamble.

247) European Council, *Convention on Laundering, Search, Seizure and Confiscation of the Proceeds from Crime*, 8 November 1990, European Treaty Series — No. 141. Article 6.

248) European Union, *Council Directive of the use of the Financial System for the purpose of Money Laundering*, June 1991, European Union, Article 1.

2) 자금세탁 범죄의 특성

가) 초국경성(Transnational Crime)

자금세탁은 한 국가내에서만 이루어지는 것이 아니고 금융기관, 인터넷, 무역, 지하금융시스템 등 중간 매개체를 통하여 2개국 이상의 국경을 넘나들며 이루어지고 있는 것이 특징이다.

나) 조직범죄성(Organized Crime)

자금세탁범죄는 조직성을 갖는다. 이와 관련하여 '국제조직범죄에 대한 UN협약'[249]에 따르면 조직범죄란 경제적 기타 물질적 이득을 목적으로 3人이상 단체가 자행한 4년 이상 자유형으로 처벌할 수 있는 중대범죄라고 규정하고 있다.

다) 화이트 칼라형 범죄(White—collar Crime)

일반범죄와 달리 높은 사회적 지위와 직업상 위치를 이용하고 전문지식 및 기술이 필요한 범죄를 일반적으로 화이트 칼라형 범죄[250]라고 하는데 자금세탁범죄는 이러한 특성이 강하다.

라) 전제범죄(Predicate Offence) 연결성

전제범죄란 범죄의 결과로써 수익이 발생하며 자금세탁범죄의 실체가 되는 범죄를 말하며 전제범죄로부터 직접 및 간접적으로 유래한 자금을 합법자금으로 전환 또는 전이하는 과정이 자금세탁이다.

마) 단계성

일반적으로 불법자금을 합법자금으로 전환하는 자금세탁과정은 배치단계, 반복단계, 통합 등 단계성을 가지며 상품공급자에게 달러화를 대신 지급해 줌으로써 양국간에 어느 정도 자금균형을 이룰 수 있다.[251]

---

249) United Nations, United Nations Convention against Transnational Organised Crime, Ad Hoc Committee on the Elaboration of a Convention against Transnational Organised Crime 10th session, Vienna 17−18 July 2000, Article 2.

250) 화이트칼라형 범죄의 특성: (1) 발견이 어렵고 (2) 폭력을 피하며 (3) 사회적 도덕성에 심한 상처를 주고 (4) 개인이나 조직이 경제적 이득을 취하며 (5) 사회적 지위나 직업상 위치를 이용하고 (6) 간접적으로는 사회에 미치는 물질적 피해가 다른 범죄에 비해 그 규모가 크며 (7) 많은 사람들이 이것을 진짜범죄(True Crime)로 생각하지 않는다는 점이다.

251) 박일선, 전게논문, p. 22.

마. 마약 관련 범죄

1) 마약의 개념

마약이라는 용어는 일반적으로 의존성이 있으면서 오용 및 남용되는 물질로서 특별한 구분없이 아편, 대마, 향정신성의약품, 진정제 등을 총괄하는 의미로 사용되어 왔다. 한편 마약류에 대한 세계보건기구(WHO)의 정의에 따르면 '약물사용에 대한 욕구가 강제적일 정도로 강하고 약물사용의 양이 증가하는 경향이 있으며 금단증상과 내성이 나타나고 개인에게 한정되는 것이 아닌 사회에도 해를 끼치는 약물'로 규정하고 있다. 즉, 마약이란 양귀비, 아편과 그 제재와 이와 유사한 약리작용 및 중독 작용이 있는 약물을 말한다. 마약류란 마약을 포함하여 대마, 향정신성의약품 등을 포함하는 개념으로 마약보다 광범위한 의미를 지닌다.[252)]

2) 마약의 종류

마약에 대한 분류방법은 다양하다. 국제적으로 분류되는 방법은 조약에 의한 분류로 마약과 향정신성물질로 나누는 방법이 있으며 이는 국제적으로 통용되고 있다. 이 방법에 의하여 마약단일협약에 의해 설립되어 마약의 국제적 단속에 중추적 역할을 하고 있는 '국제마약관리국'의 분류상 마약에 속하는 것은 황색목록, 향정신성 물질은 녹색목록으로 나누어 관리하고 있다.

이러한 분류방법 외에 일반적으로 작용하는 성질에 따라 환각제와 억제제, 약리작용에 따라 마취제, 진통제, 환각제, 각성제, 진정제, 의존성 측면에서 중독성 약물과 습관성 약물, 생성원에 따라 천연마약과 합성마약, 반합성 마약으로 분류할 수 있다. 우리나라의 경우[253)] 마약류를 통제하기 위한 법률은 약리적 성질을 바탕으로 법제화한 것이 아니라 특정 약물이 문제될 때마다 그 약물은 규제하기 위한 입법이 이루어져 왔다. 이에 따라 마약법, 향정신의약품관리법, 대마관리법 등으로 나누어 관리되어 왔다.[254)]

---

252) 윤흥희, "마약류범죄 수사체계 개선방안에 관한 연구", 한성대 대학원, 박사학위논문, 2008, pp. 9－10.

253) 우리나라와 관련된 마약류의 불법거래는 크게 3가지 유형이다. 첫째, 메스암페타민(히로뽕)의 제조에 있어 필수적 원료인 "염산에페드린"을 밀수입하는 유형 둘째, 국내에서 제조된 메스암페타민을 일본 등 다른 나라에 밀수출하는 유형 셋째, 메스암페타민 등 마약류가 동남아 국가에서 미국 등지로 밀수되는 과정에 있어 한국을 중간 기착지로 하여 일시 밀반입되는 유형을 들 수 있다.

254) 상게논문, p. 11.

가) 마약(양귀비)

마약이란 양귀비, 아편, 코카엽 등과 이들에서 추출되는 모든 알카로이드로서 천연마약, 반합성마약, 합성마약으로 세분되며 일일이 열거하기 어려울 정도로 그 종류가 많다.

나) 향정신성의약품

향정신성의약품은 인체의 중추신경에 작용하는 것으로써 이를 오용 또는 남용할 경우 의존성으로 인체에 현저한 해독을 가져오는 약물을 말한다. 이에는 각성제, 환각제, 억제제 등의 수백여 가지가 개발되어 있다.

다) 대마(마리화나)

대마라 함은 대마초와 그 수지 및 대마초 또는 그 수지를 원료로 하여 제조된 일체의 제품을 말한다. 다만 대마초의 종자, 뿌리 및 성숙한 대마초의 줄기와 그 제품을 제외한다.

라) 신종 마약류

기존 마약류와 구별되는 점은 환각이나 흥분 효과의 배가, 성적 각성능력의 증진, 체중의 감소 등 목적의식을 갖고 개발되었다는 점이다. 특히 사용상의 불편을 크게 개선시킨 물질들로서 주로 향정신성의약품에 속한다.

이러한 종류로써 MDMA(엑스터시)는 암페타민계 유기화학물질로 우울, 수면문제, 편집중, 구역질, 실신, 오한 등 부작용을 발생시키며 심장박동과 혈압을 증가시켜 순환기 질환이나 심장질환이 있는 사람에게 특히 위험하다. GHB는 무색무취의 소다 등 음료에 타서 복용하여 '물 같은 히로뽕'이라는 뜻으로 일명 물뽕으로 불리기도 한다. 또한 LSD(Lysergic Acid Diethylamide)라는 환각제는 1960년대 중반부터 미국의 젊은이들이 폭발적으로 복용해 엄청난 사회적 문제를 일으킨 적이 있다.

그리고 태국산 '야바'(Yaba)는 동남아시아에서 유행하고 있는 대표적인 신종마약이다. 히로뽕 가루에 카페인과 파우더 색소 등을 첨가해 알약이나 캡슐 형태로 만들어진 것이다. 이 야바는 마약밀매조직인 '쿤사'에 의해 가루 형태로 생산된 뒤 태국 등지에서 알약이나 캡슐로 대량생산되는 것으로 알려져 있다. 이것은 강력한 환각 흥분제로 식욕상실, 불면, 정신착란, 구토, 혼수상태와 같은 부작용을 발생시킨다. 마지막으로 '분불납명편'은 운동하거나 식사량을 줄이지 않고도 저절로 살이 빠지는 비만특효약으로 알려져 주부들 사이에서 인기를 끌고 있는 마약이다.[255]

바. 무기류 밀매매

국제조직범죄에 의한 무기의 불법거래는 세계 여러 지역에서 발생하는 민족적, 정치적, 종교적 분규와 내란을 초래하고 있다. 뿐만 아니라 테러 집단에 의한 무고한 주민의 살상 등 세계 평화와 안전을 해하는 위험요소가 됨은 물론이다. 이러한 무기 밀매는 심지어 핵무기까지 거래될 가능성이 있어 국제사회에 많은 위험요소가 되고 있다. 최근에는 외국선원 등에 의한 플라스틱 권총 등이 월경되어 유통되는 등 그 위험성이 매우 크다.

1) 무기류 밀반입의 특징

무기류의 밀반입은 국내외 범죄조직과 연계된 전문브로커를 통하여 외국상선이나 화물선이 많이 출입하는 부산항 등 항만을 거점으로 암거래되고 있는 것으로 알려지고 있다. 무기거래의 암거래 시장은 세 가지 특징을 보이고 있는데 첫째, 은밀한 거래를 통하여 이루어지고 있다. 둘째는 거래자금의 상당부분은 부정한 돈과 관련이 있다. 셋째는 돈의 회수가 자금세탁을 통하여 이루어진다는 것이다. 이러한 무기거래의 특성을 악용하여 조직범죄의 개입이 가능한 것이다.

특히 냉전시대의 종말과 구소련 등 공산국 국가의 몰락은 크고 작은 국지적 갈등을 야기시켰으며 불법적 무기거래를 더욱 촉진시키고 있는 것으로 나타나고 있다. 더구나 테러단체들이 조직범죄를 통한 불법 무기구입으로 그들의 테러활동을 더욱 강력히 전개할 가능성도 있다. 따라서 불법무기거래 자체도 위험한 지경에 이르렀지만 이로 인한 테러, 전쟁 등 큰 재앙의 요인이 된다는데 그 심각성이 크다고 할 수 있다.[256]

255) 상게논문, p. 18
256) 정지일, "조직범죄 유형변화에 따른 대응책과 규제에 관한 연구", 경희대 행정대학원, 석사학위논문, 2007. p. 25.

2) 무기류 밀거래의 위험성

무기밀매와 관련하여 특히 문제가 되고 있는 것은 핵물질 거래로써 이러한 문제는 구소련의 붕괴 이후 세계적인 관심사가 되고 있다. 핵물질은 각국의 이해관계에 따라 지대한 관심을 보이고 있으므로 국제적 조직범죄의 대상이 될 가능성이 크다. 더구나 핵물질의 밀거래는 테러단체나 이를 보유하고자 하는 국가의 입장에서는 당연히 원하기 때문에 그 수요가 적지 않다. 이미 핵물질 거래의 위험이 매우 높다는 세계 각국에서의 지적이 이를 뒷받침해 준다.[257)]

사. 불법 밀입국 및 인신매매

1) 불법 밀입국 및 알선

최근에는 불법밀입국 알선 및 수송도 조직범죄집단의 주요 수입원으로 등장하였다. 연간 10만명 정도의 불법이주민 밀항이 범죄조직 등에 의하여 주선되고 있다는 보고가 있다. 특히 제3세계 국가로부터 부유한 선진공업국으로의 불법밀입국의 증가는 엄청난 잠재수요를 가지고 있다. 이들을 원하는 국가로 불법 수송하는 것이 새로운 사업이 되고 있는 것이다. 예를 들어 인도나 파키스탄 또는 중국과 같은 국가들의 빈곤계층이 범죄조직(삼합회)에 의한 불법밀입국알선의 주요대상이 되고 있는데 그 주된 목적국은 미국이라고 한다.

2) 인신매매

불법밀입국 알선과 관련하여 향락산업의 발달에 종속하는 부녀자 인신매매가 문제가 된다. 특히 여아나 젊은 여성들을 유인 또는 납치하여 유흥업소나 사창가에 팔아넘기는 범죄조직들의 행각은 매우 심각하다. 이는 인도, 파키스탄 및 태국 등에서는 이미 공공연한 사실로 인식되어 있으며 최근에는 유럽의 여러 국가나 미국 등 전 세계적으로 그 심각성을 더하여 가고 있다. 우리나라의 경

257) 독일 연방경찰청은 독일통일 직후부터 증가하기 시작한 핵물질거래가 1992년에는 방사능물질의 제공에 관한 허위의 제안이 59건, 불법거래가 99건, 방사능물질 압수가 18건에 달했다고 발표하였다고 한다. 1993년에는 545명의 핵물질거래 용의자 중 47%가 비 독일인이었으며 1994년에는 350g의 핵물질이 독일경찰에 의하여 압수되었는데 이에는 핵폭탄 제조에 사용되는 플루토늄도 포함되어 있었다는 것이다.

우 부녀자인신매매는 이른바 '빨이꾼' 또는 '피알(PR)통'등 전문적인 납치조직에 의해 행해지는 경우 이외에도 직업소개소에 의한 유인을 통하여 이루어지는 등 다양한 경로를 가지고 있다.

최근에는 전문화된 범죄조직들이 중국과 러시아 등지의 여성들을 유인하여 매춘업에 알선하는 경우가 점점 늘고 있어 국제적인 범죄문제로 인식되고 있다. 조직범죄에 있어서 아동 및 여성의 인신매매는 마약이나 무기거래 만큼이나 고소득을 보장하는 것임을 지적한 연구도 있다.[258]

자. 사이버범죄

오늘날 가상이라는 의미를 갖는 접두어로 사용되고 있는 '사이버(cyber)'는 인공두뇌학으로 번역되는 '사이버네틱스(Cybernetics)'라는 용어의 줄임말이다. 80년대 중반 이후 이른바 가상현실 산업이 형성되고 '사이버네틱스'라는 용어를 상업적으로 사용하면서 인공두뇌학이라는 기술적 의미는 퇴색하고 대신 줄임말인 '사이버'가 가상이라는 의미를 지니게 되었다. 따라서 사이버공간이라 함은 인터넷으로 대표되는 컴퓨터 통신망 나아가 통신망상의 가상공간을 지칭하며 사이버범죄란 간단히 이러한 가상공간에서 발생하는 범죄를 의미한다. 사이버공간에서 발생하는 범죄를 지칭하기 위해서 컴퓨터범죄, 정보통신범죄, 하이테크범죄, 디지털범죄, 인터넷범죄, 온라인범죄 등 다양한 용어들이 사용되어 왔다.[259]

1) 사이버범죄의 특징

가) 비대면성

사이버 공간은 컴퓨터를 이용하여 인터넷을 매개로 형성되는 생활공간으로서 불가시적이므로 현실세계와는 달리 행위자들이 자신의 얼굴을 드러내지 않고 행동한다는 특징을 가지고 있다. 이러한 비대면성은 책임의식 결여로 이어져 인터넷사기의 형태로 이어진다. 그러나 피해자는 가해자의 족적을 거의 알 수

258) 정지일, 전게서, p. 27.
259) 김경술, "우리나라 범죄예방에 관한 연구 : 사이버범죄 예방보형을 중심으로", 전주대 행정대학원, 석사학위논문, 2006, p. 35.

없고 범인에 대한 파악이 어렵게 됨으로써 피해의식이나 공포감이 훨씬 커지게 된다.

나) 익명성 및 증거 확보의 곤란

사이버 공간에서는 자신의 신분을 노출시키지 않은 채 활동하는 것이 가능하다. 인터넷을 이용하고자 할 때에는 인적사항을 적도록 하고 일정한 인증절차를 거쳐 사용자를 확인하기도 한다. 그러나 정확한 인적사항을 요구하지 않는 경우가 많으며 타인의 인적사항이나 ID를 도용하면 완벽하게 자신의 익명성을 보장받을 수 있다. 이러한 익명성은 수사기관이 범죄자를 발견하는데 많은 어려움을 주고 있는 것도 사실이다. 이처럼 범죄자의 익명성, 범행 장소의 불특정성, 범행흔적의 불가시성 등은 범행증거의 확보와 범행사실의 입증을 어렵게 만드는 요인들이다.

다) 전문성과 기술성

사이버 범죄 중에서 컴퓨터와 인터넷에 대하여 약간의 지식과 기술만 습득하면 행할 수 있는 것도 있다. 하지만 프로그램 조작을 통한 재산취득, 바이러스의 제작, 유포, 해킹과 같은 사이버 범죄는 고도의 전문적인 지식과 기술을 갖추고 있어야만 가능하다. 사이버 범죄의 이러한 전문성과 기술성으로 인해 수사기관은 고도의 전문적 기술을 가진 전문수사 기관을 반드시 필요로 하게 되었다.

라) 시간 및 공간적 무제약성

사이버 공간에서의 생활은 시간과 공간의 제약을 거의 받지 않는다. 누구든지 마음만 먹으면 인터넷을 24시간 내내 이용할 수 있다. 그리고 장소적으로도 별다른 어려움 없이 세계 어느 곳에 있는 인터넷 사이트에도 접속할 수 있다. 사이버 공간의 이러한 시간적, 공간적 무제약성은 사이버 범죄자들에게 엄청나게 많은 범죄의 기회를 제공하고 있다.

마) 전파성과 피해규모

컴퓨터가 네트워크화되고 인터넷을 통해 시공을 초월하는 사이버 공간을 형성함에 따라 사이버 공간에서는 시간과 장소의 제약을 뛰어넘어 모든 정보가 매우 빠르게 전파된다. 또한 바이러스는 물론 해킹에 의한 시스템 작동불능은 시스템에 연결된 모든 컴퓨터의 작동을 멈추게 함으로써 업무 전반을 마비시키는 심각한 결과를 초래한다.

바) 국제성

인터넷은 전 세계의 네트워크를 실시간으로 연결하기 때문에 국가간 경제 및 지리적 제약을 해소한다. 더욱이 정보통신기술의 발달과 교역의 증대는 각국간의 정보교환을 급격히 증가시키고 있다. 그러나 이러한 국제성은 외국의 비밀정보나 산업기밀을 쉽게 그리고 아주 적은 비용으로 별 다른 통제나 발각의 염려 없이 신속, 정확하게 전달할 수 있기 때문에 국경을 초월한 기업과 국가기관에 대한 스파이 행위를 가능하게 한다. 이로 인하여 형사재판권의 문제와 같은 절차법적인 문제가 발생되게 하고 있다.

차. 산업스파이 범죄

1) 개념 구분

스파이 또는 스파이활동(spy, espionage)이라 함은 보안조치를 무력화하고 상대의 허점을 공략함으로써 원하는 정보를 취득하는 일련의 과정을 가리킨다. 과거 냉전시대에 이 개념은 특정 국가의 정보요원이 경쟁 국가의 정치, 국방, 외교 등에 관한 정보를 비밀리에 정탐, 수집하는 행위를 가리키는 것이었다. 또한 산업스파이(industrial espionage)란 국내 또는 세계 시장의 치열한 경쟁에서 이점을 차지하기 위해 경쟁상대 회사들에 관한 정보와 자료를 수집하는 일련의 과정을 말하는 것으로 정의할 수 있다. 고전적 의미에서 정보는 '조직화된 자료'를 뜻하지만 산업스파이 대상으로서의 정보는 '경쟁력을 강화할 수 있는 지식'을 말한다.[260)]

요컨대 산업스파이는 일차적으로는 국가안보의 목적보다는 상업적 목적에서 수행되는 스파이활동이다. 그러나 그것이 국가의 안보와 무관한 것은 아니다. 왜냐하면 산업스파이로 인하여 중요한 산업기반이 타격을 입을 경우 국가의 성장 동력이 파괴될 수 있기 때문이다. 사실, 미국, 일본 등 주요 선진국들은 산

260) Winkler. Ira, Corporate Espionage, Prima Publishing, 1997, p. 4.

업스파이 문제를 국가안보의 차원에서 다루고 있다. 따라서 최근에 날로 심각해지고 교묘해지고 있는 산업스파이 사건을 효과적으로 예방하고 적극적으로 대처하기 위해서는 일차적으로는 민간 기업들의 보안의식 및 보안능력의 향상이 전제되어야 한다. 그리고 경찰 및 검찰 나아가 국가정보원 등 국가기관들의 수사역량의 강화도 늦출 수 없는 중요한 사안이라 할 것이다.[261)]

2) 산업스파이의 유형

산업스파이라 하면 종래에는 다른 나라 스파이기관들에 의한 비밀정보 취득을 의미하는 경우가 많았다. 당시의 스파이들은 소위 '스파이활동'(cloak and dagger) 책략을 사용하여 유괴, 납치, 고문, 살해, 도청 등과 같은 불법적인 행위를 자행하였다. 이러한 전통적인 방법들이 지금도 일부 정보기관들에 의해 여전히 사용되고 있다. 하지만 그와 같은 물리적인 정보취득 방법을 사용할 필요성은 근래에는 정보통신기술의 발달로 현저히 감소하였다.[262)] 오늘날에는 대부분의 비밀 영업정보를 불법적 수단을 사용하지 않고서도 취득할 수 있다. 또한 스파이활동의 주체도 크게 변화하여 최근에는 외국 정부나 스파이기관들에 의한 스파이활동은 크게 감소하였다. 오히려 산업스파이의 절대 다수가 서로 경쟁관계에 있는 민간기업체들에 의해 자행되고 있는 추세이다.

3) 영업비밀에 대한 국제적 보호

선진국에서는 이미 19세기 초반 영국에서 영업비밀을 관례로 보호하기 시작한 이래 영업비밀 보호의 필요성을 절감하여 각국 실정에 맞게 어떤 형태로든 보호하여 왔다. 20세기 중반에 이르러서는 지적재산 및 영업비밀 보호에 관한 제도의 국제적 통일화 작업도 시작하였다. 현재 영업비밀 또는 비공개정보는 1994년의 국제법상 'WTO/TRIPs 협정' 즉, '무역관련 지적재산권에 관한 협

261) 민수홍, 이민식, "외국의 신종범죄 발생현황과 대책", 「치안논총」(제22집, 2006), p. 214.

262) B. Parad는 산업스파이 기법들을 무려 79종으로 정리하였으나 서로 유사하거나 중첩되는 경우가 많아 비교적 빈번히 발생하고 중대한 것으로 인식되는 몇 가지를 예로는 스카우트, 입찰전쟁, 시사회 전시품의 유치, 유령회사의 설립,컴퓨터 접속 또는 해킹, 학술적 교환, 전송자료 가로채기, 정보 브로커, 휴대전화 도청과 감청, 자요의 촬영, 녹음, 도청 등, 전통적인 절도행위, 황공촬영, 위장침투, 공갈, 여자정보원, 부동산중개업체, 자발적인 아이디어 제공, 광고 및 세일 안내문, 정부기관, 소송 및 법정기록, 여론조사와 마케팅조사, 인터넷 등 아주 많은 기법들이 소개되고 있다. 다만, 이러한 방법들은 불법인 경우도 있으나 그렇지 않은 경우도 많다.

정'(Agreement on Trade—Related Aspects of Intellectual Property Rights)에 의하여 보호되고 있다. 이 협정의 제7절은 '비공개정보의 보호'(protection of undisclosed information)라는 표제 하에 제39조에서 영업비밀의 보호에 관하여 규정하고 있다.[263] 동 협정 제39조 2항은 자연인 및 법인은 합법적으로 자신의 통제 하에 있는 정보가 자신의 동의 없이 건전한 상업적 관행에 반하는 방법으로 타인에게 공개되거나 타인에 의해 획득 또는 사용되는 것을 금지할 수 있는 가능성을 갖는다. 단, 그와 같은 정보는 다음과 같은 것이어야 한다. 첫째, 전체로써 또는 그 구성요소의 정밀한 배려 및 조합의 형태로써 당해 정보의 종류를 통상적으로 다루고 있는 업계의 사람들에게 일반적으로 알려져 있지 않거나 쉽게 접근될 수 없다는 의미에서 비밀인 것 둘째, 비밀이기 때문에 상업적 가치를 갖는 것 셋째, 적법하게 동 정보를 통제하고 있는 자에 의해서 비밀로 유지되기 위해 그 상황 하에서 합리적인 조치의 대상이 되는 것이라고 규정하고 있다.[264] 나아가 제39조 3항은 정부에 제출된 특정한 정보를 보호할 회원국의 의무를 규정하고 있다.

제2절 외교경로를 통한 국제형사사법공조

19세기 이후 국제화가 급속히 진행됨으로 인하여 국가 간에는 상호 의존성이 강하게 되었고 범죄의 발생과 범인의 해외 도피가 점차로 증가하는 추세에 따라 국제적인 문제로 부상되었다. 따라서 국제적인 형사공조는 절대적으로 필요하게 되었다. 외교경로를 통한 국제형사사법공조는 협의의 형사사법공조, 범죄인인도, 형사소추의 이송 및 외국형사판결의 집행 등이 포함된다는 것이 통설이다. 이러한 형사사법공조는 양자조약 또는 다자조약을 체결하여 이루어지기 때문에 협력절차상 각국의 법무부와 외교부가 관련되어 있다. 각국이 형사관할권을 주권의 일부로 간주하고 있다는 점에서 사법업무를 관장하는 법무부와 국가간의 외교업무를 수행하고 있는 외교부가 관여한다는 것은 당연하다고 볼 수

---

263) 정병두, "미공개정보의 보호", 「UR협정의 법석 고찰(하)」, 법무부, 1994, p. 590 이하.
264) 법원도서관, 조약집, 제3권(다자조약 3) 상, 재판자료 제69집, 1995, p. 455 참조.

있다. 또한 형사사법공조에 관련하여 각국의 법률체계가 다르고 인권보호의 정도, 문화적인 차이 등으로 인하여 전 세계의 모든 국가에게 일반적으로 적용될 수 있는 보편적인 조약을 체결하지 못하고 있는 것이 국제사회의 현실이다. 따라서 양자조약 또는 지역국가간에 다자조약을 체결하여 국제형사사법공조를 공고히 한다는 점은 사법정의의 구현 또는 범죄가 없는 국제사회의 건설을 위하여 바람직하다고 할 수 있다.

1. 국제형사사법공조

가. 국제형사사법공조의 의의

국제형사사법공조(Mutual Legal Assistance in Criminal Matters)라 함은 형사사건에 있어서의 수사, 기소, 재판절차와 관련하여 어느 한 국가의 요청에 의하여 다른 국가가 행하는 형사법상 협조를 말한다.[265] 그러나 협조의 구체적인 내용은 국가마다 조금씩 다르게 운용되고 있다. 그리고 범죄인인도는 피의자나 피고인 또는 유죄의 확정판결을 받은 자의 강제적인 신병인도를 목적으로 하는 제도이다. 따라서 국제형사공조는 신병인도가 주 목적이 아니고 형사사건과 관련된 국제협력을 통하여 범죄 진압을 위한 제 조건의 개선을 목적으로 하는 점에서 범죄인인도조약과는 다르다. 따라서 형사공조가 범죄인인도보다 폭넓게 인정하고 있다.

그리고 국가간 요청되어 실시될 수 있는 국제형사사법공조의 형태는 매우 다양하고 점차 확대되어 가는 추세이다. 이 국제형사사법공조법은 형사사건의 수사 또는 재판과 관련하여 외국정부로부터 요청 받거나 아국에서 외국에 요청하는 형사사법공조의 범위와 절차 등을 규정하고 있다. 따라서 동법은 범죄의 예방 및 진압을 위한 국제적인 협력증진을 도모하고 있다.[266]

265) 이종화, 「외사수사론」, (서울: 범신사, 2008). p. 133.
266) 국제형사사법공조법 제1조

나. 국제형사사법공조의 기본원칙

1) 상호주의

공조조약이 체결되지 있지 아니한 경우에도 동일 또는 유사한 사항에 관하여 공조요청에 응한다는 요청국 및 피요청국 상호간 보증이 있는 경우에는 이 법을 적용한다. 즉, 외국이 사법공조를 해 주는 만큼 자국도 동일하거나 유사한 범위 내에서 공조요청에 응하여야 한다는 원칙이다.

2) 쌍방 가벌성의 원칙

국제형사법공조의 대상이 되는 범죄는 피요청국과 요청국 모두 처벌이 가능한 범죄이어야 한다는 원칙이다.

3) 특정성의 원칙

이는 요청국이 공조에 의하여 취득한 증거를 공조요청의 대상이 된 범죄이외의 수사나 재판에 사용하여서는 안된다는 의미이다. 그리고 피요청국의 증인 등이 공조요청에 따라 요청국에 출두한 경우에 피요청국을 출발하기 이전의 행위로 인하여 구금 또는 소추를 비롯한 어떠한 자유도 제한받지 않는다는 것을 의미한다.

4) 일사부재리의 원칙

대부분의 형사사법공조조약은 일사부재리의 원칙을 임의적 거절사유로 적용하도록 하고 있다. 즉, 개개의 경우에 형사 정의의 실현과 관련인의 인권보장이라는 두 가지 측면을 판단하도록 하고 있다.[267)]

다. 공조요청 및 공조의 제한사항

1) 요청사항

공조의 요청에 관하여는 국가간 개별적으로 동 조약의 내용은 다소 차이가 있으나 일반적으로 다음과 같이 규정하고 있다. 사람 또는 물건의 소재수사 및

267) 상게서, p. 42.

서류, 기록의 제공과 송달 그리고 증거수집과 압수, 수색, 검증 및 증거물 등 물건의 인도와 진술의 청취, 기타 요청국에서 증언하게 하거나 수사에 협조하게 하는 조치 등을 포함한다.[268)]

2) 공조의 제한

공조의 제한에는 첫째로 주권, 국가안전보장, 안녕질서 또는 미풍양속을 해할 우려가 있는 경우이다. 둘째는 인종, 국적, 성별, 종교, 사회적 신분, 특정 사회단체에 속한다는 사실이나 정치적 견해를 달리 한다는 이유로 처벌되거나 형사상 불이익한 처분을 받을 우려가 있다고 인정되는 경우이다. 셋째, 공조범죄가 정치적 성격을 지닌 범죄이거나 공조요청이 정치적 성격을 지닌 다른 범죄에 대한 수사 또는 재판을 할 목적으로 행하여진 것이라고 인정되는 경우이다. 넷째, 공조범죄가 우리나라의 법률에 의하여 범죄를 구성하지 아니하거나 공소를 제기할 수 없는 범죄인 경우이다. 마지막으로 요청국이 보증하도록 규정되어 있는데도 불구하고 요청국의 보증이 없는 경우 등이다.[269)]

라. 공조절차

형사사법공조법상 공조요청서의 작성 주체는 검사이며 사법경찰관은 검사에게 신청하여 공조요청서를 받아 대검찰청을 경유하여 법무부장관에게 공조요청서를 송부한다. 법무부장관은 공조요청 여부를 결정한 후 요청이 상당하다고 인정되면 외교통상부장관에게 이를 송부한다. 외교통상부장관은 외교경로를 통하여 피요청국에 공조를 요청한다. 그리고 공조결과의 송부 방법은 이의 역순으로 이루어진다.

그리고 국제형사사법공조조약이 체결되어 있는 국가와의 공조절차는 먼저 조약에 규정된 절차에 따르고 조약에 규정이 없는 경우에는 형사사법공조법의 규정에 따른다.

마. 형사사법공조와 범죄인인도와의 차이

범죄인인도는 피의자나 피고인 또는 유죄의 확정판결을 받은 자의 강제적 신

268) 국제형사사법공조법 제5조.
269) 국제형사사법공조법 제6조.

병인도를 목적으로 하는 제도이다. 하지만 국제형사사법공조는 신병확보가 주 목적이 아니라 형사사건과 관련한 국제협력을 통하여 증거자료 수집 등 범죄인 인도를 위한 사전단계로서의 의미가 큰 것이다.

2. 범죄인인도법에 의한 공조

가. 범죄인인도의 개념과 범죄인인도법

범죄인인도는 범죄를 저지르고 다른 국가로 도피한 경우 수사관할권이 있는 국가의 청구에 의하여 범죄인이 체류하고 있는 국가가 범죄인을 검거한 후 청구국에 인도하는 국제형사제도를 말한다. 그러므로 자국에 있는 외국인을 강제로 자국 밖으로 퇴거시키는 강제추방과 차이가 있다. 또한 범죄인인도법은 범죄인인도에 관하여 법적인 규율로서 범죄억제에 있어서의 국제적인 협력증진을 목적으로 한다.

나. 범죄인인도 청구대상과 절차

1) 범죄인인도 대상

아국 및 청구국의 법률에 의하여 사형, 무기, 장기 1년 이상의 징역 또는 금고에 해당하는 경우에 범죄인인도 청구의 대상[270]이 된다.

2) 범죄인인도의 청구절차

검사 범죄인도청구서 작성	☞	대검찰청 경유	☞	법무부장관, 청구여부결정
☞ 외교통상부장관	☞	피청구 주재 한국대사관	☞	피청구국 외무부장관
☞ 피청구국 법무부장관	☞	피청구국 법집행기관	☞	청구대상자검거
☞ 피청구국 법원의 인도재판	☞	인도 결정	☞	청구국에 신병인계

270) 범죄인인도법 제 6조.

경찰 등 수사기관의 요구에 의해 검사가 범죄인인도청구서를 작성하여 대검찰청을 경유하여 법무부장관이 청구여부를 결정한다. 이후 법무부장관이 외교통상부장관에게 요청하면 외교통상부장관은 피청구국 주재 아국대사관을 통하여 외무부장관에게 범죄인인도를 요청한다. 이에 피청구국의 외무부장관은 피청구국의 법무부장관에게 범죄인인도 요청사실을 통보한다. 그러면 피청구국의 법집행기관은 청구대상자를 검거하여 피청구국 법원의 인도재판을 거쳐 인도할 수 있는지를 결정한 후 인도가 결정되면 청구국에 신병을 인계한다.[271)]

다. 범죄인인도에 대한 거절사유

1) 일반적 거절사유

일반적인 거절사유로는 정치범 불인도의 원칙 및 자국민 불인도의 원칙에 의한 정치범과 자국민이 이에 해당된다. 또한 쌍방가벌성의 원칙 및 범죄의 종류를 특정해야 하는 특정주의가 적용된다.

2) 절대적 거절사유

이는 어느 경우에도 범죄인인도가 불가능한 사유를 말하는 것으로서 공소시효 또는 형의 시효가 완성된 경우이다. 또한 우리나라 법원에서 재판이 계속 중이거나 확정판결이 있는 경우 및 범죄인이 인종, 종교, 국적, 특정 사회단체에 속함을 이유로 처벌받거나 기타 불이익을 받을 염려가 있은 경우이다. 그리고 범죄인이 인도의 사유가 된 범죄를 행하였다고 의심할 만한 상당한 이유가 없는 경우 등에는 범죄인인도를 거절해야 한다.

3) 임의적 거절사유

범죄인이 아국의 국민인 경우와 범죄의 전부 또는 일부가 아국의 영역에서 행하여진 경우이다. 또한 인도범죄외의 범죄에 대한 사건으로 아국의 법원에서 재판이 계속 중인 경우 또는 형의 선고를 받고 그 집행을 종료하지 아니하거나 면제받지 아니한 경우이다. 그리고 인도범죄에 관하여 제3국에서 재판을 받고 처벌되었거나 처벌받지 아니하기로 확정된 경우도 이에 해당한다. 인도범죄의 성격과 범죄인의 환경에 비추어 범죄인을 인도함이 비인도적이라고 인정되는

271) 상게서, pp. 46-47.

경우 등에는 범죄인인도에 대하여 여러 가지를 종합적으로 검토 및 판단하여 범죄인을 인도를 거절할 수 있다.

3. 범죄인인도와 강제송환과의 차이

범죄인인도 청구는 외국의 요청에 따라 개시되는 국제법상 절차로서 피요청국의 입장에서 볼 때 자국에 소재하는 사람을 외국에 넘겨준다는 점에서 자국의 주권을 스스로 제한하는 성격을 갖는다. 그러나 국외도피사범의 인터폴공조를 통한 강제송환은 외국의 요청과 관계없이 자국의 질서유지를 위하여 이를 위반한 외국인을 강제로 자국의 영역으로부터 퇴거시키는 출입국관리 행정상의 절차로서 자국의 주권을 적극적으로 행사하는 조치이다. 따라서 범죄인인도와 강제송환과는 절차는 물론 제도의 성격상 여러 가지로 차이가 있다.

가. 공조의 주체와 법적 근거

1) 공조의 주체

범죄인인도청구는 법무부가 주된 역할을 수행하고 외교통상부는 자료의 전달과 대외적인 창구의 역할을 수행하는 반면 인터폴 공조를 통한 강제송환은 각국의 경찰당국이 주체가 되어 국제경찰협력의 일환으로 수행하고 있다.

2) 법적 근거

범죄인인도 청구는 조약을 체결한 국가 간에 구속력이 있는 반면 인터폴 공조를 통한 강제송환은 회원국을 대상으로 세계인권선언의 정신에 입각하여 국내법 범위 내에서 최대한의 협조를 보장하는 정도로써 법적 구속력이 약하다.

나. 공조의 절차와 소요시간

1) 공조의 절차

절차상에서도 범죄인인도 청구는 낭사국간 범죄인인도조약을 체결하여 공식적인 외교경로를 통하여 공조하고 있다. 그러나 조약을 체결하고 있지 아니한 국가와는 동일 또는 유사한 사항에 관하여 요청국의 보증이 있는 경우에 작용하는 상호주의에 의한 협력을 한다. 반면 강제송환은 외교적인 공식통로가 아니라 각국의 인터폴 중앙사무국을 창구로 하는 경찰당국과 인터폴 사무총국과의 협력이거나 경찰 당국간의 직접적인 협력 절차에 의한다.

2) 소요시간

범죄인인도 청구는 수사기관, 법무부, 외교통상부 등 일정한 국가기관을 통해서 이루어지므로 공조업무의 신속성과 효율성이 낮다. 범죄인이 형사처벌을 면하고자 국외로 도피하였을 경우에 도피를 확인하고 체포하여 송환하는데 있어 구체적인 경우에 따라 다르지만 약 2—3년 정도 소요된다. 그러나 인터폴 공조를 통한 강제송환은 각국의 중앙사무국과 인터폴본부 간에 설치된 전용 통신망을 이용하여 공조가 추진된다. 따라서 특별한 법적인 절차를 요하지 아니하므로 기동성이 있고 공조 소요기간이 대체로 아주 짧다.

제3절 인터폴(국제형사경찰기구) 공조

인터폴은 인터폴헌장과 일반규정 및 각 회원국의 국내법에 의거하여 국제간 경찰협력을 위해 활동하는 정부간 기구로서 기구 자체가 범죄수사권을 가진 국제경찰을 의미하는 것은 아니다. 따라서 범죄인의 체포, 압수, 수색 등 수사권을 행사할 수 없다. 단지 그러한 권한은 인터폴 사무총국이나 국가중앙사무국으로부터 공조수사 의뢰를 받은 회원국이 자국의 법령이 인정하는 한도내에서 행사할 수 있을 뿐이다.

1. 인터폴의 개념과 연혁

가. 인터폴의 개념

국제범죄의 예방과 진압을 위해 인터폴의 헌장과 일반규정 및 각 회원국의 국내법의 범위 내에서 범죄 정보의 교환, 범죄자의 체포와 인도 등에 관하여 상호 협력하는 정부간의 국제기구를 말한다. Interpol이라는 명칭은 'International Criminal Police Organization'(국제형사경찰기구)의 약칭이며 1956년부터 ICPO—Interpol을 공식명칭으로 사용하고 있다.[272)]

나. 설립배경 및 발전과정

1) 설립배경

19세기 이후 산업혁명에 따른 국가간 교역량의 증가로 인하여 유럽지역에서 범죄의 광역화 및 탈국경화 등 부작용이 발생하여 국가간기구설립의 필요성이 대두하였다. 그러던 중 1914년 모나코 왕자 알버트 1세가 14개국의 경찰관 및 법학자 등을 초청하여 '국제형사경찰회의(International Criminal Police Congress)'를 개최한 것이 시초이다.

2) 발전과정

1923년 '제2차 국제형사경찰회의'를 오스트리아의 비엔나에서 개최하면서 ICPC의 창설을 합의하였다. 1946년 제15차 ICPC 총회를 벨기에의 브뤼셀에서 개최하면서 본부를 프랑스 파리로 이전하고 ICPC활동 재개 등을 결의하고 INTERPOL이라는 명칭을 전보 수신의 약호로 채택하였다. 1956년 제25차 총회에서 ICPC를 해산하고 국제형사경찰기구(International Criminal Police Organization, ICPO—Interpol)를 설립하기로 결의하였다. 이후 1971년에 UN경제사회이사회와 상호협력을 위한 특별약정을 체결하여 정부간 기구로서의 지위를 부여 받았고 1996년도에 UN총회에서 인터폴에 업저버 지위를 부여하였다. 현재의 인터폴 사무총국이 프랑스 리용으로 이전한 것은 1989년도이다.

2. 인터폴의 법적 근거와 지위

가. 법적 근거

인터폴의 법적 근거는 인터폴 헌장과 각국의 국내법 및 국제적인 문서를 근

272) 경찰청, 「인터폴 기본자료」, (서울: 경찰청, 2005), p. 1.

거로 하고 있다.[273]

1) 인터폴 헌장

인터폴은 각국의 현행 법률의 범위내에서 세계인권선언의 정신에 입각하여 모든 형사경찰당국간에 최대한 협조를 보장, 증진시키고 보통범죄의 예방과 진압에 효과적으로 기여할 수 있는 모든 기관을 설립하고 발전시킨다고 규정하고 있다.[274] 또 각국은 인터폴 및 각 회원국들과의 협조를 보장하기 위하여 자국의 국내법을 근거로 NCB를 설치하도록 되어 있다.[275]

2) 각국의 국내법

각국에서는 국내법에 인터폴에 관한 근거 규정을 두고 있는데 대한민국은 국제형사사법공조법 제38조에서 규정하고 있다. 동법에 의하면 인터폴로부터 외국의 형사사건의 수사에 대하여 협력을 요청받거나 인터폴에 협력을 요청하는 경우에는 필요한 조치를 취할 수 있다. 즉, 국제성범죄의 정보 및 자료의 교환, 국제성범죄의 동일 증명 및 자료조회, 국제성범죄에 관한 사실의 확인 및 그 조사 등이 이에 속한다.

3) 국제적인 문서

국제적인 문서에서 법적인 근거를 찾아보면 국제연합 안전보장이사회 결의 제827호와 제955호에 의해서 설립된 ICTY[276]와 ICTR의 소송절차 및 증거규칙 제39조 (iii)이다. 그리고 1998년도 로마에서 채택된 국제형사재판소(ICC)규정 제87조 1항 (b), 범죄인인도에 관한 유럽협약 제16조 3항, 서부아프리카 경제공동체 회원국간에 체결한 범죄인인도협약 제22조 3항, 캐나다와 프랑스간의 범죄인인도조약 제13조 1항 등을 예로 들 수 있다.

---

273) 문규석, "인터폴을 통한 국제경찰협력의 실효적 이행방안에 관한 연구", 치안논총 제19집, 2005, p. 450.

274) 인터폴 헌장 제2조.

275) 인터폴 헌장 제31조 및 제32조: 대한민국의 경우 KNCB(Korea National Central Bureau)의 설치 근거는 경찰청 훈령 제514호(2007.10.30)인 국제형사경찰기구(인터폴)대한민국국가중앙사무국 운영규칙이다.

276) ICTY: International Criminal Tribunal For Former Yugoslavia. ICTR: International Criminal Tribunal for Rwanda

나. 법적 지위

인터폴의 법적 지위로는 정부간기구와 비정부간기구의 성격을 모두 갖고 있다고 할 수 있다. 즉, 회원자격이 국가라는 점, 회원국이 지불한 분담금으로 운영되는 점, 상설적인 사무국이 있다는 점, 본부협정을 체결하여 특권과 면제권을 향유하고 있다는 점 등은 외부적인 측면에서 볼 때 정부간기구의 지위를 누리고 있다.

반면에 비정부간기구로 발전되어 온 점, 인터폴 헌장은 명시적으로 회원국의 서명, 비준을 받지 아니하였다는 점, 국제경찰협력은 회원국의 국내법으로 조직된 NCB에 의해서 협력을 하고 있다는 점, UN과의 관계는 유엔헌장 제7조를 근거로 Category Ⅰ에 해당하는 지위를 누리고 있다는 점, 국내법으로 조직된 NCB에 의해서 협력을 하고 있으므로 Soft Law적 성격을 지니고 있다는 점 등 내부적인 측면에서 볼 때 비정부간기구의 지위를 누리고 있다.[277]

3. 인터폴의 기구와 업무 및 재정

가. 인터폴의 기구와 업무

〈그림 4-1〉 인터폴 기구와 업무

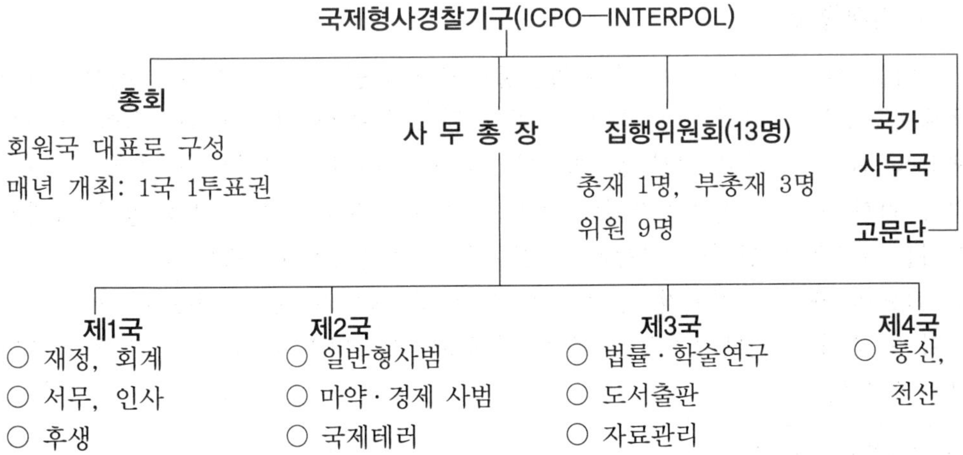

277) 문규석, "인터폴의 국제법상 지위에 관한 연구", 국제법평론, 1999-II(통권 제12호), 1999, pp. 63-64.

1) 인터폴 총재

총재는 회원국의 대표 중 총회에서 선출되며 참가국의 2/3이상의 찬성으로 선출한다. 그리고 총회 및 집행위원회의 회의를 주재하고 토의를 진행하며 인터폴의 활동이 총회 및 집행위원회에 결정에 합치되도록 보장한다.[278)]

2) 총회와 집행위원회

가) 총회

총회는 인터폴의 일반정책, 재정, 활동계획, 업무관련 규정 등을 결정하는 최고 의결기관이며 매년 1회 서로 다른 회원국에서 정기회의가 개최[279)]되고 회원국 정부에 의해 임명된 대표단으로 구성한다.

나) 집행위원회

집행위원회는 임기 4년의 총재 1명과 임기 3년의 부총재 3명, 집행위원 9명 등 총 13명으로 구성되며 통상 매년 3회의 회의를 가진다. 총재와 부총재 등 4명은 각기 다른 대륙출신이어야 하며 9명의 위원은 유럽 3명, 아시아, 아프리카, 아메리카 대륙에 각 2명으로 구성된다. 그리고 집행위원회의 임무는 총회 결정사항의 집행의 감독, 총회 의제안의 작성, 예산과 사업계획 등의 총회제출, 사무총국의 행정 및 업무의 감독, 기타 총회가 위임한 일체의 권한을 행사한다.[280)]

3) 사무총장

인터폴 사무총국 업무의 최고책임자로서 인터폴 이외의 어떠한 정부기관이나 국제기구로부터 간섭 또는 지시를 받지 않으며 총회 및 집행위원회에 대해서만 책임을 진다. 그리고 경찰 등 법집행분야에 전문성과 식견을 지닌 회원국의 고위급 인사 중에서 집행위원회의 제청에 의하여 총회에서 승인을 받아 임명되며 임기는 5년으로 연임이 가능하고 정년은 65세까지이다. 또한 임무는 사무총국의 직원의 채용과 지휘감독, 조직의 관리 및 예산의 집행, 기구에 관한 제안과 계획을 총회나 집행위원회에 제출, 총회와 집행위원회 및 기타의 국제회의에 참석 등이다.

---

278) 인터폴헌장 제18조.

279) 한국은 1999년 서울에서 제68차 인터폴 총회를 개최하였다.

280) 경찰청, 전게서, p. 6.

4) 사무총국

사무총국은 인터폴의 상설행정기관으로서 기구의 목적달성을 위하여 각 회원국 및 타 국제기관과의 긴밀한 협조와 각종 국제범죄정보의 교환이다. 그리고 사무총국 산하에는 전문범죄수사국, NCB 지원국, 경찰업무지원국, 지역사무분국관리국, 행정관리국, 정보기술지원국 등 6개의 국이 설치되어 있다.

가) 전문범죄수사국

각 회원국에서 파견된 수사전문경찰관들로 구성되어 있으며 마약 및 조직범죄, 재정 및 지능범죄, 공안 및 대테러, 인신매매범죄 등 4개과로 구성되어 있다. 이곳에서는 사무총국에서 접수되는 각종 범죄정보를 분석하여 총회에 보고하고 각 회원국의 중앙사무국(NCB)에 전파한다. 또한 죄종별 전문가회의 및 국제회의를 준비하고 다른 국제기구와 국제범죄 관련 협력을 유지하는 일을 담당한다.

나) NCB 지원국

사무총국과 회원국 NCB 및 지역사무분국간의 원활한 교류협력을 위하여 인터폴전용 통신망(I—24/7)을 유지하고 개발한다. 그리고 회원국 NCB로부터의 인터폴 D/B에 대한 원활한 접속을 위해 적극 지원하고 테러나 재난 등의 긴급한 사안이 발생하면 관련 회원국과 연계하는 종합상황실의 업무를 지원한다.

다) 경찰업무지원국

사무총국의 자체정보 및 회원국 NCB에서 제공한 각종의 범죄정보를 처리하고 국제성범죄의 동향과 추세분석으로 과학수사와 관련한 지원업무를 담당한다. 그리고 종합상황실, 도피사범수사지원과, 범죄분석과, 범죄정보처리과, 과학수사지원과 등 5개 과로 구성되어 있다.

라) 지역사무분국관리국

지역사무분국의 활동을 감독하고 지원하며 국제협력이 요구되는 사건이 발생하면 각종의 시설과 편의제공은 물론 사무총국과 지역 또는 회원국간 연락망을 구축한다. 그리고 지역활동 중에 모범사례를 발굴하여 장려하고 인터폴 연간계획에 입각한 시책들에 대한 회원국의 이행실태를 점검히고 권고한다. 분국사무소는 아시아·태평양지역 연락사무소 1개소, 아메리카지역 사무분국 2개소, 아프리카지역 사무분국 3개소 등 모두 6개소[281]가 있다.

마) 행정관리국

인터폴의 인사, 재정, 회계, 장비 등에 관한 행정업무와 총회 등 인터폴 관련 국제회의의 준비 등의 업무를 수행하고 생산되는 각종의 문서를 통제하고 관리한다. 그리고 인사과, 예산과, 번역지원과, 총무과, 국제회의과 등 5개의 과로 구성되어 있다.

바) 정보기술지원국

각종의 전산망을 구축하고 점검 및 관리하며 기타 컴퓨터 기술의 연구와 개발 및 외주를 담당한다. 그리고 총회와 지역회의 등 국제회의의 개최와 관련하여 전산지원을 한다.

5) 국가중앙사무총국(NCB)

회원국간 국제공조수사 등 협력을 위하여 창구역할을 하며 회원국내 법집행기관은 물론 인터폴사무총국 등과 연락을 유지하고 신속한 협력을 도모하기 위하여 국가중앙사무총국(National Central Bureaus)이 있다. 이는 모든 회원국의 중앙경찰 산하에 설치되어 있는 상설기관이다. 이의 주요 기능은 총회에서의 결의사항을 시행하고 자국내 필요한 조치를 강구한다. 또한 사무총국 및 다른 회원국 NCB와의 연락을 유지하고 자국내 경찰기관 등 법집행기관과의 국제공조수사와 관련하여 협력한다. 그리고 국제범죄와 관련한 자료나 정보를 수집하고 회원국에 전파하며 자국을 대표하여 인터폴 총회에 참석한다.

나. 인터폴의 재정

인터폴의 예산[282]은 회원국의 정부가 매년 납부하는 재정분담금과 집행위원회에서 승인한 증여, 유증, 보조금, 교부금 등에 의하여 충당되고 있다. 그중

281) 태국 방콕, 브라질 산살바도르, 아르헨티나 부에노스아이레스, 코트디부아르 아비잔, 케냐 나이로비, 짐바브웨 하라레 등이다.

282) '05년도 동 예산규모는 35,870,000유로 (환화 약 448억 4천만원 정도) 이었다.

가장 비중이 큰 것은 재정분담금으로써 인터폴 총예산의 약 90%를 차지하는데 각 회원국의 경제규모와 유엔분담금의 비율 등을 고려하여 회원국별 분담비율을 결정한다.

4. 인터폴의 주요 활동 및 국제수배

가. 주요 국제범죄에 대한 대응

1) 테러관련 범죄 대응

인터폴은 국제테러행위를 개인의 생명과 재산에 대한 심각한 위협을 주는 요인으로 규정하고 증가하는 테러 위협, 무기 밀매, 반세계화 폭력사태 등에 대응하기 위하여 반테러 공안 분야의 최신정보, 교육훈련, 조사지원 등의 임무를 수행하고 있다. 즉, 국제테러조직에 관한 정보수집 및 예방과 테러에 관련된 범죄자의 처벌보장 및 인터폴 무기, 폭발물 추적시스템을 구축하고 월드컵, 올림픽 등 국제행사와 관련하여 보안활동과 신속한 정보교환을 하고 있다.[283)]

2) 재정 및 지능범죄 대응

가) 돈세탁 범죄

회원국 금융정보분석원 및 기타 관련 국제기구와 돈세탁 관련 정보를 교환하고 기술을 지원하며 실무자회의를 개최하고 국제기구에서의 돈세탁 관련 발의와 제안을 한다. 돈세탁관련 특별과제 연구, 추세분석 및 관련 홍보를 담당하고 유엔마약범죄본부(UNODC)에서 개발하여 운영 중인 인터넷 돈세탁정보 네트워크 시스템을 적극 활용하며 돈세탁 전문가 교육 프로그램을 운영하고 있다.

나) 신용카드 범죄

사무총국은 전 세계적으로 이용되고 있는 위조 신용카드 분류시스템을 구축하기 위하여 연구팀을 구성하여 운영하고 있다. 여기서는 주요 신용카드사의 협력

283) Fusion Task Force(FTF)를 02년 9월에 사무총국 공안 대테러과에 설치, 회원국에서 파견된 대테러 전문가들로 구성하여 각 회원국내 테러 관련 수사를 지원하기 위한 활동을 한다.

으로 신용카드 공동분류시스템을 개발하여 위조 신용카드가 기존의 카드인식번호(Card Identification Number : CIN)와 동일한지 여부를 검색함으로써 용의자 및 범죄조직을 확인해 줄 수 있다. 인터폴 웹사이트를 통한 신용카드와 관련한 조회는 오직 사용자명과 비밀번호를 부여 받은 인가된 법집행기관과 사무총국과 특별협약을 체결하고 있는 신용카드사의 특정관계자만 이용이 가능하다.

다) 위조통화 범죄

위조통화 데이터베이스를 구축하여 각 회원국 및 금융기관 등으로부터 통보되는 모든 위조통화에 대해 식별번호를 부여한다. 그리고 시스템에 기록, 분류, 정리하고 매년 회의를 개최하여 최신 위조수법 등을 상호 논의하고 공동 대응하고 있다. 단속과 관련을 가진 법집행기관 및 중앙은행 관계자 등으로 구성된 실무자 집단을 대상으로 교육을 실시하고 있다.

3) 조직 및 마약범죄 대응

인터폴은 특수 분야의 범죄활동에 중점을 둔 실무자 그룹, 비정부간기구, 민간 학술단체 등의 각종 회의나 심포지움에 회원국 경찰관이 참여할 수 있도록 지원하고 있다. 이를 통해 국제조직범죄의 계보, 활동 근거지, 범죄수법, 구성원의 신원 등을 확인하며 국제조직범죄에 대처하기 위한 중점 프로젝트를 운영하고 있다. 즉, 동유럽 및 러시아에 기반을 둔 범죄조직의 동향을 파악하기 위한 밀레니엄 프로젝트(Millennium Project), 세계 각지의 '모터싸이클갱' 조직원들을 대상으로 한 로커스 프로젝트(Rockers Project), 세계각지의 불법이민 관련 정보 특히 그 경로, 이동방법, 은신처, 비호세력, 범죄에 이용되는 위조 신분증서 등에 관한 정보를 수집하는 브리지 프로젝트(Bridge Project) 등이 있다.

그리고 전문범죄수사국 마약·조직범죄과에서는 마약관련 정보의 수집, 조사, 분석 및 전파업무를 담당한다. 여기서는 마약류범죄 단속과 예방활동은 물론 UN산하 특별기관, 기타 국제기구와 상호 연락관을 파견하여 최신정보를 교환한다. 또한 2개국 이상의 회원국이 관련된 국제마약류범죄가 발생하면 관련국 수사조정, 정보교환, 대처방안 마련을 위한 수사실무자 회의개최 등 지원하는 등 각종 프로젝트를 시행하고 있다.

4) 인신매매 및 아동성학대에 대한 대응

세계 인신매매범들은 역동적이고 다양한 조직망을 가지고 있고 불법 성매매 또는 인신매매에 인터넷과 같은 통신수단을 적극 이용하고 있다. 이에 따라 그 범죄의 예방과 피해자 보호를 위하여 부녀매매에 관한 실무자 그룹을 편성하여 운영하고 있다. 또한 인신매매와 관련된 범죄조직망을 파악, 분석하기 위해 각 회원국 법집행기관이 긴밀히 협력하고 있다. 인신매매 방지 프로그램을 활용하여 국가간 정보교환과 피해자 보호를 위한 상호 협력증진을 위하여 각별히 노력하고 있다.

그리고 1989년 유엔총회의 결의안으로 채택된 아동이용 성매매 및 음란물 제작 방지를 위하여 관련 데이터베이스를 개발하여 활용하고 있다. 그리고 매년 아동학대에 관한 국제회의를 개최하고 있다.[284]

나. 국제범죄정보의 관리 및 과학수사 지원

조직범죄, 마약밀매 등 특수한 국제범죄에 대한 다각적인 분석을 통하여 각 범죄간 상호 연계성과 추세 등을 파악하고 있다. 이를 국제범죄 수사에 필요한 자료로 제공하고 국제회의 등을 통하여 각국에 최신 범죄분석기법을 소개하고 여타 법집행기관과 협조하여 신기법의 개발을 추진하고 있다. 그리고 각 회원국으로부터 접수되는 각종 자료를 기록, 축적, 분석, 정리하여 국제범죄 데이터로서 활용한다. 또한 국제범죄자 수사를 입체적으로 지원하고 제3국에서의 범죄정보가 해당 범죄자의 소속 국가의 경찰에서 파악되지 않는 경우에 있어 정보제공을 통해서 국제적인 상습범죄자의 수사 등에 크게 기여하고 있다.

1) 범죄정보시스템 및 정보의 검색

인터폴 본부에 정보관리체제를 구축하였고 최근에는 범죄정보의 동영상 확인이 가능한 ICIS[285]를 설치하여 보다 효율적인 정보처리가 가능하게 되었다.

이러한 범죄정보의 검색은 언어별로 4개팀으로 나누어 회원국으로부터 보고, 통보되는 각종 범죄정보를 분석, 정리하여 데이터베이스에 입력하고 필요시 자료

---

284) 경찰청, 전게서, pp. 35－43.

285) Interpol Criminal Intelligence System : 인터폴 범죄정보시스템

를 검색, 필요로 하는 회원국에 제공한다. 또한 자동검색, 기록보관소(Automated Search and Archives : ASA)에는 국제범죄자, 도난차량, 기타 도난 및 분실여권 관련자료 등이 입력되어 있어 필요시 이들에 대한 자료조회가 각국의 NCB에서 즉시 가능하다.

2) 과학수사의 지원

가) 지문자동감식시스템(AFIS : Automated Fingerprints Identification Systrm)

국제범죄와 관련된 전과자 및 수배자들의 지문자료를 데이터 베이스화 하여 국제범죄 용의자의 신원 및 동일인 여부의 확인이 실시간으로 가능토록 하는 체제로 현재 구축된 자료를 토대로 하여 메일전송을 텅한 원거리 교환기법을 개발 중에 있다.

나) 유전자지문의 활용

최신 DNA분석기법을 연구 개발하는 한편 DNA은행을 보유하고 있는 회원국 요원 등에 대한 교육훈련을 실시하고 DNA에 관한 인터폴 편람을 발간하여 회원국에 배포하는 등 노력하고 있다.

다) 재난희생자 신원확인(Disaster Victim Identification : DVI)

인터폴 웹 사이트에 DVI 자료를 게재하고 회원국에서 대재난 사건 발생시 동 DVI 자료를 적극 활용토록 권장하고 재난이 발생하면 관련 자료를 당 웹사이트에 직접 게재토록 하여 신속하고 적절한 정보의 교환이 가능하도록 하고 있다.[286)]

다. 인터폴의 국제수배

1) 국제수배의 의의

주요 국외도피사범, 우범자, 실종자, 변사자, 장물 등 인적 물적 수배대상에 대하여 상세한 정보를 담은 수배서로서 각 회원국 NCB의 요청에 따라 사무총

286) 상게서, pp. 53-54.

국에서 발행하여 배포하는 수배를 말한다. 여기에는 일반적으로 수배대상자에 대한 인적사항, 신체특징, 사진, 지문 등 개인신상정보와 죄명, 형량 등이 기재되고 적색수배서의 경우에는 영장번호 등 수사정보가 명시되어 있으며 모두 8가지가 있다.

2) 수배서의 종류

가) 적색수배서

수배서 중 가장 중요한 것으로 수배서 오른쪽 상단 모서리에 적색 4각 마크가 표시되어 있다. 회원국 사법당국이 발부한 체포(구속)영장을 근거로 하여 범죄인인도를 목적으로 하는 경우에 발행한다.

나) 청색수배서

국제정보조회 수배서로서 수배서 오른쪽 위에 청색 4각 마크가 표시되어 있다. 수배자의 신원 및 전과의 확인 또는 일반형법 위반자로서 범죄인인도 청구의 가능성이 있는 범죄자의 소재확인 요청 등 추가적인 범죄관련 정보 수집을 위해 발행한다.

다) 녹색수배서

여러 국가에서 상습적으로 범죄를 하였거나 또는 그런 위험성이 크고 중요한 국제범죄자의 동향을 파악하여 범죄를 사전에 방지할 목적으로 발행하는 수배서이다. 수배서 오른쪽 위에 녹색 4각 마크가 표시되어 있다.

라) 황색수배서

가출인의 소재확인 및 심신상실자의 신원확인을 목적으로 발행하는 수배서로서 수배서 오른쪽 위에 황색 4각 마크가 표시되어 있다.

마) 흑색수배서

사망자의 신원을 확인할 목적으로 발행하는 수배서로서 사체의 사진, 지문, 치아상태 등 특징과 소지품의 상표 등 사망자의 신원파악에 도움이 되는 자료에 관한 대용이 수록되어 있다. 흑색 4각 마크가 표시되어 있다.

바) 오렌지수배서 및 기타 수배서

회원국과 다른 국제기구에 폭발물 등 위험물질이나 테러 관련위협 등에 대하여 경고할 목적으로 발행하는 것으로써 2004년 2월부터 발행하기 시작하였다. 또한 도난이나 불법 취득한 물건, 문화재 등에 대한 수배서인 장물수배서가 있으며 새로운 범죄수법을 배포하기 위한 범죄수법수배서가 있다.[287)]

3) 수배서의 발행 및 취소절차

가) 발행

각 회원국 NCB의 요청에 의해 사무총국에서 발행하며 회원국은 수배가 필요한 경우에 사무총국에서 작성하여 배부한 수배서 신청양식을 작성하여 인터폴 전용통신망을 통하여 사무총국에 전송하면 된다. 그러면 사무총국에서는 각 회원국으로부터 접수한 수배요청서를 종합하여 국제수배서를 전체 회원국에 월 1회 우편으로 배포한다. 단, 녹색수배서의 경우에는 회원국에서 자체적으로 발행이 가능하다.

나) 수배서 취소(수배해제)

수배자가 검거되거나 시효의 완성, 범죄인인도, 소재확인, 신원파악, 장물의 회수 등 수배해제사유가 생기면 회원국은 사무총국에 즉시 통보한다. 그러면 사무총국에서 수배를 해제한 후 이를 종합하여 월 2회 수배해제 사실을 각 회원국에 통보한다.

---

287) 상게서, p. 48.

제4절 재외 경찰주재관 및 다자간 국제경찰협력

1. 경찰주재관의 개념과 직명

가. 경찰주재관의 개념

재외공관 주재관이란 외교통상부에서 실시하는 주재관 공모를 통해 선발[288] 되어 재외공관에서 근무하는 공무원을 의미한다.[289] 재외공관 주재관으로 선발되면 외교통상부로 전입 후 주재관 재임기간(3년) 동안 외교통상부 소속 공무원으로 대한민국을 대표하여 외교, 통상, 영사 등과 관련된 전문적인 업무를 수행하게 되며 주재관의 임기를 마친 후 원래 소속 부처로 복귀한다. 재외공관에는 외무공무원, 주재관 이외에도 무관[290], 직무 파견자 등도 근무한다. 직무 파견자는 각 부처의 업무수행을 위해 해당 부처에서 직접 파견한 공무원을 말한다.[291]

따라서 경찰주재관이라 하면 외교통상부 소속의 외교관 신분으로 재외공관에 파견되어 재외국민의 권익보호와 국제성범죄자를 검거하기 위한 수사공조, 국제성범죄 관련 첩보수집과 각종 경찰관련 자료수집 등의 임무를 수행하는 경찰공무원을 말하는 것이다.

---

288) ① 지원대상은 중앙행정부처 소속 국가공무원이어야 한다. 다만, 문화원장은 민간인도 지원할 수 있는 개방형 직위이다. 단 국회 등 헌법기관 공무원과 군인 및 군무원, 지방 공무원은 별도의 파견제도가 있으므로 지원대상에서 제외된다.
② 지원분야는 주재관 지원분야에 대한 부처별 제한은 없다. 경력, 학력 등을 통해 주재관 업무수행능력을 객관적으로 증명할 수 있는 국가 공무원이라면 희망하는 분야의 주재관 지원이 가능하다.
③ 지원자격은 구체적인 지원자격은 당해연도 '주재관 공개모집 공고', '임용자격요건'에 따르며 특히, 주재관의 직급은 5급에서 고위공무원단까지 다양하여 공무원경력요건을 충족해야 한다. 국가공무원은 누구나 자유롭게 직위공모에 지원할 수 있으며 이를 이유로 인사상 불이익을 부과하는 것은 금지되어 있다.

289) 2009년 1월 기준 전 세계 81개 공관에서 265명의 주재관이 근무 중이다.

290) 국방부에서 군사·안보상 필요에 의해 파견한 국군장교 및 군무원으로서 국방부 소속이다.

291) http://www.mofat.go.kr/introduction/resident/introduction/index.jsp

나. 경찰주재관의 대외 직명

재외공관에서 대외활동을 수행하는 외무공무원은 외교관의 대외직명을 부여받는다. 대사관 소속에는 특명전권대사, 대사, 공사, 공사참사관, 참사관, 1등서기관, 2등서기관, 3등서기관 등이 있다. 그리고 총영사관에는 총영사, 부총영사, 영사, 부영사 등으로 구분한다. 주재관도 외교관으로 활동하는 만큼 대외직명도 외교관의 대외직명을 부여받게 된다.

경찰주재관의 구체적인 대외직명은 주재관을 선발할 때 담당지역과 업무에 따라 정해진다. 대사관에 파견된 경찰주재관의 경우에는 경무관은 참사관으로 파견되고 경정은 보통 2등 서기관으로 배치된다. 한편 총영사관에 배치된 경찰주재관은 영사, 부영사의 직을 수행하는 등 경찰의 직급에 따라 정하여진다.

2. 경찰주재관의 임무

가. 주재관의 일반적인 업무

일반 재외주재관의 업무분야는 분야는 매우 다양하다.[292] 그리고 주재관이 개별 공관에서 수행하는 업무 내용은 공관별, 각 직위별로 매우 다양하며 외교수요의 변화에 따라 바뀔 수도 있다. 각 주재관이 공관에서 수행하여야 할 실제 업무는 '주요수행업무'에서 각 주재관이 해당 공관에서 수행해야 할 구체적인 업무내용과 업무별 비중을 공지하고 있다.

나. 경찰주재관의 임무

재외공관에 파견된 경찰주재관은 공관장의 지휘 감독을 받아 교민에 대한 형사상의 권익을 보호한다. 우리나라와 관련된 국제성범죄에 대하여 주재국 법집행기관과의 수사공조는 물론 국제 테러조직 등의 불순세력에 의한 위해행위와 잠입을 저지하기 위하여 주재국 경찰과의 정보협력 등의 임무를 수행한다. 이렇게 주재국에서 경찰관계 외교관으로서 우리국민의 권익을 보호하는 역할을 담당한다.[293]

292) 재정경제금융, 국세, 관세, 공정거래, 조달, 에너지, 산업, 국토해양, 특허, 방송통신, 환경, 농림수산, 교육과학, 문화 홍보, 보건복지 · 식약, 노동, 경찰, 출입국, 법무 · 법제, 공공행정 · 안전, 통일 · 안보 등 21개 분야로 나누어진다.

다. 경찰주재관의 필요성 증대

해외 국민의 보호와 정보수집의 거점으로써 경찰주재관의 역할이 크게 부각되고 있다. 최근에는 빈발하는 아국인 관련 테러, 각국에서 발생하는 사건, 사고, 공직선거법의 개정에 따른 재외국민 선거에 대비한 부정선거의 예방 등 주재관의 업무수요가 증가함에 따라 증원 필요성도 증가하고 있다.

3. 경찰주재관의 파견절차

가. 경찰청의 추천

경찰주재관은 국내에서 수사 · 정보 · 외사 등 관련분야 경력과 어학능력 등을 갖춘 경감급 이상의 경찰관을 대상으로 경찰청장이 추천하면 이들 중에서 외교부에서 최종 선발하고 있다.

나. 외교부의 선발과 파견

외교부에서는 매년 상하반기 두 차례 정기적으로 주재관 선발을 위한 공개모집을 하며 조기 귀임 등으로 공석이 생기는 직위의 경우에는 수시 공개모집을 하기도 한다. 이와 같이 주재관의 선발은 주재관선발 심사위원회[294]를 개최하여 서류 및 면접심사를 통해 주재관을 선발한다. 서류심사에서는 응모자가 제출한 서류의 적합성 등을 검토하여 탈락여부만을 결정하는 등 기본 응모자격을 검증한다. 그리고 실질심사는 면접심사를 통하여 어학능력과 유관부서에서의 경력 및 직무수행능력 등을 종합적으로 심사[295]하여 경찰주재관을 최종 선발한

---

293) 경찰주재관의 구체적인 임무는 해외주재관 운영에 관한 규칙 제5조에 다음과 같이 규정하고 있다. 1) 재외국민 권익보호를 위한 활동, 2) 마약, 테러 등 국제성범죄 관련 자료수집, 3) 국제성 범죄자 검거를 위한 수사공조 활동, 4) 주재국 경찰기관과의 협력업무, 5) 기타 경찰업무와 관련한 하명사항 등이다.

294) 선발심사위원회는 위원장(외교통상부 차관), 민간위원 3인, 정부위원 3인으로 구성되며 위원장은 선발심사를 주재하고, 동점자가 발생했을 경우에만 최종결정권을 행사한다. 민간위원은 분야별 전문가 1인과 외교역량평가 전문가1인, 어학 전문가 1인 등이며 정부위원은 외교통상부, 행정안전부, 기획재정부 국장급 이상 공무원 각 1인으로 구성된다.

295) 면접심사의 평점은 전문성(50%), 어학능력(30%), 외교역량(20%)을 총점 5.0만점을 기준으로 하여 산출한다.

다. 이후 계획에 의하여 외교안보연구원 등에서 실시하는 기본적인 교육을 일정기간 실시한 후 재외공관에 파견한다.[296)]

4. 다자간 국제경찰협력기구

가. 유로폴(Europol)

유로폴은 급변하는 상황변화에 대처하기 위해 창설된 유럽연합(EU) 역내의 사법 및 경찰업무를 총괄하는 조직이다. 이 조직은 1994년 1월 1일 유럽연합 출범에 발맞춰 그해 2월 16일 네덜란드 헤이그에서 정식 발족하여 본격적인 업무에 착수했다. EU 전 회원국이 참여하고 있고 범죄정보시스템 운영 등 국제성 범죄와 관련한 실무협력을 이루고 있다. 법적 지위로서 유로폴은 하나의 법인격체로서 다른 공법상의 기구와 조약을 체결할 수 있다. 네덜란드와 소재지 협약 및 비밀의 보장과 다른 조정사항에 대한 협약을 체결한 바 있다.

이 유로폴은 산하 유럽마약국(EDU)을 중심으로 마약거래와 돈 세탁 같은 마약수사에 전념하여 발칸 루트를 통해 유입량이 폭증하고 있는 헤로인 차단에 총력을 기울이고 있다.[297)] 이 같은 작업의 효율성을 높이기 위해 유럽연합측에 유럽 공동의 돈세탁 방지법 제정을 촉구하고 있다. 그리고 각국 언어에 능통한 수사인력과 조직을 정비하여 러시아 등 동구권에서 빈발해 전 세계 안보를 크게 위협하는 핵물질 유출 범죄, 이탈리아 마피아의 제조기업 같은 조직범죄 전

296) 2009년 12월 기준 해외 경찰주재관은 25개국 42개 공관에 모두 48명이 파견되어 활동하고 있다.

계	동경	오사카	나고야	요코하마	베이징	칭다오	선양	청뚜	광저우	상하이	홍콩	울란바토르	하노이	호치민	프놈펜	자카르타	마닐라	방콕	뉴델리	뭄바이	시드니	오클랜드	워싱턴	뉴욕	LA	시카고	토론토	밴쿠버	상파울루	멕시코	부에노스아이레스	과테말라	파리	런던	본	모스크바	블라디보스톡	상트페테르부르그	프리토리아	나이로비	미드리드	타슈켄트
48	2	1	1	1	3	2	2	1	1	1	1	1	1	1	1	1	1	2	1	1	1	1	1	1	1	1	1	1	1	1	1	1	1	1	1	1	1	1	1	1	1	1

297) 프랑스 경찰에 따르면 1993년 12월 마스트리히트 조약 체결로 유럽의 국경검문이 폐지된 후 이탈리아 마피아를 중심으로 한 유럽의 범죄자들은 의도적으로 범죄행위를 분산해 몇 개의 나라가 연루되도록 함으로써 수사당국이 분쟁 때문에 꼼짝 못하게 만드는 신종수법을 즐겨 사용하고 있다.

반을 취급하여 유럽연합의 경찰센터로서 자리 잡고 있다. 또한 유로폴은 이를 위해 각국 경찰조직 외에 영국의 MI6 같은 각국 정보기관들의 도움을 얻는 방안도 적극적으로 추진 중이며 1992년 이래 이탈리아 검찰이 벌이고 있는 마피아와의 전쟁도 적극적으로 측면 지원하고 있다.

나. 트레비 경찰협력기구

본 기구는 1975년 이탈리아의 로마에서 개최된 오스트리아 등 8개국의 내무 및 법무장관 회의에서 창설되었다. 당시 점차로 빈번해지고 있던 테러에 대한 위협과 대규모화되고 있던 조직범죄, 마약, 총기밀매 등의 국제성범죄에 효과적으로 대응하기 위한 것이 목적이었다. 이는 약 15년간 존속하며 성공적으로 임무를 마치고 유럽연합조약의 발효와 함께 유럽연합 내 치안문제가 유럽연합조약에 편입되면서 K—4 위원회로 전환되었다.

다. K—4 위원회

이는 유럽연합 15개 회원국의 대표자들로 구성되어 있다. 프랑스의 경우 내무부장관이 위원으로 참여하고 있고 나머지 국가들의 경우에는 대부분 외교관들이 조정자로 참여하고 있다. 각 조정자는 여러 명의 보조원을 두고 있으며 위원회, 심의회, 국가대표단 산하에 제1, 제2, 제3그룹의 3개의 그룹으로 조직되어 있다. 즉, 제1그룹은 회원국 내 망명 및 이민관련 업무를 담당하고 제2그룹은 경찰 및 세관 협력 업무를 담당하고 제3그룹은 사법상 협력 업무를 담당한다. 그 외에도 유럽 사법정보시스템의 운영과 협조업무를 수행한다.

라. 생겐조약(Schengen Acquis)에 의한 경찰협력

이는 1985년 룩셈부르크의 생겐에서 네델란드, 벨기에, 룩셈부르크 등 베네룩스 3국과 프랑스, 독일 간에 체결된 생겐조약에 의하여 이루어진 조약당사국들 간의 경찰협력체계를 말한다. 이후 아일랜드를 제외한 전 EU회원국으로 확대되면서 EU국가간에 경찰의 추적권, 감시권, 생겐 정보시스템(Schengen Information System)에 의한 정보협력 등 범죄수사의 국경에 의한 제약요소를 상당부분 제거하는 역할을 담당하고 있다.

제5장

외사경찰의 새로운 도전과 과제

제5장 외사경찰의 새로운 도전과 과제

제1절 체류외국인 증가에 따른 사회적 갈등 차단

외국인의 입국과 체류가 늘어남으로써 지역적 슬럼화화의 문제와 함께 커뮤니티 구성원간 불법체류자 단속정보를 공유하거나 NGO 등과 연계하여 불법체류자 단속의 완화를 시도하기도 한다. 또한 전면 합법화를 요구하는 등 집단행동이 증가함에 따라 사회갈등 세력으로 전이될 위험성 또한 내포하고 있다. 이에 따라 경찰은 외국인범죄가 빈발하는 외국인 밀집지역 등을 중심으로 범죄예방 활동을 강화하고 외국인이 치안활동에 함께 참여토록 함으로써 자발적인 협조분위기를 조성해 나가야 한다. 그러기 위하여 결혼이주여성, 이주노동자, 이민자 2세 등에 대해서는 기본적인 인권보호 활동과 지역실정에 맞는 사회적응 및 지원 프로그램의 지속적인 시행이 필요하다. 즉, 사회적 소수자인 이들에 대한 인권보호와 권익증진을 위한 배려도 함께 이루어져야한다.

한편 불법입출국 등에 대한 일관된 단속으로 사회 안정의 저해 및 범죄활동 기회를 사전에 제거해야 한다. 그리고 사회 안정을 위협하고 국익을 침해[298]하는 국제성범죄의 확산을 차단하기 위해서는 국내적으로 전문적인 수사역량의 확보와 적극적인 단속활동을 전개하여야 한다. 그리고, 대외적으로 외국경찰기관과의 정보공유 및 국제수사공조 체제를 강화해 국제공조를 통한 수사 활동의 법적 효력 확보를 위한 노력이 병행되어야 할 것이다.

---

298) '07년 산업기술해외유출에 의한 피해예상액은 91조원 ('07년 국가예산 238조5천억원의 38.2%)이다.

1. 국내 체류외국인 관련 정부정책

국내 체류외국인이 크게 증가함에 따라 사회적으로 체류외국인 문제에 대한 관심이 높아져 가고 있다. 정부차원에서도 불법체류 외국인의 획기적인 감소를 위한 범정부차원의 대책을 시행하는 한편 체류외국인의 안정적인 정착 지원을 위한 '재한외국인처우기본법'의 제정, 체류외국인에 대한 사회통합 교육프로그램 실시, 체류외국인 정부통합 고충상담 실시, 부처별 다인종, 다문화 사회정책 마련 등 다양한 대응전략을 마련해 가고 있는 추세이다.

국가기관 중에서 국내 체류외국인과 관련된 활동을 가장 활발히 진행하고 있는 곳은 법무부이다.[299] 그리고 국제적 수준의 인권보호, 외국국적동포의 입국 문호 및 취업범위 확대, 적정한 산업인력 지원을 위한 외국인력제도 정비, 빠르고 편리한 출입국서비스, 외부전문가 정책참여 확대, 불법체류 획기적 감소, 이민행정 인프라 구축 등을 달성하기 위해 타 정부부처와의 협력하며 노력하고 있다.[300]

가. 외국인의 입국허용 원칙

국가마다 외국인의 입국에 관하여 기본적으로 어떠한 입장에서 정책을 추진하는가는 두 가지로 설명하고 있다.

1) 공급주도형 체제

공급주도형 체제에서 외국인이 특정 국가로 입국을 희망하면 입국허용 여부는 수입국의 선별절차에 따라 달라진다. 가령, 외국인이 경제적 이유나 기업투자를 위하여 입국을 희망하면 그들의 교육수준, 전문지식 또는 기술, 언어능력, 연령, 자산상태 등을 점수로 환산하여 일정 점수 이상의 외국인에게만 입국을 허용한다. 이 체제는 외국인 고급숙련 노동력을 장기적으로 활용하는데 비중을 두는 국가에서 주로 시행되고 있다.

---

299) 법무부 산하의 출입국·외국인정책본부에서 외국인정책을 총괄하여 추진하고 있다. 법무부와 법무부산하의 출입국 및 외국인정책본부에서는 외국인과 공존하는 열린사회 구현을 목표로 출입국심사, 외국인의 체류, 국적취득, 재외동포, 난민, 출입국사범 등과 관련된 업무를 수행한다.

300) 최영록, "국내체류외국인 증가에 따른 경찰의 치안체계 구축방안에 관한 연구", 원광대 대학원 석사학위논문, 2008, p. 20.

2) 수요주도형 체제

수요주도형 체제에서는 수입국의 고용주가 외국인의 고용을 허가해 줄 것을 수입국 정부에 요청함으로써 노동력 도입이 시작된다. 수입국의 정부는 외국인의 고용이 내국인의 임금이나 근로조건에 부정적인 영향을 미치지 않는 경우에 한해 외국인의 고용을 허가한다. 고용허가를 받은 고용주는 외국인 노동력을 허가받은 분야에 허가받은 인원의 범위 내에서 선별적으로 고용한다.

그리고 수요주도형 체제는 수입국의 고용주야말로 외국인 노동력의 경제적 기여도를 제대로 판단할 수 있는 위치에 있다는 전제에 입각하고 있다. 따라서 이 체제는 수요자인 고용주의 만족도를 높이는데 효율적이라는 장점이 있다. 반면에 고용주의 이해관계와 국민경제 전체의 이해관계가 상충될 수 있고 고용주가 외국인 저숙련 노동력을 저임금에 고용하려고 할 경우 기업구조조정을 지연시켜 장기적으로 국가경쟁력을 저해할 수 있다. 그리고 외국인 저숙련 노동력의 과다유입으로 엄청난 사회적 비용을 발생시킬 수 있는 문제점을 지닌다.

또한 수요주도형 체제를 채택하는 나라는 대부분 외국인 노동력의 수입을 특정분야에 대하여 한시적으로만 제한하고 있다. 그러나 이 체제를 채택하는 나라도 고급숙련 외국인 노동력에 대해서는 이러한 제한을 대폭 완화하거나 제한을 두지 않고 있다.

나. 불법체류 외국인 및 범죄우려 외국인 대책

법무부에서는 각종 사회문제를 야기하는 불법체류 외국인 및 문제 외국인을 감소시키기 위하여 경찰, 검찰 등 관계 정부부처와의 협력 하에 지속적인 단속을 실시하고 있다. 법무부와 법무부 출입국·외국인정책본부에서는 단속을 통해 적발된 불법체류 외국인, 입국관련 규정 위반 외국인, 체류관련 규정 위반 외국인, 외국인등록관련 규정위반 외국인 등과 내란의 죄, 외환의 죄를 범한 외국인 및 5년 이상 징역 또는 금고형을 받고 석방된 외국인 등을 국내 밖으로 강제퇴거 시키고 있다.[301] 그리고 강제퇴거의 대상에 해당된다고 의심할 만한 상당한 이유가 있고 도주하거나 도주할 염려가 있는 경우 그 외국인을 보호하기도 한다.[302]

301) 출입국관리법 제46조.
302) 출입국관리법 제51조.

정부의 불법체류 외국인 감소를 위하여 시행하는 시책을 자세히 살펴보면 다음과 같다. 첫째, 불법체류 외국인 단속인프라의 단계적인 강화 및 법무부와 경찰 등의 합동단속 정례화이다. 둘째, 불법체류 예방을 위한 사증발급 및 입국심사 강화이다. 셋째, 합법적으로 체류하는 외국인의 체류기간만료로 불법체류로 전락하는 것을 방지하기 위한 계도활동이다. 넷째, 국가별 고용허가제 도입인력 쿼터 책정시 국내 불법체류 외국인수와 연계하는 방안을 검토하여 송출국가의 자국민 불법체류 전락방지 노력을 유도하고 있다. 마지막으로 불법체류 외국인이 자진 출국하는 경우 범칙금 등을 면제하고 사증발급 규제 등 입국규제 기간 완화 등의 활동을 계획하고 있으며 이를 통해 불법체류 외국인의 획기적 감소를 이루려 하고 있다.[303)]

다. 외국인 편의증진과 사회통합 정책

1) '하이코리아G4F' 운영

정부의 법무부, 지식경제부, 노동부, 교육과학기술부, 외교통상부, 문화체육관광부, 보건복지가족부, 여성부, 국토해양부, 인천국제공항공사 공동으로 외국인을 위한 외국인종합지원서비스인 전자정부 '하이코리아G4F'를 구축하여 출입국, 국내체류, 국적취득, 고용 및 취업, 국내투자, 생활편의 등에 대한 한국어, 영어, 중국어, 일본어 4개 국어 서비스를 제공하고 있다.

2) 외국인 종합안내센터의 운영

법무부에서는 외국인의 편의를 위해 한국어와 영어, 일본어, 중국어, 태국어, 베트남어, 러시아어, 몽골어 등 7개 외국어로 출입국 및 외국인체류와 관련된 종합안내 서비스인 '외국인종합안내센터'[304)]를 운영하고 있다.

---

303) 상게논문, p. 22.

304) '외국인종합안내센터'는 재한외국인처우기본법에 의거하여 재한외국인의 국내 생활적응에 필요한 민원상담과 정보안내를 온라인과 전화를 통해 언어장벽 없이 제공하려는 다국어 민원안내창구로 기존의 '하이코리아G4F'와 기존의 이민행정콜센터를 확대하여 영어, 중국어, 일본어, 러시아어, 몽골어, 태국어, 베트남어, 인도네시아어, 프랑스어, 벵골어, 우루두어, 네팔어, 캄보디아어, 미얀마어, 독일어, 스페인어, 아랍어 등 18개 외국어로 상담을 제공하는 '1345 전화상담 서비스'로 이루어져 있다.

3) 정부합동고충상담회 실시

법무부, 교육과학기술부, 행정안전부, 보건복지가족부, 노동부, 여성부 등 6개 중앙부처는 민간단체와 함께 재한외국인을 대상으로 그들의 어려움을 상담하는 '정부합동고충상담회'를 실시하고 있다.[305)]

4) '사회통합프로그램 이수제'

정부에서는 국내체류외국인의 편의 증진과 사회통합을 위한 이러한 활동 외에도 2009년부터는 이민자에게 한국어 소통 능력, 생활법률 이해 등 기본 소양을 교육함으로써 그들이 사회에서 자립할 수 있도록 지원하기 위한 '사회통합프로그램 이수제' 등 더 다양한 활동을 실시하고 있다.[306)]

2. 국제성범죄의 국내 유입차단

외국인의 출입국에 대한 관계기관인 법무부 출입국관리사무소, 국가정보원, 세관, 경찰 등은 상호 유기적인 협조체제를 갖추어야 한다. 즉, 사안의 발생 등으로 필요한 때에만 관계기관합동회의를 개최하여 업무를 처리하고 있다. 그러나 이제는 외국인의 입국 및 체류 등에 관한 관련 업무를 수행하는 관계기관의 적극적인 협조기능을 강화하기 위하여 관계기관으로 구성하는 상설협의체를 운영해야 한다.

법무부 출입국관리사무소는 외국인의 출입국관리 및 체류외국인의 동향을 조사하여 출입국사범을 적발, 처리하고 있다. 따라서 우범 가능성이 높은 외국인이나 불법체류 외국인에 대한 정보를 가장 많이 축적하고 있기 때문에 이를 중심으로 상호 긴밀한 협조체제의 구축이 절실히 요청된다. 검찰청, 출입국관리사무소, 경찰, 세관, 국가정보원, 노동부 등 외국인범죄와 관련 있는 기관이 연계하여야 한다. 그렇게 함으로써 각각의 계통으로 입수한 관련정보를 교환하고 정기적으로 현안문제 등에 대한 공동협의를 통하여 일관되고 효과적인 외국인의 입국 및 국내체류 관리를 위한 정책과 업무를 수행할 수 있을 것이다.

---

305) 상게논문, pp. 23-24.
306) 출입국관리사무소 외국인정책본부, 보도자료, 2008. 6. 25.

특히 마약밀매, 보석 등의 밀수, 외화를 밀반출하려는 등의 범죄를 목적으로 입국하는 외국인들에 대해서는 그 범죄의 예방에 있어 가장 1차적인 위치에 있는 공항이나 항만 등 현장에 파견 근무하는 관계기관간의 체계화된 협력체제의 구축은 절대로 필요하고 중요하다고 할 것이다. 그리고 정상적인 외국환 거래를 문란하게 하는 환치기사범 등 주요 외사범죄에 대하여 테마별로 기획수사를 통하여 강력 단속하여야 한다.

3. 체류외국인의 반사회적 세력화 억제

체류외국인이 증가하면서 국내체류 자국민들의 이익 확보 등을 위해 국적, 종교 등을 중심으로 외국인 공동체를 결성하는 사례가 증가하고 있다. 최근에는 체류외국인 사회 내에서 커뮤니티의 영향력이 증가함에 따라 커뮤니티 세력의 확장과 결속력 강화를 위해 여러 개의 커뮤니티를 통합한 전국 단위 조직체를 결성하는 경향을 보이고 있다. 이렇게 경쟁적으로 조직정비 및 운영 활성화를 위한 활동을 전개하고 있으며 일부 커뮤니티에서는 커뮤니티내 주도권 확보를 위해 파벌이 형성하고 상호 대립하기도 한다.

한편 정부의 불법체류자 단속과 관련하여 커뮤니티 회원간 단속정보를 공유하거나 NGO 등과 연계하여 불법체류자 단속 완화 및 전면 합법화 등을 요구하는 집회를 개최하는 등 집단세력화 하는 경향을 보이고 있다. 그리고 이들의 인권보장 요구는 이주노동자 집회의 주요 내용이 되고 있다.

또한 열악한 근로환경에서 기본적 인권을 침해당하면서 소위 3D 업종에 종사하고 있는 이주노동자들은 열악한 환경으로 인한 사회적 갈등의 원인이 되고 있다. 외국인 커뮤니티가 사회갈등 세력이 아닌 외국인들이 국내 주류사회에 진입하기 위한 건전한 밑거름으로 작용하도록 하기 위해서는 이들과의 지속적인 접촉과 관리를 통해 갈등의 원인을 해소해야 한다. 그리고 불법행위에 대해서는 단호히 대처하는 일관된 자세가 필요하며 외국인 커뮤니티가 한국사회와 체류외국인을 잇는 교량의 역할을 담당하도록 해야 할 것이다. 실제로 최근 외국인범죄 증가와 경기침체로 인한 내국인 근로자들의 일자리 감소로 이주노동자에 대한 외국인혐오증(Xenophobia)의 확산이 우려되고 있다. 한편 커뮤니티 회원들의 범죄 행위로 자국민에 대한 이미지 실추와 비난여론 확산의 방지를 위해 커뮤니티 내부적으로 재발 방지대책을 마련하는 등 자정운동을 전개하기도 한다.

가. 적응의 의의

1) 적응의 개념

이국에서의 생활하는 자의 적응은 그 강조하는 측면에 따라 심리적 적응과 사회문화적 적응으로 구분된다.

가) 심리적 적응(psychological adjustment)

심리적 적응은 정신적 억압이나 불안, 긴장, 피로 등과 같은 감정 상태의 주관적 안녕감을 의미한다. 반면 사회문화적 적응은 현지문화에서 상호작용적 측면에 적합해지는 능력과 관계되는 것으로서 일상적인 상황을 다룸에 있어 어려움이나 곤란의 양에 의하여 측정된다. 이 두 가지의 적응개념은 상호 관련되지만 개념적, 실증적으로 구분되고 있다. 심리적 적응은 적응의 심리적, 정서적 측면에 관한 것으로서 적응과정의 태도요인에 초점을 맞추고 있다. 따라서 심리적 적응은 개인의 성격이나 사회적 지원 등에 의하여 주로 영향을 받는다.

나) 사회문화적 적응(socio—cultural adjustment)

사회문화적 적응은 적응의 인지적, 행동적 측면에 관한 것으로서 문화적 학습이론에 입각하여 태도요인에 잠재해 있는 사회적 행동을 강조한다. 따라서 사회문화적 적응은 문화적 거리, 현지인과의 접촉의 정도, 문화적 지식 등에 의하여 영향을 받는다. 따라서 적응이란 해외이주자가 새로운 환경과의 상호작용을 통하여 현지국가의 다양한 측면에 대하여 적합이 증대하고 불확실성이 감소하는 현상이라고 할 수 있다. 이에 따라 해외이주자가 현지의 사회·문화환경에 적응하게 되면 갈등과 스트레스는 감소되는 반면 심리적 평안이나 효과성을 증대되게 된다.[307)]

307) 정철균, “외국인노동자의 적응의 선행요인 및 이직의도에 관한 실증적 연구”, 성균관대학 대학원, 박사학위논문, 2007, p. 10.

2) 적응의 차원

이러한 문화 적응에 관한 연구에서 Mendenhall과 Oddou(1985)는 이 문화 적응을 4개의 차원으로 나누고 있다. 즉, 자기 지향적 차원, 타인 지향적 차원, 지각차원 및 문화적 곤란성 차원 등을 제시하고 있다. 먼저 자기 지향적 차원은 해외이주자의 자아존중, 자신감 및 정신적 위생을 강화하는 활동이나 특성을 다루고 있다. 타인 지향적 차원은 현지인과의 효과적인 상호작용을 통하여 해외 이주자의 능력을 증진하는 활동을 포함하고 있다. 또한 지각차원은 현지인의 행동의 이유와 원인에 대하여 이해하고 판단하는 능력을 다루고 있다. 마지막으로 문화적 곤란성 차원은 새로운 문화에 적응하기 곤란한 정도로서 해외이주자의 적응의 정도가 현지국가의 문화와 관련됨을 시사하고 있다.

3) 적응의 단계

Black, Mendenhall 및 Oddou는 국내환경 및 국제환경에서의 선행연구들을 통합하여 해외이주자의 적응을 예상적인 적응과 현지적응으로 나누고 있다. 예상적 적응에 영향을 미치는 요소로서는 훈련과 과거 국제경험 등 개인적 요인과 선발제도 및 기준 등을 들고 있다. 반면 현지적응은 개인, 직무, 조직 및 업무 이외 요인 등 크게 4개의 요인에 의하여 영향을 받고 있다고 보고 있다. 아울러 개인적, 조직적 측면에서의 예상적인 적응이 현지에서의 적응과정에 영향을 미친다고 보고 있다.

해외이주자가 현지국가에 도착하여 겪게 되는 적응과정에 대하여 학자들은 U—곡선이론을 이용하여 설명하고 있다. U—곡선은 해외이주자가 겪게 되는 심리적 반응에 기초하여 네 단계로 구성된다. 첫 번째 단계는 신혼단계이다. 이 단계는 도착 후 수주에서 2개월 범위 내에서 발생하며 새로운 문화의 흥미로운 측면에 대한 매력을 느끼는 단계이다. 두 번째 단계는 위기단계로서 현지문화와 본국문화와의 차이로 인하여 문화적 충격이 발생되며 새로운 문화환경에서 일상생활에서 발생하는 문제들로 인하여 사기가 전하되게 된다. 세 번째 단계는 시간이 경과하면서 시행착오를 통하여 어느 정도 무엇이 적절한 행동이고 무엇이 적절하지 않은지에 대한 것을 학습하게 된다. 이 단계에서 개인은 새로운 행동유형을 수행함에 있어서 진보를 보이게 된다. 네 번째 단계는 개인의 적응이 일반적으로 완성되는 단계이다. 이 단계에서는 문화적 차이에 대한 불안감 없이 필요한 행동을 효과적으로 수행할 수 있게 된다.[308)]

나. 적응과 이해관계

외국인 노동자는 일시적인 체류보다는 정주화되는 이민으로 들어오게 되며 앞으로 국내 거주 외국인은 그 규모의 증가 뿐 아니라 이주경로와 체류자격에 따라 다양한 이해집단으로 우리 사회에 정착될 것이다. 외국인은 체류목적에 따라 체류국에 동화, 적응, 통합되는 정도, 영향력, 기대가 다르고 이에 대하여 원거주민도 이들에 대한 태도가 다르기 마련이다. 체류목적이 같다 해도 출신국, 연령, 성별, 학력, 종교, 기타 개인 성향에 따라 또 다른 요구와 기대, 적응력을 보이기도 한다. 외국인 유학생이나 투자자, 근로자는 체류목적과 허가기간이 끝나면 본국으로 귀환할 것이 기대되는 집단인 반면 결혼이민자는 한국 국적 취득과 정주, 출신국에 따라 자신의 가족이 연쇄 이주해 올 것임이 기대되는 집단이다.

한국사회의 거주자가 되면서 이들에게 적응이 최우선이지만 자신들이 선호하는 적응방식과 정부가 제공하는 적응방식 간에는 괴리가 나타나기 마련이다. 이들은 정책의 대상이기만 한 것이 아니라 개인으로서 가족과 집단의 일원으로서 자신의 삶을 적극적으로 만들어 가면서 발생하는 이해관계의 갈등을 경험하는 살아있는 사람들이다. 정해진 기간 동안 노동력만을 제공하고 임금을 받고 마는 추상화된 노동자가 아니라 여기서 일상의 삶을 살아가는 구체적인 사람들이다. 그들의 의식주, 가족관계, 사회 · 정치 · 문화적 존재감에 관련된 문제들이 당연히 발생한다.

다. 외국인 통합모형

특정의 국가가 외국인을 받아들이고 그들에게 국적 또는 영주권을 부여하게 되면 일반적으로 해당 국가는 그들을 어떠한 방법으로 통합하는가에 문제에 직면하게 된다. 외국인과 내국인을 통합하는 모형으로는 차별배제모형, 동화모형, 다문화주의모형의 세 범주로 구분할 수 있다.

첫째, 차별배제모형은 수입국이 외국인 노동력을 내국인이 기피하는 노동시장에서 받아들이고, 내국인에게 적용하는 혜택, 국적, 참정권 등에 대하여 내국인과 외국인을 차별하여 외국인을 참정권 등의 진정한 국적부여에는 관심을 보

308) 상게논문, pp. 13-14.

이지 않는 것이다. 둘째, 동화모형은 외국인이 이민으로서 송출국의 언어, 문화, 사회적 특성을 완전히 포기하여 수입국의 구성원들과 차이가 소멸되는 것을 이상으로 삼는다. 셋째 다문화주의 모형은 외국인이 이민으로서 그들만의 문화적 정체성을 간직하는 것을 인정하며 정책의 1차적 목표는 다수민족과 소수민족의 공존(공생)이라고 할 수 있다.[309]

라. 외국인 통합을 위한 기본원칙

최근 저출산과 고령화 문제가 지속되고 이들 문제를 해결하기 위하여 외국인 노동력 곧 사회적 재생산과 국제결혼 이주자 즉, 생물학적 재생산을 담당하는 남녀를 해외에서 받아들일 때 외국인의 수는 현재의 수를 넘는 엄청난 규모에 이르게 될 것이다. 결국 이러한 사실은 한국사회가 혈통주의를 근간으로 하는 국적부여 원칙과 배제차별모형에 입각한 외국인 관련 공공정책으로는 어려운 문제를 극복하기가 결코 쉽지 않다는 것을 의미한다. 특히 우리 국민의 타문화에 대한 이해능력의 결핍으로 외국인과의 갈등이 다양한 유형으로 빈발하고 있으며 이로 인해 외국인의 인권침해라는 국제적 인권문제로 비화할 가능성은 상존하고 있다.

1) 단일한 제도와 정책 마련

정부나 시민단체, 학계는 외국인이 노동자, 결혼이민자, 재외동포, 유학생 등 상관없이 외국인이면 누구에게나 공통적으로 적용되는 단일한 제도와 정책이 필요하다고 본다. 현재 학계와 시민단체는 외국인노동자, 국제결혼이민자, 재외동포, 외국유학생 등 제 각각의 영역에서 정책이 논의되고 추진될 것이 아니라 이민이라는 단일한 관점에서 인간으로서 필요한 모든 영역인 노동, 의료, 교육, 문화, 생활 등에서 통일된 정책마련과 운영이 시급하다고 본다.

2) 외국인의 차별문제 시정

우리나라의 근로기준법은 외국인과 내국인을 차별하라는 명시적 규정은 존재하지 않는다. 그러나 지금까지 한국의 외국인 관련 공공정책은 내국인을 우선

309) 전광희, “외국인 관련 공공정책의 구조와 향후 전망”, 한국사회학회, 2006, p. 107.

하는 외국인의 차별정책이 불문율로서 수많은 부작용을 양산해 왔다는 점을 인정하여야 한다. 제도적으로는 국적 취득이 아니면 안정적으로 체류할 수 있는 방법이 없기 때문에 외국인노동자들 및 결혼이민자들은 출신국적을 포기하고 한국국적 취득을 강요하는 결과를 초래하고 있다.

그리고 법률이나 제도상의 권한을 그대로 둔 채 복지차원에서의 지원을 거론하는 것은 오히려 차별을 고착화하는 결과를 초래하여 시간이 흐르면 결코 사회통합성을 기대할 수 없다. 따라서 외국인을 위한 공공정책이 정착하기 위해서는 곳곳에 존재하는 법과 제도에서의 외국인에 대한 차별의 내용을 제거하는 것이 필수적이라는 주장도 있다.

3) 다문화사회의 구축

우리나라에서 내국인과 외국인의 사회통합을 위하여 차별배제모형을 폐기하고 다문화주의와 동화의 중간쯤에 위치하는 하나의 모형을 채택하는 것이 바람직하다. 우리 정부와 학계, 시민단체는 다문화사회에 근거로 하는 내국인과 외국인의 사회통합을 이상적인 방향이라고 보고 사회정착을 위한 노력하고 있다.

외국인의 경우 한국사회를 제대로 이해하고 적응을 위해 체계적인 안내프로그램인 언어 · 문화 · 역사 커뮤니케이션 프로그램과 사회적 충격과 갈등해소를 위한 상담프로그램도 필요하다. 그리고 현재 정부는 학계와 시민단체들의 의견을 받아들여 외국인들의 사회통합정책의 일부로서 다문화사회 교육을 강조하고 있는데 이것은 사회, 도덕 관련 교과 교육과정에 다문화 교육을 반영하는 것과 연관되어 있다. 또한 다문화 이해 증진 프로그램을 마련하고 외국인 인권 관련 법제도를 정비하고 우리나라의 국제위상에 걸맞게 현행 외국인 관련 법제를 각종 국제인권규약 등과 비교, 검토를 통해 현실에 맞도록 정비하지 않으면 안된다. 또 난민지위에 관한 의정서, 아동권리협약 등 국제협약의 내용에 부합하도록 출입국관리법 등 국내 관련 법령 정비하고 대학에 관련 연구기관을 설치할 필요가 있을 것이다.[310)]

310) 상게논문, pp. 110-112.

4. 다문화가정의 사회적 정착지원

최근 결혼이주여성[311)]들의 증가는 서울뿐만 아니라 전국의 도심과 농어촌 구별 없이 나타나고 있는 현상으로 본격적인 다문화 사회가 일반화 하는 경향으로 이들이 안정적으로 정착되도록 사회 각 분야별로 정책적인 고려가 필요하게 되었다. 현실적으로 많은 결혼이주여성이 가정폭력에 시달리고 있으며 뿐만 아니라 언어, 문화적 차이로 경찰관서에 신고를 기피함으로써 기본적 인권조차 보장받지 못하고 있다. 이렇듯이 경찰관에게 범죄피해 상담 및 신고를 기피하는 성향을 보완하기 위해 NGO, 외국인 자원봉사자 등과 합동으로 외국인 범죄피해신고에 대하여 현장을 찾아가 상담하고 신속한 권리회복을 지원하는 것이 요구되고 있다. 또한 여러 기관의 업무와 관련된 민원에 대해서는 결혼이주여성들이 언어, 문화에 익숙하지 못한 점을 감안하여 집중하여 원스톱으로 처리할 수 있도록 하는 노력이 필요하다. 그리고 다문화사회 융합을 위해서는 무엇보다도 외국인과 그 2세들에 대한 사회적 편견과 차별[312)]을 없애고 그들이 우리 사회의 일원으로서 사회 발전에 기여할 수 있는 기회가 제공되어야 하고 그 기여에 합당한 대우를 받는 분위기가 조성되어야 한다. 그리고 다양한 분야에서 외국인들의 사회활동 참여는 서로간의 이질적인 문화에 대한 이해의 폭을 넓히는 한편 사회적 소수자의 목소리를 정책에 반영할 수 있도록 함으로써 그

311) 우리나라의 국제결혼이민자 현황(08. 5, 행안부)

결혼 이민자									자녀현황		
계			국적 미취득자			국적취득자					
계	남	여	계	남	여	계	남	여	계	남	여
144,385	16,702	127,683	102,713	13,711	89,002	41,672	2,991	38,681	58,007	29,837	28,170

– 국제결혼이민자 국적별 현황

구분	계	중국	중국 조선족	베트남	일본	대만	필리핀	몽골	태국	기타
계	144,385 (100%)	33,667 (23.3)	55,789 (38.6)	21,150 (14.6)	6,464 (4.4)	3,805 (2.6)	7,826 (5.4)	2,054 (1.4)	1,843 (1.2)	11,787 (8.1)
국적 미취득자	102,713 (71.1%)	22,683	32,466	19,660	5,994	3,341	4,716	1,855	1,644	10,354
국적 취득자	41,672 (28.9%)	10,984	23,323	1,490	470	464	3,110	199	199	1,433

312) 2004년도 국가인권위원회 조사에 의하면 국내 거주 혼혈인의 42.2%가 피부색으로 인한 지속적인 차별로 자살을 시도한 경험이 있는 것으로 나타났다.

들이 진정한 사회의 일원으로 적응하고 사회통합을 촉진하는데 기여할 것이다.

이와 같은 맥락에서 외국인 출신 경찰관을 채용[313]하여 해당 국가 또는 민족 출신과 관련된 치안업무를 담당하도록 함으로써 업무처리 과정에서 언어·문화적 차이로 인한 갈등을 해소하고 상호간 이해 촉진을 통해 치안활동을 효율적으로 추진할 수 있을 것이다.

가. 정착지원을 위한 정책추진

외국인의 유입국 사회가 이민자를 통합하는 유형은 매우 다양하다. 선진 외국에서는 생산기능직 이주 노동자에 대해서는 차별배제모형을 채택하고 전문기술직 이민자에 대해서는 동화모형 또는 다문화모형을 적용하고 있다. 선진 외국의 이민자 통합정책이 주는 교훈은 각 나라마다 처한 역사적, 사회적, 경제적, 정치적 환경에 따라 제 각기 다른 이민자 통합정책을 펴고 있다는 점이다. 문화는 높은 곳에서 낮은 곳으로 흐르는 것이 아니라 서로에게 도움이 되는 방식으로 주고받는 도구다. 즉, 문화는 쌍방향으로 소통되어야 한다. 주류사회의 성원들이 이민자를 받아들이려는 성의를 보여야 하고 이민자도 그만큼의 성의와 노력을 보여야 한다.[314]

1) 건전한 국제결혼 풍토 조성 및 입국전 검증시스템 강화

국제결혼중개업자가 국제결혼 중개시에 결혼당사자의 신상정보를 서면으로 제공토록 의무화하고 중개업체의 탈·불법행위 단속을 강화하며 결혼중개업 표준약관 제정 등 중개업체에 의한 피해자 보호방안도 마련하고 있다. 그리고 결혼사증 심사기준에 '혼인의 진정성' 외에 '건강한 가족 형성'과 '사회통합'을 포함

---

313)

〈 미국·호주의 외국인 출신 경찰관 활용 사례 〉

국가	담 당 업 무
미국 LAPD	.경찰관 9,400여명 중 한인경찰관 110여명이 한인 밀집지역 근무 .동양인 수사관을 채용하여 동양인범죄 전담수사 .외국인 사회와의 교류 및 통역서비스 등 활동 활성화
호주	.소수민족 출신 경찰관, 2개국 이상의 언어 가능 경찰관 적극 채용 .상호 이해 촉진 활동과 방범 상담

314) 육동일, "지방자치시대 내향적 국제화의 방향과 과제", 한국지방자치단체 국제화재단, 2007, pp. 8-11.

하는 등 결혼사증 심사기준을 강화하기로 하였다. 또한 사증 발급시 의무적으로 실태를 조사하는 국가를 중국 1개국에서 23개국으로 확대하고 결혼사증 신청서류에 건강진단서와 범죄경력확인서 등을 추가하는 등 사증발급 심사도 강화한다.

2) 영주권 전치주의 제도의 도입 검토

결혼이민자가 국민으로서의 정체성이 없는 상태에서 체류만을 위한 무분별한 국적취득을 제한하기 위해 '영주권 전치주의'[315)]를 도입하기로 했다. 이는 결혼이민자가 국적취득을 신청하여 국적을 얻을 때까지 보통 2년 정도 장시간 소요되나 앞으로 국적관련 전산망 연계강화 등 절차를 합리화하여 신속하게 처리될 수 있도록 해야 한다.

〈표 5—1〉 주요국가 귀화신청 요건

국가	귀화허가 신청 요건			
	영주권 소지여부	나이	시험여부	기타 요건
미국	5년간 영주권 소지	18세 이상	역사에 대한 이해 및 정부체계 이해 등 시험 (20년이상 영주권자, 65세 이상인자 등 특혜)	5년이상 합법체류
호주	12개월 영주권 소지 (4개월 체류의무)	18세 이상	귀화허가 신청 전에 국가의 전통, 가치, 역사 등에 대한 국적시험	불법체류 등 제외

315) 1) 영주권 전치주의 제도는 영주자격을 취득한 후 일정 요건을 갖춘 외국인만 귀화신청을 할 수 있도록 하는 제도로서 미국, 호주 등에서 시행중이고 대한민국 국민으로서의 정체성을 보유하지 못한 채, 단순히 체류의 방편으로서만 귀화제도가 이용되는 실태를 개선하는데 필요한 제도이다.
2) 주요한 내용으로는 영주자격과 귀화제도를 연결하여 영주자격을 취득한 후 일정 요건을 갖춘 외국인에게만 귀화 신청을 허용하고 국민과 혼인한 외국인, 우수·전문인력, 국민과 혈연관계 있는 외국인 등 유형별로 영주자격의 부여 요건 및 처우를 정비하고 영주자격을 가지고 있는 자에게도 국적취득자에 준하는 교육, 의료 등 복지혜택 확대로 영주권을 실질화 하는 것이다.

독일	영주권 소지 (8년간 체류의무)	미성년자 신청가능	– 통합교육이수자는 7년 체류시 귀화신청 가능(성적우수자는 체류의무기간을 6까지 단축) – 독일어 능력, 독일법체계 · 사회 및 생활 이해 시험	가족부양 등 생활능력 보유 필요 – 고령자, 장애자. 질병자는 시험 면제
스웨덴	영주권 소지 (5년간 체류의무)	18세 이상	시험규정 없음	– 난민, 무국적자 4년, – 북유럽인 2년 체류의무

3) 체계적인 한국어교육 및 배우자 가족교육 강화

체계적 한국어 교육을 위해 사회통합이수제 및 다문화가족지원센터의 한국어 교육과 한국어문화이해사업의 상호연계를 강화하기로 하였다. 아울러 부부사이의 이해도를 제고하기 위해 다양하고 내실 있는 배우자 등 가족교육을 확대하여야 한다.

4) 다문화가족의 자녀 양육 및 교육에 대한 지원정책 확대

다문화가족 영유아가 많은 보유시설과 다문화가족지원센터에 다문화 언어지도사를 배치하고 시설을 이용치 못하는 영유아를 위한 희망 유아교육사 배치를 확대해 나가기로 하였다. 또한 결혼이민자 통번역에 전문 인력을 활용하며 이중 언어교실의 설치와 다문화가족 자료를 위한 방과 후 학교에서 수준별 보충 프로그램을 강화해야 한다.

5) 직업상담 및 훈련 등 취업알선 강화

결혼이민자 진로설계 지원프로그램을 개발, 보급하고 직업능력개발계좌제 등을 활용하여 훈련과 취업알선도 강화할 예정이다. 그리고 결혼이민자 채용 기업에 대한 인센티브 부여방안을 검토하고 지역의 취업지원 관련 기관간 정보교류도 연계하기로 하였다. 또한 가족폭력 피해 이주여성에 대한 지원도 확대하기 위해 '이주여성 자활 공간'을 설치하고 이혼 등 가족해체로 방치된 자녀에 대한 실태를 파악하고 대책을 마련해아 한다.

6) 다문화정책 추진체계 재정비 및 다양한 인프라를 확충

우선 국무총리가 위원장인 '다문화가족정책위원회'를 설치, 운영하여 다문화가족정책의 총괄, 조정기능 강화하고 외국인 주민이 많은 시군구부터 전담부서설치를 확대하여 지자체의 총괄 및 조정기능 강화할 계획이다. 그리고 다문화가족 지원예산을 현행 복권기금에서 일반회계로 전환하여 보다 안정적인 예산확보 추진하고 있다.[316]

7) 국적취득자[317] 인력 채용

우리사회의 다인종, 다문화사회 진입으로 인하여 다양한 문화와 종교, 인종적 배경을 지닌 사람들이 공존하게 되었다. 이들의 다양한 문화는 우리의 문화와 동일한 부분이 있기도 하지만 많은 부분에서 상이할 수밖에 없다. 이러한 문화적 차이를 서로 인정하고 포용하지 못하면 충돌은 불가피 할 것이다. 이러한 문화적 차이를 극복하기 위해서 해마다 꾸준히 증가하고 있는 국적 취득자(귀화자)를 경찰인력에 채용하여 국내체류 외국인관련 치안상황에 활용하는 방안을 고려해 볼 수 있을 것이다.

현행 '경찰공무원법'에 의하면 대한민국국적을 가진 사람이라면 경찰공무원에 임용될 수 있도록 규정하고 있다. 국적취득자들의 경우 대한민국국적을 취득한 내국인이므로 경찰공무원에 임용되는데 결격사유가 되지 않고 외국어 능력 보유자의 경우 외사특채 지원이 가능하다. 그러나 경찰공무원의 승진은 근무성적, 경력평정, 기타 능력의 실증에 의하며 심사승진, 시험승진 및 특별승진, 근속승진 등이 있고 승진 예정인원수를 정할 때 당해 연도의 실제결원 및 예상되는 결원을 고려하여 계급별·직무분야별로 소요인원을 책정하고 있다.[318] 이러한 현행 경찰공무원의 승진원칙으로 인하여 국적취득자를 일반 특기자가 아닌 외사특채를 통한 전문특기자로 채용하고 있다.[319]

---

316) 국무총리실 총괄정책관실 작성, 공보비서관실 배포, 보도자료(건전한 국제결혼 풍토조성을 위해 입국 전 검증시스템 강화키로), 2009. 6. 21.

317) 국적취득자 현황을 보면 출입국·외국인정책본부의 통계자료에 따르면 해마다 1만 명 수준의 외국인들이 꾸준히 국적을 취득하고 있으며 2007년 국적취득자는 1만319명(귀화자 8,536명, 국적회복자 1,783명)으로 2007년 국내체류외국인 106만6,273명 1% 정도의 수준을 보이고 있다.(출입국관리소 외국인정책본부, http:/www.immigration.go.kr)

318) 이항우 외, 「경찰인사행정론」, (서울: 법문사, 2007), p. 281.

319) 2010년 10월 현재 결혼이주자 외사특채경찰관은 총 8명(여자6, 남자2)이다.

8) 안정된 이민지역사회 구축을 위한 경찰의 협력 방향

안정된 지역사회의 사회통제기능은 지역사회내의 범죄, 비행, 무질서를 예방하고 해결하는 일차적인 역할을 행한다. 국내체류 외국인의 경우 특정지역에 밀집해서 거주하는 경우가 많아 그 밀집지역에 안정된 이민지역사회를 구축한다면 급증하는 국내체류외국인 관련 치안상황에 대한 경찰활동의 한계를 보완하는데 도움이 될 수 있을 것이다.

안정된 이민지역사회 구축을 위해서 경찰은 국적취득자 인력채용을 통해 국내체류 외국인의 구심점을 만들어 줄 수 있을 것이다. 또한 이민지역사회의 각종 문제 상황에 대한 일차적 예방 및 해결 역할을 수행할 지역사회조직을 그들을 중심으로 설립하여 경찰과의 긴밀한 관계를 통해 각종 국내체류 외국인관련 치안상황에 공동으로 대처함으로써 경찰활동의 효율성을 극대화시킬 수 있을 것이다. 그리고 이민지역사회의 지역사회조직과 경찰간의 협력을 통해서 '자율방범대'와 같은 자체적인 범죄예방활동을 행할 수도 있을 것이다.

이와 같이 경찰은 이민지역사회가 안정적으로 자리 잡고 사회통제기능을 제대로 발휘할 수 있도록 그들과 긴밀한 관계를 유지하여 지역치안상황에 공동을 대응 할 수 있는 민경 파트너십이 정착될 수 있도록 노력해야 한다.

나. 외국의 다문화 정책

1) 미국 뉴욕의 다문화 정책

다양한 민족이 공존하는 미국의 뉴욕주와 뉴욕시[320]는 이들 외국인의 생활에 불편함을 없애주기 위해 많은 노력을 경주하고 있다. 주요한 내용을 보면 첫째, 의료시설 통번역 서비스 의무화이다. 누구에게나 몸이 아픈 것은 큰 고통이다. 뉴욕 주에서는 영어를 못하는 환자가 병원을 방문할 경우에는 환자를 위한 통역은 물론 처방전 등에 대한 번역서비스를 의무화했다. 둘째, 민원인에 대하여 다국어 서비스를 제공하고 있다. 뉴욕시에 거주하는 외국인이 많은 만큼 뉴욕시는 이들에게 뉴욕의 생활이 보다 많은 정보를 주기 위해 다국어 서비스를 아끼지 않고 있다. 셋째, 인종차별 입주자 선정 금지를 지키고 있다. 뉴욕시는 뉴

320) 뉴욕시의 통계에 의하면 2004년 7월 기준으로 뉴욕시의 인구 중 외국에서 출생한 사람이 36%를 차지하고 있다.

욕시 인권법에 의해 임대시 합법적인 직업 여부, 시민권 소지여부 등을 묻지 못하도록 하고 있다.

2) 일본의 '다문화 공생' 추진 계획

일본은 노동력으로서 외국인을 받아들일 것인가[321] 또는 억제할 것인가를 고민하는 것도 우리와 비슷하다. 지난해 총무성에서는 전국 지자체에 '다문화 공생 추진 계획'을 전달하고 이를 시행하도록 했다. 이는 그간의 소극적인 지자체 단위의 외국인 지원에서 한발 더 나아가 외국인을 지역의 주민으로 인정하자는 취지를 담고 있다. 국제교류 차원이 아니라 지역사회 구성원으로 받아들이고 그에 따른 종합적인 생활지원을 통해 사회참여를 적극 유도하는 방안이다. 다시 말해 다문화 공생의 시책은 외국인들의 인권과 고유한 문화, 가치관 등을 존중하고 이해하겠다는 적극적인 노력인 셈이다. 이를 통해 안심하고 풍요로운 지역사회를 함께 만들어가자는 뜻으로 이해할 수 있다.

3) 호주의 다문화 정책

호주는 1978년 다문화주의를 공식적인 정부정책으로 채택한 뒤 이민자나 난민을 체계적으로 지원하고 있다.[322] 이주민지원센터는 이민자가 처음 호주에 와서 겪는 여러 문제에 대한 상담 및 서비스를 맡는다. 그리고 다양한 소수인종 커뮤니티는 이곳에 모여 호주생활에 필요한 정보를 공유하고 친목을 다진다. 특히 다문화가정 청소년을 위한 지원프로그램에서 눈길을 끈 것은 멘터링의 활성화이다. 또한 학교와 지역센터는 영어에 익숙지 않은 이민자 자녀를 대상으로 집중 영어프로그램을 운용한다.

다. 안정된 이민지역사회 구축

지역사회경찰활동은 경찰과 지역사회 간의 파트너십을 통하여 지역사회 내의 치안상황에 경찰과 지역사회가 함께 대처함으로써 지역사회의 치안상황을 예방, 해결하고자 하는 것이다. 지역사회는 지역사회 공동의 목표를 당성하기 위

---

321) 일본의 외국인 등록자 수는 2004년 말 기준 2백만 명으로 전체 인구의 2%에 육박하고 있다.
322) 호주의 인구는 약 2천만 명이고 이중 43%가 외국에서 태어났거나 부모 중 1명이 외국 출신이다. 또한 2백여 개의 소수민족이 백여 개의 언어를 사용한다.

해 개인의 행동을 통제하는 사회통제를 통하여 그 지역사회의 문제를 일차적으로 예방 및 해결하는 역할을 하게 된다. 이러한 역할을 수행하는 지역사회와 경찰간의 파트너십의 형성은 치안상황 대응에 큰 효율성을 가져다 줄 수 있을 것이다.

지역사회라는 단어가 내포하는 의미는 매우 복잡하다. 일반적으로 지역사회라고 하면 지역적인 공간만을 생각하기 쉬우나 지역사회는 공동참여, 공동자치, 공동운명체라는 의미를 가지고 있다. 즉, 일정한 지역 안에서 공공의 목표를 추구하고 있는 사람들의 공동생활 또는 집단생활체로 볼 수 있다. 따라서 지역사회는 자연 지리적 요소의 '지역성'과 사회문화적 요소인 '공동성'이라는 두 가지 기본적인 속성을 가지고 있다.[323]

경찰은 경찰활동을 수행함에 있어서 지역주민들의 의견을 적극 반영하고 지역주민들이 직접 경찰활동에 참여할 수 있도록 노력해야 한다. 경찰활동에 지역주민들의 의견이 적극 반영되고 지역주민들이 직접 참여하는 파트너십이 정착된다면 경찰활동에 대한 지역주민들의 협조와 호응·호의가 따라 경찰활동의 효율성을 극대화할 수 있다. 또한 경찰과 지역 주민과의 거리감을 줄일 수 있으며 경찰활동에 대한 지역주민들의 신뢰를 쌓을 수 있을 것이다.

그럼으로써 다인종·다문화 사회로의 진전에 의해 발생된 국내체류 외국인관련 치안상황에 이민지역사회의 일차적인 예방·해결 노력이 더해서 경찰활동의 효율성을 극대화 시킬 수 있을 것이다.[324]

5. 체류외국인에 대한 사회적 보호 확대

가. 외국인의 인권의 헌법적 보장

우리나라는 이미 다인종, 다문화 사회로 급속히 진전하고 있어 앞으로 이민행정업무와 그것을 집행하는 이민행정기관의 중요성은 점점 증가하고 있다. 그리고 세계경제의 국제화, 첨단화에 따라 한국인의 해외진출은 더욱 가속화될

323) 임창호, "지역사회에 기초한 범죄예방에 간한 연구", 한국공안행정학회 제 19호, 한국공안행정학회, 2005, p. 137.
324) 최영록, 전게논문, p. 75.

것이므로 만성적인 노동력 부족의 수급을 위해서 이민자 또는 이주노동자를 받아들이지 않을 수 없는 상황에 처해 있다. 따라서 사회통합을 이루기 위해서는 외국인에 대한 일방적인 한국문화로의 동화를 강요하는 것이 아니라 자신의 정체성을 유지하면서 공존하기 위한 다문화사회로의 노력은 대단히 중요하다. 이를 위하여 첫째, 외국인 관련 법제 및 행정정책, 입법 등에 있어서 외국인을 인식하는 근본적인 가치규범 내지 기본방향을 설정하는 것이 매우 시급하다. 자칫 외국인의 법적 지위가 국내정치 및 경제의 현실적 필요에 따라 좌우됨으로 인간으로서 존중되어야 할 외국인의 기본권에 대한 심각한 침해가 발생할 수도 있다.

둘째, 법과 제도상 차별이 해소되는 방향으로 개선되는 것과 동시에 이루어져야 할 아주 중요한 내용은 바로 외국인에 대한 차별과 편견이 공공연하게 인정되는 사회적 인식을 바꾸는 것이다. 사회적 인식변화에 가장 중요한 것은 교육이며 특히 어릴 때부터 차이를 인정하고 외국인과 함께 살아가는 사회적 교육과 훈련이 절실하다.

셋째, 현실을 객관적으로 인식하고 비판하며 미래를 내다보고 미리 준비하는 외국인 정책의 통합성과 전문성이 제고되어야 한다. 외국인 이민자 문제처럼 새롭게 등장하는 사회현상의 경우 각 부처 간의 역할분담이 애매한 부분이 종종 발생한다. 따라서 그것을 조정, 총괄할 수 있는 주무부처 정립 및 관련 조직 개편이 필요하며 아울러 외국인 전문 연구기관 및 교육기관의 설치, 운영이 필요할 것이다.[325]

나. 체류외국인의 사회적 보호

체류외국인들의 증가는 전국의 도심과 농어촌 구별 없이 나타나고 있는 현상으로 본격적인 다문화 사회가 안정적으로 정착되도록 하기 위해서는 사회 각 분야별로 정책적인 고려가 필요할 것이다. 우리 국민들이 다문화사회를 이해하고 외국인들을 이웃으로 생각하도록 변화하는 노력이 시급하다. 특히 법을 집행하는 경찰관부터 부정적 선입견 없이 공평한 처우를 하도록 하기 위한 교육이 강화되어야 할 것이다. 외국인 및 외국문화의 국내 유입이 가속화되며 한국

325) 정일혁, "헌법상 외국인의 기본권 보장에 관한 연구", 홍익대 대학원, 석사학위논문, 2007, pp. 89-90.

의 글로벌화가 급진전되고 있어 내국인과 외국인의 차별이나 편견문제 등 새로운 갈등구조가 사회문제로 부각되고 있음을 인식해야 한다. 그리고 체류 외국인들의 범죄 피해와 비인간적인 처우로 인한 인권침해 사례가 증가함에 따라 이들에 대해 사회적 약자 보호 차원의 종합적이고 실질적인 방안을 강구해야 한다.

그리고 지속적으로 증가하는 외국인 근로자, 유학생 등 체류 외국인에 대해 그들도 지역공동체의 일원으로써 우리 사회에 잘 적응하여 생활할 수 있도록 정책적인 대안을 수립하여야 한다. 또한 각기 특성과 대상 및 지역특성에 따른 외국인 적응 프로그램을 개발, 운영하여 외국인 근로자 등이 겪는 어려움을 해소하여야 한다. 그럼으로써 우리 경제 및 산업에 기여할 수 있게 하고 국제적 역량을 대외적으로 나타내어 국가적인 위상을 제고하면서 글로벌화, 세계화되는 국제적인 추세를 적극적으로 선도할 수 있을 것이다.

1) 결혼이주여성 등 사회적 소수자 권익증진

우리 사회에서 많은 결혼이주여성이 가정폭력에 시달리고 있으며 뿐만 아니라 외국인 근로자에 대한 임금착취와 폭행, 여성근로자에 대한 성폭행 등이 발생하고 있으나 언어, 문화적 차이로 경찰관서에 신고를 기피함으로써 기본적 인권조차 보장받지 못하는 사례가 발생하고 있으며 우리 사회의 이러한 현실이 외국 언론을 통해 공개되면서 국가 이미지를 실추시킨 사례[326]가 다수 있었다.

2) 외국인 노동자 권익보호

가) 정부의 정책적 보호

외국인 근로자의 보호를 위하여 크게 노동 인권의 보장, 적절한 의료 및 법률 서비스 등 사회적 안전망의 구축, 문화적 해소 등을 가장 시급한 과제로 들 수 있다. 뿐만 아니라 외국인 이주 근로자의 인권문제는 국내 노동시장의 인력수급문제 및 불법 체류자 문제를 포함한 출입국 관리정책 등과 긴밀하게 연관

326) 2006년 열아홉 살의 베트남 신부 후안마이는 한 결혼정보업체의 소개로 27세 연상의 한국남자를 소개받아 그날로 결혼하고 5개월 후 한국에 들어와 천안의 한 지하 셋방에서 행복한 결혼을 꿈꿨지만 언어소통과 경제적 어려움으로 남편과 갈등을 겪었다. 그러다 결국 베트남으로 돌아가겠다는 그녀의 말에 남편은 가혹한 폭력을 휘둘렀고 결국 그녀는 남편의 폭력에 의해 꽃다운 19세 나이에 사망했다.

되어 있기도 하다. 이에 따라 입법을 통한 외국인인권보호에 노력하고 있다.[327]

그리고 외국인 근로자에게도 내국인과 동등하게 노동관계법을 적용함으로써 산재보상보험, 최저 임금, 노동 3권 등 기본적인 권익을 보장한다. 대표적인 외국인 이주 근로자 관련 기관 및 단체는 다음과 같다. 노동부, 외국인이주노동자대책협의회, 서울외국인노동자센터, 안산이주민센터, 한국이주노동자건강협회, 한국이주노동자인권센터 등이다.[328]

나) 형사 절차에서의 외국인에 대한 권익 보호

최근 국제교류가 활성화되면서 외국인 근로자를 포함한 국내에 거주하는 외국인의 수가 급격히 증가함에 따라 외국인이 피고인이 되는 형사사건 또한 증가하고 있다. 외국인이 형사피고인이 되는 사건에서 피고인을 보호하여야 하는 것도 우리나라의 국제적인 대외신인도 제고에 커다란 영향을 준다.[329]

최근 통계에 의하면 외국인 형사 피고인이 꾸준하게 증가하고 있다. 그리하여 현재 각급 법원에서는 외국인 형사피고인을 위하여 통역인을 지정하고 공소장을 번역 및 송부해 주고 있다. 그러나 외국인 형사 피고인의 절대 다수를 차지하고 있는 중국어 통역인 수가 부족하고 러시아, 타이, 아랍, 파키스탄, 몽골 등 형사 피고인이 많은 국가의 통역인도 그 숫자가 부족한 상황이다. 또한 외국인 형사피고인의 경우에는 우리나라 형사 절차에 관한 사전 지식이 부족하기 때문에 권리의 범위와 내용, 형사절차 등에 대하여 문서로 정확하게 통지하여야 한다.

이러한 이유로 형사 절차에서는 외국인의 권익을 보호하기 위해서는 충분한 통역인 및 번역인이 확보되어야 한다. 그리고 수사 단계에서 이미 통역인을 선

327) 2003년부터 제정, 시행되고 있는 외국인근로자의고용등에관한법률의 주요 내용은 다음과 같다. ① 외국인 근로자의 고용 관리 및 보호에관한 주요 사항을 심의, 의결하기 위해 국무총리 소속으로 외국인력정책위원회를 둔다.(동법 제4조 제1항) ② 외국인근로자 고용제도의 운영 및 외국인근로자의 권익보호 등에 관한 사항을 사전에 심의하게 하기 위하여 정책위원회에 외국인력정책실무위원회(이하 "실무위원회"라 한다)를 둔다.(동법 제4조 제5항)

328) ① 노동부 www.molab.go.kr ② 외국인이주노동자대책협의회 www.jcmk.org ③ 서울외국인노동자센터 ijunodong,prok.org ④ 안산이주민센터 www.migrant.or.kr ⑤ 한국이주노동자건강협회 www,mumk,org ⑥ 한국이주노동자인권센터 migrant114.org

329) 외국인 피고인의 방어권과 인권을 보호하고 우리의 사법 운영을 국제적인 수준으로 끌어올림으로써 국제 사회의 신뢰도를 제고하기 위하여 2000년 2월부터 서울고등법원, 서울지방법원, 인천지방법원, 수원지방법원, 부산지방법원, 광주지방법원의 6개 법원에 외국인 형사사건 전담 재판부를 설치하여 운영 중에 있다.

정하여 수사를 하였고 공소사실을 숙지하고 있을 가능성 등을 감안할 때 수사 당시의 통역인으로 하여금 번역하게 하여 제출하게 하는 것이 타당할 것이다.

다) 경찰의 보호 노력

경찰은 체류외국인의 인권보호를 위해 2006년도부터 전국 51개소에 '외국인 인권보호센터'를 설치하여 가정폭력 등 민원상담 업무를 담당하도록 하고 있다. 그러나 사회적 소수자인 체류외국인들에게 경찰관서의 문턱을 낮추는 노력이 지속되지 않는 한 이들의 인권보장은 소원할 수밖에 없다. 이를 위해 이주노동자들이 처한 현실에 대한 구체적인 진단과 대책을 강구하고 현장에서 소수자의 생생한 절규를 들을 수 있는 채널을 확보해야 한다.

경찰관에게 범죄피해 상담·신고를 기피하는 성향을 보완하기 위해 NGO·외국인 자원봉사자 등과 합동으로 '외국인 범죄피해신고' 채널을 마련하고 민원에 대해서는 현장을 찾아가 상담하고 신속한 권리회복을 지원하며 여러 기관의 업무와 관련된 민원에 대해서는 외국인들이 언어, 문화에 익숙치 못한 점을 감안, 원스톱으로 처리할 수 있도록 외국인 밀집지역 등 수요가 많은 지역에는 경찰, 출입국, 지자체 등이 합동으로 외국인 민원센터를 운용하는 등의 노력이 필요할 것이다.

제2절 재외국민 보호기능의 확대

오늘날 세계화 및 개방화의 추세에 따라 전 세계적 차원에서 다양한 형태의 인적 교류가 활발해지고 우리나라의 경제성장으로 국민의 해외이주 및 해외여행이 급속히 증가하고 있다. 그러나 이와 같은 활발한 해외로의 인적 이동의 이면에는 언제나 다양한 사고 발생의 가능성이 내재되어 있다.

우리나라 국민의 해외 재류 현황[330]에 기초하여 전반적으로 살펴볼 때 외국에 체류하는 우리 국민들은 당해 외국의 법 체제에 대한 무지 및 이해부족으로 인하여 겪을 수 있는 위험의 가능성이 더욱 높다. 외국에서 자국민의 권익이

330) '08년도 기준, 우리 국민의 해외 출국자는 11,996,094명이며 전체 인구의 24.6%에 해당하며 해외에 체류하는 재외국민의 수는 680만여 명이다.

침해당하는 상황에 적절히 대처하기 위해서는 외국에 체류하는 우리나라 국민과 가장 용이하게 접촉할 수 있는 체계구축이 필요하다.

1. 재외국민의 증가와 보호 필요성

외국에서 범죄를 행한 우리나라 국민이 당해 국가에 의해 가장 쉽게 침해받을 수 있는 권리는 기본적인 인권 및 재판절차상 보장받아야 할 절차법상의 권리를 보장할 수 있는 국제협약상의 권리라 할 수 있다. '국내문제 불간섭의 원칙' 및 '주권평등의 원칙'에 따라 당해 국가의 국내법 적용 및 집행에 대하여 우리나라가 무제한으로 개입할 수 없다. 이런 점에 비추어볼 때 당해 국가의 위법한 행위에 대해 정당하게 개입할 수 있는 근거가 국제법인 것이다.

가. 국적의 개념과 기능

국민이란 주권 보유기관인 국가의 인적 구성요소 내지 항구적 소속원으로서 국가의 통치권에 복종할 의무를 지닌 개개인을 말하며 이들 개개인은 전체로써 국민을 구성한다. 이러한 국민은 국민으로서의 신분 또는 국민이 되는 자격인 국적을 보유한 자를 의미한다. 따라서 우리나라에 체류하는 자와 외국에 장기 및 단기로 재류하거나 외국의 영주권을 취득한 자라도 우리나라의 국적을 보유하였다면 우리 국민의 개념에 포함될 것이다. 이 중 외국에 체류하며 국제법적 차원에서 국가의 보호대상이 되는 국민을 의미하는 것으로 우리나라의 국내법은 재외국민이란 개념을 도입하고 있다. 그러나 국내법이 규정하고 있는 재외국민에는 외국의 단기 체류자가 제외되어 있다.[331)]

그러나 국내법에서 규정하고 있는 재외국민과 이 재외국민에 해당되지 않는 단기 체류자들을 재외 자국민이라는 개념으로 통합하여 대한민국의 국적을 지닌 자를 모두 국가적 차원에서 보호해야 할 것이다. 즉, 국가의 보호를 받아야 할 재외 자국민은 체류 원인과 체류 기간을 불문하고 해외에서 체류하는 대한민국 국적의 모든 해외 거주 내지 체류자로 정의할 수 있다.

331) 이진규, "국제법상 재외 자국민의 보호에 관한 연구 : 형사피고인의 인권보호를 중심으로", 한양대학교 대학원, 박사학위논문, 2008, p. 10.

1) 국적의 개념

국적 개념은 국민으로서 개인의 신분 또는 지위, 즉 개인과 특정 국가 간의 법적 유대임과 동시에 개인의 기본적 권리로서 국적권을 의미하는 것으로 널리 인식되고 있다. 따라서 개인은 국적으로 인해 인권의 향유주체로서의 지위를 가지게 된다. 개인의 인권으로서의 국적권은 국적 취득권, 국적 보유권 및 국적 이탈권을 내용으로 한다. 그러한 의미에서 국적법의 이상은 국가의 공공이익과 개인의 이익과의 조화에서 추구되어야 할 것이다.

국제법상 국적이란 개인을 어떤 국가의 인적 관할권 하에 놓이게 함으로써 개인과 국가 사이를 연결시켜주는 법적 유대를 말한다. 이러한 법적 유대가 법적 관계 또는 법적 지위 중 어느 쪽으로 분류되어야 하는지에 대해서는 학자들 간에 논란이 있지만 국적은 이 양자의 요소를 모두 포괄한다고 보아야 할 것이다.[332]

2) 국적의 기능

국제법에서 국적은 주로 다음의 두 측면에서 중요성을 갖는다. 첫째, 국가는 원칙적으로 자국민에 대해서만 외교적 보호를 제공할 수 있다. 둘째, 국가는 해외에 나가 있는 자국민의 행위를 규율하기 위한 법을 제정할 수 있다. 환언하면 국적은 국가의 역외 입법관할권 행사를 위한 기초로서 기능할 수 있으며 이것은 국적이 국가주권과 불가분의 관계에 있음을 의미한다. 따라서 국적은 국가의 속인적 관할권 행사 또는 자국민 보호의 법적 근거가 된다고 할 것이다.[333]

나. 자국민 보호의 법적 근거

외교사절은 파견된 국가에서 자국을 대표함은 물론 그 국가에서 자국 및 자국민의 이익을 국제법이 인정하는 범위 내에서 보호하는 임무를 가진다. 특히 영사는 국제법이 인정하는 범위내에서 자국의 이익과 자국민의 이익을 파견된 국가에서 보호하는 기능을 수행하는 것을 목적으로 하고 있다.

332) Randelzhofer, Albrecht, "Nationality", in Rudolf ed. Encyclopedia of public International Law, vol. III, (Amsterdam: Elsevier Science Publishers, 1997), p. 502.

333) 상게논문, p. 14.

1) 국제법적 근거

가) 관습 국제법상의 근거

국제법은 자국민의 보호 의무를 직접적이고 구체적으로 명기한 규정을 두고 있지는 않다. 그 대신 일반 관습국제법상 본국의 자국민에 대한 '보호의 권리'를 인정하고 있다. 본래 국제법상의 권리로서 자국민 보호권은 주권국가 상호 간에 인정되는 것이며 본국과 자국민 개인 간에 성립하는 개념이 아니다. 자국민 보호권은 그의 국적국과 자국민 개인 간의 관계에서 보면 자국민에 대한 속인적 관할권 혹은 대인고권으로 설명될 수 있다.

나) 조약상의 근거

접수국에서 자국민과 가장 직접적으로 접할 수 있는 외교기관으로 영사를 들 수 있다. 영사는 외국에 주재하여 국적국 및 국적국 국민의 통상, 경제, 문화 등의 이익을 보호하는 임무를 수행하는 국가기관이다. 이 점에 있어서 영사는 상주외교사절의 보조기관으로 간주되기 쉬우나 실제로 영사제도는 상주외교사절보다 오래된 기원을 가지고 있으며 상주 외교사절과 성질을 달리한다.[334]

영사의 책임 중 중요한 것은 파견국과 접수국 간의 통상적, 문화적 관계의 발전을 증진시키는 것이라는 견해가 있다. 하지만 무엇보다 영사가 수행하여야 할 주요한 임무는 자국민을 보호하는 것이다.

2) 국내법적 근거

자국민의 보호에 관하여 우리 헌법 제2조 제2항에서는 '국가는 법률이 정하는 바에 의하여 재외국민을 보호할 의무를 진다'고 규정하고 있다. 헌법상 재외국민은 영주할 목적으로 외국에서 거주하고 있는 자뿐만 아니라 대한민국 국민으로 외국의 영주권을 취득한 자까지 포함하지만 대한민국 국적을 보유하였던 자나 그의 직계비속으로서 외국 국적을 취득한 자는 제외한다.[335] 그러나 해외에 90일 이상 체류하는 경우에는 재외국민등록법 제2조에 의거하여 재외공관에 재외국민 등록을 해야 위급 상황시 긴급연락 등의 조치를 받을 수 있다.[336]

---

334) 이한기, 「국제법강의」 신정판, (서울: 박영사, 2003), pp. 552–553.
335) 권영성, 「헌법학원론」 개정판, (서울: 박영사, 2006), p. 185.
336) 90일 미만 체류하는 경우에도 외교통상부의 해외안전여행 홈페이지(www.0404.go.kr)에 등록을 하면 필요한 조치를 받을 수 있다.

가) 자국민 보호에 관한 국내법 마련

자국민이 해외체류시 입게 되는 위난 및 침해 등에 대하여 법률에 의해 본국이 제공하는 보호 및 그 구체적인 내용을 체계적으로 규정한 나라는 그리 많지 않다. 선진국 가운데 독일이나 스웨덴 정도가 법률에 의한 입법적 대응을 하고 있을 뿐이다. 반면 미국, 프랑스, 영국, 일본, 터키 등 다수 국가에는 별도의 법령이 마련되어 있지 않다.

나) 재외국민보호법안 제정 추진

우리나라 국민들이 오늘날 사업, 취업, 유학 또는 여행 등의 목적으로 외국에 체류하는 것이 일상화되었다. 이와 아울러 우리나라 헌법에서 국가의 재외국민 보호 의무를 명시하고 있음에도 불구하고 자국민이 관련된 각종 사건, 사고 발생에 대비하기 위한 구체적인 법률이 아직 제정되지 않고 있다.

다. 자국민 보호수단

국제법상 국가가 피고인인 자국민을 위하여 행사할 수 있는 보호수단으로는 두 가지이며 영사조력과 외교적 보호[337]를 들 수 있다. 그러나 이 양 제도간에는 구조적인 차이점이 있다.

첫째, 영사는 특권과 면제를 향유하는 모든 자는 접수국의 국내문제에 관여하지 말아야 할 의무를 지니고 있다고 규정한 '비엔나영사협약' 제55조에 의하여 자국 국민들을 보호하기 위하여 취할 수 있는 조치와 관련하여 상당히 제한을 받고 있다. 둘째, 외교적 보호가 구체적인 특성을 지닌 것과는 반대로 영사조력은 보호적 성격을 띤다는 것이다. 영사조력은 우선 개인의 권리 보호와 관련성을 지니고 있으며 관련된 개인의 동의를 요한다.[338]

337) 국제법위원회(ILC)는 외교적 보호에 관한 특별보고서에서 외교적 보호를 "접수국에게 귀책사유가 있는 국제적 위법행위 및 부작위에 의하여 야기된 개인 및 개인의 재산과 관련하여 파견국이 접수국에 대하여 취하는 조치"로 정의하였다.

338) 이진규, 전게논문, p. 31.

라. 우리나라의 재외 자국민 보호

자국민의 보호에 관한 법률은 자국민을 보호하기 위한 법이어야 하며 자국민을 통제하는 수단으로 작용하여서는 아니된다. 헌법에서 국가의 자국민 보호 의무를 명시하고 있기 때문에 자국민 보호 법률은 기본적으로 바로 그와 같은 국가의 의무를 보다 구체화하는 것이 되어야 한다. 물론 자국민 보호를 위해서 일정한 분야에서 그들에 대하여 규제하는 것이 불가피하지만 의무가 아닌 통제 및 규제적 측면이 부각되지 않도록 해야 할 것이다.[339]

국가는 자국민이나 해외여행자의 생명 및 재산의 안전 확보를 위해 모든 국민들에 대해 행정지도나 안내를 실시하며 필요하다고 판단할 경우 대통령령이 정하는 바에 따른 적절한 협조를 요청할 수 있다. 자국민 등은 불가항력 등 상당한 이유가 없는 한 그와 같은 국가의 요청에 따라야 한다. 그리고 자국민의 보호업무는 외교통상부와 재외공관만이 담당할 수 있는 사안이 아니다. 경우에 따라 법무부, 국가정보원, 경찰청 등이 불가피하게 개입될 수밖에 없다.

1) 재외국민보호 체계 강화

외교통상부는 해외에 체류하는 우리 국민의 안전을 확보하기 위해 다양한 영사시스템을 구축, 강화하여 왔다. 2005년에 세계 최초로 연중무휴 24시간 운영하는 '영사콜센터'를 개설하였으며 지속적인 제도 개선과 홍보 강화를 통해 국민들의 활용도를 높이고 있다. 또한 해외 대형사고 및 테러 피해 발생시 신속한 대응을 위해 '신속대응팀'을 구성 및 운영하고 있다. 해외 위급상황 발생시 제공하는 문자서비스(SMS)를 확대 실시하고 있을 뿐만 아니라 각종 대중매체를 통해 사건, 사고예방을 위한 홍보를 전개하고 있다. 아울러 2007년 '신속 해외송금제도'와 '영사협력원 제도'를 도입하는 등 재외국민보호 체계 강화를 위해 다각적인 노력을 경주하고 있다.

2) 재외동포 권익 증진

정부는 재외동포정책위원회[340]를 활성화하여 각 부처에 산재해 있는 각종 재

339) 제성호, "재외국민 보호의 법적 근거와 국제적 기준", 「저스티스」, 통권 제81호, 2004, p. 217.

340) 재외동포정책위원회는 재외동포에 관한 정책을 종합적으로 심의, 조정할 목적으로 1996년 설립되었다. 2004년 11월 제4차 재외동포정책위원회에서는 동 위원회의 활성화를 위해 정책위원회 연 1회 및 실무위원회 연2회 이상 정례화 개최를 결정하였다.

외동포 관련 업무 및 재외동포 지원사업을 총괄적으로 조율하도록 함으로써 재외동포 업무의 효율성을 증진하고 부처간 업무협의를 강화해 나갈 계획이다.

그리고 재외동포법에 따라 외국 국적을 가진 동포는 취업 및 경제활동 등 국내 활동 전반에 대한 혜택을 부여받았다. 그러나 동포들이 단순 노무행위에 종사하는 경우에는 재외동포법의 적용이 제한되어 중국과 CIS지역 동포들은 사실상 재외동포법의 혜택을 받지 못하는 문제가 상존하였다. 이러한 문제에 대한 보완책으로 중국 및 CIS[341]지역 동포들의 모국 방문 및 취업 기회를 확대하기 위하여 '취업관리제' 및 '특례고용허가제'를 시행하고 있다. 또한 국내 연고가 없는 동포도 모국 방문 대상에 포함하여 동포들의 국내 취업절차를 간소화한 '방문취업제'[342]를 시행했다.

2. 재외국민의 공직선거 참여 보장

우리나라도 공직선거법이 국회를 통과되어 240여만 명으로 추정되는 만 19세 이상 재외국민도 선거권을 행사할 수 있게 되었다.[343] 해외에서 일시 체류하는 국민뿐만 아니라 외국 영주권을 가진 국민도 대통령선거와 국회의원선거에서 투표할 수 있게 되어 선거에 많은 변화가 예상된다. 세계 모든 대한민국 국민이 선거에 참여하는 재외선거의 실시는 우리나라의 주권이 미치지 않는 곳에서 이루어짐으로써 선거법 위반행위가 발생될 경우 선거의 공정성이 침해될 가능성이 존재한다. 따라서 재외공관에 파견중인 경찰주재관을 중심으로 경찰의 역할이 중요하며 많은 연구와 대책들이 강구되어야 할 것이다.

341) 독립국가연합(Commonwealth of Independent States)로 그루지아, 러시아,몰도바, 벨라루스, 아르메니아, 아제르바이젠, 우즈베키스탄, 우크라이나, 카자흐스탄, 키르키스탄, 타지키스탄, 투르크메스탄 등 12개 국가이다.

342) 방문취업제는 동포들에게 5년간 유효한 복수 사증을 발급해 주는 적극적인 동포지원정책으로서 동포들이 모국 방문 및 국내 취업 후 거주국으로 귀환하여 안정적으로 정착하는 것을 도울 수 있는 제도이다.

343) 재외국민의 본국에 대하여 갖는 공직선거권이 OECD 회원국 30개 中 28개국을 비롯하여 세계적으로 115개국이 채택하고 있다.

가. 재외국민의 개념과 선거권

선거에 참여할 수 있는 재외국민은 외국에 거주하거나 체류하는 대한민국 국민으로서 크게 영주권자와 일시체류자로 구분한다. 영주권자는 거주국으로부터 영주권 또는 이에 준하는 거주목적의 장기체류자격을 취득한 사람으로서 주민등록이 말소된 자이고 일시 체류자는 주민등록을 가지고 여행, 학업, 업무 등의 목적으로 해외에 체류하는 자를 말한다. 현재는 국내에 있으나 장차 해외에 나가 국내에서 투표를 할 수 없는 사람인 국외체류예정자도 일시 체류자에 준한다.

'재외동포의 출입국과 법적 지위에 관한 법률'에 따라 국내 거소신고를 한 영주권자(영주목적 이주자 포함)는 주민등록이 있는 국민과 동일한 선거권을 가진다. 그러나 외국 시민권자는 외국국적 취득시로부터 국적선택기간 경과 후 대한민국 국적을 상실하므로 선거권이 없다. 하지만 국적선택기간 중에 있는 이중 국적자는 대한민국 국적도 보유하므로 선거권을 가진다.

나. 재외국민 참여 가능 선거

주민등록도 되어 있지 않고 국내거소신고도 하지 않은 재외국민은 국내에서 투표할 수 없다. 그리고 해외에서 선거권을 행사할 수 있는 선거는 대통령선거, 비례대표 국회의원선거, 지역구 국회의원선거 등이다. 즉, 대통령선거는 임기만료에 의한 선거뿐만 아니라 2018년 이후에는 궐위에 의한 선거와 재선거도 해외에서 투표할 수 있다. 그러나 국회의원 재·보궐선거, 지방선거, 국민투표, 주민투표는 해외에서 투표를 실시하지 않는다.

다. 국외 선거운동 방법의 제한

선거과열로 인한 재외국민사회의 분열 우려와 불법선거운동에 대한 단속의 어려움으로 인해 다음과 같이 제한된다. 첫째, 국외 선거운동은 정당 또는 후보자등의 인터넷 홈페이지를 이용한 선거운동 둘째, 국내에 있는 위성방송시설을 이용한 방송광고와 방송연설 셋째, 정보통신망을 이용하는 선거운동 넷째, 인터넷광고, 전화를 이용하거나 말로 하는 선거운동 등이 가능하다. 그리고 국외에서 범한 선거범죄의 공소시효는 해당 선거일 후 5년이다. 이는 국내 선거범죄의 공소시효 6개월에 비해 대폭 연장된 것으로 국외 선거범죄에 대하여는 보다 강하게 처벌하고 있다.

라. 경찰주재관의 재외국민 선거권 보호

'공직선거법'의 개정에 따라 2012년부터 본격적으로 재외국민에게 투표권이 부여될 예정으로 해외에서의 선거관리를 위한 경찰주재관의 새로운 역할이 중요하게 되었다. 동법에 의하면 재외공관에서 투표가 실시되게 됨으로써 공정한 선거관리와 사전선거운동이나 금품의 제공 등 선거관련 법령위반이 많아질 것으로 판단하고 있다. 따라서 이를 예방하고 단속할 수 있는 체제의 구축이 요구되며 경찰주재관의 증원이나 일정기간 동안 현지 각 공관에 경찰관을 일시 파견하는 방안 등을 적극 고려해야 할 것이다.

제2편

각 론

제1장 외사기획론

제2장 외사정보론

제3장 외사수사론

제1장

외사기획론

제1장 외사기획론

제1절 기획에 관한 개설

기획에 대하여는 여러 이론들이 있다. Simon은 기획이란 장래를 위한 제안, 제안된 대안들에 대한 평가, 장래의 통제 등에 적용되는 합리적이고 적응적인 사고라고 정의하였다. 기획은 미래의 목표를 설정하고 그 목표를 달성하기 위해서 어떠한 과제들이 수행되어야 하며 그 과제의 수행을 위한 구체적 방법이 무엇인지를 모색하는 일련의 작업이라 할 수 있다.

1. 기획의 개념 및 중요성

가. 기획(planning)의 개념

기획의 개념에 대하여는 여러 학자들이 제각기 다른 정의를 내리고 있다. Waterstone 등은 기획이란 특정한 목표를 달성하기 위하여 최상의 이용 가능한 미래의 방법 절차를 의식적으로 개발하는 과정이라고 했다. Chadwick은 인간이 장래에 관해 미리 사고하고 문제를 해결하는 과정이라고 규정함으로써 일반적, 개인적 차원에 초점을 두고 있다.[344] 그러나 고전조직론의 POSDCORB 7단계 과정에서의 기획은 여러 대안 중 목표, 예산, 절차, 사업계획 등을 선택하는 관리자의 기능으로 규정하였다.[345] 또한 Y. Dror는 기존의 기획 개념들을 체계적으

344) George Chadwick, A Systems View of Planning, The public administration of economic development, New York, Praieer, 1975, p.241-242

로 분류하면서 기획이란 보다 나은 수단으로 목표를 달성키 위해 장래의 행동에 관한 일단의 결정을 준비하는 과정이라고 정의하고 있다.[346] 최근의 학자 Benveniste에 의하면 기획은 연구활동 뿐만 아니라 시민단위 또는 국가단위, 기업단위 등 다양한 모습의 조직들이 보여주고 있는 조직목표를 성취하기 위한 일련의 복잡한 결정(사항)들을 수립하는데 필요한 여러 행위들을 포함하고 있다. 또한 김신복 교수는 기획이란 '현재 상태를 보다 나은 미래의 상태로 개선하기 위해 미래를 예측하여 여러 가지 수단 중에서 가장 합리적인 수단을 선택하는 일련의 과정이다.'[347]라고 정의하였다.

여러 정의를 종합해 보면 기획은 산출물인 계획을 수립 작성하는 작용 또는 과정으로 미래에 할 것을 정한다기 보다는 미래를 예비하기 위하여 현재 무엇을 할 것인지를 결정하는 것이다. 그러므로 기획은 미래지향적이고 목표 지향적이기 때문에 특정한 목표를 달성하기 위하여 이용할 수 있는 미래의 방법 절차를 의식적으로 개발하는 과정이다. 기획은 미래의 이미지를 창조하는 방향으로의 강한 지향성을 갖고 있다. 미래를 대비하여 목표달성을 위한 효과적인 수단을 강구하는 합리적인 의사결정과정을 구현하려고 하기 때문에 바람직한 방향으로의 행동과 집행을 지향하게 된다.

나. 기획과 계획

계획은 미래구상의 한 배열이며 성취해야 할 목표가 되는 생산물이고 행동을 위한 준비이고 목적을 달성하기 위한 수단의 정비라고도 한다. 즉, 특정한 목표를 달성하기 위하여 최상의 이용 가능한 방법과 절차를 선택하기 위한 의식적, 계속적 시도로써 계획안은 정규적인 기초 하에서 발전되는 산물이다. 따라서 전략계획안은 시간상으로 어떤 특정한 시간적 지점에서의 산물이라기보다는 정책을 실천하는 입장에서 보다 유용한 실천성을 가능케 하는 일종의 문서로 나타날 수 있다. 그러나 기획은 계속적인 과정으로서 분명한 시작과 종결을 명백하게 밝혀내기 어렵다.

---

345) POSDCORB이란 기획(Planning), 조직화(Organizing), 인사(Staffing), 지휘(Directing), 조정(Coordinating), 보고(Reporting), 예산(Budgeting)의 약자.

346) Y. Dror, "The Planning Process : a Facet Design," International Review of Administrative Sciences, vol.XXIX, No.1(1963), pp.46~58.

347) 김신복, 노화준, 「개발기획론」, (서울: 방송대학, 1998), p. 10.

다. 기획의 중요성

기획의 처음 의도는 조직 또는 팀간의 사업계획에 대하여 공통의 이해를 만들어 내기 위함이다. 기획활동의 주된 노력은 먼저 행동을 유도할 수 있게 하는 미래의 이미지와 그 미래의 이미지를 실천하기 위한 노력에 참여하고 동원시키는 것으로부터 시작되어야 한다. 기획이 갖는 중요성으로는 위험을 제거하는 것에 있다기보다 이를 최소화시키려 노력하는 것이다. 그리고 미래를 정확하게 예측하거나 실수를 막지는 못하지만 그와 같은 어려움의 기회를 줄이고 유리한 상황에서나 불리한 상황에서나 모두 임기응변의 계획안을 제시할 수 있도록 한다는 점이다.[348]

2. 기획의 특성과 기본원리

가. 기획의 특성

기획에 대한 개념을 통하여 보듯이 기획의 주요한 특성을 지적하면 다음과 같다. 목표지향성, 미래지향성, 사전 결정, 사실에의 입각, 지적사고 과정, 계속적 · 동태적 과정, 조직 · 실행 · 통제의 기초로 설명할 수 있다.[349]

1) 목표지향성

기획은 조직의 행동을 목표에 집중시킨다. 기획은 어떤 행동이 조직의 궁극적 목표를 지향하는 것이고 어느 것이 상쇄될 가능성이 있는 것이며 또 어느 것이 무관한 것인가를 예측하게 한다. 기획이 없다면 조직의 행동은 방향 없는 혼돈 속에 빠질 것이다.

2) 미래지향성

기획은 미래를 지향한다. 미래의 일이란 불확실하며 인간이 통제할 수 없는 요인의 개입과 작용이 불가피한 것이다. 따라서 기획이 없다면 미래란 우연적인 질서에 맡겨질 수밖에 없는 것이다.

---

348) 한국지방행정연구원, "지방자치단체 변화관리를 위한 전략기획의 활용방안", 2000, p. 22.
349) 임연기, 「기획이론」, 한국청소년개발원, 1995, pp. 80-82.

3) 사전 결정

기획은 조직행동이 이루어지기 이전에 무엇을, 누가, 언제 할 것인가를 결정하는 것이다. 그것은 목적과 사실 및 평가에 입각하여 행하는 사전의 결정과정이다.

4) 사실에의 입각

능률적인 기획은 감정이나 희망이 아니라 사실에 입각한다. 적절한 사실을 집성하고 이를 분석하여 그것에 입각한 활동을 전개한다. 장애요인은 되도록 제거해야 하지만 불가능한 경우 그러한 저해요소를 인정한 채 기획을 추진한다.

5) 지적사고 과정

기획은 본질적으로 이성을 요하는 정신적 작업이다. 고려 대상인 모든 사실은 기획자의 지식 및 경험과 연결된다. 따라서 성찰이 필요하며 상상과 통찰이 커다란 보조적 역할을 한다. 기획자는 제기된 활동의 유형을 심중에 명료하게 구상할 수 있어야 하며 미지의 사물과 접해야 하고 자신의 독창적인 사고력을 통해서 기획을 추진해야 한다.

6) 계속적 및 동태적 과정

기획은 일시적이고 정태적인 과정이 아니고 조직의 관리자가 계속적이며 동태적으로 부단히 결정해야 하는 과정이다.

7) 조직, 실행, 통제의 기초

기획은 조직, 실행, 통제의 기능을 수행하는 기초를 제공하며 이들 세 기능을 중심으로 하여 관리가 행해진다. 기획은 목표를 지향하고 있다는 점에서 조직화와 조직구조에 영향을 미치고 실행은 기획에 현실성을 부여하는 역할을 한다. 통제는 기획에서 설정한 목표와 활동수단이 제시하고 있는 범위를 상징한다.

나. 기획의 기본원리

기획의 기본원리에 대해서도 다양한 견해가 있으나 기획자가 기획을 성공적으로 추진하기 위해 그들의 과업을 어떻게 보아야 하는가에 초점을 둔다. 성공적인 기획을 추진하는 조직에서 기획의 업무는 포괄적이고 협동적이며 계속적인 과정임과 동시에 헌신성을 필요로 하는 과정이다. 그리고 성공적인 기획자는 조직의 변화, 조직의 문화와 풍토를 정확하게 인식하고 적절하게 대응해야 한다.[350)]

1) 포괄성

기획자는 조직을 하나의 큰 그림으로 보아야 한다. 이 의미는 조직을 둘러싸고 있는 외부 환경과 조직 간의 관계와 조직내 하위 체제간의 역동적인 관계를 이해할 수 있어야 함을 뜻한다. 그리고 부분적으로 사고하기보다는 종합적으로 사고해야 함을 뜻한다. 또 한편으로 기획자는 기획수립에 있어서 목표와 수단을 구분할 수 있어야 한다. 이를 바탕으로 기획은 목표와 수단 및 각 영역들을 모두 고려한 종합적인 과정이어야 한다.

2) 협동성

기획은 모든 조직 구성원이 참여함으로써 서로 힘을 합하여 공동으로 문제를 확인하고 해결방안을 모색하며 합의를 이루어내는 협동의 과정이어야 한다. 기획자는 기획의 결과에 영향을 받을 구성원들이 계획 수립의 과정에 적극적으로 참여해야 함을 인식할 필요가 있다. 그 이유는 성공적인 집행을 위해서 뿐만 아니라 조직의 모든 구성원들은 보다 나은 기획 결과를 산출하는데 기여할 수 있는 중요한 자원이기 때문이다.

3) 계속성

기획은 일회에 그쳐서는 안 되며 지속적으로 추구되는 과정이어야 한다. 기획이 계속성을 가져야 하는 가장 중요한 이유는 기획이 가지고 있는 본질적인 성격과 제약성 때문이다. 기획이란 본래 불확실한 미래에 관한 예측을 바탕으로 이루어지고 그러한 예측은 계획서가 인쇄된 이후부터 차이를 나타내기 때문이다.

---

350) Sheathelm, H. H. Common elements in the planning process In Carlson, R. V. and Awkerman, G. (Eds.), Educational Planning, 1991, pp. 268−276.

4) 헌신성

성공적인 계획을 수립하기 위해서는 기획 과정에 대한 헌신성이 요구된다. 특히 조직에서 핵심적인 지위에 있는 간부진들은 기획의 중요성을 인식하고 기획 과정에 대한 각별한 관심과 노력을 기울여야 한다. 그러나 지도자들의 외형적인 헌신성만으로는 충분하지 않다. 기획의 중요성에 대한 인식이 관례화되어야 하고 모든 구성원들도 인지해야만 한다.

3. 기획의 구성요소 및 유형

가. 기획의 구성요소

기획이 효과적이기 위하여 다음의 4가지 중요한 구성요소를 특히 주의할 필요가 있다.

1) 기획 주도자 또는 팀

기획을 주도하는 핵심적인 기획팀이 필요하다. 기획팀을 구성하기 위해서 연구 활동 및 자료 분석의 범위와 성격 등 기술적인 면을 고려해야 한다. 그리고 네트워킹으로 협력체계의 구축은 물론 협상능력 등 정치적이고 관리적인 능력 등도 중요하며 커뮤니케이션을 리드할 수 있는 능력도 요구된다.

2) 시간

시간적인 제약과 타임스케줄 등을 고려해야 한다. 또한 낭비적인 시간소요 과정을 피할 수 있도록 대안을 고려하는 등 노력해야 한다.

3) 의사전달

기획팀의 의지가 실현되기 위해서는 효과적으로 의사전달이 가능할 수 있는 능력이 필요하며 이것은 최고경영진과 이해관계자 모두와의 의사소통 능력이 요구된다. 또한 연구의 질적인 성과를 잘 전달할 수 있는 기획팀의 능력이 필요하며 또한 의사소통의 채널로써 대중매체를 잘 활용할 수 있는 능력이 절대적으로 요구된다.

4) 자원

회합을 갖고 자료를 수집하고 부가적인 자원을 마련할 수 있는 물리적 및 공간적인 자원동원 능력이 필요하다. 예산과정을 유도할 수 있는 능력 등도 필요하게 된다.

나. 기획의 유형

기획은 여러 기준에 의하여 분류될 수 있다. 여기서는 기획의 유형을 편의상 목적과 수단에 의한 분류, 내용에 의한 분류, 지역적 적용범위에 의한 분류, 기간에 의한 분류, 사용회수에 의한 분류로 구분하고 각각의 특징을 살펴보고자 한다.[351)]

1) 목적과 수단에 의한 분류

기획은 행정시책의 기본적 목표에 관한 구상인가 기본적 목표달성을 위한 구체적인 수단의 역할을 하는 것인가에 따라 대체적으로 두 가지로 분류될 수 있다. 전자는 정책계획 또는 목표계획이라 하고 후자는 실행계획, 운영계획 또는 집행계획이라 한다.

2) 내용에 의한 분류

기획은 그 내용에 따라 경제계획, 방위계획, 국토계획, 산업계획, 교육계획, 복지계획, 지역계획 등으로 분류된다. 또한 각 계획은 수많은 하부 계획으로 분류된다. 모든 계획은 각각 현대행정의 중핵을 이루는 것으로 고도의 전문성을 지닌다.

3) 지역적 적용범위에 의한 분류

기획이 적용되는 지역적 범위를 기준으로 하여 분류할 수 있다. 국가계획, 지역계획, 도시계획, 농어촌개발계획 등으로 분류된다.

---

351) 박연호 외, 「조직관리론」, (서울: 법문사, 1982), pp. 358–359.

4) 기간에 의한 분류

기획은 그 적용기간을 기준으로 하여 초장기계획, 장기계획, 중기계획, 단기계획, 연차계획 등으로 분류된다. 이들 기간에 관한 구체적인 연수는 일정하지 않으나 보통 초창기계획은 20년 이상, 장기계획은 10년 전후, 중기계획은 5년 전후, 단기계획은 2-3년 연차계획은 1년 이하를 말한다. 일반적으로 10년을 단위로 하는 장기계획과 5개년 계획으로 불리어지는 중기계획이 많다.

5) 사용회수에 의한 분류

기획은 이용 빈도에 따라 단용계획과 상용계획으로 분류된다. 전자는 특정 상황에 한번 적용되고 소멸되는 계획으로서 개별사업계획이 바로 그 예에 속한다. 후자는 상황에서 거듭 사용될 수 있는 계획으로서 표준적 절차, 규칙 등의 성격을 가진 계획이 이에 속한다.

4. 기획의 기법 및 과정

가. 기획의 주요 기법

기획의 과정에서 여러 기법들이 활용될 수 있다. 여기서는 델파이조사법, 브레인스토밍, 추세분석법 등을 소개한다.

1) 델파이 조사법(delphi technique)

델파이 조사방법은 연구주제와 관련된 전문가들을 조사 참가자로 하고 이들을 대상으로 면밀하게 계획된 익명의 질문지 조사를 반복적으로 실시함으로써 조사 참가자들이 직접 한 곳에 모여 논쟁을 하지 않고서도 집단 성원의 합의를 유도해 낼 수 있는 집단협의 방식에 의한 일종의 대체적 조사방법이다. 연구주제에 관한 전문적 식견과 소양을 갖춘 전문가 집단을 대상으로 하며 익명으로 나타난 각 전문가들의 직관적 판단을 반복적으로 피드백시킴으로써 협의방식에서 흔히 나타나는 부작용을 제거하여 적절한 연구진행상의 통제를 통해 통합적인 합의점을 구한다는데 그 특징이 있다.[352)]

2) 브레인스토밍(brainstorming)

브레인스토밍은 생소하고 복잡한 문제에 봉착하여 조직 구성원들이 함께 문제해결을 위한 창의적인 대안을 찾고자 할 때 도움을 주기 위하여 개발된 집단토의기법 중의 하나이다. 이 기법의 본래 목표는 집단의 효과를 살려 아이디어의 연쇄반응을 일으킴으로써 자유분방한 아이디어를 산출하고자 하는데 있다. 결국 기획의 과정에서 상황분석이나 대안탐색의 단계에 짧은 시간동안 많은 아이디어를 창출하는 것에 초점을 둔 기법이다. 더블린(DuBrin)은 오스번(Osburn)이 소개한 브레인스토밍의 4대 규칙을 다음과 같이 설명하고 있다.[353)]

첫째, 다른 사람의 의견에 대한 비판은 절대 금지된다. 창의적 활동이라는 것은 전인적인 사랑과 열정에 기초를 둔 활동이므로 비판적인 분위기에서는 많은 방해를 받는다. 따라서 비판이 절대 금지된다. 둘째, 자유분방한 분위기가 필요하다. 기발하고 의외성이 있는 착상은 누구에게나 이야기할 수 있는 자유분방한 분위기 속에서 가능하다. 자유로운 분위기 속에서만 개개인의 머리에 영감의 불이 붙게 되는 것이다. 셋째, 질보다는 양과 다양성이 더 중요하다. 아이디어는 양에 비례해서 좋은 안이 나온다. 넷째, 다른 사람의 말을 듣고서 좋은 점을 결합시키거나 덧붙여서 자신의 안으로 제안해도 좋다.

3) 추세분석법

추세분석법은 한 현상에 대하여 과거부터 현재까지의 통계자료를 분석하여 미래를 예측하는 기법이다. 이 기법은 과거에 발생했던 일은 미래에도 발생할 가능성이 있다는 것을 전제로 한다. 이 기법은 타당한 이론에 근거하여 과학적이고 객관적이며 경제성이 있기 때문에 미래연구에서 애용된다.[354)]

나. 기획의 과정

기획은 광의로 보면 계획을 수립하고 시행하고 그 결과를 평가하여 다음의 계획에 반영하는 하나의 순환과정을 의미하지만 협의로 본다면 계획수립 단계가 중심이 된다. 좁은 의미에서 기획의 과정을 목표의 설정, 상황의 분석, 기획

352) 하인호, 「미래학이란 무엇인가」, (서울: 고도, 1995), p. 206.
353) Dubrin, A. J., Human Relations : A Job Oriented Approach, Virginia : Reston, 1984, p.198.
354) 방명숙 역, 「대학의 미래 기획」, (서울: 문우사, 1995), pp. 56-59.

전제의 설정, 대안의 탐색과 평가, 최종안의 선택 등 다섯 단계로 구분하여 보면 다음과 같다.[355)]

1) 목표의 설정

기획의 첫째 단계에서는 기획을 통해 달성하려고 하는 궁극적인 목적이 무엇인지를 규정하고 구체화하는 일을 수행해야 한다. 이는 기획을 필요로 하는 이유와 직결되며 대부분 문제점을 해소하거나 현실을 개선하는데 목적을 둔다. 기획의 목표가 기획, 집행, 평가의 실효성이 있는 지침 또는 준거로서 기능을 다하기 위해서는 SMART의 요건을 구비해야 한다. 즉, 구체적이고(Specific), 측정가능하고(Measurable), 합의되고 성취할 수 있고(Agreed and Achievable), 내용이 적당하고(Relevant), 시기적절한(Timed) 것이어야 한다.

2) 상황의 분석

잠정적이지만 목표가 설정되면 현재 및 미래의 상황을 분석하여 목표를 달성하기 위하여 예상되는 장애요인과 문제점을 규명해야 한다. 우선 현재에 관한 정확한 진단이 필요하다. 현재 우리가 가지고 있는 것과 우리가 원하는 것 간의 격차를 측정하여야만 기획활동을 통해서 수행되어야 할 과제의 내용을 결정할 수 있기 때문이다. 상황의 분석에 있어서는 현재 뿐만 아니라 미래에 예상되는 상태에 관한 예측도 병행된다. 목표에서 제시하고 있는 미래상과 현재의 추세가 지속되면 나타날 것으로 예상되는 미래상 사이의 격차를 밝혀내야 한다.

3) 기획전제의 설정

기획전제란 계획을 수립하는 과정에서 토대를 삼아야 할 기본적인 예측 또는 가정을 말한다. 계획추진에 결정적인 영향을 미칠 것으로 예상되지만 통제가 거의 불가능하거나 예측이 불가능한 변인들에 대해서는 최선의 예측이나 전망을 하고 그것이 불가능하면 가정이라도 해서 계획수립의 전제로 삼아야 한다. 사실상 계획은 이러한 전제를 바탕으로 성립하는 것이기 때문에 이러한 전제가 실천과정에서 틀려질 경우 계획을 전반적으로 재검토해야 한다. 상황분석이 주

355) 김신복, 「발전기획론」, (서울: 박영사, 1995). pp. 134-151.

로 현실적인 여건을 대상으로 삼는 것에 비해서 기획전제는 미래에 관한 예측 또는 전망이라는 점에서 서로 다르다.

4) 대안의 탐색과 평가

목표에 비추어 상황이 분석되고 기획전제가 설정되면 다음 단계에서는 여러 개의 가능한 행동노선을 탐색하고 그것들을 상호 비교 및 평가하게 된다. 어떤 목표를 달성하기 위하여 취할 수 있는 행동노선을 강구한다. 수단은 대부분 복수의 대안으로 존재하며 유일무이한 방안밖에 없는 경우는 극히 드물다. 따라서 문제의 해결 혹은 목표달성을 위해 선택 가능한 대안들이 어떠한 것들이 있는지를 광범위하게 탐색하여 최선의 방안들이 누락되지 않도록 해야 한다.

5) 최종안의 선택

마지막 단계에서는 비교·분석된 결과에 비추어 최선의 대안을 선택한다. 전 단계에서 각 대안들의 상대적인 평가가 이루어졌다고 해서 선택이 기계적으로 이루어지는 것은 아니다. 선택의 기준을 미리 설정해 두고 각 대안을 비교 검토할 때 드러났던 불확실한 사항을 재점검한다. 그리고 선택된 대안의 최종검증 과정을 거침으로써 합리적인 결정이 이루어질 수 있도록 해야 한다.

제2절 외사기획 및 외사업무의 조정

우리나라도 2000년대 이후 산업과 교통통신의 발달로 인한 지속적인 국제교류의 증가 및 국가간 인적교류의 증가로 인구의 구성비가 다문화적인 형상을 보이고 있다. 또한 IT기술의 발달에 따른 신속한 국제적 이동성으로 인하여 각국의 고유한 사회풍습이나 문화의 상호교류가 활발해졌다. 하지만 이에 편승한 사회적 병리현상인 범죄마저 국제화가 급속히 진행되어 사회불안은 물론 국가안보의 위협요인으로 대두되었다.

이에 따라 정부도 국제성범죄에 대응하는 전략과 역량을 갖추기 위하여 꾸준히 노력하고 있다. 무엇보다도 이러한 국제성범죄에 대한 1차적인 진압의 책임을 가진 경찰의 필요한 인력과 조직을 조정하거나 보강하여야 한다. 그리고 국제성범죄에 적극적으로 대응할 수 있는 장기적인 계획을 수립하여 이에 대한 정보수집 능력과 수사력을 보강하여야 한다. 그럼으로써 국민의 생명과 재산을 보호하고 사회의 안녕과 질서를 유지한다는 경찰의 궁극적인 사명을 다할 수 있고 경찰의 존재가치도 있다고 할 것이다.

1. 외사기획의 개념

외사기획이라 함은 전체 경찰의 조직내에서 외사경찰의 역할과 기능의 확대를 위하여 전문 인력과 외사조직을 합리적으로 체계화하고 지속적인 발전을 위한 제반 활동을 필요로 한다. 이를 위하여 외사경찰의 선발과 배치 및 전문성의 교육은 물론 합리적인 관리와 업무의 효율화를 위한 최선의 수단과 방법을 모색해가는 지적인 준비과정이라고 말할 수 있다. 따라서 경찰활동 중 타 기능과의 기능간 협조 및 국제적 치안문제에 대하여 경찰조직을 대표하여 기획하고 운영하는 것이 필요한 것이다.

2. 외사경찰의 인적 인프라 구축

외사업무의 수요 증가에 따른 조직 및 인력을 확충하고 있으나 체류외국인 증가에 따른 외국인범죄는 지속적으로 증가하고 있다. 또한 사회적 소수자인 이주노동자와 결혼이주여성에 대한 인권보호의 필요성이 제기되고 있다. 그리고 국제행사 증가와 국제테러 위협 가중으로 인한 외사보안활동 수요 등 외사치안수요가 급증하고 있어 외사경찰의 조직을 강화하고 무엇보다 전문 인력을 확충하는 등 외사경찰의 인프라를 구축해야 한다.

구분	2005년	2006년	2007년	2008년	2005년 대비 증가율
체류 외국인	747,467명	910,149명	1,066,273명	1,158,866명	55.0%
외국인 피의자	9,042명	12,657명	14,524명	20,623명	128.1%
외사경찰 정원	1,012 명	1,033명	1,134명	1,111명	9.8%

(경찰청 자료)

특히 외국인 밀집지역의 치안확보를 외사기능이 주도적으로 수행하면서 현장 외사기능의 역할 모델을 정립함으로써 향후 본격적인 다문화사회의 진입에 대비하여야 한다. 한편 체류외국인의 커뮤니티 결성 등 조직화에 따른 사회갈등 요인의 세력화를 방지하기 위해 외국인 체류동향 등에 대한 정보 수집을 위한 전담인력이 필요하다. 그리고 외국인범죄와 국제성범죄의 단속을 위한 지방청 단위의 전담인력을 조속히 보강하여야 한다.

이와 같이 외사경찰의 인적 인프라를 구축하여 지속적으로 전문성을 교육하며 관련한 법령 등을 개정 또는 신설하여 외사경찰이 효율적으로 업무를 수행할 수 있도록 지원하여야 한다.

가. 유능한 외사경찰의 충원 및 육성

1) 외사경찰 특별채용시스템 개선

외국인범죄 등 경찰업무를 수행하기 위한 관련 외국어 수요가 지속적으로 증가[356]함에 따라 전문적인 소양과 자격을 갖춘 인력을 장기계획에 의하여 충원하여야 한다. 이에 따라 대학에서 특수 외국어를 전공한 자 및 귀화자 등을 대상으로 매년 특별 채용하고 있다. 이들에 대하여 3-5년 단위로 인력수급계획을 통해 다수 체류국적 및 밀집화 경향이 강한 국적을 중심으로 선발하는 방식으로 개선해야 한다. 또한 어학능력 외에 법률, 소양평가를 추가하고 초임 교육

356) 외국인 형사 피의자가 07년도 14,524명에서 08년 20,623명으로 전년도 대비 42%가 증가하였다.

시에는 업무 적응능력을 증진하기 위해 법률과 실무교육을 확대하여 실시할 필요가 있다. 특히 특별채용의 대상을 아랍, 동남아 등의 특수 언어권을 중심으로 필요한 인원을 충원함으로써 언어로 인한 경찰활동의 불편을 해소하여야 한다.

한편 특채한 경찰관을 적재적소에 배치하기 위해 특채자의 신규 배치 및 전보 인사를 외사기능에서 주관하여 인사기능과 협조하여 실시해야 한다. 한편으로 실무능력 제고를 위해 정보, 수사, 지역경찰 등 순환 보직 등을 포함하는 인사기준을 개선하여 운영해야 한다. 즉, 경찰청 외사국과 중앙경찰학교 등 관련부서로 특별채용자의 교육과정 개선을 위한 협의체를 구성하여 교육과목을 선정, 채택하는 등 특별 채용한 외사경찰의 신임교육시스템을 개선하여야 한다.

2) 어학능력 외사경찰관의 계획적 양성

기존 경찰관 중에서 외국어 활용능력이 우수한 경찰관을 선발하여 지속적으로 양성하는 한편 이들을 외국어 수요부서로 배치하는 등 효율적으로 활용하도록 해야 한다. 외국인을 상대로 하는 외사경찰의 인적자원을 필요한 지역에 적절히 배치하는 것이 필요하다. 최근에 실시하고 있는 귀화한 외국인을 경찰관으로 적극 채용하는 것도 대안이 될 수 있다.

그리고 전체 경찰관에 대한 외국어교육의 내실화를 위하여 많은 기회를 제공하고 외국어 통역요원을 선발하여 활용하면서 이들을 대상으로 정기적인 어학평가로 외국어 우수 인력풀을 구축하여 관리할 필요가 있다. 또한 외국어 통역과정을 개설하여 우수 통역요원을 지속 양성하여야 한다. 이를 위해 경찰실무교육에 외국어 회화과정을 설치하여 자질의 향상을 도모하고 통역요원의 어학평가 및 우수요원의 선발을 위한 계획적인 대책을 강구해야 한다.

3) 국제성범죄 수사요원의 육성

외사업무 중 국제성범죄의 수사를 담당하는 외사경찰은 우선적으로 범죄수사를 담당한 경험은 물론 외국어를 구사할 수 있는 능력을 갖추는 것이 필요하다. 따라서 수사능력과 외국어 구사능력을 함께 구비할 수 있도록 전문 인력의 수급방안을 강구해야 하는 것이다. 그러나 새로운 외사경찰의 자원을 채용했을 때는 처음부터 수사능력을 기대하기 어렵다. 이에 따라 채용 이후에 이들을 일정기간 수사경험을 쌓도록 효율적인 프로그램으로 전문화 교육을 실시하여 보완하여야 한다. 그리고 순환보직의 기준을 마련하는 등 보직을 계획적으로 관리하여 전문화시키는 체제가 절실히 요구된다.

나. 외사경찰의 전문능력 향상추진

외사업무는 일반 수사, 정보업무 중 외국 또는 외국인과의 관련성으로 인해 특화된 영역으로서의 성격을 띠고 있다. 또한 국제협력 업무는 국제정세의 흐름과 정부의 외교정책, 국제의전, 어학능력 등에 대한 전문지식과 능력을 필요로 하고 있다. 이를 위해 각급 경찰교육기관 등에서 분산하여 실시하고 있는 외사분야 관련교육[357]을 한 곳으로 통합하여 좀 더 체계적인 연구와 교육이 이루어질 수 있도록 전문교육기관을 설치해야 한다. 여기에서는 외사경찰을 대상으로 하는 전문화 교육 이외에도 경찰통역요원 등에 대한 통역전문화 과정 등 어학교육, 경찰주재관, 인터폴협력관 등 해외파견 경찰관에 대한 사전교육을 위하여 활용하면 효율적일 것이다. 또한 귀화경찰관의 적응교육, 외국경찰관을 초청하여 실시하는 경찰업무 연수과정 등 외사분야 교육을 총괄하고 한편으로는 국제경찰회의를 위한 컨벤션시설 등을 갖춰 다양한 용도로 활용될 수 있을 것이다.

한편, 국제경찰교류협력 관련 업무지원 및 해외에서 재난사건, 사고 등으로 아국인이 피해를 당한 경우 신속한 현지 파견과 현지경찰과의 원활한 협조를 통한 보호임무 수행을 위해 경찰주재관 경력자 등을 대상으로 국제경찰협력 전문가를 양성하여 재외국민 보호수요 증가에 대비해야 한다.

다. 외사인력의 보직관리

계획에 의하여 채용되거나 배치된 전문 인력에 대하여는 보직관리가 잘 이루어지도록 그 인사의 적정성을 확보해야 한다. 외사경찰로 특별 채용한 자원은 가능한 한 관련부서에서 근무할 수 있도록 보직관리가 되어야 한다. 그리고 외국어 능력자가 우선적으로 필요한 관서를 선정하여 재배치하고 국제성범죄 수사요원도 능력에 따라 적재적소에 배치하는 인사원칙을 수립하여 일관성을 유

357) 경찰종합학교의 외사정보실무과정, 중앙경찰학교의 외국이 전문경찰관(외사특채) 기본교육, 경찰수사연수원의 국제범죄수사과정, 국가정보원의 산업보안 실무과정 등이 있다.

지함으로써 전문성을 발휘할 수 있도록 해야 한다. 인사가 편의적으로 이루어지는 경우가 없도록 하기 위하여 외사경과제도를 활용하는 것도 인적자원의 전문화를 위한 방안이 될 수 있다.

3. 외사경찰의 직제 및 사무의 조정

국제치안환경의 변화에 따른 경찰의 국제화는 필연적으로 요구되고 있으며 또한 경찰조직은 이를 적극적으로 수용하여야 할 것이다. 국제성범죄가 차츰 조직화, 폭력화하는 경향이 나타나고 있고 국제적 교류가 더욱 확대됨으로 인하여 국제성범죄의 증가추세가 현저하다. 그리고 이러한 국제성범죄는 내국인 범죄와 달리 수사상 장애와 특수성이 있으므로 이에 대응하는 시스템적인 전문성의 보완과 전문 수사요원의 확보가 매우 긴요하다. 즉, 외사경찰의 조직체계를 검토할 필요가 있으며 현실적으로 요구되는 분야와 업무를 중심으로 외사경찰 조직체계를 개편하거나 업무를 전환하여야 한다.

가. 직제조정의 필요성

외사기능은 본청이 중심적으로 수행하는 국제협력 업무 외에 수사, 정보 등은 경찰업무의 타 기능에서 수행하는 업무의 한정된 일부분을 담당하고 있어 외사경찰의 정체성이 부족하다. 그리고 경찰서 등 일선에서는 명확한 사무분장 구분이 어려워 기능 간 갈등의 여지가 있으며 상대적으로 규모가 취약한 외사기능의 적절하고 효과적인 업무수행을 곤란하게 하는 요인이 되고 있다. 즉, 지방청 및 경찰서 등 하부조직의 인력규모와 기능이 매우 취약하다.

이러한 반면에 외국인 범죄의 증가는 물론 사회적 소수자인 이주 노동자와 결혼이주여성에 대한 인권보호의 사회적 요구는 당연히 증가하고 있다. 또한 체류외국인 증가에 따른 국제행사 증가는 물론 국제테러의 위협이 가중됨에 따라 외사보안활동 등 외사경찰의 치안수요는 급증하고 있다.

나. 단기적 직제조정

외사조직과 인력의 확충 및 재배치 등 직제조정은 적기에 이루어져야 한다. 외사치안수요가 많은 경찰서를 우선으로 현장인력의 보강되어야 하며 경찰서별 기본적인 외사업무 담당인력이 배치되어야 한다. 더욱이 보안기능과 독립적으로 적극적인 업무수행을 할 수 있도록 보안, 외사기능 간 분리가 필요하다. 최근에는 체류 외국인의 커뮤니티 결성 등 조직화에 따른 사회갈등의 우려를 방지하고 더 나아가 조직화하는 외국인 폭력범죄를 예방하기 위해 외국인 체류동향 등에 대한 정보수집 전담인력의 배치가 필요하게 되었다. 그리고 지방청 단위로 일명 '외사범죄수사대'를 신설하는 등 전담인력을 보강해야 할 것이다.

외사범죄수사는 국내에서 발생한 외국인범죄 및 외국과 관련이 있는 범죄인 국제성범죄를 대상으로 하지만 범죄의 성격상 외사경찰이 단독으로 수사하는 것은 어렵다. 수사 인원과 장비 등 모든 면에서 우월한 수사력을 보유한 일반 국내수사를 담당하는 수사국과 외사국의 상호 협조는 매우 필요하다. 그리고 외사경찰은 외사관련 범죄첩보의 수집에 전문화하고 일반 수사기능에서 검거하여 사법처리하는 등 상호 업무를 분리 및 특성화 하는 방안도 고려할 수 있다.

다. 발전적 직제 개편

국제성범죄와 외국인범죄 등에 대한 예방과 발생한 범죄에 대한 신속한 해결을 위한 실천방안으로 무엇보다 장기적으로는 외사경찰조직의 개편이 요구된다. 새로운 조직을 신설하고 기존의 업무를 현실적으로 조정하거나 폐지하는 것이다. 첫째, 최근 계속적으로 증가하고 있는 불법체류 외국인 등 국내체류 외국인과 상사, 단체를 파악하고 국내에서의 개인적인 불법행위는 물론 반사회적, 반국가적 행위에 대처해야 한다. 특히 최근 우려되는 국제조직범죄와의 연계를 적극 차단하기 위해서는 전국적 조직망을 갖춘 경찰조직을 활용하기 위한 방안으로써 외사경찰이 데이터베이스(DB)를 구축하는 것이 효과적이므로 이를 적극 고려해야 한다.

둘째, 실질적으로 활용 가능한 국제성범죄 분석실을 설치하여 운영하는 것이다. 즉, 국제성범죄수사에 있어서 외국의 중요한 국제범죄조직의 활동이나 외국인범죄의 추세분석, 중요 범죄자에 대한 동향파악 등 모든 자료를 해당 국가의 경찰과 협조체제를 구축하여 수집하고 관리할 수 있도록 해야 한다. 그리고 국내에서 발생한 외국인 관련범죄에 대해서도 범죄의 경향과 내용을 심층 분석하고 수법이나 용의점이 많은 특별 대상자 등을 중점 관리할 수 있도록 시스템을 갖추고 필요한 인원과 장비를 보강하야야 한다. 또한 발전적으로는 정확한 외사치안 전망에 근거한 장기적이고 계획적인 방안을 지속적으로 개발 및 추진할 필요가 있다.

라. 외사업무의 사무관할 조정

외사경찰의 소관업무를 국제치안환경의 변화에 맞게 다음과 같이 조정해야 한다. 첫째, 현재 경찰서의 외사기능에서는 외국인범죄에 대한 수사를 비롯하여 국제적 행사가 있을 때에 참가하는 외국인 등을 위한 보안활동 및 외근활동 중에 수집한 외사첩보의 보고 등을 담당하고 있다. 그러나 범죄수사업무는 인원의 부족이나 수사능력의 미흡으로 인하여 사실상 불가한 경우가 대부분이다. 따라서 경찰서 단위의 외국인범죄 수사업무를 폐지하여 일반 수사기능에 이전하여 담당하도록 하고 외사경찰은 관내거주 외국인 및 상사나 단체 등을 파악하고 이와 관련한 범죄첩보의 수집보고 및 국제행사 등에 대한 보안활동을 주된 업무로 전환하는 것이 바람직하다.

둘째, 국제성범죄의 수사관할을 특정하여야 한다. 먼저 국내에서 발생한 외국인범죄 중 개인적 법익을 침해한 사건은 일반 수사기능인 수사국 소관으로 한다. 반면 국외에서 발생한 내국인범죄 및 범죄발생 후 국외로 도주한 자에 대한 수사 및 2개국 이상이 관련된 범죄에 대하여는 외사경찰의 소관으로 하여 외사수사의 관할을 명확히 하는 관련규정을 제정하는 것이 필요하다.

마. 전문성 제고를 위한 업무조정

1) 국제성범죄에 대한 분석 및 수사요원 확보

치안상의 문제로 체류외국인에 대한 신원파악이나 범죄수사를 위해서는 대상외국인에 관한 기초 자료의 수집이 필수적이다. 즉, 외국인범죄의 발생 등 외국인이 관련된 문제가 발생하였을 때 이에 대한 기초 자료가 없어 많은 애로가 있어 치안유지에 심각한 문제를 제기할 수도 있다.

이에 따라 국제성범죄의 전담부서인 경찰청 외사수사과에서 국제성범죄 정보의 입수 및 발생한 범죄에 대한 기록 관리와 분석을 하고 있다. 그리고 인터폴 수배자의 처리 등 국제성범죄에 관한 업무를 수행하고 있으나 각종 수사 자료를 전산화할 수 있는 체계를 아직 갖추지 못하고 있다. 따라서 외사경찰이 운영하는 국제성범죄 분석은 조직체계상의 문제와 인적, 물적 자원의 부족 등으로 실질적으로 활용할 수 있는 운영체제를 갖추지 못하고 있는 것이다.

2) 외국인 업무에 대한 관계기관 협조체제 구축

현행 출입국관리법에 의하면 91일 이상 국내에 체류하는 장기 체류자에 대하여는 출입국관리사무소를 통하여 체류신고를 하도록 되어 있다. 90일 이내 단기체류자의 경우에는 신고의무가 없으므로 이들에 대하여는 체류하는 인원의 수 정도만 알 수밖에 없다. 국내에서 어떠한 일을 하는지를 파악하는 정부기능은 사실상 어디에도 없는 실정이다. 더욱이 국제범죄조직의 국내 활동이나 국제성범죄와 관련한 기초 자료인 출입국 사항과 동향에 관한 것들도 법무부 출입국관리사무소의 협조를 통하여 필요한 자료를 입수하여야 하나 많은 어려움과 한계가 있다. 따라서 법무부 출입국관리사무소 및 국정원 등과의 실시간 정보교류 및 정기적인 실무협의를 위한 제도의 도입이 필요하다.

3) 체류외국인 관리를 위한 정보자료실(DB) 구축

국내체류 외국인에 대하여 경찰관서의 외사경찰과 파출소의 외근기능을 활용하여 그들의 거주지, 체류 장소의 실태 등 치안상 필요한 정보자료를 수집할 수 있다. 이렇게 수집한 자료들은 각 지방청단위에 설치된 중앙DB에 보고하여 체류외국인을 종합적으로 자료화하고 관리하여 이들에 대한 문제가 발생하였을 때 매우 중요한 자료로 활용하여야 한다. 이를 위하여 경찰에 우선적으로 필요한 조치는 법무부 출입국관리사무소의 출입국현황 전산망(CRT)을 확대 보급하여 외사업무의 관련 수요가 많은 일선 경찰서까지 보급해야 한다. 또한 고용허가제 등으로 입국하였다가 이탈하여 불법체류 하는 외국인의 신원파악과 관리를 위하여 관련 기관의 자료도 경찰과 공유할 수 있도록 전산망으로 연결하는 시스템의 개발이 필요하다. 즉, 체류 외국인에 관한 업무의 원활한 협조를 위하여 외교통상부 및 국가정보원의 관련 전산망도 연결하는 등 통합된 자료실을 신설하여 운영하는 것이 필요하다.

그리고 범부처적인 외국인 관리에 관하여 총괄기능을 강화하고 외국인 근로자의 합리적인 관리를 위하여 미국과 같은 외국인 근로자 관리시스템을 개발해야 한다. 그럼으로써 외국인 근로자의 입국부터 출국까지의 인적자원정보를 집중 보관, 관리할 수 있도록 출입국관리 정보체계를 구축할 필요가 있다.

4. 외사경찰의 장기 발전방안 모색

외사 분야가 전문적인 경찰기능으로 발전하기 위해서는 경험과 역량을 갖춘 우수한 인재의 선발과 전문화된 교육이 뒷받침되어야만 한다. 외국인 범죄의 급증에 대비하기 위해 수사경력과 외국어 능력을 심사하여 우수인력을 선발하고 외국어 전문교육기관 등에 위탁하여 외국어 능력을 향상시켜 외국인범죄 수사전문 인력으로 양성해 나가야 한다.

가. 체류외국인 증가에 대한 효율적인 관리방안 강구

국내 체류외국인이 증가하면서 산업공단 주변지역 등을 중심으로 외국인 밀집지역이 형성되고 있다. 그리고 이들 국내체류 외국인들은 자국민의 이익 확보 등을 위해 국적 및 종교 등을 중심으로 '외국인 커뮤니티'를 결성하고 있다. 이러한 커뮤니티는 문화적 다양성을 확산시키는 거점이자 관광자원으로서 지역경제 활성화에 이바지하는 장점을 지니고 있다. 이들은 불법체류자에 대한 단속 완화 및 불법체류자의 전면 합법화를 요구하는 등 집단 활동이 증가하고 있는 추세이다. 이에 따라 사회갈등 세력으로 전이될 위험성을 내포하고 있어 이들에 대한 국가의 정책적 지원과 함께 지속적인 관리가 필요하게 되었다.

그리고 경찰이 국내 체류외국인에 대하여 동향을 파악할 수 있도록 해야 한다. 이는 지금까지의 외국인에 대한 출입국 중심의 정책에서 발전하여 체류자에 대한 관리가지도 병행하는 정책으로 전환하는 것을 의미한다. 이러한 국가기관은 일반 행정으로는 행정안전부이며 특별 분야로는 경찰조직이다. 따라서 외국인 체류에 의한 역기능적 현상에 대한 대처는 전국적 조직망을 가진 경찰조직이 담당하면 가능하고 효과적일 것이다.

외국인 범죄가 빈발하는 외국인 밀집지역 등을 중심으로 범죄예방 활동을 강화하고 외국인이 치안활동에 함께 참여토록 함으로써 자발적인 협조분위기를 조성해 나가야 한다. 또한 불법입출국 등에 대한 일관된 단속으로 사회 안정 저해 및 범죄활동 기회를 사전에 제거하여야 한다. 한편 결혼이주여성, 이주노동자, 이민자 2세 등에 대해서는 기본적인 인권보호 활동과 지역실정에 맞는 사회적응 지원 프로그램의 지속적인 발굴 및 시행이 필요하다.

나. 국제 경찰협력의 확대

국가간 신속한 업무수행과 정보공유를 위해서는 무엇보다 주재국 법집행기관원과의 개인적인 인적 네트워크 구축이 필요하다. 따라서 경찰기관간 교류협력 약정(MOU)을 체결하고 이를 바탕으로 현지 경찰주재관의 업무협조와 협력관계를 유지하기 위한 많은 노력을 하고 있다.

그리고 KOICA와 연계하여 동남아, 동유럽, 아프리카 등 개도국에 치안전문가를 직접 파견하여 교통, 과학수사, 정보통신 등 선진장비 및 운용시스템 등 치안시스템을 전수하고 있다. 한편 사이버수사, 시위진압, 무도 등에도 좀 더 적극적인 지원방안을 강구해야 할 것이다[358].

다. 국제기구에의 적극적인 진출 및 국제평화 활동 참여

1) 국제평화활동 참여

국제기구는 국제조약에 따라 설립된 정부간 조직체를 의미하며 최근 변화하는 국제환경으로 국내에서도 국제기구 진출에 대한 관심이 높아지고 있다.[359] 북유럽 등에서는 PKO활동에 적극적으로 참여하고 있으며 또한 최근 외교는 양

358) 호주는 인도네시아 JCLEC(자카르타 법집행협력센터)과 베트남 교육기관 등에 아시아지역 경찰관들을 대상으로 관리자 및 실무급 교육을 매년 실시하고 있다. 일본은 동남아 등 개발도상국에 선진제도 수출 및 치안전문가를 파견하는 등 주요 선진국들은 개도국의 치안분야 협력에 적극적으로 나서고 있다.

359) 우리나라는 선진중견국가(Advanced Middle Power)로서 세계 10위권 경제력과 유엔분담금 기여도가 11위에 해당하나 이에 대한 인력지원은 119개국 중 37위에 불과 최근 세계는 선진국의 요긴으로 국력의 척도로 문화 외교 등 다양한 경험이 잣대가 되는 Smart Power가 요구되고 있다.

자외교에서 다자외교로 그 무게중심이 전환되어 UN이 그 핵심을 이루고 있다. 그중 PKO활동이 많은 비중을 차지하고 있어 국제사회에 대한 기여도 및 해당 국가의 국제적 이미지와 직결되고 있다.

그리고 참여지역에 대한 영향력 확대를 통해 잠재적 안보자원외교 차원으로 국익 창출 가능성을 증대시키고 PKO참여 경찰관에게 자아실현 등 새로운 기회를 부여하고 있다. 나아가 경찰조직의 세계화 및 국제적 활동역량 강화 도모함으로써 향후 국제화시대 능동적으로 대비할 수 있을 것이다. 또한 UN 주도의 PKO 활동에 있어 세계 각 국은 대상국의 경제 재건사업 참여와 자원획득 등을 위한 선도적 지위의 확보 등을 위해 평화유지활동에 적극적으로 참여하고 있다. 그리고 최근에는 군 활동 중심에서 탈피하여 경찰, NGO 등으로 평화활동 참여 주체가 다양화되고 있는 추세이다.[360)]

2) 국제기구에의 진출

우리 경찰은 09년도를 기준으로 국제형사재판소(ICC) 1명, 인터폴 사무총국 및 아시아지역사무소 각 1명 등 총 3명이 진출해 있다. 그러나 한국경찰의 전문성과 위상에 비춰 매우 적은 규모이므로 UN–DPKO[361)], UN–ODC[362)] 등 관련 기구로의 진출 확대가 요구되고 있다. 국제기구 진출은 해당분야의 전문성 향상은 물론 각국 전문가 그룹과의 인맥형성을 통해 세계화 시대에 걸맞은 조직역량을 높이는데도 기여할 수 있다. 따라서 관련 분야 국제기구로의 진출 확대가 필요하며 JPO제도[363)] 등을 활용한 국제기구 파견으로 글로벌 인재를 육성하여야 한다.

---

360) 2008년 8월말 현재 세계 17개 미션에 118개국 83,006명 참여, 경찰은 11,236명으로 약 12.7% 차지하고 있다.

361) 유엔평화유지국(United Nations – Department of Peace Keeping Operations) : UN 평화유지활동 관련 정책수립 및 조정 통제. 2000년 10월 UN–DPKO산하에 UN Police Divison을 신설하여 분쟁지역 등에 다국적 경찰관으로 구성된 부대를 파견하는 등 평화유지활동 중 치안관련 업무를 총괄 관리한다.

362) 유엔마약범죄사무소(United Nations Office on Drugs and Crime) : 마약, 범죄퇴치 관련 연구작업 수행 및 관련 국제조약 실행을 위한 자문 및 지원한다.

363) JPO(Junior Professional Office, 국제기구 초급 전문가) : 외교통상부 주관으로 정부가 경비를 부담하여 각종 국제기구에 1~2년간 파견하여 정규직원과 동등한 조건으로 실제 근무토록 하여 향후 국제기구 사무국 진출에 필요한 전문인력 양성을 도모하고자 하는 제도를 말한다.

5. 외사경찰 및 업무 관련 법령의 정비

국내체류 외국인의 증가 및 글로벌 경제의 확대로 인하여 외국으로 산업이 확장하고 있다. 그리고 국민생활의 여유로 인하여 해외여행도 급격히 증가하고 있어 경찰 외사기능의 역할 증대에 따른 기구의 확대가 필요하게 되었다. 이와 관련하여 관계법령의 제정이나 개편이 필요하다. 먼저 국제성범죄와 외사경찰을 중심으로 한 경찰조직에 관한 법령 등 필요한 법령을 개정하여 실질적으로 뒷받침해 주어야 할 것이다.

이를 구체적으로 보면 첫째, 국제성범죄에 대하여 더욱 적극적이고 효율적으로 대처하기 위해서는 무엇보다 국제성범죄 전반을 규정한 통합된 기본법의 제정이 절실하다[364]. 그리고 법 분야 전반에 흩어져 규정되어 있는 국제성범죄관련 법령들을 가능한 집성하는 능률적이고 합리적인 법제정에 힘을 기울여야 할 것이다. 국제성범죄에 능동적으로 대처하기 위해서는 무엇보다 일선 실무자들이 애로사항 없이 활동할 수 있는 제도가 선행되어야 하기 때문이다. 국제성범죄 기본법 제정 등 외사경찰 활동의 근거를 제공하는 관련 법령[365]은 필요하며 이를 지속적으로 보완, 개정하는 등 발전시켜야 한다.

둘째, 가칭 외국인법의 신설을 검토해 볼 수 있다. 외국인의 불법행위를 사전에 예방하기 위해서는 외국인동향조사 전담기구를 확대하여야 한다. 이와 같이 외국인의 체류관리도 현장에서 효과적으로 하면서 그 역기능적 현상을 미리 예

364) 이훈규 · 신의기, "범죄인인도제도", 한국형사정책연구원, 1996. 5, p. 176.
독일이나 스위스 같은 나라들이 실제로 범죄인인도 뿐만 아니라 수사, 재판 및 형집행 단계에서의 형사사법공조까지 모두 포함하여 단일의 종합법을 제정하고 있다.

365) 경찰청 외사국 소관 법령 현황

형태	법령	
훈령	외사요원 관리규칙	2007.10.30
예규	해외주재관 운영에 관한 규칙	2006.06.20
	경찰청 외사협력 자문위원회 운영규칙	2006.04.18
	통역인등비용지급규칙	1998.12.31
	경찰기관 소속공무원의 공무국외여행 업무처리규칙	2008.04.23
	인터폴 협력관 업무처리 규칙	2007.10.30
	한미행정협정시행에수반한주한미군헌병신분증확인절차에관한규칙	2000.10.20
	국제형사경찰기구(인터폴) 대한민국 국가중앙사무국 운영규칙	2007.10.30

방하고 사후적으로 기민하게 진압하기 위하여 기존 출입국관리법에 근거하여 출입국 자체를 위주로 한 법무부 중심체제에서 벗어날 필요가 있다.

셋째, 기존의 관련 국내법을 정비하여야 한다. 외국과의 경찰공조의 중요한 근거가 되는 인터폴 국가중앙사무국의 활용법규를 포함한 국내법 등에 대하여 새로운 관련 법규를 제정할 수 없는 경우에는 기존의 법규를 우선적으로 개정하는 등 정비하여야 할 것이다.

마지막으로 우리나라도 국제형사사법공조법에서 외국 간에 체결된 공조에 관한 조약 및 협정 등 공조조약에 동법과 다른 규정이 있는 경우에는 해당조약의 규정에 따른다.[366]고 규정하고 있다. 따라서 공조조약 체결시 가급적 동 법의 규정과 상충되는 내용이 포함되지 않도록 신중하게 협상해야 할 것이다.[367]

---

366) 국제형사사법공조법 제3조.

367) 첫째, 국제형사사법공조에 있어서는 대륙법계와 영미법계 국가의 상이한 시각 차이를 보이고 있다. 즉, 국가간에 시행될 수 있는 형사사법공조의 내용과 범위는 일률적으로 규정하기 어려우며 실질적으로 그 내용과 범위에 있어서 상당한 차이가 있다. 그것은 무엇보다도 각국의 법체계 특히 사법조직이나 형사절차 등이 다양한 데에 기인한다. 이에 따라 사법공조의 내용과 범위를 일반적으로 명확하게 정의한다는 것은 사실상 불가능하며 해당 국가의 형사법이나 형사소송절차와 정책적 고려에 따라 여러 가지 형태로 나타나게 된다.

이 같은 현상이 나타나게 되는 것은 소위 대륙법계(civil law) 국가와 영미법계(common law) 국가의 국제형사사법공조에 대한 시각의 차이 때문이다. 이에 따른 양법계의 국가간의 사법공조시에 조화내지 극복되어야 할 어려움이 적지 않다. 대륙법계 국가에서는 실체적 진실의 추구를 형사소송절차의 기본이념으로 하여 직권주의를 기본원리를 채택하고 있다. 이에 반해 영미법계에서는 당사자주의를 기본원리로 하는 소송구조를 취하고 있다. 또한 대륙법계 국가에서 공조라 함은 법적 공조(legal assistant)를 말한다. 각국의 형사소송법은 국내사건 만을 규율할 뿐이고 국외절차는 별도의 조약에 의해서 규율된다. 국내법인 형사소송법을 사법공조절차에 적용시키기 위해서는 별도의 법적 근거가 있어야 한다.

한편 영미법계 국가에서는 국외에서의 증거수집활동 역시 사적 행위의 연장으로 이해되며 증거수집에 사인이 극복하기 어려운 장애가 있지 않는 한 당국이나 법원은 이에 개입하지 않는다. 다만 영미법계에서도 증거제시(discovery)라는 제도가 있어서 이 경우에는 증거수집에 법원의 개입이 필요하게 되고 따라서 법원의 적극적인 관여에 의한 사법공조가 이루어질 여지는 있다. 원래 영미법계 국가에서는 사법공조는 소극적인 것이 원칙으로 이해되어 왔으나 최근에는 점차 적극적인 사법공조의 개념을 수용하는 경향을 보이고 있다.

둘째, 범죄인인도제도는 유럽과 미주에서는 일찍이 발달하여 상호 긴밀한 협력을 하고 있으나 아시아 지역에서는 국가들이 다른 지역에 비해 매우 이질적인 사법제도와 법적 전통을 가지고 있을 뿐만 아니라 경제적 상황 등이 다른 지역에 비해 매우 편차가 크기 때문에 아직 지역적 범죄인인도조약이나 국제형사사법공조가 미흡한 실정이다.

가. 불법체류 외국인 문제

경찰의 활동도 변화하는 환경에 따라 달라져야 함은 당연하다. 따라서 관련 법령도 정비되거나 신설하여야 하는 것이다. 최근 외국인에 대한 노동시장의 개방, 외국인 이민허용정책의 추진, 국제결혼의 지속적인 증가 등으로 인한 외국인의 대량유입으로 우리 사회도 이제는 인종적 다양성을 인정해야 하는 단계이다. 그런데 문제는 합법적 절차를 거친 외국인 노동자보다 불법체류 외국인 노동자들의 관리가 제대로 이루어지고 있지 않는데 있다. 즉, 이들 외국인 노동자들에 대한 임금체불, 의료사고, 각종 폭력, 차별 등으로 인한 심각한 피해에 대하여 보호도 필요하다. 하지만 이들 불법체류 노동자로 인한 자국민의 각종 범죄 피해에 대해서도 기존의 외국인 관리시스템으로는 통제가 어려운 실정이다. 따라서 불법체류 외국인에 관한 문제는 현재 법무부의 출입국관리업무에 속하여 전담하도록 규정되어 있는 것을 현실에 맞게 일정부문은 경찰과 구체적인 업무협조가 이루어질 수 있도록 관련 법령을 개정할 필요가 있다.

나. 국제성범죄에 대한 수사공조의 문제

사회 안정을 위협하고 국익을 침해[368]하는 국제성범죄의 확산을 차단하기 위해서는 국내적으로 전문적인 수사역량을 확보하고 적극적인 단속활동을 전개하여야 한다. 이를 위하여 대외적으로 외국경찰기관과의 정보공유 및 국제수사공조 체제를 강화하고 국제공조를 통한 수사 활동의 법적 효력을 확보하기 위하여 법적인 근거를 마련하고 개선하여야 한다. 현재의 범죄인인도법과 국제형사사법공조법의 문제점을 개선하여 효율적으로 시행할 수 있도록 하고 아직 범죄인인도조약을 체결하지 않은 국가에 대하여 적극적으로 대처하여 협조 범위를 넓혀야 한다.

그리고 체류 외국인의 관리와 범죄예방을 위한 관련 법령을 개정하거나 신설하는 등 사법적인 노력이 병행되어야만 할 것이다. 다만 우리나라는 조약전치주의를 취하고 있지 아니하므로 공조조약이 체결되어 있지 아니한 경우에도 동일 또는 유사한 사항에 관하여 우리나라의 공조요청에 응한다는 요청국의 보증이 있는 경우에는 동 법을 적용하면 될 것이다.[369] 그 예로써 일본과는 공조조

368) '07년 산업기술해외유출에 의한 피해예상액 91조원 ('07년 국가예산 238조5천억원의 38.2%)이다.

약이 체결되어 있지 않으나 상호보증 취지의 구상서를 상대국 정부에 송부함으로써 실제 공조를 행하고 있다.

다. 경찰의 UN활동과 관련한 문제

우리나라는 국제기구에도 경찰요원 및 경찰부대 등을 파견하고 있는데 안정적인 PKO 참여를 위한 근거법규도 마련해야 한다. 즉, 경찰관 파견, 교육훈련, 신분보장, 수당지급 등 처우에 관한 근거법규 제정 등 제도적 기반이 필요하다. 이를 위하여 외교부 및 국방부 등 유관부처와 협의 및 'UN-PKO 참여법' 제정하는데 관련 의견과 자료를 적극 제공해야 할 것이다. 그리고 최근 분쟁지역에 대하여 UN의 일환으로 경찰을 파견하여 지원하는 아프칸 지방재건팀(PRT : Province Reconstruction Team) 등과 관련한 관계 법령의 제정이나 보완에 대하여도 적극적으로 검토해야 한다.

제3절 국제 경찰교류 및 협력

현재 사회는 점점 더 빠른 속도로 정보화되어 가고 있다. 각종 정보통신기술과 교통수단 등을 통하여 세계가 무한 경쟁과 무국경 경쟁체제로 변화되어 가면서 정보가 매우 중요한 재산으로 여겨지고 있다. 특히 정보화시대에 있어서 중요한 역할을 한 것은 바로 인터넷이다. 인터넷을 통해 정보를 실시간으로 교환하고 있고 정보교환 비용도 훨씬 줄어들게 되었다. 이러한 정보의 교환 및 공유는 국가와 국가, 단체와 국가, 개인과 국가, 단체와 단체, 개인과 단체, 개인과 개인 등으로 다양하게 이루어지고 있다. 이처럼 정보화는 국제교류를 촉진시키는 주요한 요인으로 볼 수 있다.[370)]

따라서 경찰도 이러한 국제화 추세에 맞추어 경찰협력을 위한 교류협정(MOU)을 적극적으로 체결하는 등 각 국가의 경찰기관과의 협력을 강화해야 한

369) 국제형사사법공조법 제4조.
370) 이영수, "부산광역시의 국제교류에 관한 연구", 동의대 대학원 석사학위논문, 2008, p. 9.

다. 또한 실질적인 교류를 확대하여 원활한 경찰공조를 바탕으로 한 상호간 국민을 보호하고 치안을 안정적으로 확보할 수 있도록 노력해야 할 것이다.

1. 외국경찰 및 기관의 초청

외빈의 초청행사는 국제교류의 첫 단계임과 동시에 지속적으로 협력을 유지하기 위한 중요한 수단이다. 이러한 초청행사는 주로 우리 측의 공식초청장 발송을 통한 경우와 상대기관의 방문요청서 접수 또는 방문 의사 표명의 간접적인 전달을 통해 이루어진다.

가. 초청 제안

우리 측의 국가적 또는 조직적 차원의 필요성에 의해 어떤 특정국가와 교류를 개시하고자 하는 경우에는 그 개시방법은 초청이나 방문의 형식을 통해서 이루어진다. 이중 가장 보편적인 방법은 우리 측에서 해당 외국기관에 대하여 교류협력 의사와 함께 초청을 제안하는 것이다. 이때 우리 측이 외국경찰기관에 초청을 제안하기 위해서는 교류협력의 채널을 통일시킬 필요한 있다. 일반적으로 재외 경찰주재관, 외교통상부(재외공관), 주한외국공관 등이 역할을 한다. 그러나 국제우편 등을 통해 상대 외국경찰기관의 대외협력부서와 직접적으로 접촉할 수도 있다.

1) 방문요청의 접수

외국의 경찰기관에서 우리 측에 직접 초청을 요청하거나 외교통상부 등 외교경로를 통해 초청을 요청할 경우가 있다. 이러한 경우에는 원칙적으로 문서 또는 공식서한으로 접수한다. 초청요청이 접수되면 방문목적 및 방문기간, 주요일정, 비용 등에 대하여 검토한 후 초청 수락여부를 결정하여 상대측에 통보한다. 상대측의 요청내용이 불분명한 경우에는 교류채널을 통해 확인하여 추후 진행에 상호 오해의 소지를 없애야 한다.

2) 초청수락의 통보

초청수락의사가 결정되면 재외경찰주재관, 외교통상부(재외공관) 등 공식 채널을 통해 구두 또는 문서로 통보하며 상대측이 희망한 경우에는 직접 초청장을 발송할 수도 있다. 이때 초청장은 기관장 또는 국제 업무담당 관리자 명의 서한 형식으로 발송하는데 영문으로 작성하는 것이 일반적이다.

3) 초청행사 절차흐름도

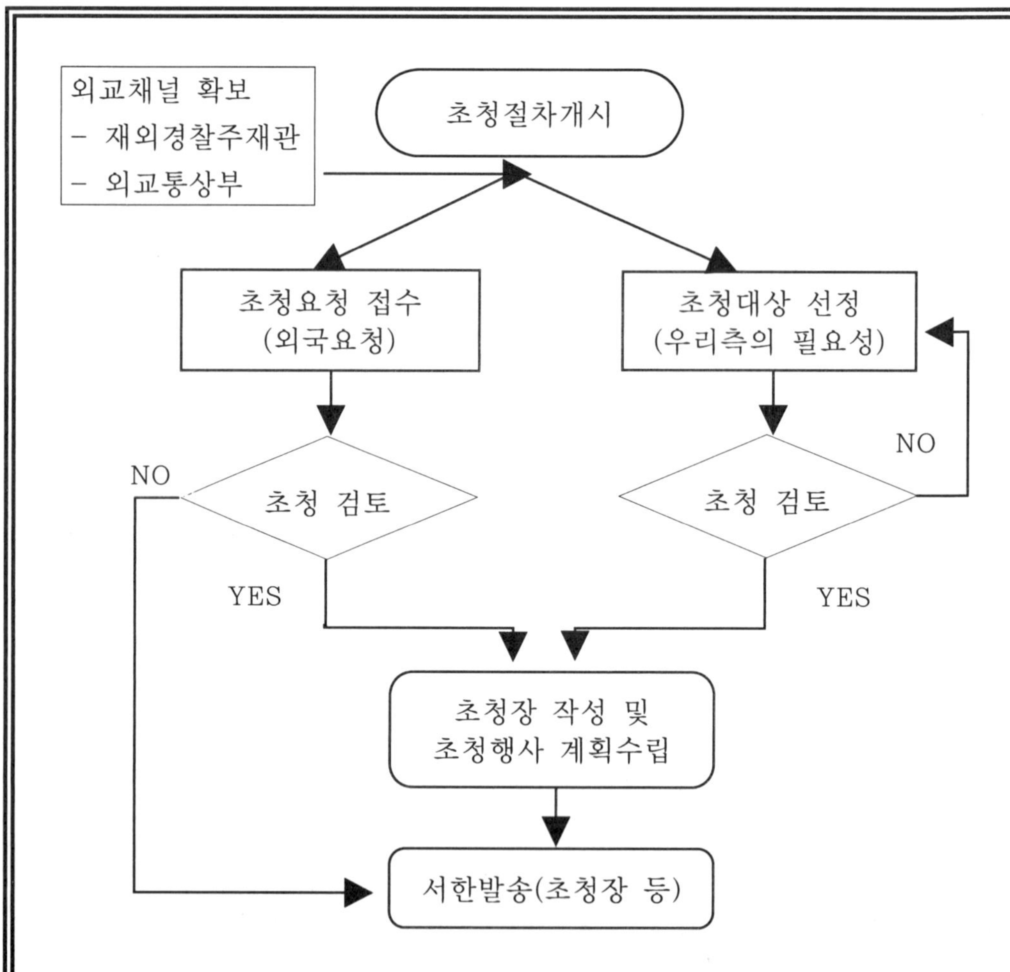

자료 : 경찰청, 국제교류협력 매뉴얼, 2006

나. 초청행사의 준비사항

1) 초청계획의 수립

가) 접견기준

공식방문은 경찰기관의 장 명의로 공식초청하는 외국경찰기관장의 방문을 말한다. 그리고 실무방문인 경우에는 공식 초청장은 발송치 않으나 공무목적으로 방한하는 경우이다. 또한 사적 방문은 국제회의 참가 또는 사적 목적으로 방한하는 경우이다.

나) 기본자료 파악

기본 자료의 파악은 첫째, 가급적 주중 일출 후 또는 일몰 전에 사전교섭을 하여 도착, 출발일시, 체류기관을 확정해야 한다. 둘째, 방문기관의 일정에 관한 희망사항 및 재외공관(경찰주재관) 건의사항을 청취한다. 셋째, 자국 출발 후 귀국시까지의 항공일정 및 편명을 확인한다. 넷째, 존칭, 호칭, 약칭, 공식이력서 및 기호, 기피음식과 방한기간 행사 중 사용예정인 공식 언어 등 외국주빈 관련한 사항을 파악한다. 그리고 마지막으로 국기제작에 대한 상대국 측 의견과 국기, 국가, 선호음악, 수행원 인원 및 명단을 입수하고 확인한다.

2) 일정 협의[371]

가) 상대측과 체재비 부담조건, 숙박 장소, 차량지원, 면담을 희망하는 인사 및 방문기관과 시설 등 주요일정에 대하여 협의한다.

나) 체재비 부담은 상호주의에 의거하여 각자 부담하는 경우와 우리 측에서 부담하는 경우가 있다. 우리 측에서 부담할 경우 부담하는 인원을 명확히 결정한다.

다) 숙박 장소는 체재비를 우리 측에서 부담하는 경우는 직접 예약하고 방문 측에서 부담하는 경우에는 방문 측의 의견을 들어 예약을 하는 것

371) 일정 편성시 고려해야 할 점 : ① 만찬과 오찬시간은 가능한 여유 있게 해야 하고 장소 및 음식 선정시에도 방문 측의 관습을 염두에 두고 결정함 ② 이동시간은 출·퇴근시간 등 교통 상황을 고려하는 것도 중요함 ③ 방눈자늘이 시자, 기후변화 등으로 인해 쉽세 피로를 느낄 수 있음을 감안, 무리한 일정 편성을 지양하는 것이 바람직하다.

이 관례이다. 예약을 의뢰해 올 경우에는 적극 협조한다.

라) 의전차량과 수행원 및 수하물을 위한 차량지원을 결정한다. 체류 일정 중 에스코트가 필요할 경우에는 일시, 장소 등을 결정하며 교통담당부서와 협의하여 지원받는다.

마) 주요 일정에 대해서는 방문 측과 협의하여 행사일시, 장소, 참석자 등에 대하여 상호의견을 교환하여 결정한다.

바) 초청행사의 내용이 변경될 가능성이 있기 때문에 상대방 측과 지속적인 연락 체계를 갖추는 것이 필요하다. 또한 해당국 주재공관(외교통상부)에게도 관련 사항을 통보하여 협조하는 것이 바람직하다.

3) 접견계획 수립

가) 파악된 자료와 협의된 내용을 근거로 접견계획을 수립한다. 접견계획은 방문개요, 주요일정, 세부일정, 참고자료 등으로 구성한다.

나) 방문개요는 방문목적, 방문기간, 방문단, 숙소 등을 기술하며 주요 일정에는 도착, 주요인사 예방, 주요행사 등을 기술한다.

다) 세부일정은 방문 측과 협의하여 자세히 기술하되 입국 일부터 출국 일까지 매일 일정을 시간별로 상세히 작성한다.

라) 참고자료에는 해당 기관의 현황, 방문단의 약력, 초청자와의 관계, 주요 연락처 등을 기술한다.

마) 접견은 공식 의전행사인만큼 세부적인 사항까지 점검해야 한다. 특히 좌석배치는 서열을 잘 파악하여 국제관례에 맞추어야 한다.

바) 원활한 접견준비를 위하여 준비된 사항과 준비할 사항을 시간대순으로 표시한 목록을 작성하여 계획진행 과정에서 수시로 확인한다.

다. 사후조치

1) 보도자료 작성 및 배부

필요하다고 생각될 경우 행사종료 후 방문의 의의, 주요 환담내용 및 결정사항 등을 포함한 보도 자료를 작성하여 배부한다.

2) 정산서 작성

영접준비 및 활동 중에 발생된 예산집행 사항에 대한 정산서를 작성하고 잔액은 즉시 반납한다.

3) 결과보고서 작성

외국 대표단의 경찰기관 방문에 따른 결과 보고서를 작성한다. 결과 보고서는 방문개요, 주요행사, 주요환담내용 및 결정사항, 네트워크 자료 등을 포함한다.

2. 외국경찰 및 기관에의 방문

방문 행사도 초청행사와 더불어 국제교류에 있어 주요한 방법으로 방문 행사는 공식초청장이 접수될 경우에 주로 이루어진다. 그러나 특별히 우리 측에서 상대국에 요청하여 방문하는 경우도 있다.

가. 공식적인 초청장 접수

공식 초청장은 일정한 형식을 가지고 있으며 대부분 초청목적, 초청시기에 대한 내용이 담긴 서한형식으로 이루어지고 초청인의 성명과 서명이 있다. 공식초청장이 접수되면 초청목적, 방문기간, 주요일정 등에 대해 검토하여 현안사항이 있는지를 파악한 후 보고서를 작성하여 기관장에게 보고한다.

1) 상대기관에 방문의사 표명

어떤 특정 외국기관과 교류를 개시코자하는 경우 또는 우리 측의 필요에 의해 기존 교류협력을 유지해 온 대상기관을 방문코자 하는 경우가 있다. 어떤 경우이든지 우리 측의 방문의사의 전달을 통해서 방문행사가 이루어진다.

가) 교류를 개시하기 위해 처음 방문을 요청하는 경우에는 국제관례에 어긋남이 없도록 해야 하며 상호주의에 입각하여 방문관련 비용부담 등을 협의한다.

나) 기존 교류협력을 유지해 온 대상기관을 방문코자 할 때에는 사전에 상대측에서 시간적인 여유를 갖고 검토, 준비하도록 하는 것이 좋다.

다) 방문행사 절차흐름도

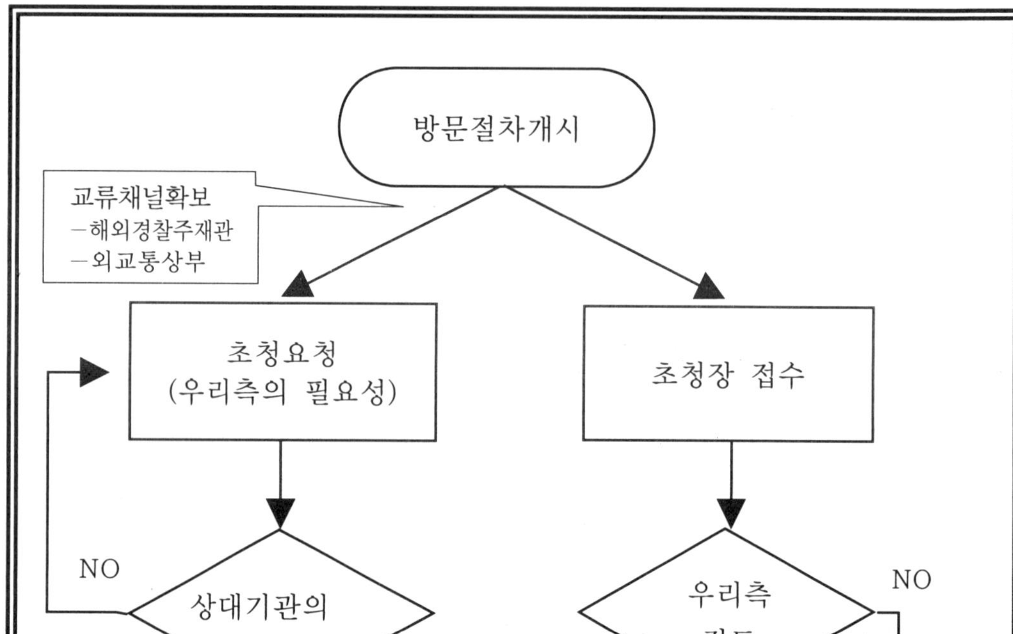

자료 : 경찰청, 국제교류협력 매뉴얼, 2006

나. 방문행사 준비사항

1) 방문계획 수립전 할 일

가) 기본자료 파악

방문계획 수립 전에 기본적인 해당국가의 개황과 방문할 기관의 개요, 현황을 파악하고 방문하는 국가나 기관과 우리 경찰기관과의 관계 등 양국간 특별한 현안사항을 파악하여야 한다.

나) 방문일정 협의

방문의사 결정 후 방문지역 기관과 체재비 부담조건, 숙박지, 차량지원, 주요일정 등에 대해 협의한다.

다) 체재비 부담

상호주의에 의거하여 우리가 부담하는 경우와 초청 측에서 부담하는 경우가 있는데 초청 측에서 부담할 경우 부담하는 대상과 인원을 명확히 결정한다.

라) 숙박 장소

체재비를 외국기관에서 부담할 경우 외국기관에서 준비하는 것이 관례이며 우리가 부담할 경우는 외국기관의 추천 및 예약을 협조받거나 우리 측에서 예약한다.

마) 차량지원 여부

외국기관과 협의하되 만약 외국기관에서 차량이 지원되지 않는 경우에는 주재국 공관과 협의하여 지원 받거나 현지 렌트 등의 방안을 강구한다.

바) 주요일정

주요행사의 일시, 장소, 참석자 등에 대해 외국기관과 협의하되 상대국가의 국경일, 기타 행사 등을 고려해야 한다.

사) 오찬 및 만찬

초청을 받아 방문하는 경우는 공식 오찬 및 만찬이 있게 되므로 만찬사 및 환담자료와 적당한 선물을 준비하는 것이 필요하다. 상대측에 연회장소와 진행방식, 음식종류 등에 대해 문의하는 것이 좋다.

아) 복장

방문 공식행사 등에 있어 경찰정복 착용여부에 대하여 미리 방문기관과 사전 협의하여 현지에서 곤란함이 없도록 준비한다. 사전에 복장에 대한 언급이 없으면 사복정장을 원칙으로 한다.

2) 방문계획 수립

방문의사 결정 후에는 기본적인 방문계획을 수립하여 기관장의 결재를 받는다. 방문계획에는 방문목적, 방문기간, 방문단 구성, 주요일정 및 행사, 준비물품에 대한 내용을 포함한다.

가) 공무국외여행 허가

방문계획이 수립되면 공무국외여행 허가[372)]를 요청한다. 즉, 공무국외여행 대상자는 공무국외여행계획을 수립하여 출국예정일 30일전까지 허가권자의 허가를 받는다.

나) 준비사항 목록표 작성

방문에 따라 준비해야 할 사항과 시기, 준비 진행상황을 표시하는 목록을 작성하여 수시로 확인한다. 특히 방문단의 여권, 방문국 비자, 항공권 좌석, 별도 요청사항 등을 파악하는 것이 효율적이다.

다) 항공편 예약

방문일정과 방문단원이 결정되면 항공편을 예약한다. 항공편은 정부항공 운송의뢰(GTR)를 통해 예약을 한다. 예약시 좌석의 위치를 고려하며 중간에서 갈아탈 경우 시간 등을 세밀히 검토한다.

---

372) 경찰공무원등 공무국외여행관련 업무처리규칙(2001. 10. 18 예규 제301호).

라) 여권[373] 및 비자 발급

경찰공무원은 공무국외여행시 경찰공무원등 공무국외여행 관련 업무처리규칙 제12조에 근거하여 특별한 경우를 제외하고는 관용여권을 발급받아야 한다. 그리고 외교통상부장관 명의의 비자노트를 신청하여 해당 공관에 제출하면 신속히 비자발급을 받을 수 있다.

마) 세부일정 소책자 작성

방문에 대한 세부사항을 수록한 안내 소책자를 만들어 사용하는 것이 효율적이다. 책자의 내용은 방문개요, 주요활동사항, 주요행사일정과 세부일정(별도일정 포함), 참고자료 등으로 구성한다. 방문개요에는 방문목적, 방문기간, 방문지, 방문단을 기술하며 주요 활동사항에는 방문지에서 수행 예정인 사항을 기재한다. 주요행사 일정에는 시간, 장소, 행사명, 내용, 참석대상 등 방문지에서의 주요 일정을 기술한다.

바) 행사별 자료 작성

행사별 대비 자료를 작성할 때는 참석자 인적사항과 인사말씀 및 환담 자료를 작성한다.

사) 통역

통역은 외국 방문시 대단히 중요한 비중을 차지하므로 통역 선정에는 언어능력, 매너 등 적격여부를 심사하여야 하며 방문목적, 성격, 유의사항 등에 대해 숙지할 수 있도록 충분한 사전 교양을 실시한다.

자) 선물

선물은 방문일정과 방문대상자를 고려하여 준비하되 목록을 작성하여 관리하고 선물을 선택함에 있어서는 가급적 한국적인 선물을 준비한다. 다만 국가에 따라서는 고유 풍습과 전통문화에 따라 금기하는 선물도 있음을 유의해야 한다.

---

373) 여권이란 소지자의 신분을 확인하고 외교적 보호권의 소재를 결정하는 기능을 가지며 외국에 대하여 소지인의 여행에 대한 신분보장과 편의제공을 요청하는 국가에서 발행한 공식문서라 할 수 있다. 광의의 여권에는 국제기관에서 발급한 신분증명서, 무국적자에게 발급한 여행증명서, 난민에게 발급하는 난민여행증명서 등을 포함하고 있다. 여권법에는 여권의 정의를 규정하고 있지 않으나 출입국관리법 제2조 제4호에 "여권이라 함은 대한민국 정부·외국정부 또는 권한 있는 국제기구에서 발급한 여권 또는 난민증서 기타 여권에 갈음하는 증명서로서 대한민국 정부가 유효하다고 인정하는 것을 말한다."라고 규정되어 있다.

차) 보도자료 작성 및 배부

필요시에는 방문출발에 앞서 보도 자료를 작성하여 언론에 배부하는데 방문 목적, 주요행사, 예상되는 방문성과 등을 요약하여 작성한다.

다. 사후조치

1) 감사서한 발송

방문행사 동안 접견했던 주요인사, 주재국 공관장 등에게 기관장 명의 감사 서한을 작성하여 발송하는 것이 바람직하다.

2) 결과보고서 작성

방문 성과를 정리한 결과보고서를 추진경위, 방문개요, 주요행사, 방문성과, 후속조치 사항, 언론보도 등을 포함하여 작성한다.

3) 보도자료 작성 및 배포

필요하다고 판단될 때에는 방문의 주요일정 방문성과 등 자료를 미리 작성하여 배포한다. 이때 사진자료 또는 기타 유인물 및 영상매체자료가 있을 경우 이를 첨부한다.

3. 국제경찰협력

가. 국제교류약정(MOU : Memorandum of Understanding) 체결

정부의 자원외교에 기여하고 국민의 해외진출 확대에 따라 해외에서의 사건 사고가 증가하는 것에 대응하여야 한다. 이를 위해 경찰기관의 장이 상호 경찰 간의 협력에 대한 기본적인 원칙 등을 정하여 협력을 약속하는 MOU의 체결[374]

---

374) '09년 현재 교류협력약정(MOU) 체결국 현황 (총 13개국)

연도	2003년 이전	2004년	2005년	2006년	2007년	2009년
국가	중국, 러시아, 일본, 몽고	인도네시아	베트남	태국, 호주, 뉴질랜드	싱가포르, 필리핀, 요르단	카타르

은 무엇보다 중요하다. 다변화하는 국제교류협력 환경에 대응하고 체계적인 약정체결을 위하여 '교류협력약정 체결 업무처리 지침'을 제정하고 있다. 이러한 MOU 체결은 경찰교류협력을 다각화하고 재외국민 보호기반을 구축하는 등 매우 중요한 업무이다. 따라서 경찰은 상호 협력기반을 공고히 하고 실질적인 수사공조를 강화하기 위하여 필요한 내용을 담아 각 기관의 최고 책임자인 경찰청장은 MOU(교류약정)를 체결한다.

또한 각 국의 경찰에서는 MOU의 체결 이전이나 이후에 이루어지는 국제경찰회의를 필요에 따라 주관하여 시행하는 경우가 많다. 예를 들면 인터폴에서 주관하는 인터폴 집행위원회 회의, 미국에서 주관하는 국제경찰장회의와 동남아 10개국이 윤번으로 주관하는 '아시아나 폴' 국제회의 등이 있다. 이러한 회의에 참석하여 각 국가의 경찰의 입장과 제도나 고충들을 상호 협의하여 해결하고 필요한 정책들을 벤치마킹하기도 한다.

특히 한·중·일간 급속한 교역증가 및 지리적 인접성 등에 따라 국제성범죄의 조직화 대형화가 심각한 수준에 이르고 있다. 동북아 3개국 경찰의 실질적인 협력을 적극 뒷받침할 수 있는 치안분야의 협력강화 및 공동대응의 필요성에 따라 MOU를 체결한 바 있으며 지속적으로 관계개선과 교류를 추진하고 있다.

나. 국제협력 인적 네트워크 구축

우리 경찰은 경찰협력의 필요와 수요가 많은 외국경찰을 국내에 초청하여 한국경찰을 소개하고 사회와 문화에 대한 이해를 통하여 상호 친밀한 유대를 강화하고 있다. 그렇게 함으로써 해외에 진출하여 생활하고 있는 우리 국민을 보호하기 위한 사업으로 해외 한인경찰 초청사업 및 협력 외국경찰 초청사업[375] 등을 추진하고 있다. 해외 주재관을 적극 지원하고 있는 현지 협력 외국경찰에 대한 초청사업을 내실 있게 실시하여 초청자 중심으로 경찰 교류협력을 위한 인적 네트워크[376] 구축하여 재외국민보호 기반으로 활용하는 것이다.

---

375) 2010년 기준 해외한인경찰 초청사업은 '06년 이후 총 5회, 경찰주재관협력 외국경찰초청사업은 '03년 이후 총 6회 실시하였다.

376) 사회과학에서 네트워크란 사람들의 관계 혹은 연계 양태를 나타내는 것으로 사람들의 모임인 군중, 집단, 조직과 관련성을 가지고 있는 개념이다. 원래 네트워크는 직물이나 구조물과 같은 물체의 망모양을 나타내는 말로서 사용되어 오다가 사회과학 특히 사람들의 관계성의 의미로 사용되기 시작한 것은 1934년 모레노(Moreno, J. L.)의 소시오메트리(sociometry)부터이다. 일반적으로 네트워크는 규정된 범위의 사람, 대상 또는 사건들을 연결하는 특정유형으로의 관계라고 정의 된다.(박용관, 1997)

그리고 해외 한인경찰 초청사업[377]은 초청대상을 귀화자 출신 경찰관 또는 한인 입양가족 경찰관 등으로 다변화하고 행사규모를 확대하고 있다. 그리고 기존 행사 등을 통해 축적된 외국경찰의 신상자료에 대한 집중관리를 위한 시스템을 구축하고 서한문, 치안소식지의 발송 등 지속적인 연락체제를 유지한다. 이렇게 지속적으로 유대를 강화함으로써 해외 치안정보의 수집 또는 경찰주재관의 현지 업무채널로 활용할 수 있는 장점이 있다.

4. 국제회의와 의전

가. 국제회의 등 참석

세계적인 행사로서 매년 개최되는 IACP(국제경찰장협회) 총회에 참석함은 물론 우리나라에서도 이와 관련된 '동북아 국제경찰장회의'를 개최[378]하였다. 즉, IACP 지역회의 등 각종 국제회의 참석하여 국제공조체제 구축하는 한편 최신 치안정책자료 등 입수 등 다각적인 교류협력을 강화하고 있다. 그리고 ICC 및 유로폴(EU 경찰기구) 등 국제경찰 및 사법기구와도 교육과 기술의 노하우를 공유하기 위해 각종의 회의와 모임에 참석하는 등 국제적 치안활동의 역량을 강화하기 위한 노력을 지속하고 있다. 또한 여러 국가의 경찰과의 국제협력의 기반을 구축하고 협력을 강화하기 위하여 상호 필요한 실무회의를 개최하여 공조 및 협력하고 있다. 이에 따라 국제형사재판소(ICC)에서는 법의학분야 등에 '08년 연락관을 지정하고 감식분야 교육 등에서 교류협력을 추진하고 있다.

---

377) 2006. 10월에는「제1회 한인 경찰관 초청행사」를 개최하여 입양·혼혈·이민 등으로 외국에서 경찰관으로 활동하는 11개국 17명의 한인경찰관을 초청하여 경찰기관 견학, 한국문화체험 등을 통해 한국인으로서의 자긍심을 고취하고 한국경찰을 알리는 계기가 되었다.

378) 2000. 10. 5. 서울시 신라호텔에서 동북아 경찰협력을 주도하고 한국경찰의 국제적 위상제고 하기 위하여 한국의 경찰청장과 중국 楊煥寧(Yang Huanning) 공안부 부장조리, 일본 佐藤英彦(Sato hidehiko) 경찰청 차장, 러시아 Fyodorov V. Ivanovich 연방내무부 제 1차관이 참석한 가운데「동북아 국제경찰장 회의」를 개최하였다.

나. 의전의 의의

1) 의전의 개념

의전은 국가 및 외교행사, 국가원수 및 고위급인사의 방문과 영접에서 행해지는 국제적 예의를 뜻한다.[379] 인간은 사회적 동물이고 혼자서 살아갈 수 없기 때문에 사람과 사람이 교류를 해야 한다. 교류 및 접촉에서는 반드시 상식에 입각한 도리가 있기 마련이다. 따라서 넓은 의미의 의전에는 이런 건전한 상식에 입각한 예의범절을 포함시킬 수 있다. 영어사전에서도 '프로토콜'은 두 가지의 뜻을 갖고 있다. 옥스퍼드 대학의 혼비 사전의 정의에 의하면 그 하나는 의정서를 의미하며 또 다른 하나는 외교의례절차를 의미한다. 의전의 목적은 의례와 행사의 추진과정에서 야기되는 혼란방지를 위하여 관습, 의례, 형식, 절차, 규례를 동원하여 인간관계를 원만히 하고 행사의 효율성을 극대화 하는데 있다.[380]

2) 의전의 중요성

국제회의 분야에서 의전은 국가상징과 더불어 국가 위상과 권위를 확고히 하고 국민적 통합과 바람직한 국민의식 및 사회질서를 유지하는데 기여한다. 의전에는 국민의례, 국가의식, 국기에 대한 예절, 국가원수에 대한 예절, 의전예우기준, 외교상의전 등이 있다.

국제회의 참가자들은 국제회의 성격에 따라 국가 원수에서부터 일반 참가자에게까지 다양하게 구성되어 있다. 이들은 대부분 국가 또는 각 분야에서 상당한 영향력을 발휘하는 사람들이다. 따라서 국가이미지를 제고하고 회의의 성과

---

379) 외교통상부의 의전실무교육에 따르면 국제회의 의전의 영문인 Protocol은 '인간사회를 원활히 하기 위한 윤활유'란 의미로 사용되며 그리스어의 '최고접착제(first glue)'란 뜻에서 유래되었다고 한다. 이러한 의전은 일반적으로 국가의 기강을 확립하는 시기에 예절과 함께 발전하였다고 보고 있는데 중국에서는 이미 기원전 11세기경에 백성을 다스리는 군자의 덕목으로 또는 제후들을 다스리는 천자의 지도 원리로서 '禮'를 내세웠다.
서양에서의 의전에 대한 역사는 자세히 알 수 없으나 대체로 나폴레옹전쟁 이후인 19세기 초 이후 확립되어왔다고 보는 것이 일반적이다. 국제간 의전에 관한 원칙이 나폴레옹 전쟁 후에 개최된 1815년 '비엔나 회의'에서 처음으로 정해지게 되었고, 그 후인 1961년 체결된 '외교관계에 관한 비엔나 협정'에서 구체화되어 오늘날과 같은 의전 관행이 전 세계로 진파하게 되었다.

380) 김재연, "국제회의 의전교육 프로그램에 관한 기초연구", 이화여대 대학원, 석사학위논문, 2006, p. 6.

를 높이기 위해서 국제회의의 참가자들이 도착하는 공항에서부터 모든 회의 일정을 마치고 귀국할 때까지 높은 의전 서비스를 제공한다.

다. 의전의 종류

의전은 크게 국가의전, 국제의전, 외교사절 의전, 일반사교 의전 등으로 구분할 수 있다. 세부적으로 국기에 대한 의전, 국가원수 의전, 외빈영접, 서열, 국제회의, 축의와 조의, 외교단 행사 등이 있다.

국가의전은 많은 자료와 전문성을 요구하므로 별도의 전담부서를 두고 있다. 고도의 전문성이 필요한 외국귀빈 방한영접 및 국내귀빈 외국 방문은 외교통상부 의전장실에서 전담하고 있다.[381]

라. 국제회의 의전관리 기본계획

국제회의에 참가하는 지도급 인사는 국제사회 각 분야 및 국제회의 개최결정에 있어서도 상당한 영향력을 미치는 사람들이기 때문에 참가자에 따라 의전방법 및 계획을 수립해야 한다. 국제회의 의전 관리의 기본방향으로 출입국 절차계획을 확정하여 VIP 공항귀빈실 이용에 따른 제반절차를 수립한다. 그리고 공항 영접대를 설치하고 미수교 참가자 입국절차 및 의전을 하기 위해서 국제회의 종료 후 출국시까지 기본계획을 세워야 한다.

5. 국제기구에의 참여와 치안시스템의 전수

가. PKO(유엔 평화유지활동) 참여

PKO는 48년 이스라엘 정전감시단(UNTSO)을 시작으로 국가간 분쟁을 해결하기 위한 정전감시 및 평화정착에 주력하였다. 그러다가 '90년대 초 탈냉전 이후 그 성격이 다차원적으로 변화되어 국가 내 분쟁에 관여하면서 전통적인 임무외 국가재건이나 인도적 지원 등으로 활동영역을 확대하였다. 과거 군병력 주

381) 정부 포상식 및 정부 장례식은 행정자치부, 의원외교는 국회사무처에서 관장하고 있다. 그밖에도 군사의전, 지방행사, 민간단체 등 전문적인 의전부서는 매우 많다.

도에서 경찰, 지뢰제거인력, 선거관리위원 등에 이르며 민간전문가 등으로 참여 주체가 다양화되어 09년도에는 17개 평화유지활동을 실시하고 있다.[382] 특히, 국가재건 과정에서 경찰의 법집행 능력이 사회질서 회복 및 치안유지에 효과적인 것으로 평가되어 경찰 참여[383]가 급증하는 추세이다.

우리나라의 PKO(유엔 평화유지활동) 참여 현황[384]을 보면 '94년 소말리아 파견 이후 총 4회에 걸쳐 연 18명을 파견하였다. 그리고 동티모르 현지 법집행활동을 통하여 치안질서 안정에 기여하는 등 모범적이고 책임감 있는 근무자세, 첨단 IT장비 활용 등을 통한 성공적 임무수행으로 한국 경찰의 국제적 위상을 제고하였다. 현지 주민과 유엔직원을 대상으로 무도지도를 통해 협력기반 조성 및 각국 유엔경찰과 직원에 대한 외교사절로서 기능 수행하였다. 한편으로는 세계 각지의 다양한 유엔 PKO미션에 다각적으로 참여하였다. 그리고 PKO미션 경력자를 체계적으로 관리하고 유엔 직위공모시 전략적으로 추천 및 지원하여 UN－DPKO[385], UN－DFS[386] 등 UN 본부 주요 경찰직위에 진출하였다.

또한 앞으로는 군, 경찰, 민간전문가 등 파견을 대비함은 물론 PKO 경험 경찰요원을 교관으로 육성하여 파견경찰관의 교육에 활용하여야 한다. 또한 PKO는 군 주도의 활동으로 인식되고 있는 만큼 경찰의 참여활동에 대하여 다양한 형태로 홍보하여 경찰의 역할과 참여의미에 대한 언론 및 시민사회의 우호적 여론을 조성하여야 한다.

382) 세계 118개국에서 군·경 88,202명이 참여(군병력: 74,429명, 군 업저버: 2,539명, 경찰: 11,236명(12.7%) 하고 있다.

383) 국가별 UN－PKO 경찰 파견 규모

방글라데시	요르단	파키스탄	네팔	가나	세네갈	나이지리아	인디아	한국
954	917	802	597	582	566	558	550	6

384) 한국경찰의 UN PKO 참여현황('08년 5월 현재)

연도	'94. 4~10	'99. 6~9	'06. 12~'07. 12	'07. 12~
국가	소말리아(2명)	동티모르(5명)	동티모르(5명)	동티모르(6명)

385) 유엔평화유지국(United Nations － Department of Peace Keeping Operations) : UN 평화유지활동 관련 정책수립 및 조정 통제. 2000.10월 UN－DPKO산하에 UN Police Divison을 신설하여 분쟁지역 등에 다국적 경찰관으로 구성된 부대를 파견하는 등 평화유지활동 중 치안관련 업무를 총괄 관리한다.

386) 유엔마약범죄사무소(United Nations Office on Drugs and Crime) : 마약, 범죄퇴치 관련 연구작업 수행 및 관련 국제조약 실행을 위한 자문·지원 등을 한다.

나. 저개발국가 등에 치안시스템 전수

우리 경찰은 2005년부터 KOICA사업[387]에 참여하여 개발도상국 경찰을 대상으로 법의학, 과학수사, 사이버 분야에 대한 국내 초청교육을 실시하고 있다. KOICA사업 중 치안관련 프로그램을 적극 활용하여 우리나라의 선진 치안시스템을 개도국이나 아프리카 등 후진국에 전수함으로써 교류협력의 기반을 구축하고 있는 것이다. 그리고 사이버범죄 수사 및 집회시위 관리 등 국제적 치안 경쟁력이 있는 분야에 대한 외국 경찰기관에 대한 지원을 증대하고 있다.

한편, KOICA 사업 외에도 2009년도에 처음 시행한 '외국경찰관 초청연수 프로그램' 등을 지속적으로 실시하면서 수료한 외국경찰에 대하여 관심을 갖고 관리하여 인적 네트워크를 구성하여 교류협력에 활용하여야 한다. 이 같이 저개발국을 대상으로 경찰관들을 초청하여 선진 치안시스템을 전수하는 등 국제사회 기여를 더욱 확대해 나가야 하겠다.

제4절 경찰주재관의 추천 및 운용

1966년도에 경찰주재관의 자격과 임명절차 및 담당업무의 정형화와 활동보고, 임기 등을 주요 골자로 하는 예규가 입안되어 재외 경찰주재관 제도가 최초 신설되었다[388]. 이와 같은 주재관 파견과 파견지역의 선정은 시대적 환경이나 상황과 연관이 깊다. 국제성범죄에 대한 수사협력의 필요성 급증 등으로 세계 각국에서 경찰 주재관을 해외 각국 공관에 파견하는 것은 증가추세에 있다.

우리나라도 해외교민 증가 등에 따른 경찰주재관 업무수요가 증가하고 있다. 각국의 경찰 상호간 특별한 국제적 일체감을 바탕으로 치안문제에 대한 업무협조가 용이하다. 이는 경찰의 특성으로 인해 가능할 수 있는 장점으로써 국제화

387) 2005년에는 한국국제협력단(KOICA)의 지원을 받아 사이버범죄 수사 등 3개 연수과정을 개설하여 19개국 경찰관 65명을 대상으로 KOICA 사업을 시작하였으며 2006년 3개과정(17개국 30명), 2007년 3개과정(11개국 33명), 2008년 9개과정(26개국 126명)을 개설·운영하며 우리 경찰의 치안분야에서 축적된 노하우와 지식을 전수하였다.

388) 1974년 9월 17일 공포된 대통령령 제7258호 대한민국재외공관직제의 해외주재공무원정원표 및 비고란 제2항에서「해외경찰업무」에 경무관 3, 총경 3, 계 6명으로 시작하였다.

시대에 걸맞는 경찰주재관제도의 기본적인 존재이유이며 확대가 요구되는 사항이라고 할 수 있다.

1. 경찰주재관의 추천

경찰주재관의 파견[389)]절차는 외교부에서 해당공관에 대하여 직위공모하면 경찰청에서는 해당 계급과 어학 등 일정한 기준을 정하여 전 경찰관을 대상으로 희망자의 지원신청을 받는다. 이렇게 지원한 신청자에 대하여 경찰청 차장을 위원장으로 하는 자체 심사위원회에서 경찰주재관으로서의 업무수행능력 등을 심사하여 2배수를 원칙으로 선정한다. 이후 선정된 대상자를 기관장인 경찰청장 명의로 외교부장관에게 추천한다.

2. 경찰주재관의 운용과 관리

재외 경찰주재관을 파견하면 아국인이나 아국인 관련한 사건 및 사고가 발생할 경우 국내 경찰업무 경력을 바탕으로 이에 적절한 대응조치가 가능하다. 또한 전 세계적으로 경찰이라는 직업적 동질감이 형성되어 있어 현지 경찰과의 유대와 협조관계를 바탕으로 치안담당 영사로서의 업무효율성을 높이고 있다. 주요 선진국에서도 다수의 경찰주재관을 파견하여 재외국민 보호활동을 담당하고 있다.[390)]

최근 국제화의 진전으로 아국인의 해외진출이 증가하고 이와 관련된 사건 및 사고가 늘어남에 따라 향후 경찰주재관의 필요성은 지속적으로 증대될 것으로 전망된다. 그러므로 경찰주재관 제도를 활성화하기 위하여 그 활동영역을 확장해야 한다. 파견대상지역을 주재국의 우리 교민 수와 치안여건 등을 고려 일정한 기준을 정하고 이를 충족하면 우선적으로 경찰주재관을 파견하는 정부정책

389) 2009년 1월 기준 전 세계 25개 국가의 42개 공관에 48명을 파견하고 있다.
390) 2007. 2월 기준 주요국가의 경찰주재관 파견 규모는 일본 89개국 149명, 미 FBI 45개 시역 126명, 프랑스 총 92명 파견 등이다.

을 시행해야 한다. 그렇게 함으로써 해외교민의 보호는 물론 당해 국가를 중심으로 한 국제성범죄의 동향을 파악, 보고토록 함으로써 국제치안정세에 종합적으로 대처할 수 있을 것이다.

그리고 이들 재외주재관 업무와 근태에 대하여는 외교부에서 전적으로 관리하지만 경찰주재관에 대해서는 일부 경찰청장이 귀국의 제한 등 필요한 조치를 통하여 관리하고 있다.

가. 경찰주재관의 경찰관련 임무

해외에 파견된 해외주재관은 공관장의 지휘감독을 받아 교민에 대한 형사상 권익을 보호하며 아국 관계 국제성 범죄에 대한 주재국 법집행 기관과의 수사공조를 한다. 그리고 국제 테러조직 등 불순세력에 의한 위해행위를 방지하고 그들의 잠입저지를 위한 주재국 경찰과의 정보협력 등의 임무를 수행하는 등 주재국에서 경찰관계 외교관으로서 우리 국민의 권익보호를 위해 일한다.

다른 한편으로는 한국경찰의 선진화된 치안시스템을 홍보하고 전수 등을 통해 국가위상 제고에도 기여하고 있는 것이다.

이와같이 경찰주재관은 일반적인 외교통상부 영사업무와 구별하여 고유기능인 경찰로서의 임무를 함께 수행한다. 구체적인 내용을 살펴보면 재외국민 권익보호를 위한 활동, 마약, 테러 등 국제성범죄와 관련한 자료수집, 국제성범죄자 검거를 위한 수사공조 활동, 주재국 경찰기관과의 협력업무, 기타 경찰업무와 관련한 하명사항의 처리 등을 규정하고 있다.[391] 또한 최근에는 '공직선거법과 국민투표법' 개정안이 국회에서 통과되어 발효됨으로써 재외국민 권익신장에 대한 정치권의 관심 확대와 해외생활 안전에 대한 교민단체 등의 국가적 지원의 요구가 증가될 것으로 예상된다. 국민의 해외진출과 국제교류의 확대가 가속화 되고 있는 추세에 맞추어 앞으로 꾸준히 증가될 전망이며 경찰주재관의 파견과 역할에 대한 조정이 필요할 것이다.

나. 경찰주재관의 일시 귀국

경찰주재관의 근무기간은 원칙적으로 계속하여 3년이다. 다만 경찰청장은 재

391) 경찰청의 '해외주재관 운영에 관한 규칙' 제5조에 명시하고 있다.

외공관장이 요청하는 경우에는 외교통상부 장관의 동의를 얻어 1년의 범위 내에서 연장근무가 가능하다. 그리고 공무 외로 본국에 일시 귀국할 수 있는데 이에는 여러 가지의 요건을 갖추어야 한다.

허가권자는 총경급 이상은 경찰청장이며 경정 이하는 차장이 허가권자이다. 그리고 요건으로는 배우자, 본인 또는 배우자의 직계 존비속이 사망하거나 위독한 때, 본인이 본국에서 치료를 받거나 휴양이 필요한 때, 본인 또는 자녀가 본국에서 결혼할 때, 기타 경찰청장이 특히 필요하다고 인정한 때 등이다. 또한 부수적인 요건으로는 부임 후 1년이 경과하여야만 본국에서 휴가를 보내기 위하여 입국할 수 있으며 승진시험을 응시하고자 할 때도 본국 입국이 가능하다.[392)]

다. 경찰주재관의 근태 및 소환

경찰주재관이 다음과 같은 사유에 해당하는 경우에는 소환 등 적절한 조치를 하여야 한다. 첫째, 국위를 손상하거나 국가 이익에 위반되는 행위를 한 때 둘째, 정당한 사유 없이 중요한 업무수행을 태만히 하거나 경찰관으로서의 복무상 의무를 위반한 때 셋째, 외교통상부 장관 또는 해당 공관장으로부터 소환요청이 있을 때와 해당 직무수행에 부적합하다고 인정된 때 등이다.[393)]

3. 경찰주재관의 파견지역 확대

재외국민 보호의 첨병인 경찰주재관을 재외 국민이 다수 체류하거나 거주하는 지역으로 파견의 확대를 추진하고 있다. 즉, 중동, 동유럽지역은 재외국민의 사건과 사고가 잦은 지역임에도 아직 경찰주재관이 파견되지 않고 있다. 그리고 공직선거법의 개정에 따라 2012년도부터 재외국민에게 투표권이 부여되기 때문에 선거의 공정한 관리와 선거법위반 사범에 대한 처리를 위하여 경찰주재관의 역할이 필요할 것으로 예상되며 따라서 경찰주재관의 파견지역 확대가 필요할 것으로 예상된다.

392) 해외주재관 운영에 관한 규칙 제6조, 제7조.
393) 동 규칙 제11조.

제5절 외사관련 행정 및 지원업무

1. 경찰관 국외공무여행의 관리

가. 국외공무여행의 허가

경찰관이 공무국외여행을 하고자 할 때에는 사전심사대상이 되는 경우에는 출국 예정일 20일 전까지 허가권자[394]의 사전허가를 받아야 한다. 이는 공무여행이 실질적으로 효과를 거양하고 실무상 필요한 경우에만 허용함으로써 공무를 이유로 한 외유성 국외여행을 억제하고 국가 예산의 절감을 통한 효율성의 증대를 목적으로 시행하는 제도이다.

나. 국외공무여행의 심사대상 및 승인

공무국외여행의 절차는 국외공무여행이 필요적 사전 심사대상인지 여부를 판단하여 여기에 해당하는 경우에는 공무국외여행 사전심사를 위한 허가건의 및 승인을 받아야 한다. 심사대상은 첫째, 경찰기관외 기관 및 단체 등이 여행경비를 부담하는 경우이다. 둘째, 모범 공무원 등을 대상으로 하는 포상 · 격려 공무국외여행인 경우이다. 셋째, 시찰 및 일반적 자료수집 등을 목적으로 하는 경우 넷째, 경찰기관 주관으로 10명 이상의 단체공무국외여행인 경우이다.

그 허가기준은 여행의 필요성, 타당성, 적합성, 적시성과 여행경비의 적정성 고려 등이다. 이와 같이 심사대상이 되는 공무국외여행의 경우에는 공무국외여행 심사위원회[395]의 심사를 통하여 승인을 받아야 한다.

394) 국외공무여행 허가권자

소속	직급	허가권자	보고자
경찰청 및 소속기관	총경이상	경찰청장	• 여행주관부서국장 • 외사국장
지방청 및 직할대	경무관이상		• 외사국장

다. 국외공무여행 결과보고

국외공무여행의 실시 후에는 그 결과를 보고해야 한다. 이는 부서 간 자료공유 등 출장결과의 활용도를 제고하고 해외출장의 실효성을 통해 공무수행의 대국민 신뢰도를 높이기 위한 것이다. 따라서 일정한 양식에 의하여 귀국 후 30일 이내에 허가권자에게 결과를 보고하여야 한다.[396]

2. 민간인 통역요원 관리 및 활용

경찰은 일반 주민을 대상으로 다양한 어권의 통역요원을 사전에 확보하고 있다. 이들 전문 통역요원은 야간통역 서비스 및 전화통역 등에 활용하기 위하여 외국어대학교, 사이버경찰청, 지방경찰청의 홈페이지 등에 공고문을 게재하여 모집한다.[397]즉, 전문 통역요원은 지방경찰청 및 각 경찰서별로 어권별 치안수요에 따라 외국인범죄 수사 등 수사절차에 있어 효과적인 통역서비스를 지원한다. 또한 이들은 국제행사 및 회의 등 외국인이 참여하는 행사시에 통역을 지원한다. 이렇게 외사경찰의 역량을 강화하기 위하여 민간인 통역요원을 사전에 선발하여 활용하고 있다.

그리고 이들에 대하여 D/B하고 신분변경사항을 수시로 점검하며 연 2회 정비하고 있다. 그리고 이들을 효율적으로 관리하기 위하여 통역요원과 통역요원의 수요부서가 참여하는 정기적인 간담회 등을 개최하여 운영에 대한 불편사항을 개선하고 있다.

---

395) 공무국외여행 심사위원회

소속	직급	위원장	위원
경찰청 및 소속기관	총경이상	경찰청 차장	• 위원장 포함 5 ~ 7인 • 외사국장, 주관부서 및 감사·운영지원과장
지방청 및 직할대	경무관이상		

396) 경찰청 '경찰기관소속공무원의공무국외여행업무처리규칙' 제10조.

397) 민간인통역요원 현황

구분	합계	영어	일어	중국어	아랍어	러시아	베트남	프랑스	몽골	스페인	태국	독일	인니어	벵갈어	파키스탄	필리핀	기타
계	2,328	352	346	504	14	192	136	28	133	38	103	31	77	42	58	90	164

(2009년도, 경찰청)

3. 외사협력자문위원회의 운영

가. 외사협력자문위원회 구성

외사관련 치안정책의 수립과 집행에 대한 자문을 구하고 외사경찰의 주요 치안성과를 홍보하고자 '06. 4월에 외사협력자문위원회를 발족하였다. 동 위원회 위원의 임기는 2년이며 10인 이상 30인 이내로 구성된다. 그리고 연 2회의 정기회의와 필요시 임시회의를 개최하며 무보수로 운영되나 예산의 범위 내에서 필요경비를 지급할 수 있다.

나. 외사협력자문위원회의 역할

동 위원회에서는 경찰업무와 관련된 체류외국인의 인권보호에 관한 사항, 외국경찰기관과의 교류협력에 관한 사항, 기타 외사 치안정책과 관련하여 경찰청장이 필요하다고 인정하여 위원회에 부의한 사항 등에 대해 심의하여 경찰청장을 자문하는 임무를 가진다.[398]

단 위원 또는 위원이었던 자는 위원회의 활동과 관련하여 알게 된 경찰청의 업무와 관련 비밀을 누설하여서는 아니 된다.

4. 국내 유관부처와의 업무협력

외국인의 출입국에 대하여는 어떠한 형태로든 철저히 관리하는 것이 국제적 추세이다. 특히 최근 미국에서의 테러발생과 유럽에서의 불법이민이나 이주의 급증으로 인하여 출입국 관리를 더욱 강화되고 있다. 그래서 우리나라도 국제공항과 항만에는 주무부처인 출입국관리사무소를 비롯하여 세관, 검역소, 국가정보원, 경찰 등이 파견되어 상호 업무협조를 하고 있다. 그러나 이러한 현장에서의 부처간 협조도 긴요하지만 근본적으로 이와 관련된 정책수립이나 평가에 관하여 보다 상위체계에서도 긴밀한 협조가 이루어져야 한다. 따라서 관계기관의 상설협의기구를 설치하여 운영하거나 관련 법령 제정을 위해 노력하는 등 경찰의 대외창구로서 외사경찰의 업무도 매우 중요하다고 할 것이다.

---

398) 경찰청 외사협력자문위원회 운영규칙(경찰청 예규 제351호), 제6조.

제2장

외사정보론

제2장 외사정보론

제1절 정보에 대한 개설

1. 정보의 개념구분

정보의 개념을 유사용어인 첩보, 정보(지식), 외사정보 등의 각 개념을 비교하여 설명하면 다음과 같다.

가. 자료(Data)

자료란 특정한 목적에 의해 평가되어 있지 않은 단순한 여러 사실이나 기호를 말한다. 그러므로 이 자료는 특정한 목적이나 처리과정을 거치지 않은 채 산재해 있다. 즉, 각종 신문자료, 서적, 광고, 개개인의 신상자료 등 삼라만상 모든 것이 자료에 포함된다. 그리고 이러한 데이터는 일반적인 의미의 자료이기 때문에 이의 유용성은 이를 필요로 하는 사람에 따라 다르다.

나. 첩보(Information)

첩보란 목적성을 가지고 의도적으로 수집한 데이터를 말한다. 따라서 첩보는 의식적으로 수집하지만 아직 분석이나 평가 등의 정보처리과정을 거치지 않은 것이므로 다소 불확실한 특징을 가지고 있다. 이러한 의미에서 첩보를 1차 정보 또는 생정보라고 부르며 다소 조잡하고 용도에 맞지 않을 때도 있다. 근거가 희박한 풍문, 소문, 루머도 첩보의 일종이라고 할 수 있다.[399)]

다. 정보(Intelligence)

정보는 이를 생산하거나 사용하는 주체가 누구이냐에 따라 정보를 정의하는 태도는 달라지는 양상을 보이고 있다. 먼저 최광의의 정보개념으로는 정보가 곧 지식이라는 태도를 따른다. 미국의 CIA의 Consumer's Guide to Intelligence에서 정보는 '우리를 둘러싼 세상의 지식 또는 사전 지식'이라고 정의하고 있는 것이 그 대표적인 예이다.[400] 물론 이러한 태도에서도 미국의 정책결정자가 결정을 내리거나 행동을 취하는데 있어서 전조가 되는 것이 지식이라고 하여 정보와의 구분을 고려하고 있다.

둘째, 광의의 정보개념은 정보의 내용과 정보의 생산절차를 기준으로 하여 지식으로서의 정보를 한계 지으려는 태도라고 할 수 있다. 정보를 국내외의 활동과 국내외 지역과 관련된 실제 또는 잠재적 상황과 상태에 관한 첩보를 수집하고 가공한 결과인 생산물이라고 정의하는 경우[401]가 이에 해당한다.

셋째, 협의의 정보개념은 정보를 방첩분야나 범죄정보와 구별하여 개념을 정의하는 태도가 이에 해당한다. 이에 따르면 정보는 곧 대외정보를 의미하게 되며 외국의 정부와 그 정부 조직, 외국의 조직, 외국인 등의 능력, 의도, 활동에 관한 첩보를 의미하는 것이다.

이렇게 보는 관점에 따라 정보에 대하여 다양한 정의를 내릴 수 있지만 국가정보활동의 입장에서는 일반적으로 정보란 국가의 정책결정을 이하여 수집된 첩보를 평가, 분석, 종합 및 해석한 결과로 얻은 지식이라고 정의할 수 있다.[402]

〈표 2-1〉 자료 · 첩보 · 정보의 비교[403]

구분	광의의 정보		
	자료(Date)	첩보(Information)	정보(Intelligence)
의미	단순 사실. 신호. 소재	목적의식에 따라 수집된 자료	일정절차(정보절차)따라 가공. 처리된 유용성

399) 이윤식, 「행정정보체계론」, (서울: 법영사, 1999), p. 104.
400) A Consumer's Guide to Intelligence, Washington. D.C, : Central Intelligence Agency, 1994.
401) Leo D. Carl, International Dictionary of Intelligence(McLean, VA : Maven Books, 1990).
402) 박노철, 김병우, 「치안정보론」, (경기: 경찰대학, 2007), p. 12.
403) 박주원, 「범죄정보체계론」, (서울: 수사연구사, 2004), p. 183.

용어	데이터(자료)	1차 정보. 생정보. 첩보	2차 정보. 정보. 가공정보. 지식
활동	입력(Input)	수집	평가. 분석. 지식
활동특성	임의적	의식적	의식적
활동주체	전 구성원	전 구성원	정보부서 구성원
특성	무의미	불확실성	확실성
유용성	소	중	대
시간	자동적	신속성	지연성

라. 외사정보

외사정보라 함은 국가의 안전과 이익 그리고 공공의 안녕과 질서에 대한 침해를 예방하고 단속할 목적으로 외국인, 외교사절, 외국기관, 외국상사단체 및 외국 또는 외국인과 관련된 내국인, 해외여행자, 해외동포 등을 대상으로 행하는 국가의 보안정보 활동에 관련된 일체의 지식을 말한다. 따라서 외사에 관한 기본정보, 현용정보 및 판단정보는 물론 국가 안전보장성 정보까지 포함하는 넓은 개념으로 보아야 한다.[404] 이처럼 외사정보는 자국인 또는 내국인에 관계되는 정보를 제외한 모든 정보이다. 그러므로 국내에 주재하는 외국인 또는 외국기관과 해외에 거주하는 동포들이 국내 제반정세에 미치는 영향력 및 취약성에 관한 지식을 말하는 것이라고 볼 수 있다.

2. 외사정보의 특성

정보는 일반적으로 적시성, 적실성, 비이전성, 누적 효과성, 신용가치성, 무한가치성 등의 특성이 있다. 특히 외사정보는 국제정세에 민감하게 반응하고 내용도 상당히 다양화하는 등 일반 정보와는 다른 고유한 특성을 갖고 있다.

404) 이종화, 전게서, p. 147.

가. 정보활동의 대상과 한계

일반 경찰정보는 당연히 내국인과 국내 제반 문제에 관한 정보를 대상으로 하나 외사정보는 외국인, 국제기구, 외국과 관련한 모든 것을 그 대상으로 하는 정보이다. 따라서 대상적으로 한정되어 있는 것이 특성이다. 또한 외사정보는 이같은 대상의 특성으로 인하여 국제적인 문제로서 일련의 정보순환과정에서 오류의 발생 등으로 외국과의 외교적 마찰이나 향후 파장으로 인해 국가간 관계 악화 등 우려가 있다. 이에 따라 첩보 원천과의 접촉 또는 정보의 수집 및 배포 등에 있어 특별히 고려하여야 하는 특성이 있다.

나. 정보활동의 요건

외사정보는 국제법, 영사관계에 관한 비엔나협약 등 국제관계 규정에 따른 경찰활동에 의하여 수집되는 경우가 대다수이다. 또한 출입국관리법, 외국환관리법 등 외사업무와 관련된 법규를 통하여 업무를 수행하거나 규제되므로 일반 정보활동과는 차별되는 특별한 전문지식이 필요하다

3. 정보 및 외사정보의 분류

가. 첩보의 수집활동에 따른 분류

첩보의 수집이란 첩보수집기관이 출처를 개척하고 수요 첩보를 입수하여 이를 정보작성기관에 전달하기까지의 과정을 말하며 인적 수단이나 기술적 수단을 이용하여 첩보의 수집이 이루어진다. 수집된 첩보는 정보의 분석 등 생산부서로 전달하게 되는 것이 원칙이다. 단, 첩보의 내용이 경미하거나 긴급성이 있는 경우 분석과정을 거치지 않고 사용자에게 전달될 수 있다.[405]

첩보의 출처는 첩보가 얻어지는 존재 원천이다. 첩보를 수집하는 활동은 수집의 대상인 첩보가 어디에 어떠한 형태로 존재하느냐를 확정하는 것으로부터 출발한다. 조직, 단체, 지역, 인물 등의 첩보 수집목표가 설정되면 이들 목표들

405) 경찰의 첩보수집활동은 경찰법 제3조에 규정된 치안정보의 수집, 경찰관직무집행법 제2조 3호에 규정된 치안정보의 수집, 작성 및 배포를 그 법적 근거로 삼고 있다.

로부터 첩보를 수집할 수 있는 구체적 방법 및 경로들을 파악하여야 한다. 이러한 방법 및 경로들을 첩보의 출처라고 한다.

다양한 첩보의 출처들을 이해하는 것은 수집목표에 가장 적합한 출처가 어떤 것인지를 이해하는데 기여하게 된다. 첩보의 출처[406]를 구체적인 수집경로 또는 수집방법을 기준으로 분류하면 인간정보와 기술정보로 대별된다. 이는 다시 비밀성의 유무를 기준으로 각각 공개출처정보와 비밀출처정보, 수집기술을 기준으로 영상정보와 신호정보로 나뉜다.

1) 인간정보

인간정보는 인적 수단을 이용하여 수집한 첩보를 말한다. 인적 수단이 공개출처정보를 이용하여 첩보를 수집하는 형태는 신문, 잡지 기타 출판물과 인터넷, 방송매체 등 각종 매스컴 등을 이용하는 것이 일반적이다. 하지만 공공기관 방문, 전화 문의, 공개 토론회 등 참석, 기업·전시장에서의 팜플렛 수집 등도 이에 포함한다. 정보경찰의 활동의 대부분이 이러한 공개된 정보에 대한 접근을 통하여 이루어진다고 보아야 할 것이다.

비밀출처정보에 대한 인간정보 활동은 정보기관에 소속되어 주로 첩보의 수집을 담당하는 관리인 정보관(intelligence officer, IO)에 의한다. 이들은 대상 국가의 대사관에서 외교관 신분을 갖고 주재관(attache) 등으로 활동하며 직접 수집하는 경우이다. 다른 한편으로 공작원이나 협조자를 포섭하여 활용하는 경우와 특별한 경우에는 포로나 망명자 등으로부터 추출하는 경우도 있다.

2) 기술정보

기술정보는 기술적 수단을 이용하여 수집한 첩보를 말한다. 기술정보는 사진이나 영상을 수집수단으로 하며 위성전자사진(,SATINT, satellite electronic photography), 레이더 영상(RADINT, radar imagery), 재래식 항공사진(PHOTINT, conventional aerial photograph) 등을 포함하는 영상정보(IMINT, imagery intelligence)와 음성, 전파 등의 각종 신호를 수집수단으로 한다. 이렇게 인간의 통신수단인 음성, 전신 부호, 전화

406) 첩보의 출처는 정보기관과 학자에 따라 그 분류 방법이 다양하다. 개척출처의 비밀성 유무를 기준으로 삼는 경우 공개출처(open source 또는 overt source)와 비밀출처(covert source)로 구분한다. 정보기관이 정보역량을 집중해야 하는 분야는 비밀출처이다.

회선, 공중파, 전자우편 등과 신호정보(SIGINT,signal intelligence)로 대별되는데 대표적인 예로 감청하는 통신정보(COMINT, communication intelligence)가 있다.

나. 정보의 분석형태에 따른 분류

정보를 산출해 내는 방법을 기준으로 분류할 때 기본정보와 현용정보, 판단정보로 대별된다. 기본정보는 기본적, 서술적, 일반 자료적 유형의 정보이다. 현용정보는 현상 보고적 정보를 말한다. 그리고 판단정보는 예측 평가적 또는 보고적 유형의 정보라고 할 수 있다.[407]

1) 기본정보(Basic Intelligence)

기본정보는 모든 사상의 정적인 상태를 기술한 인종이라든지 지리적 일반상태, 국가의 전통, 가치관, 권력구조, 국가의 기본정책 등과 같이 비교적 변화가 적은 정태적이고 기초적인 사항을 내용으로 하고 있다. 이미 경험했거나 영구불변인 것은 사실상 있을 수 없기 때문에 기본정보로 취급될 내용은 사실상 모든 변화의 기초라고 할 수 있다. 셔먼 켄트는 '서술적 기본정보는 매일의 변화의 의미를 해석하는 기초가 되며 장래의 예측이 그것 없이는 무의미하게 될 기초가 되는 정보이다.'라고 지적하고 있다.

2) 현용정보(Current Intelligence)

현용정보는 모든 사상의 동태를 현재의 시점에서 객관적으로 기술한 정보이다. 기본정보가 비교적 과거에 속하고 또한 변화를 내포한 기초적인 정보라면 현용정보는 일정시점에서 발간되는 정보로서 정책결정자 또는 의사결정자에게 실시간으로 알리기 위한 정보이다. 현용정보를 시사정보 또는 현행정보, 현상정보라고 하기도 하며 이에는 수시정보, 시사정보, 정기정보가 있다. 시사정보는 현용정보의 사실의 일부 또는 전부가 표면화 되어 시사성을 띤 사건에 관한 상황정보를 말한다. 수시정보는 일일, 주간, 월간, 연간 등의 일정기간을 현재로 해서 발생한 모든 현황의 동향과 관련된 정보이다.

---

407) 김성훈, "경찰정보활동의 법적 근거와 한계에 관한 연구", 동아대 대학원, 박사학위논문, 2004, p. 22.

3) 판단정보(Speculative—Evaluative Intelligence)

기본정보가 과거에 관한 기초 자료이고 현용정보가 현실의 동적인 사항에 관한 정보라면 판단정보는 특정문제를 체계적이며 실증적으로 연구하여 미래에 있을 어떤 상태를 추리, 평가한 정보를 일컫는다. 미래에 있을 어떤 상태에 관한 지식은 정보생산자의 능력과 재능을 가장 많이 필요로 한다. 판단정보는 확정된 사실에 관한 정보가 아니라 기본정보와 현용정보를 기초로 해서 추측판단한 정보이다. 따라서 어떤 사실 또는 사상에 대한 장래를 예고하고 책임 있는 사용자에게 적당한 사전지식을 주는 것을 목적으로 하기 때문에 기획정보라고도 한다.

셔먼 켄트가 말하는 예상적, 평가적 범주에 속하는 이 판단정보는 미래에 대한 사전적 지식으로서 '사실에서 도출된 특정적 정보'라고 할 수 있다. 그러므로 판단정보는 모든 사용자에게 있어 의사결정의 기초가 된다. 특히 국가정보는 대상국가의 능력과 취약점은 물론 가능한 행동방법이나 의도에 관한 판단의 자료로 활용된다.

다. 경찰실무에 따른 분류

경찰의 업무에 따라 경찰목적달성을 위하여 필요한 정보를 구분할 수 있다. 그러나 이것은 편의상의 구분이며 어느 부분이 특별히 강조되거나 소홀히 취급되어서는 안 된다. 외사정보를 제외하고 구분하여 설명하면 다음과 같다.[408]

1) 보안정보

이데올로기의 분쟁이 아직도 존재하고 있는 우리의 현실에서 안전보장과 관련된 정보의 수집은 필수적이라고 할 수 있다. 특히 공산주의 이념에 동조하고 국익을 해하는 세력에 대한 활동사항이나 단체 및 개인에 대한 정보수집, 국내에서의 간첩활동을 차단하기 위한 정보활동 등은 국가안전과 직결되는 중요한 활동이다.

---

408) 김성훈, 전게논문, pp. 27—28.

2) 범죄정보

경찰의 기능은 범죄의 예방과 진압 그리고 공공의 안녕과 질서유지이다. 따라서 경찰목적 달성을 위하여 범죄에 대한 각종 정보의 수집은 경찰정보활동의 가장 우선적인 업무이며 경찰관은 누구나 범죄관련 정보를 신속히 입수, 보고할 의무가 있다. 특히 사회가 발달하고 복잡해지면서 신종 수법의 범죄가 늘어나고 있어 이에 대한 적극적인 정보수집과 활용이 무엇보다 중요하다고 할 수 있다.

3) 일반정보

일반정보란 국가의 안전을 위태롭게 하는 개인이나 단체의 모든 불법행위를 예방하고 이를 수사하기 위하여 정보경찰이 수집하는 정보를 말한다. 국가의 안전을 위태롭게 하는 개인이나 단체의 불법행위에 대한 예방적 정보이므로 수사경찰의 대상인 범죄정보의 수집과는 다르다. 일반적으로 정보경찰은 정치, 경제, 사회, 문화 등의 제반 분야의 흐름은 물론 그 문제점 등 국가정책결정을 위한 정보를 수집한다.

4) 교통정보

각종 교통수단의 발달과 이에 따른 다양한 교통문제, 차량소통, 제반신호기 설치문제, 교통법규 등 각종 교통문제에 대한 사전진단의 필요성에 대응하거나 관련 정책이나 시설 등의 개선이나 발전을 위한 정보활동을 말한다.

라. 외사정보의 분류

정보는 분류유형에 따라 사용수준, 사용목적, 정보출처, 정보요소, 분석형태, 수집활동 등 여러 가지로 분류할 수 있다. 이와 같이 외사정보를 생산된 목적이나 형태에 따라 여러 가지로 구분하기도 한다. 현재 경찰청에서의 실무상 정보의 활용에 있어 구분하는 내용을 중심으로 살펴보면 다음과 같다.

1) 일일외사정보

매일 수집된 외사정보를 일반적으로 참고하거나 활용하기 위하여 미리 정한 카테고리별로 구분하고 정리하여 생산된 정보를 말한다. 즉, 해외치안상황, 외국의 경찰활동, 여행정보, 기타 주요 동정이나 해외정세 등을 수집하고 파악하여 작성한 보고서이다. 이렇게 생산한 정보는 관련된 정부부처나 기능에 매일 배포한다.

2) 외사정책정보

국가 위해요소를 관리하기 위한 정보활동에서 탈피하여 국가정책의 운영에 실질적인 도움이 될 수 있는 기획과 정책정보를 생산하는 것을 말한다. 따라서 정보가 필요한 적기에 수집 및 생산하여 정책의 수립이나 제도의 시행에 활용하기 위하여 SRI이나 PNIO를 하달하여 정보를 생산하기도 한다. 그리고 일상에서 도출된 사회적, 법률적 커다란 문제점에 대하여 사실을 확인하고 분석 및 판단하여 생산되기도 한다. 이러한 정책정보는 그 활용도가 가장 높고 정보생산의 핵심적인 역할을 담당한다.

3) 외사상황보고

외국인이 관련한 대형사건이나 사고가 발생하거나 국외에서 발생한 테러 등 중대하고 긴급한 상황이 발생하는 경우가 있다. 그리고 외국의 귀빈이 방한하여 활동하는 국내 일정에서 행해지는 보안활동 등에 대하여 필요한 시기에 보고서로 작성하여 생산하는 정보를 말한다. 특히 적시에 정책결정자나 기관의 장과 같은 지휘권을 가진 자에서 보고되어야 하는 것으로서 정보의 적시성이 가장 요구되는 보고서이다.

4) 외사범죄정보

외사범죄에 관련한 첩보를 수집한 후 상당한 이유가 있는 경우에는 정보로 분류, 관할 경찰기관에 하달하여 수사의 단서로 활용토록 하는 정보를 말한다. 이러한 범죄정보는 개인이나 신뢰할 만한 정보제공자, 첩보원, 그 밖의 다른 기관들로부터 입수된 정보를 포함한다. 또한 정보활동은 경찰기관의 민감한 활동으로서 정보의 수집원은 매우 광범위하다.

4. 정보의 요건과 효용

가. 정보의 가치적 요건

어떠한 정보가 질적 요건을 갖추었느냐 하는 것을 평가하는 데는 여러 가지 기준이 이용될 수 있다. 일반적으로 논의되는 정보의 질적 요건으로는 첫째, 정보가 당면 문제와 관련되어 있는 성질을 말하는 적실성(relevancy)[409]이다. 둘째는 정보가 사실과 일치되는 성질을 의미하는 정확성(accuracy)[410]을 말한다. 셋째, 정보가 정책결정이 이루어지는 시점에 비추어 가장 적절한 시기에 존재하는 성질을 말하는 적시성(timeliness)[411]이다. 넷째로는 정보가 그 자체로서 정책결정에 필요한 가능한 모든 내용을 망라하고 있는 성질을 말하는 완전성(completeness)[412]이다. 마지막으로 정보가 국가정책의 결정과정에서 사용될 때 국익증대와 안보추구라는 차원에서 완전한 객관적 입장을 유지해야 한다는 것을 의미하는[413]객관성(objectivity) 등을 들 수 있다.[414]

나. 정보의 효용

정보의 효용이란 전술한 질적 요건을 갖춘 정보가 정책결정과정에 어느 정도 기여했는지를 평가하는 기준들이다. 아무리 질적 요건을 충족하는 정보라도 효과적으로 사용되지 못한다면 의미가 없는 것이다. 정책결정과정에서 정보가 효과적으로 활용될 수 있기 위해서는 다음과 같은 요소들이 고려되어야 한다.[415]

---

409) 국가안보정책을 수립하기 위해 제기되는 현안문제와 관련되어 있을 때 이를 정보라고 할 수 있다는 것이다. 적실성에 대한 고려는 어떠한 사안이 정보기관의 수집 또는 분석의 대상이 되는지를 검토하는 데 있어서 중요한 의미를 가진다.

410) 정보의 정확성을 평가하기 위한 검토사항 5단계를 보면 첫째, 해당 사실이나 정황이 모두 가능한 것인가 둘째, 해당 보고 내용이 그 자체로서 일관성이 있는가 셋째, 해당 보고내용이 다른 출처로부터 얻어진 정보나 다른 부서의 보고내용에 비추어 확정되거나 부합 하는가 넷째, 다른 관련 정보, 특히 정확성이 평가된 정보에 비추어 어떠한 측면에서 일치 또는 불일치 하는가 다섯째, 만약 해당 정보가 다른 출처의 정보와 불일치할 경우 어떤 정보가 더 사실일 가능성이 높은가의 검토이다.

411) 정보를 수집하고 분석하여 생산하고 배포하는 등의 모든 기술적 절차는 정책결정자가 그 최종결과물을 필요로 하는 시점이 언제인가를 고려하여 계획되고 진행되어야 할 것이다.

412) 완전성은 하나의 정보가 이처럼 독립적이고 고유한 정책결정의 투입요소로서의 가치를 가지고 있는지를 평가하는 기준이 된다.

413) 김윤덕, 「국가정보학」, (서울: 박영사, 2001), p. 19.

414) 박노철, 김병우, 전게서, p. 12.

415) 상게서, p. 16.

첫째로는 형식효용으로 이는 정보가 정보사용자가 필요로 하는 외형 또는 형식에 부합할 때 형식효용(form utility)이 높다는 평가를 받게 된다. 둘째는 시간효용(time utility)으로 정보는 정보 사용자가 정보를 필요로 하는 시점에 제공될 때 시간효용이 높다는 평가를 받는다. 정보의 사용자가 자신이 해당 정보를 필요로 하는 시기 또는 기한을 정하여 생산자에게 요구하는 경우와 정보의 사용자가 명시적인 정보 제공의 시기를 제시하고 있지 않아서 생산자가 스스로 판단하여 정보를 제공하여야 하는 경우이다. 셋째는 접근효용(approach utility)으로 이는 정보사용자가 필요로 하는 정보에 쉽게 접근할 수 있을 때 접근효용이 높다고 평가하는 것이다. 이 효용을 높이기 위해서는 정보의 사용절차가 간소화 되어야 한다. 넷째는 소유효용(possession utility)으로서 정보의 양이 많으면 많을수록 증대되는 정보의 효용을 말한다. 정보를 많이 소유한 국가가 그렇지 않은 국가들에 비해 보다 정확한 상황판단을 할 수 있고 이를 통해 가장 최선의 대응책을 선택할 수가 있기 때문이다. 마지막으로 통제효용(control utility)으로 이는 정보를 필요로 하는 사람들에게 필요한 만큼 제공될 수 있도록 통제할 수 있을 때 효용이 커진다는 것이다. 정보는 정책결정 과정에 참여하면서 해당 정보를 필요로 하는 사람들에게만 각각의 필요를 감안하여 제한적인 범위 내에서 제공되어야 한다.

5. 외사정보의 기능

가. 정보와 정책과의 관계

전통적으로 군사, 외교적인 전략과 전술을 수립하는데 기여했던 정보가 정치, 경제, 사회, 환경 등의 비군사적인 분야로 그 영역이 넓혀지고 정책결정과정들이 다원화되면서 정보수요는 점차 증가되고 있다. 그러나 정보의 특성상 투입된 정보와 정책결정 사이의 뚜렷한 연결고리를 찾는 것은 현실적으로 쉽지 않은 일이다. 이러한 어려움은 정보요구와 수집, 정보생산 및 배포 과정에서의 정보독점, 정보왜곡, 정보소외 등에 기인하기도 한다. 결국 정보는 정책결정자에게 예측할 수 없는 미래에 대한 지식을 주고 현재의 고려요소들을 알려줌으로써 불확실성을 제거하여 정책결정자로 하여금 오판과 실수의 개연성을 최소화하는데 목적이 있다[416] 하겠다.

416) 美 CIA의 「정보사용자의 지침」에서 규정한 정보의 개념이다.

나. 정책결정과정에서 외사정보의 기능

정보의 자원을 필요로 하는 정책결정과정은 사회문제 중에서 일부를 정책 문제로 채택하고 다른 것은 방치하기로 결정하는 '정책결정' 단계, 이러한 정책을 현실적으로 실현하는 '정책집행' 단계, 정책효과의 발생여부를 검토하는 '정책평가' 단계로 분류될 수 있다. 정보와 정책결정의 관계를 이해하는 데는 이들 각 과정마다 정보가 어떠한 정보지원을 하고 있는가를 살펴보는 것이 중요한 의미를 가진다.[417]

1) 정책의제설정 단계

정책의제설정이란 정부가 일반 공중 또는 언론, 이익집단, 사회단체들이 제기한 사회문제를 정책문제로 채택하는 과정 또는 행위를 말한다. 여기서 말하는 정책문제란 정부가 정책적인 해결을 위하여 심각하게 검토하기로 결정한 문제를 뜻한다.

가) 정책의제화 필요성 제기

모든 사회문제가 정책의제로 채택되는 것은 아니며 정책의제로 채택되는 경로나 과정은 다양하다. 정보는 사회내부갈등 등 사회문제에 대한 전반적이고 지속적인 보고를 통해 정책결정자들의 주의를 환기시키고 정책의제로 채택되어 정책적 해결을 유도하는데 기여한다. 즉, 사전 문제제기 및 당사자 집단의 입장 전달 창구로서의 정보의 역할은 매우 중요하다.

나) 정책 환경의 진단

정보는 정책결정자로 하여금 현재의 상황을 인식토록 해주고 정책결정자의 정책수립과 조정에 필요한 판단에 기여한다. 따라서 국익증대를 위한 국내외 정치, 경제, 군사, 과학기술, 사회 등 광범위한 분야에 걸쳐 여건을 분석하고 정책에 대한 국제여론, 국민여론, 지역여론, 계층여론 등을 파악한다. 이와 같이 정책의제로 설정하기 위하여 가장 우선적인 과제는 정책 환경을 진단하는 것이다. 또한 환경진단을 통해 현재의 정책에 대한 문제점을 파악하고 새로운 정책의 수립과 조정방향에 대한 자료를 제공한다.

---

417) 상게서, p. 30.

다) 조기경보

정보는 조기경보를 통해 돌발적인 안보상황에 대한 효과적 대응을 취할 수 있다. 군사적인 안보에서부터 금융위기, 환경재난, 전염병, 테러·마약밀매 등 국제성범죄에 이르기까지 국가안보를 위협하는 요인에 대한 사전정보의 입수를 통한 실태의 추적과 경보 기능은 매우 중요하다.

2) 정책결정 단계

정책결정이란 어떤 정책문제가 거론되면 해결을 위한 정책목표를 설정하고 이 목표를 달성할 수 있는 여러 가지 대안을 고안하고 검토하여 하나의 정책대안을 채택하는 등의 일련의 모든 활동을 말한다.

가) 미래상황의 예측에 대한 판단 제공

정책결정에 있어서는 미래상황의 변동에 따라 구체적인 정책 대응방안도 달라지기 때문에 가변적 미래상황에 대한 정보는 필수적이다. 중요 현안에 대해 정확한 상황의 인식을 토대로 사태의 발전 가능성을 판단하여 정책부서에 제공함으로써 합리적인 정책선택이 이뤄지도록 한다. 미국의 '국가정보 예측판단보고서(National Intelligence Estimates, NIEs)'는 중요 현안의 정보판단으로 미국의 정보공동체 전체를 대표하는 '국가정보협의회'에서 작성되는데 이것이 그 대표적 예이다.

나) 정책선택에 수반하는 고려사항의 제공

정책이 생존하려면 조직과 인력 등의 기술적 실현가능성, 예산상의 재정적 실현 가능성, 여론에 따른 정치적 실현가능성이 있어야 한다. 이에 대하여 정보는 사전적으로 정책대안들을 비교하고 검토하여 판단의 근거를 제공한다. 또한 정책대안들의 집행과정에서 나타날 수 있는 문제점, 부작용, 파장, 정책효과 등을 분석하고 예측함으로써 정책선택에 있어 중요한 역할을 한다.

다) 정책적 대안 제시

정책관련자나 집단들은 모두 스스로에게 유리한 정책대안을 준비하고 있는 경우가 많다. 이들의 주장 및 대안을 정책부서에 전달하면서 정책대안의 의도 및 배경 등을 분석하여 객관성을 검증하기도 하고 필요한 경우에는 자체적인 대안을 제시하기도 한다.

3) 정책집행 단계

정책집행은 정책의 내용을 실현시키는 과정을 말한다. 정책 내용을 실현시키는 과정에서 정책목표가 달성되는 경우도 있고 그렇지 않은 경우도 있다.

가) 정책집행과정에서의 문제점 파악

정책부처들이 하나의 정책목표를 달성하기 위해 정책을 분담하여 집행할 경우에는 부처 간 협조와 조정이 곤란하여 집행이 중단되거나 시간이 지연되기도 하고 소관이 애매할 경우가 있다. 또는 정책집행과정에서 예기치 않은 변수가 발생하거나 현장 갈등이 수시로 야기되기도 한다. 정보는 이러한 문제점에 대한 지속적인 모니터링으로 정책을 조정(전환)하거나 정책의 부작용을 최소화하는데 기여한다.

나) 국제협상에서의 기여

국제협상에 있어 협상력은 국익과 직결된다. 정보는 군축협상, 무역협상, 국제회의 등에서 국익이 상충될 때 상대국의 협상전략, 양보여지, 협상당사자 성향 등을 파악하여 대응자료로 활용할 수 있도록 제공한다.

4) 정책평가 단계

정책평가란 집행결과 정책효과의 발생여부를 검토하는 것을 말한다. 정책평가에서의 정보의 역할은 정책집행과정에서 나타났던 문제점, 효과, 반응 등에 대하여 분석하고 평가한다. 그럼으로써 바람직한 집행방향을 제시하거나 정책의 재수립 여부를 판단하게 할 수 있다. 즉, 여기서의 문제점과 효과 및 반응 등에 대한 평가는 정책의제설정의 단계로 환류되는데 의의가 있다.

제2절 외사정보의 순환과 환류

정보순환을 이해하기 위해서는 먼저 사용자의 요구가 어떤 경로를 통하여 다시 정보체계 내로 환류할 수 있는가를 아는 것이 중요하다. 정보순환과정을 구성하는 개별적인 단계들의 관계는 일방적이거나 단선적인 흐름을 가지는 것이 아니다. 이는 사용자와 정보기관간의 환류와 함께 정보체계 내에서 각 기능 간에 발생하는 소순환과정들을 포함하는 유기적인 정책상 수정이 요구되기도 한다. 또한 이를 위한 자료가 필요할 때는 PNIO에 우선하여 첩보요구의 형태로 이루어지고 있다.

1. 외사정보의 순환 및 환류의 개념

가. 정보의 순환(intelligence cycle)

국가가 정보활동을 효율적으로 수행하기 위해 정보기관들을 조직하고 그 정보기관들의 활동원칙 및 절차 등을 정립하여 놓은 상태를 정보체계라고 한다. 이러한 정보체계 내에서 정보사용자의 요구에 의해 생산된 정보가 다시 사용자 요구의 형태로 정보기관으로 환류(feed-back)하는 특성을 발견할 수 있다.

이처럼 정보기관의 활동이 요구, 수집, 생산 및 배포 등의 다양한 기능들에 의해 유기적으로 연결 및 수행되면서 환류를 통한 자동적 조정을 거치는 특성을 정보의 순환이라고 한다.[418]

나. 정보의 환류

첫째, 사용자와 정보기관 간의 환류는 평가 등 1차 처리만을 거친 수집결과가 사용자에게 제공되는 경우와 분석 및 종합을 거친 분석결과가 사용자에게 배포되는 경우로 구분해 볼 수 있다. 어느 경우에도 배포된 정보는 사용자에게 새로운 정보요구를 발생시킴으로써 정보체계 내로 다시 환류하게 된다. 둘째, 정보요구의 결정 단계에서 시작되는 정보기관 내의 소순환의 과정으로는 분석단계에서의 추가적인 첩보수집 요구들을 들 수 있다. 분석을 위해 필요한 추가적인 첩보내용의 중요성이 높은 경우에는 정보요구를 결정하는 기획 단계로 환류한다. 해당 첩보를 효율적으로 수집하기 위해 수집계획과 수집기관을 재검토할 필요성이 있기 때문이다. 그리고 추가적인 첩보요구의 내용이 중요성에 비

418) 상게서, pp 49-50.

해 긴급성이 높은 경미한 사항인 경우에는 최초 수집단계로 환류하게 된다. 이는 별도의 기획이나 지시 단계가 필요하지 않기 때문이다.

2. 외사정보의 요구

외사정보의 사용자가 필요한 내용의 정보를 제시하거나 요구하면 이에 해당하는 정보를 수집하기 위한 계획을 수립하여 해당 기관이나 인원에게 하명하는 단계를 말한다. 이 단계는 제도발전을 위한 새로운 제도의 시행이나 수입을 하기 이전에 우리나라 제도에서 적용이 가능한지 또는 필요한지 여부 등을 파악하기 위해 정보의 수집대상에 대하여 특별히 필요한 사항을 입수하는 과정을 말한다.

따라서 일반적인 정보수집과는 다르게 적시성과 정확성이 동시에 요구되는 것이 특징이다. 그러므로 특별한 정책의 시행이나 필요한 정보를 생산하기 위하여 해외 경찰주재관 등 정보요원에게 현안에 관한 SRI을 하달하여 관련 자료를 수집하기도 한다. 이러한 정보의 요구방법은 다음과 같이 구분할 수 있다.

가. 첩보기본요소(EEI: Essential Elements of Information)

정보의 요구방법으로 먼저 국가의 각 부서에서 맡고 있는 정책계획을 수행하는데 우선적으로 필요한 첩보요소로서 계속적, 반복적으로 전체 지역에 걸쳐 수집하여야 할 사항으로 정보수집계획서의 핵심이 되는 첩보 기본요소가 있다.

나. 특정첩보요구(SRI: Special Requirements for Information)

이는 특정 지역의 특별한 돌발 상황에 대한 단기적 해결을 위해 수시로 이루어지는 특정사항에 대한 첩보요구를 말한다.

다. 국가정보목표 우선순위(PNIO: Priority of National Intelligence Objective)

국가안전보장이나 정책에 관련된 국가정보목표의 연간 우선순위로 국가정보원에서 작성하여 타정보기관 등에서의 정보활동계획을 수립하는 경우에 가장 중요한 지침이 되는 국가정보목표 우선순위를 말한다.

라. 기타의 첩보요구(OIR: Other Intelligence Requirements)

정책상 수정이 요구되거나 이를 위한 자료가 필요할 때 PNIO에 우선하여 이루어지는 첩보요구이다.

3. 외사정보의 수집

정보의 요구에 의하여 관련한 첩보를 수집하는 단계로서 이 수집수단에는 사람, 통신, 전자, 영상 등 여러 가지의 수단과 방법을 활용하고 있다. 이들 중 무엇보다 기본적이고 중요한 수단은 사람이다. 따라서 외사정보의 특성을 고려하여 외국어가 가능한 첩보수집요원이 절대적으로 필요하고 국제적인 식견을 광범위하게 습득한 전문적인 인적자원이 필요함은 당연하다.

가. 정보수집의 개념

정보의 수집이란 특정인에 대한 정보를 획득하려는 목적을 가진 모든 활동을 말한다. 그러므로 계속 사용을 목적으로 한 모든 의식적인 개인정보의 인지와 기록은 수집에 해당한다. 이와 구별되는 개념인 정보저장이란 계속적인 사용을 목적으로 정보파일에 정보를 보관하는 것을 말한다. 또한 정보제공이란 저장되거나 정보처리에 의하여 직접적으로 얻어진 정보를 제3자에게 제공하거나 열람할 수 있도록 함으로써 알려주는 것을 말한다.[419)]

나. 첩보수집 5단계

1) 물색(Screening)

정보원천을 발견하고 우선순위를 선정하여 대상자로 지정하는 과정을 물색이

419) 백초현, “경찰의 정보 수집권에 관한 헌법적 고찰”, 연세대 대학원, 석사학위논문, 2006, p. 13.

라고 한다. 물색은 지식수준과 협력수준의 2가지 요소를 종합, 평가하여 우선순위를 정한다. 그리고 제한된 판단자료에 근거하므로 대상자를 신속히 간파하고 선정할 수 있는 숙련된 지휘요원이 필요하다.

2) 준비 및 계획(Preparation & Planning)

수집대상기관에 대한 중·장기적 연구를 준비라고 하는데 이는 대상기관에 대한 기존의 공개된 정보를 숙지하여야 한다. 그리고 언론기관, 기존의 생산첩보, 대상기관에서 발간된 홍보자료나 웹 페이지 등의 자료를 바탕으로 한다. 그 이유는 배경지식이 뒷받침되지 못한 첩보는 단순한 동향일 뿐이기 때문이다. 또한 계획이란 접촉 대상자에 대한 단기적인 행동계획이나 접근방법 및 질문방법을 사전에 준비하는 것을 말하며 이는 매우 중요한 요소이다.

3) 접근(Approach)

대상자가 협조하는 이유는 다양하며 모든 대상자는 수집요원이 활용할 수 있는 약점과 심리상태를 갖고 있다. 따라서 대상자의 특징을 신속히 파악하여 적절한 접근방법을 선택함으로써 유대를 형성해야 한다. 필요에 따라서는 위장성명, 직함 사용도 가능하나 공식적인 연락을 위해서는 실제성명과 직함을 사용한다.

그리고 접근태도는 사무적 태도에서 편안하고 공감대가 형성될 수 있는 태도로 유도하며 접근기법으로는 필요 정보에 대해 직접 질문하는 직접기법이 있으나 대상자가 답변을 회피하거나 거부 또는 거짓으로 답하는 경우에는 간접기법이 필요하다. 그리고 물질적, 감정적 보상을 통한 협조기법이 있는데 이 기법이 성공하기 위해서는 보상액수보다는 대상자가 인식하는 대가의 크기가 중요하다. 마지막으로 대상자의 감정상태를 이용하는 심리기법으로는 애정이용법과 증오이용법이 있다.

4) 질문(Questioning)

올바른 질문을 통하여 가치가 높고 정확한 정보를 최단시간 내에 수집할 수 있다. 이를 위해서는 어떤 상황에서 어떤 유형의 질문을 사용할지에 대한 숙달이 필요하다.

질문유형에는 직접질문과 간접질문이 있다. 직접질문은 다시 필요 정보와 관련하여 세부 주제별로 질문하는 기획질문이 있다. 또한 기획질문에 대한 답변을 구체적으로 질문하며 대상자의 보유지식이 고갈될 때까지 계속 진행하는 후속질문이 있다. 그리고 최근 근황, 사적 질문 농담성 질문 등 필요 정보와 무관한 주변질문이 있다. 한편 진술의 진실성을 확인하기 위한 반복질문과 이미 알려진 정보를 질문하여 대상자의 진실성을 확인하는 통제질문이 있다. 마지막으로 기술적, 전문적 내용 파악을 위해 사전 준비한 준비질문 등이 있다. 또 다른 방법으로 단답형 답변이 가능한 유도질문이나 답변내용의 긍정인지 부정인지 여부에 대한 판단이 곤란한 경우 추가로 하는 부정 질문이 있다. 그러나 두 가지질문을 동시에 함으로써 대상자에게 혼란을 일으켜 답변을 회피하게 하는 복합질문 등은 절대로 피하여야 하는 질문유형 중의 하나이다. 간접질문은 대상자가 질문의 목적을 알아채지 못하게 함으로써 필요 정보를 수집하는 기법으로 여기에는 주변질문이 있다. 이 방법은 기획질문에 대한 보조적인 역할로 정보수집을 목적으로 하지 않는다는 점에서 차이가 있다.

5) 보고(Reporting)

수집한 대상자에 대한 정보를 요구자의 필요에 맞추어 정확한 내용으로 작성하여 필요한 기한 내에 전달하는 것을 말한다.

다. 첩보수집요원의 자질

첩보 수집을 위한 요원에게는 특별히 필요한 자질이 요구된다. 첫째, 인간관계, 갈등해결, 외국 언어 및 문화에 관심을 갖는 호기심이다. 둘째, 대상자의 진술 내용, 진위 여부, 신체언어를 정확히 인식할 수 있는 관찰력이다. 셋째, 대상자와 유대구축과 정보를 노출케 유도하는 인내력이다. 넷째, 각양각색의 대상자를 상대하고 상대 입장을 생각해야 하는 적응력이다. 마지막으로 정보판단에 자의 개입을 차단하고 대상자에게 감정적으로 대응하지 않는 객관적 능력이다.

라. 외사정보의 수집요령

1) 수집주체별 수집요령 및 우선가치

가) 경찰서 외사관

경찰서 외사관의 첩보수집의 우선가치는 현장성과 신속성이다. 따라서 외사첩보 수집의 최일선에서 지역적인 특성을 가장 잘 파악하고 있다는 장점을 활용하되 타 지역과의 관계에서 형평성과 객관성을 유지할 필요가 있다. 그리고 지역 내 현장에서의 입장을 생생하게 전달할 수 있는 역할을 수행할 수 있으며 PNIO, EEI, SRI 등 기존 첩보요구 이외에도 항상 참신한 외사첩보 소재를 발굴하여야 한다. 또한 지역 내의 문제에 국한하지 말고 국제이슈 및 외사 정책관련 이슈에 대한 관내 외국인 및 학계의 반응 등 다양한 소재를 염두에 두어야 한다.

나) 지방청 외사관

지방청 소속의 외사관은 종합력과 조정력을 우선 가치로 두고 지방청 단위에서 처리해야 할 사안과 본청에 보고하여 처리해야할 사안을 구분하여야 한다. 또한 현장에서 공통적으로 나타나는 이슈 및 현상을 종합적으로 간파하여 경찰청, 정부에 알리거나 대책이 필요한 사안을 중점적으로 수집한다. 그리고 경찰서별 외사대상, 각 외사관의 특기 및 구사 가능한 외국어, 주요 접촉대상에 대해 파악하여 필요시 유기적으로 조정한다.

다) 경찰청 외사관

경찰청 및 국가 차원에서 파악하거나 조치가 필요한 첩보를 중점적으로 수집해야 하며 첩보수집의 우선가치를 완결성, 신뢰성, 보안성 등에 두어야 한다. 그리고 모든 외사첩보의 최종적인 확인자라는 입장을 고려하여 관련 첩보를 완결할 수 있어야 한다. 또한 각 외사관은 대상국가에 대해 경찰청과 국가를 대표한다는 생각으로 보안 및 국제관계 등에 특별히 유의해야 한다.

라) 외사경찰이 아닌 일반경찰

전문적인 치안분야 사안이라는 부담을 갖지 말고 다양한 사안과 경로를 통해 수집한다. 특히 자신의 업무분야와 관련이 있는 내용에 대해 수집된 첩보일수록 출처의 신뢰도로 인해 가치가 높아진다. 그러므로 우선가치는 다양성, 참신성이라고 할 수 있다. 생활안전, 수사, 교통 등 치안현장에서 외국인 관련 업무를 처리하는 도중에 지득한 첩보 등이 이에 속한다. 이는 각 기능에서 정책을 추진할 경우 외국 사례를 참고하기 위해 검색한 첩보 등이 대부분이다.

2) 대상별 수집요령 및 유의사항

가) 외국 공관 및 기관

외교기관이라는 특성을 감안하여 협력자로서의 역할을 부각시킨다. 따라서 경찰서, 지방청, 본청 외사경찰 간의 역할분담을 명확히 하여 중복 접촉으로 인한 상대적 가치나 보안성의 약화 및 정보활동의 문제화를 차단한다. 주요 이슈에 대한 반응이나 제언 및 동향, 주요 인사의 왕래, 본국 정부로부터의 지시, 자국민 관련 업무 등이 주요한 수집대상이 된다.

이를 위하여 외국공관 출입시에는 출입의 허락이나 사전약속 등 사전승인을 득한 후 근무시간내 출입하는 것을 원칙으로 한다. 그리고 언어, 생활풍습, 금기사항 및 외교관 특권 등 사전지식을 숙지해 항상 신중하게 처신할 필요가 있다.

나) 체류외국인

체류외국인에 대하여는 해당국의 언어구사가 가능한 외사경찰을 최대한 활용한다. 정부기관원, 정보요원에 대한 인식은 국가별로 상이하므로 접촉할 때에는 외사경찰의 직책을 공개하는 수준을 조절하는 등 유의할 필요가 있다. 그리고 사생활을 중시하는 문화권의 외국인은 개인정보 및 외국인으로서의 권리에 대해 민감하므로 토론 및 대화자라는 인식을 갖도록 하는 것이 중요하다.

한편 한국인이 포함된 체류 외국인지원단체를 통해서도 유용한 정보를 수집할 수 있으므로 관련 단체에 대해서도 인맥을 구축해야 한다. 또한 국가별 커뮤니티, 종교모임, 이주여성 모임, 다문화 가정, 외국인노조 등의 대내외 움직임을 정기적으로 파악하고 국익과의 관계를 고려하여야 한다.

다) 재외국민 및 동포

국내이슈 관련 반응이나 동향, 정부의 재외국민이나 동포 관련 정책 또는 세류하는 국가의 외국인 정책에 대한 요구나 불만사항 등이 중요한 소재가 된다. 자국민 보호의 관점에서 각국의 테러 및 여행안전 정보도 유의할 필요가 있다. 그리고 해외동포 사이트나 현지 교민 소식지, 한인회장 선출 등 특정 이슈의 경우는 물론이고 교민 사회의 주요 관심사와 주요 활동과 조직을 파악해야 한다. 재외국민은 정보교류가 많고 그 내용이 정부정책의 수립에 많은 영향을 주기 때문에 관심을 가져야 하는 것이다.

라) 외사관련 내국인

국내의 외국상사 및 단체는 물론 특정국과 관련한 사회 활동가, 체류외국인 지원단체의 구성원, 외국인 출입업소 종업원 등 외국인과 관련된 활동을 하는 내국인도 중요한 외사첩보의 수집 대상이 된다. 따라서 대상 자체의 움직임은 물론 관련 외국인이나 단체 등의 주요 관심사에 중점을 두고 파악한다.

3) 보고서의 종류별 수집요령

가) 견문 보고

일반적인 동향을 중심으로 육하원칙에 의거 수집한다. 현재의 동향에 대한 배경 및 원인 등이 보거나 들은 내용임을 명기해야 한다. 그리고 향후 전망과 예상까지 수집한 내용을 보고한다. 그러나 견문을 수집한 외사경찰의 해석 및 예상에 대해서는 자신의 의견임을 전제로 보고 들은 내용과 구분하여 보고한다.

나) 반응 및 제언

보고가 대부분 예상할 수 있는 반응인 경우에는 내용보다 반응의 강도, 뉘앙스 파악에 중점을 둔다. 외국인 면담을 통해 수집한 내용의 경우에는 발언자의 의중이나 의도가 대화 중 사용된 특정 단어에 내포되어 있는 경우가 있으므로 구체적으로 언급된 단어를 기억해 둔다. 해당 사안과 관련한 배경지식, 예상 가능한 반응, 제언, 대안제시 등을 사전에 준비하여 구체적이고 직접적인 반응이 도출되도록 유도한다.

다) 인물 첩보

이는 특정 첩보대상자에 대한 공적인 업무행태를 비롯하여 사적인 행실 또는 인물평, 풍문 등에 관한 정보에 중점을 두고 정보를 수집한다. 최종적인 확인이 곤란한 정보의 경우에도 어떠한 내용이 누구로부터 확인된 내용인지를 명확히 한다. 어느 정보 수요자가 어떤 상황에서 활용할 수 있는지를 고려하여 보고한다. 대부분이 민감한 사안인 경우이므로 특별히 보안에 유의해야 한다.

라) 범죄 첩보

국민의 생명과 재산을 보호하고 범죄의 예방 및 검거와 관련하여 수사의 단서로 사용될 수 있는 정보를 의미한다. 수집된 사실관계를 근거로 범죄에 해당하는지 여부를 신중 검토한 후 범죄첩보로 보고한다. 범죄첩보로 보고되었을 경우 실제 수사단계로 진행되었는지 여부 등 해당 첩보의 처리과정을 기록한다.

마) 정책보고

외사 관련 주요 국가 정책, 치안시책 수립, 수정, 보완, 폐지 여부 등과 관련하여 정책결정자가 사용할 수 있도록 수집하는 정보에 중점을 둔다. 따라서 현재 시행중인 정책이나 제도 및 법령 등의 정확한 현황을 파악하는 것이 기초자료가 됨을 유의한다. 특히 정책이나 제도 등의 경우에는 특혜 또는 피해의 집단이 상시 공존함을 감안하여 첩보수집 대상과 방법 및 시기 등에 있어서 객관성과 공정성의 담보에 유의한다.

마. 정보원천

1) 정보제공자(Informant)

정보는 사람으로부터 나온다. 많은 사건들이 정보제공자의 도움으로 수사가 진행되고 해결되며 정보제공자의 도움이 없이는 불가능한 사건들도 실무경험상 매우 많다. 여기서 말하는 정보제공자는 피해자나 고소인 등 완전히 이해관계가 상반되는 사람을 제외하고 있다. 즉, 여러 가지 동기에서 수사기관에게 필요한 정보를 알려주는 사람을 말한다. 이들은 사전에 경찰과 연결된 경찰첩자(Police Spy)나 함정수사에 있어서 타인을 범죄의 함정에 넣기 위한 미끼로 행동하는 경찰 끄나풀(Stool Pigeon)일수도 있다. 또한 범죄에 이미 가담했던 내부 공모자이거나 하부 조직원 일수도 있고 반대조직의 조직원이거나 혹은 별건으로 체포된 피의자일 수도 있다.[420]

가) 정보제공자의 필요성

정보제공자는 사실상 어떤 방식으로라도 범죄요소를 지니고 있는 경우가 많고 정보를 제공하는 동기가 의심스럽거나 대체로 평판이 좋지 않은 등 여러 위험성을 안고 있다. 그럼에도 불구하고 수사기관의 정보수집 기법으로 가장 고전적이면서도 필수적인 위치를 차지하고 있다. 특히 조직적인 범죄는 정보제공자를 이용하지 않으면 안 되는 경우가 많이 존재한다는 현실적 이유가 가장 큰 정보제공자 이용의 근거라 할 것이다.

나) 정보제공자 활용시의 주의점

FBI에서는 정보수집에 있어 정보제공자를 이용할 때에는 수사기관의 고용원이나 종업원이 아니므로 불법적인 방법을 사용하지 않고 있다. 그리고 기소 또는 체포를 면제받을 수는 없다는 것, 보상금을 주고받는 경우 영수증을 반드시 받을 것, 정보원으로 사용하는 기간과 해서 될 일과 안될 일 등을 가능한 구체적으로 주고받아 명시할 것, 믿기 어려운 정보가 생산되는 것을 막기 위하여 정보제공자에게 다른 여러 믿을만한 정보원천이 있다는 점을 주지시키고 반드시 정보의 근본 원천 또는 제공자의 신원을 알 수 있는 자료를 취득할 수 있어야 할 것 등과 같은 유의사항이 지침으로 사용되고 있다.[421]

다) 전향 전술(Turning or Flipping Tactic)

전향 전술로 일컬어지는 이 방법은 조직범죄수사에 있어서 필수적인 네트워크 분석기법을 통해 네트워크의 구조상 취약점을 찾아낸 후 그 대상을 상대로 수사력을 집중하여 결국 정보제공자로 만드는 것이다. 그 이외에도 퇴직 또는 전직한 자, 원청업체의 하청회사 관련자, 이권을 다투다 탈락하게 된 자 등 수사대상자에 대한 불만자를 찾아내 접촉하여 제보를 듣는 것도 효과적이다.

아울러 정보제공자로부터 제보를 듣는 경우에 의연한 자세로 객관적으로 들으면서도 맞장구를 치는 식으로 동감을 표시한다. 그리고 요점이나 화제가 벗

420) 임유석, "범죄정보 수집활동의 효율성 제고방안", 동국대학교 대학원, 석사학위논문, 2008, p. 28.
421) 상게논문, pp. 31-32.

어나지 않도록 주의 깊게 입수하고 의심스런 부분은 반드시 질문을 하여 명백히 한다. 또한 복잡한 사안은 자연스럽게 메모를 하고 참고인이나 관련 증거의 수집방법에 유념하면서 최대한 상세히 제보를 듣는 것이 원칙이다.[422]

2) 비밀 작전 및 감시

가) 비밀작전(Undercover Operation)

우리나라의 경우 예산과 인력 및 인식 등의 부족으로 범죄정보활동에 비밀작전을 사용하는 것은 그리 흔하지 않은 일이다. 그러나 미국의 경우 법무성의 예산지원 아래 많은 프로그램들이 연구, 개발되고 실무에 활용되고 있다. 마약사건의 경우 비밀작전은 수사의 주된 기법으로 활용되어 왔다. 또한 부패사범에 대하여도 비밀작전은 매우 효과적인 정보수집 기법으로 FBI의 경우 실제로 사업체를 설립, 운영하면서 관련 공무원이 뇌물을 받거나 받으려 한 행위를 적발해내는 것이 대표적인 사례이다.[423]

나) 감시(Surveillance)

감시는 특정한 자료를 획득할 목적으로 시각, 청각 등을 사용하여 관찰하는 것이다. 대표적인 미행이나 감청에서 알 수 있듯이 관련자의 직접 제보 못지않은 훌륭한 정보수집의 원천이며 나아가 수사의 주요 기법 중 하나이다. 최근 첨단 과학기술의 발달은 수사기관의 적법한 각종 물리적, 전자적 감시를 최대한 효과적으로 수행할 수 있게 한다.

(1) 음성 감시

음성 감시 부분으로 대화내용을 감청하거나 녹음하는 고전적이면서도 감시의 대표적인 기법인 전화통화 감청을 들 수 있다. 이는 보통 전화국이나 통신회사의 협조 아래에 진행된다. 무선전화기도 미국에서는 라디오 스캐너라는 장비로 감청이 가능하다. 그 외에 대화의 당사자중 일방이 정보원이나 비밀요원 또는 수사협조자인 경우 상대방의 대화내용을 비밀리에 감시할 수 있는 카세트레코더, 소형무전기나 소형 마이크 등을 이용할 수 있다.

---

422) 상게논문, p. 33.
423) 상게논문, p. 33.

(2) 시각적 감시

시각적 감시 부분으로 고전적인 기법인 미행을 포함하여 고성능 사진기나 캠코더, 폐쇄회로TV, 일명 몰래카메라라고 불리는 소형 캠코더 등의 대표적인 수집도구이다. 그 외에 각종 고성능 망원경, 야시경, 비행기 등 상공 비행도구를 이용한 감시도구도 이용된다. 최근 미국의 경우 상업용 인공위성을 이용한 위성감시방법도 등장하였다.

(3) 컴퓨터 감시

컴퓨터와 관련된 감시 부분으로는 일반 PC는 물론 Network 시스템의 각종 감시를 전문으로 하는 소프트웨어 프로그램들이나 패턴인식 프로그램이 이미 많이 등장하여 활용 가능하다. 방대한 정보를 담고 있는 인터넷의 급속한 발달로 인하여 범죄와 관련된 많은 정보를 입수할 수 있다. 인터넷과 관련한 소프트웨어는 사용자의 마우스 클릭 1차례까지 감시할 수 있을 정도로 발달되어 있다. 최근 급격히 확산된 E-mail의 경우에는 발송과 서버 저장, 수신 등 여러 과정에서 감시가 가능하다.

(4) 기타 전자적 감시 도구

감시 도구로서는 첨단 과학기술의 기반 위에 전자센서 기법들을 이용한 각종 감시, 추적 장치가 개발되고 있다. 레이저 또는 적외선을 이용한 감시 장치, 각종 위치 확인을 위하여 정기 Beeper 등이 발신되는 전자신호를 통해 감지기에 위치를 자동으로 알려주기도 한다. 특히 차량의 위치 등을 확인하는데 사용하는 위치확인시스템 및 인공위성을 이용한 정밀위치 추적시스템도 있다. 그리고 cell phone 및 호출기의 감청장치, 디지털 방식의 지문 감식, 손바닥 지문 감식, 눈동자 인식시스템 등은 이미 널리 활용되고 있다.

3) 기존의 범행 파일과 공공기관

가) 기존의 범행파일

과거 전과기록은 필수적인 정보수집의 대상이다. 수사기록 및 재판기록 역시 훌륭한 정보수집의 원천이다. 특히 범죄사실과 직접 관련이 없는 부분이 향후 정보활동에 큰 도움을 주는 경우가 많다. 경찰 피신에 나오는 인적사항에 대한 기록, 신원보증인이나 기타 탄원서 제출인 등은 정보의 보조역할을 충분히 한다. 불기소기록이나 진정사건기록 역시 중요한 원천이 될 수 있다. 실제로 유능한 수사관은 조직폭력단체에 대한 과거 형사기록을 검토하는 것부터 수사를 진행한다.

나) 공공기관

시, 군, 구 등 일선 지방자치단체로부터 많은 의미 있는 자료들을 입수할 수 있다. 호적이나 주민등록 관련사항, 자동차 관련사항 등은 기본적으로 체크해야 할 분야이다. 행정상 요구되는 각종 면허, 허가, 등록, 신고 대상인 경우 관련 기관으로부터 기초 자료를 확인하여야 한다.

4) 다른 수시기관 또는 수사관

어떤 사건의 경우에는 수사기록에 등장하지 않는 과정이나 기타 중요한 자료들을 담당 수사관만이 소지하거나 기억할 뿐 공식적으로 저장하지 않는 사례가 있다. 경우에 따라 기록하지 않는 것이 바람직할 수도 있으며 원천적으로 모든 사항을 저장할 수도 없다. 교도소의 접견부를 비롯한 각종 행형 관련 기록과 보호관찰소의 조사기록도 마찬가지로 가치가 있다. 그리고 일선 노동사무소는 물론 경찰이나 교도소 이외에 일선 기초자치단체중 형사업무 관련 부서나 소방서, 국세청이나 관세청, 식품의약청, 농수산부, 선관위 등 많은 종류의 특별사법 경찰관리나 해당기관으로부터도 많은 자료를 입수할 수 있다.

5) 기타의 정보원천

가) 관계되는 회사 및 협회와 단체

은행, 보험회사, 신용카드회사 등의 금융기관, 전화국이나 이동통신회사 등으로부터 입수하는 자료는 매우 귀중하다. 이 외에도 경쟁사업자나 관련 협회 등으로부터 입수되는 정보도 가치가 크다. 기타 부정이나 부패를 감시하는 각종 시민단체나 협회 등에서도 자료를 입수할 수 있고 병원이나 의료보험조합의 관련 기록도 다양하게 사용될 수 있다.

나) 언론, 미디어, 일반 공중정보 등

매스미디어의 발달은 많은 정보가 흘러 다니게 한다. 사회적 영향력이 더욱 커지고 있는 대중매체는 알려지지 않은 범죄를 보도하거나 범죄현상을 분석하기도 한다. 본문내용 뿐 아니라 일간지를 비롯해 생활정보지까지도 광고내용을 잘 분석하면 범죄와 관련된 정보를 많이 입수할 수 있다. 그리고 기사를 게재한 기자 개인을 접촉할 수도 있다. 그 외에 전화번호부나 일반 업소에 수록된 공중정보도 수집할 수 있다.

다) 논문 등 저술

범죄를 다룬 소설이나 기타 간행물, 지도, 사진은 물론 각종 저술에서도 범죄와 관련된 알려지지 않은 많은 자료들을 입수할 수 있다.

라) 범죄의 피해자 등에 관심 있는 시민

대부분의 범죄는 피해자의 제보로 수사기관에 알려지며 범죄정보도 마찬가지이다. 또한 목격자나 관심 있는 시민의 제보는 일반적으로 신빙성이 높다고 평가되고 있다. 이러한 경우에는 면접 또는 전화를 이용하여 정보를 수집한다. 이는 상담이나 텔레마케팅 기법을 원용하거나 동작학과 심리학 등을 원용한 Kinesic 기법 등 효과적인 인터뷰를 위한 다양한 기법들이 개발되어 있다.

마) 자료원천의 관리 등

정보의 원천을 빠짐없도록 체계화하는 것은 불가능하다. 워낙 다양할 뿐만 아니라 특정한 프로젝트나 사건마다 고유한 정보의 원천이 존재하며 아울러 수사관의 자질이나 능력에 따라 결과가 달라지기도 하기 때문이다.

바. 공개정보의 수집

1) 외신보도

주요국 일간지의 경우 인터넷상에서 관련 기사를 알 수 있으나 실제 인쇄판의 헤드라인을 파악하는 것이 중요하다. 속보의 경우 1차적으로 보도 시점에 헤드라인만 즉시 보고하고 2차적으로 정확한 내용을 해석한다.[424] 따라서 한국 관련 보도는 해당 프로그램 내에서의 비중을 고려하지 말고 빠짐없이 보고한

---

424) 국내 언론사가 상시 외신모니터링을 통해 단시간 내에 번역보도하고 있으므로 정확한 해석에 치중해 실기하지 말고 "ㅇㅇㅇ 관련 속보 보도" 등의 내용으로 최대한 신속하게 보고 후 추보한다.

다. 한국 내 이슈에 대한 보도는 보도사실에만 치중하지 말고 보도 논조 및 뉘앙스 등도 중점을 두고 파악한다. 중요 국제이슈에 대한 칼럼에 대해서도 논지를 살려 보고하되 작성자의 약력, 영향력 등에 대해서도 파악한다. 특히 세계적 석학의 칼럼과 편향된 성향의 무명 칼럼니스트의 글은 파급력이나 중요도 등 여러 면에서 많은 차이가 있음을 감안한다.

2) 내신보도

조간신문을 바탕으로 당일 국내이슈를 파악함은 물론 뉴스 문자메시지 서비스 등으로 실시간 뉴스를 상시 파악한다. 이미 공개된 정보이므로 외사대상의 반응, 제언 등을 수집할 때 적극적으로 활용하며 보도사실을 모르고 있을 경우 보도 내용임을 밝힐 필요는 없다.

주요 일간지 및 방송을 위주로 일상적인 정보를 수집하되 특정 사안에 대해서는 정부 간행물, 잡지, 단행본 등 보다 전문적인 자료를 활용하며 해당 언론사, 기자, 칼럼 작성자도 고급정보의 원천이 될 수 있다.

3) 사이버정보

외사정보의 특성상 사이버 공간에서 수집할 수 있는 내용이 많다는 점을 유념해야 한다. 외신사의 경우 방송 및 신문 보도 외에 토론방, 여론조사, 독자·시청자 기고 게시판 등도 주시한다. 트위터, 유튜브, 페이스북 등 전 세계적으로 이용되는 사이트의 경우 영향력이 높다. 따라서 한국 관련 게시물을 검색하여 내용을 파악한다.

4) 기타

외국인 밀집지역내 자체 발간 소식지, 외국인 근로자 고용업체 내부 소식지, 외국인이 출입하는 종교시설 내의 교양자료는 물론이고 해외교포 관련 소식지 등도 중요한 정보수집의 소재가 된다.

4. 외사정보의 생산

외사경찰은 외근근무 중 지득한 내용을 첩보로 제출해야 하는데 일반적으로 구체적인 내용은 규칙이나 지침으로 정하고 있다. 이렇게 수집된 첩보는 사실의 확인 등을 거쳐 정책에 활용이 가능한 내용의 정보로 생산되어 그 정보가 필요한 부처나 기관에 통보하여 반영하도록 하고 있다. 따라서 단순한 소개 위주에서 탈피하여 실질적인 경찰업무 발전 및 국민이 공감하는 치안정책 수립을 위한 종합 정책보고서의 생산이 필요하다. 이러한 정보의 생산은 수집된 첩보를 정보작성 기관에서 그 내용과 사실을 면밀히 확인 및 평가하여 가치가 인정되면 정보보고서로 생산하게 된다. 이 단계에서는 정보 생산자의 식견과 전문성 및 관련 지식이 가치를 결정하기 때문에 명석한 판단력과 추리력도 중요시 된다.

가. 정보생산의 의의

정보의 생산은 정보순환 단계의 하나로서 수집된 첩보를 전달받은 생산부서에서 첩보를 기록, 보관하고 평가, 분석, 종합, 해석하는 등의 과정을 거쳐 여러 가지의 배포목적에 맞는 형태로 보고서를 작성하는 과정을 말한다. 혹은 정보기관이 매일 산출해 내는 방대한 양의 첩보를 검토하고 정선하여 국가안보정책에 활용할 수 있도록 하는 작업으로 정의되기도 한다.

나. 정보의 생산과정

정보생산의 절차 또는 과정에 대한 통일적인 견해는 없다. 따라서 정보 분석가들이 실무적으로 이루어지는 일련의 절차와 그 의의를 설명하고자 한다. 정보의 생산과정은 분류 및 기록, 평가, 분석, 종합, 해석 등 5단계로 분류할 수 있으며 이 가운데 종합과 해석의 단계는 분석단계에 포함될 수 있다.[425]

1) 분류 및 기록(Collation)

분류 및 기록단계는 수집된 첩보 중에서 분석의 대상을 확정하여 이를 기록

425) 박노철, 김병우, 전게서, p. 71.

하는 등의 정보관리를 행하는 단계이다. 정보 분석의 대상은 크게 세 가지로 구분한다. 첫째는 분석 대상을 개념적으로 분류하는 것이며 둘째는 기능적으로 분류하는 것이고 마지막으로는 지역별로 분류하는 것이다.

가) 개념적 분류

개념적 분류란 분석의 대상이 되는 다양한 첩보들에서 귀납하여 일반화한 추상적인 개념들 가운데 어느 개념에 가장 부합하느냐에 따른 분류이다. 일반적으로 주지의 사실, 비밀, 역정보, 난제 등의 개념이 분류의 기준으로 논해지고 있다.

(1) 주지의 사실(known facts)

주지의 사실이란 공개 출처로부터 수집될 수 있고 최소한 실제 확실한 것으로 평가될 수 있는 첩보를 말한다. 주지의 사실이 중요시 되는 것은 그것이 전망이나 평가의 근거가 되는 많은 지식을 제공하기 때문이다. 또한 새롭게 획득한 첩보를 비교하고 대조하는 기준이 된다는 점에서도 중요성을 가진다.

(2) 비밀(secret)

비밀이란 정보를 소유한 주체가 해당 사실이 알려지지 않도록 하는 조치 등을 취하고 있는 경우를 일컫는 말이다. 모든 비밀은 실제와의 차이를 가지고 있고 모호하기 마련이다. 따라서 비밀과 관련하여 정보 분석과정에서 요구되는 첫 임무는 하나의 최적화된 추정을 도출하는 것이다. 다음으로는 이러한 추정이 내포하는 불확실성의 정도를 파악하여 가능한 한 불확실성을 낮추어야 할 것이다.

(3) 역정보(disinformation)

역정보란 의도적으로 정보 분석가를 대상으로 은폐, 기망 또는 오도하기 위한 정보를 말한다. 따라서 정보 분석가의 입장에서는 역정보와 관련하여 두 가지의 문제를 해결하여야 한다. 첫째, 특정한 정보판단이 정확성을 잃지 않도록 하기 위해 관련된 기망 요소를 파악하여야 한다. 둘째, 분석대상인 출처가 전반적으로 신뢰할 수 있는 것인지에 대한 정확한 평가를 유지하여야 한다.

(4) 난제(mystery)

난제 또는 미스터리는 정보의 분석이나 비밀의 수집을 통해 해결할 수 없는 문제 또는 현안을 말한다. 즉, 모든 정보를 가지고 있더라도 여전히 최적의 전망을 내놓을 수 없거나 둘 이상의 예측 또는 전망 가운데 어느 것이 더 가망성이 높은 것인지를 결정할 수 없는 상태일 경우이다. 난제의 중요성은 이처럼 정보와 정책의 경계를 설정하는 잣대가 될 수 있다는 점이다.

나) 기능적 분류

국가정보 차원에서 기능적 분류는 정치, 군사, 경제, 사회, 문화, 그리고 과학기술 등의 정보 분석의 대상에 따른 분류를 의미한다. 일반적으로 수집대상에 따라 분석 대상이 결정된다고 할 수 있다.

다) 지역별 분류

지역별 분류란 정보 분석의 대상을 지역에 따라 구분하는 것을 말한다. 국가정보기관들은 정보 분석을 지역으로 나누어 이원화 하는 것이 일반적이다. 우리나라의 국가정보원이 그 조직을 해외, 국내, 북한으로 나누고 있는 것도 지역별 분류의 경우에 해당한다고 할 것이다.

2) 평가(evaluation)

첩보에 대한 평가란 첩보의 내용과 그 대상이 된 사실과의 차이를 찾아 해당 첩보의 진실성 여부를 검토하는 작업을 말한다. 첩보의 평가기준은 크게 두 가지로 구분하는 것이 일반적이다. 첫째는 첩보를 획득한 인물, 기관 또는 기타의 공개출처나 비밀출처 등을 해당 첩보의 원천으로 믿고 사용할 수 있는 성질이 있는가 하는 첩보출처의 신빙성이다. 둘째는 첩보의 내용이 사실과 일치하는 성질을 의미하는 첩보내용의 신뢰성이다.

3) 분석(analysis)

광의의 정보 분석의 개념은 정보기관이 매일 산출해 내는 방대한 양의 첩보를 검토하고 정선하여 국가안보정책에 활용할 수 있도록 하는 일련의 작업을 의미한다. 이에 따르면 전술한 분류 및 기록, 평가 등은 모두 분석과정의 일부로 다루어지게 된다. 그러나 협의의 개념은 전술한 평가단계에서 정선된 첩보에 정책적 함의를 부여하고 관련되는 정책의제를 해결하기 위한 가설들을 논리적으로 검증하는 일련의 과정을 뜻한다.

가) 외사정보 분석방법

이러한 분석방법에는 소요가 제기된 현안문제에 대해 가능한 모든 첩보를 수집하고 수집된 첩보를 종합하여 현안문제에 대한 결론을 제시하는 자료 위주의 분석방법[426]이 있다. 이 분석방법의 대안으로 등장한 것으로 어떠한 현안문제와 관련해서도 완벽한 정보란 수집될 수 없어 하나의 이론적인 모형을 미리 정하여 둔 상태에서 첩보의 수집과 분석에 임하는 개념 위주의 분석방법[427]이 있다.

나) 외사정보 분석의 과정

(1) 문제의 파악(defining the problem)

정보의 분석은 대상이 되는 문제가 무엇인지를 분명히 하는 데서 출발한다. 문제의 파악이 중요한 이유는 정보 요구를 제기한 정보사용자가 자신이 필요로 하는 정보가 어떤 것인지에 대해 간과할 수도 있고 또는 전달되는 과정에서 정보 요구가 왜곡될 수도 있기 때문이다.

(2) 문제의 분석

확정된 분석대상을 보다 명백하고 안전하게 이해하기 위한 단계가 문세의 분석단계이다. 첫째, 반대의 결과를 생각해 보아야 한다. 이는 가로놓인 장애가 제거되지 못하였을 경우에 일어날 현상을 예측해보는 것이다. 둘째, 문제의 원인을 밝혀야 한다. 문제가 제기된 원인을 살펴봄으로써 문제를 보다 구체적으로 분석할 수 있는 것이다. 셋째, 문제를 자기능력 안에서 다루어질 수 있도록

426) 자료 위주의 분석방법은 분석 보다는 수집에 우선순위를 두는 형태로 볼 수 있다. 이러한 분석방법의 한계는 첫째, 수집 가능한 첩보의 양이 부족한 경우 부분적인 첩보에 의존하여 최종적인 결론을 도출해야 하는 단순화의 우려가 있다. 둘째, 첩보의 양이 부족한 경우 분석을 포기하고 반복하여 첩보의 수집을 요구하게 되는 무한회기의 오류(fallacy of infinite regression)에 빠질 수도 있다.

427) 개념위주의 분석방법에서 이용되는 대표적인 이론적 모형은 크게 세 가지로 나눌 수 있다. 첫째, 상황논리(situational logic)는 정보 분석에 있어서 가장 일반적으로 이용되는 것으로 알려진 이론적 모형이다. 둘째, 이론적용(applying theory)의 분석방법은 보편적인 이론을 현안에 적용하여 결론을 도출하는 방식이다. 마지막으로 여가적 상황과의 비교에 의한 분석의 방법이 있다.

제한해야 한다. 넷째, 문제의 잠정적인 서술이다. 우리가 설정한 범위 안에서 어떻게 원인을 제거할 것인가를 서술하는 단계이다.

(3) 자료의 수집

자료는 광범위하게 수집하되 분석을 위해 필요성이 충분한 것만을 수집해야 한다. 분석과정에서 수집되는 자료를 사실, 가정, 기준 등으로 분류하기도 한다. 사실이란 증명될 수 있는 내용이며 가정이란 진실일 수도 있고 아닐 수도 있는 것이다. 그리고 기준은 해결방안이 도출된 후에 적용하게 될 표준이다.

(4) 자료의 평가

자료의 평가는 수집된 자료들을 이용하기 이전에 그 필요성과 신뢰성 등을 검증하고 선별하는 과정이다.

(5) 가설의 설정 및 검증

제기된 문제에 대해 가능하면 모든 가설들을 제시한다. 첩보들에 대해 여러 시각에서 해석을 붙이고 광범위한 영역에 걸쳐 많은 추리를 하며 2개 이상의 가설을 설정하여 오류를 회피할 수 있도록 해야 한다.

(6) 결론가설의 제시 및 판단

제기된 문제에 대한 종합적인 분석의 틀을 제시하게 된다. 가설들이 경쟁관계에 있을 때에는 가장 가능성이 큰 가설을 선택하여 제시한다. 하지만 결론가설보다 가능성이 적은 가설들에 대해서도 가능성의 정도를 비교하여 제시할 필요가 있다.

4) 종합(integration) 및 해석

종합이란 분석을 거친 단편적인 정보들을 관련된 정보들과 결합하는 작업이다. 이렇게 결합된 정보들은 다음 단계에서 해석을 위한 틀로 기능하게 된다. 그리고 해석이란 분석 및 종합된 정보를 문제에 적용하는 작업이다. 현재의 문제를 간단하고 해결방안을 서술하는 데 있어서 최종적으로 종합된 정보를 활용하는 것이다. 해석은 이처럼 정보에 바탕을 둔 미래에 대한 예측이나 판단 및 전망 등의 형태로 나타난다.

5. 외사정보의 배포

생산된 외사정보는 정확성과 적시성에 따라 정보의 효용가치가 결정되기 때문에 적정한 때 이를 필요로 하는 관련 부처나 기능에 전달하여 정책결정이나 계획의 작성 등에 활용할 수 있도록 하여야 한다.

가. 배포의 의의와 원칙

정보의 배포란 정보를 필요로 하는 개인이나 기관에게 적합한 형태와 내용을 갖추어서 적당한 시기에 제공하는 과정을 말한다. 외사정보의 사용자는 정책결정자인 사용자뿐만 아니라 동일 정보기관 내부의 각 부서와 관계기관 등도 포함된다.

정보배포의 주된 목적은 정책입안자 또는 정책결정자가 정보를 바탕으로 건전한 정책결정에 이르도록 하는 것이다. 따라서 첫째, 적시성이 있어야 한다. 정보의 배포가 정보사용자의 필요에 비추어 가장 적절한 시기에 제공되어야 한다는 원칙이다. 정보배포의 시기는 정보의 최종사용자가 정보를 언제 필요로 하느냐에 따라 결정되어야 한다.[428] 또한 배포순위는 정보의 중요성과 긴급성에 따라 정보사용자가 해당 정보를 필요로 하는 시기는 언제인지 등을 고려하여 중요하고 긴급한 정보를 우선적으로 배포해야 한다. 그리고 배포의 수단은 신속성과 보안성을 함께 고려하여 결정하게 된다.

둘째, 보안성이다. 외사정보부서가 생산하여 배포하는 정보가 누설되었을 경우의 부작용은 매우 크다. 이는 정책결정자 또는 정부의 의도가 미리 알려짐으로써 정책의 효과적인 결정이나 집행이 곤란해질 수 있기 때문이다. 특히 배포과정이 외사정보생산자와 사용자를 연결하는 과정이라는 측면에서 이러한 정보누설의 위험성이 가장 크다.

셋째, 계속성이다. 어떤 외사정보가 필요한 정보사용자와 관련된 새로운 정보가 생산될 경우 이를 해당 사용자에게 계속적으로 배포하여야 한다.

---

428) 우선 해당 정보와 관련된 정보 상황이 변화하기 이전에 배포가 이루어져야 하며 최종사용자가 배포된 정보를 평가하고 해석하는 등의 판단을 거쳐 정책결정에 필요한 계획을 수립하는 데 소요되는 시간이 고려되어야 한다.

나. 외사정보의 배포 수단

외사정보를 배포하는 수단에는 구두, 전신이나 전화, 개인적인 접촉, 우편 등이 있을 수 있으나 모든 정보들이 항상 동일한 수단과 방법으로 배포되는 것은 아니다. 정보내용의 형태와 양, 정보의 상세성과 긴급성, 정보의 사용목적, 이용 가능한 배포방법, 통신능력 등을 고려하여 어떤 배포수단이 가장 적합한 것인지를 결정하여야 한다. 비밀로 분류된 외사정보는 그 등급에 따라서 이용 가능한 외사정보의 배포수단이 제한되어야 하므로 우선적으로 고려해야 한다.

1) 비공식적 방법

비공식적 방법은 통상 개인적인 대화의 형태로 이루어진다. 분석관과 정책결정자간, 정보기관의 대표 간, 분석관 간에 비공식적 방법이 사용될 수 있다. 단순하게 분석관이 즉시 준비할 수 있는 문답의 형식일 수도 있고 복잡한 사안에 대한 광범위한 토론의 형식이 될 수도 있다.

2) 공식적인 방법

여기에는 여러 가지 방법이 있다. 첫째, 브리핑(briefing)과 메모가 있다. 이 방법은 정보사용자 개인 또는 다수에 대하여 정보 분석관이 외사정보의 내용을 요약하여 구두로 설명하는 방법이다. 그리고 메모는 정기간행물에 포함시키는 것이 적절하지 못한 긴급한 현용정보를 전달하며 신속성이 중요시 된다.

둘째, 일일 정보보고서 및 특별보고서 이다. 일일 정보보고서는 매일 24시간에 걸친 정치, 경제, 사회, 문화 등 외국과 관련된 제반 정세의 변화를 중점적으로 망라한 보고서이다. 사전에 고안된 양식에 의해 매일 작성되어 제한된 범위에서 배포되며 대부분이 현용정보의 성격을 갖기 때문에 신속성이 중요시된다. 그리고 축적된 외사정보가 다수의 사람이나 기관과의 이해관계 또는 가치를 가지는 것일 때에는 특별보고서를 발행한다.

셋째, 정기간행물 및 지정된 연구과제 보고서이다. 정기간행물은 통상 광범위한 배포를 위하여 출판되며 공인된 사용자가 가장 최근의 중요한 진행상황을 알 수 있도록 하는 배포수단이다. 그리고 연구과제 보고서는 특정한 정보사용자가 요청한 문제에 대하여 외사정보를 작성하고 배포하는 것이다. 그 밖에 서적과 도표 및 사진의 배포수단을 이용하는 경우도 있으며 필름과 전신을 이용하기도 한다.

6. 외사정보의 활용 및 환류

생산된 정보는 활용도 제고를 위하여 정부의 유관기관 등 외사정보의 수요자를 대상으로 실시간 모니터링을 통해 미비점이나 필요한 사항에 대하여 지속적으로 보완하고 발전시킨다. 따라서 배포한 정보가 어떠한 경로로 보고되었는지 어떤 반향을 야기하였는지 실제 업무에 반영되었는지 확인하고 오류는 없었는지 추가로 필요한 사항은 없는지 파악한다. 이렇게 환류를 통해 파악한 오류 및 추가 요구정보를 PNIO, EEI, SRI에 반영한다.

가. 국내 체류외국인 동향 파악

국내 체류외국인[429]이 증가하면서 외국인 밀집지역을 중심으로 외국인커뮤니티가 세력화되고 있다. 따라서 이주노조, 불법체류, 다문화시대 등 외국인 정책 수립에 있어 구체적이고 체계적인 체류외국인 관련 정보수집이 매우 필요하다. 외국인의 체류실태를 정확히 파악하기 위하여 국적, 체류지, 직업 등 전반적인 내용을 주무부처인 법무부와 협조하여야 한다. 그리고 대상을 선정하고 수집한 자료를 분석함은 물론 불법 노조, 외국인 유학생회, 종교 및 문화단체 등 분야별 주요 외국인공동체 선정하여 대표자 등 임원에 관한 정보와 주요 활동사항과 세력화 정도 등 항목별 자료는 D/B화하여 관리한다.

나. 외사범죄정보의 수집과 관리

외사경찰은 각 경찰서와 지방청 및 공관에 파견된 해외 경찰주재관들로부터 수집된 외사첩보를 보고받고 이를 필요에 따라 정확한 정보로 생산하여 정책에 반영하는 등 적극 활용하고 있다. 따라서 이러한 첩보를 수집하고 정보를 생산하는 것은 중요한 업무이다.

---

429) 경찰청 업무자료에 의하면 '08년 기준 체류외국인은 1,158,866명이며 이중 200,489명(17.3%)이 불법체류자이다.

다. 외사관련 정부정책에 대한 제안

최근 새로운 사회현상으로 다문화가 유입되고 다문화가정이 증가하고 있다. 그리고 외국인 노동인력의 입국 등은 물론 관광정책의 수립과 시행은 중요한 정부의 현안이 되고 있다. 이에 따라 외국인정책의 사회적 적용과 반영의 문제점 등을 파악하고 관련된 정보를 수집하여 Feed back 함에 있어서 외사경찰은 일정한 역할을 담당할 수 있다. 즉, 외국인 노동정책의 현실적 문제점 및 부작용이나 외국인 유학생 장려정책의 바른 실현 방안 등 실천적인 측면에서 나타나는 현상을 적기에 수집하여 정책방향을 제시하고 해당 부처로 통보해 줌으로써 정책수행에 기여할 수 있는 것이다.

라. 선진외국의 경찰제도 등 입수

선진국가에서 시행되고 있는 치안관련 정책이나 제도가 우리나라에서도 적용이 가능한지를 검토하기 위해 선진제도에 대하여 경찰주재관을 통하여 주기적 또는 필요시에 입수한다. 이는 시행이 가능한 내용을 정책에 반영함으로써 내재된 문제점을 해결하고 발전적인 제도개선을 위하여 하는 활동이다. 선진 외국의 치안시책의 실용화를 위하여 보고된 정책의 피드백으로 치안시책을 보완하고 신소재 발굴도 적극적으로 추진하는 한편 종합 정책보고서를 생산함으로써 정책반영도를 향상하고 있다. 경찰주재관, 주한 공관원, 전문저널, 유관기관 홈페이지, 논문 등 모든 정보원천을 활용하여 우수 치안시책을 집중 발굴하고 있는 것이다. 이러한 결과를 국내 도입시 고려사항 및 국민 호응도와 장단기 정책효과 및 예산과 문제점 등 모든 제반 사항이 포함된 종합정책보고서로 생산하고 있다.

제3절 외사경찰의 정보활동

오늘날 국가는 개인의 자유를 보호하는데 그치지 않고 사회 및 경제구조를 형성하는 기능도 수행하고 있다. 이러한 기능을 수행하기 위해서 국가는 필연적으로 개인의 행태를 유도하고 조정하며 또한 계획하는 유형의 활동을 하게 되었다. 이러한 활동을 효율적으로 수행하기 위해 국가는 사회 및 경제 질서와 이와 관련된 개인의 정보를 수집하고 평가하며 보존하여야 할 필요성을 갖게 된다.[430)]

이와 같이 경찰은 공공의 안녕과 질서 유지를 임무로 하며 이는 어떠한 국가에서도 필수적이고 기본적인 국가 기능이다. 개인과 공동체를 위험으로부터 보호하는 것은 질서와 평화의 단체로서 국가의 본질적인 내용의 하나이기 때문이다. 우리 헌법도 제37조 2항에서 질서유지를 위해 기본권을 제한할 수 있음을 정하고 있다. 이는 경찰작용의 필요성을 나타내고 있는 것이라고 볼 수 있다.

1. 외사정보경찰의 의의 및 기능

가. 외사정보경찰 및 활동의 개념

외사정보경찰이란 형식적 의미로는 경찰청 외사국 정보업무 담당자, 지방경찰청 및 경찰서 외사과 또는 정보과 및 보안과 소속 외사경찰관을 말한다. 실질적 의미로는 국가의 안전보장, 사회질서 유지, 국민생활 보장, 기타 치안상 필요한 외사정보를 수집 및 작성하고 이를 배포하는 것을 주 임무로 하는 경찰활동이라고 할 수 있다.

경찰의 외사정보 활동은 크게 외사범죄 정보활동과 외사사건 정보활동 및 일반 외사정보활동 등 세 가지로 구별할 수 있다. 첫째, 외사범죄정보활동이란 이미 발생한 국제성범죄 또는 외국인범죄의 정보수집이나 채증 활동 등의 정보를 수집하는 것을 말한다. 둘째, 외사사건정보활동은 외국인의 반사회적 공공질서 위반범죄나 사회의 안녕을 해하는 등 공안을 해하는 구체적 사건 등이 발생할 우려가 있는 경우의 외사정보수집이다. 셋째, 일반 외사정보활동이란 현시점에서는 구체적 외사관련 사건 등이 발생할 우려가 없다 하더라도 장래 발생할 경우에 대비한 정보활동으로서 경찰에서의 외사정보 활동의 일반적인 의미로 사용되고 있다. 다만 이러한 외사정보 활동은 각각 개별적인 것이 아니라 서로 긴밀한 연계 및 제휴에 의하여 이루어지고 있는 것이다.

430) 전광석, "정보화사회의 헌법구조", 「헌법학연구」제5권 제2호, 한국헌법학회, 1999, p. 275.

따라서 외사정보경찰은 적극적인 공공복리의 증진을 목적으로 하는 작용은 아니지만 일반경찰 기능으로는 행할 수 없는 국가의 안전과 사회공공의 안녕 및 질서유지를 위한 경찰활동이라 할 수 있다.[431)]

나. 외사정보경찰의 특징

외사정보경찰은 목적, 업무성격, 활동수단에 있어서 일반경찰과는 다른 특징을 가진다. 첫째, 경찰의 목적은 국민의 생명, 신체, 재산을 보호하고 사회공공의 안녕과 질서를 유지하는 것이라 볼 수 있다. 외사정보경찰도 경찰의 일부로서 이러한 목적을 달성하기 위한 활동을 하는 것은 같다. 하지만 단순한 개인적 법익을 침해하는 범죄나 질서유지를 위한 일시적인 경찰권의 발동보다는 외국인 및 공관이나 기관은 물론 외국과 관련된 경찰활동이 직접적인 목적이라는 점이 다르다. 둘째, 일반경찰의 작용이 경찰목적을 침해하는 요소에 대한 사전적 예방활동과 사후적 조치활동을 함께 하는 것이라고 한다. 이렇게 본다면 외사정보경찰은 국가의 안전을 위해하는 요소에 대한 사전적 예방활동이라는 점에서 차이가 있다. 셋째, 일반 경찰활동은 범죄예방을 위해 순찰을 한다거나 범인검거를 위해 탐문수사를 벌이는 수사 등 공개적인 활동을 한다. 하지만 외사정보경찰은 일반 정보경찰과 같이 비공개적인 활동을 하는 경우가 많다.

다. 외사정보경찰의 기능

경찰의 외사정보기능은 국가안전을 침해하는 외국인이나 단체 등의 불법행위를 예방하고 수사하기 위한 경찰작용이다. 따라서 국가의 안위를 보장하고 국민의 편안한 생활을 보호한다는 정보경찰 작용의 효과를 높이기 위해서는 외사정보경찰은 사후조치보다는 사전예방에 주력해야 한다. 외사정보경찰의 역할은 크게 두 가지 측면으로 살펴볼 수 있다. 먼저 국가정책수립에 필요한 사전지식을 제공하고 이러한 정책의 실시로 인하여 생길 수 있는 효과를 분석한다. 그렇게 함으로써 그 문제점을 보완할 수 있는 외국인 및 외국과 관련된 정책의

431) 외사경찰 정보활동의 목적 중에서 국가의 안전보장은 오직 예방활동에 의해서만 이루어지는 것이며 사후 교정적 조치는 무의미한 것이므로 유형무형의 일체의 침해작용을 일응 불법적인 것으로 취급하여 사전에 국가목적에 맞도록 조정하는 작용이라는 것에 특성이 있다고 할 수 있다.

자료 또는 정보를 제공하는 역할이다. 그리고 외국인이나 외국의 세력에 의해 사회 안정을 저해하는 상황이 발생한 경우 이에 대한 정보를 수집, 분석, 생산, 배포하는 '상황정보'의 제공자 역할이다.

따라서 외사정보경찰은 독자적인 집행기능과 타부서에 대한 지원기능을 동시에 수행하고 있는 것이다. 이는 외사정보경찰의 업무가 경찰 각 기능의 업무집행에 필요한 자료인 외사정보를 생산할 뿐만 아니라 이를 제공해 주는 기능을 담당하고 있다는 것을 의미한다.

2. 경찰정보활동의 법적 근거

경찰은 국민의 생명과 재산을 보호하고 공공의 안녕과 질서유지라는 경찰 목적을 수행하는데 이는 경찰법과 경찰관직무집행법에 규정한 직무범위에 속한다. 이러한 경찰활동은 강제적이거나 임의적인 것으로 구분되는데 당연히 강제적인 것은 비록 경찰의 직무범위에 속하는 사항이라 할지라도 개별 법률의 근거가 필요하다. 그러나 임의적 수단에 의한 대부분의 외사정보 활동은 경찰의 기본적 직무로 규정하고 있고 경찰법 제3조와 경찰관직무집행법 제2조는 활동 근거가 될 수 있다. 임의적 수단에 의한 외사정보 활동이라 하더라도 그것이 국민의 기본권을 침해하는 경우에는 개별 법률에 별도의 근거가 있어야 함은 당연하다. 또한 국가정보원법, 보안업무규정, 국가정보 자료관리규정 등이 그 활동의 근거가 될 수 있다.

가. 외사정보활동의 필요성

경찰은 공공의 안녕과 질서 유지라는 임무의 신속하고 효과적인 수행을 위해 직무수행에 필요한 정보를 수집하여 활용해 왔으며 외사경찰 영역에서도 전혀 새로운 것은 아니다. 경찰작용은 국제화의 급속한 진전에 따라 업무의 영역이 지금까지 일반 국민과의 관계에서 외국인을 비롯한 국제적인 사회현상을 대상으로 하는 등 그 영역이 확장되어 외사정보와 밀접한 관련을 맺고 있기 때문이다. 특히 현대사회 범죄의 다변화 및 다양한 치안서비스 요구에 부응하려면 단순히 예전의 국내적이고 소극적 치안활동을 벗어난 적극적이고 국제적이며 사전예방적인 치안활동이 요구된다. 이에 경찰의 외사정보 활동이 필요하고 당연히 인정되어야 할 것이다.

그러나 자신들의 정보에 대한 외국인을 포함한 국민들의 인권감수성도 높아지고 있다. 이미 학계와 시민단체 등을 중심으로 개인정보의 보호에 대한 지속적인 문제제기를 하고 있다. 최근에는 이와 관련하여 헌법적 권리로서 개인정보는 개인에 대한 통제의 수단으로서 파악되는 것뿐만 아니라 주권자인 국민의 정보로서 보호의 대상으로서도 인식되어야 한다며 헌법재판소도 판시하고 있다.

나. 외사정보활동의 법적 근거

법률유보의 원칙에 따라 개인의 자유와 권리에 대한 국가의 침해에는 법적 근거가 있어야 한다. 현대사회에 있어서 정보수집 및 처리는 행정업무의 원활한 수행을 위하여 필수 불가결하다. 따라서 경찰업무의 수행을 위하여 다양한 정보적 침해활동이 수반되는 것은 당연하다. 그러나 개인정보에 대한 국가의 모든 수집 및 처리활동은 정보적 자기결정권에 대한 침해를 가져오므로 그에 대하여는 형식적 법률에 의한 특별한 법적 근거가 마련되어야 한다.

1) 개괄적 수권조항에 의한 외사정보의 수집

가) 개괄적인 수권조항의 인정 여부

경찰관직무집행법 제2조의 표현상 문리적, 체계적 해석에 입각할 때 분명히 임무규정의 성격을 표현하고 있음을 부인할 수 없다. 하지만 임무는 그 자체로서 존재하는 것만으로는 의미를 갖는 것이 아니라 실현됨으로써 임무상의 목적을 달성할 수 있다는 점[432], 개괄적 수권조항의 필요성을 부인할 수 없다는 점, 경찰권의 조리상한계론에 의할 때 개괄적 수권조항으로 인한 경찰권의 남용은 최대한 억제될 수 있다는 점으로 볼 때 경찰관직무집행법 제2조를 개괄적 수권조항으로 인정할 수 있을 것이다. 다만 법치국가의 원칙상 개괄적 수권조항의 내용과 목적과 범위 등을 명확하게 하는 등 입법적 개정 노력을 기울여야 할 것이다.[433]

---

432) 김재호, "경찰권의 근거", 저스티스, 제32권 제2호(1999. 6), 한국법학원, p. 19.

433) 이주민, "정보화시대 경찰정보의 발전방안에 관한 연구", 연세대학 행정대학원, 석사학위논문, 2003, p. 19.

나) 개괄적 수권조항에 따른 외사정보 수집 및 처리

경찰상의 개괄적 수권조항은 현존하는 구체적 위험을 방지하기 위하여 경찰책임자에 대한 권리제한의 권한을 부여한다. 이것은 경우에 따라서는 정보의 수집보다 강력한 조치에 대한 수권도 포함하는 것이다. 따라서 제한의 정도에 있어서 정보 수집은 개괄적 수권조항에 근거하여 행해질 수 있는 조치의 범위 내에 있는 것이다.[434] 다만 그에 대한 명확한 법적 규정이 마련될 때까지는 헌법에 더욱 합치되지 않는 상황이 발생하는 것을 피하기 위하여 개괄적 수권조항을 과도기적인 법적 근거로 볼 수 있다.

2) 개별 법률에 의한 정보의 수집

가) 경찰법

경찰법 제3조(국가경찰의 임무)에서 '국가경찰은 국민의 생명, 신체 및 재산의 보호와 범죄의 예방, 진압 및 수사, 치안정보의 수집, 교통의 단속 기타 공공의 안녕과 질서유지를 그 임무로 한다.'라고 규정하고 있다.

나) 경찰작용법

경찰관직무집행법 제2조 제3호, 제5호는 개괄적 수권조항으로 인정하는 견해에 따르면 정보의 수집 및 처리의 법적 근거가 된다.[435] 즉, 경찰관직무집행법 제3조의 불심검문, 제4조의 보호조치, 제5조의 위험발생의 방지조치, 제6조의 범죄의 예방과 제지, 제7조의 위험방지를 위한 출입, 제8조의 사실의 확인 등이 있다. 그리고 대통령령인 '경찰청과 그 소속기관 등 직제' 제15조의2(외사국) 제2항 제5호 ②외사국장은 외사정보의 수집, 분석 및 관리라고 정하고 있다.

이 같이 경찰작용과 관련하여 외사정보의 수집과 처리가 행해질 수 있으나 그에 대한 명확한 규율은 하고 있지 않다. 따라서 입법적 조치가 마련되어야 하며 법적 규율을 함에 있어서는 정보의 수집 및 처리에 관한 일반원칙이 중요하게 고려되어야 할 것이다.

---

434) 김연태, "정보의 자기결정권과 경찰의 정보관리", 고려법학, 제36집(2001. 4), p. 176.

435) 경찰관직무집행법 제2조(직무의 범위) 경찰관은 다음 각호의 직무를 행한다. 제3호 치안정보의 수집, 작성 및 배포 그리고 경찰청과 그 소속기관 등 직제(대통령령) 제15조이2(외사국) 제2항 제5호. ② 외사국장은 다음 사항을 분장한다. 또한 외사정보의 수집, 분석 및 관리라고 정하고 있다.

다) 공공기관의 개인정보 보호에 관한 법률

공공기관의 개인정보에 관한 법률은 공공기관의 컴퓨터에 의하여 처리되는 개인정보의 보호를 위하여 그 취급에 관하여 필요한 사항을 정하고 있다. 경찰작용에 대해서도 컴퓨터로 처리되는 개인정보에 관하여는 동법의 적용을 받게 된다. 그러나 국가안전보장과 관련된 정보 분석을 목적으로 수집 또는 제공 요청되는 개인정보의 보호에 관하여는 이 법을 적용하지 아니한다[436]고 하고 있다.

라) 공공기관의 정보공개에 관한 법률

정보공개의 대상이 되는 정보는 컴퓨터를 이용하여 관리되는 정보 외에 문서, 도면, 사진 등을 통한 정보에 대한 절차도 규율하고 있다. 그러나 이 역시 보안업무관장기관에서 국가안전보장과 관련되는 정보를 제외하고 있고 공공기관의 정보공개에 대하여 청구권을 명시하였다. 그러나 다시 비공개대상을 두어 안정보장, 진행 중인 수사, 공판, 개인 식별 가능한 정보의 공개 등을 공개대상에서 배제하고 있다.[437]

3) 프라이버시권 보호에 대한 명확한 행동규범 정립

정부기관이나 민간기업이 업무수행에 필요한 개인정보를 부당하거나 불법적인 방법으로 수집하거나 축적하는 경우가 발생할 수 있다. 특히 전문 정보기관에 의한 자의적이고 불법적인 정보 수집은 그 목적이 합리적이고 국익을 위한 것이라 하더라도 개인의 프라이버시권과 어떻게 조화시킬 것인가 하는 문제가 제기된다.

3. 외사경찰 정보활동의 내용

외사경찰 정보활동의 객체에 관한 사항으로서 대한민국의 안전과 이익 및 사회공공의 안녕과 질서유지에 관계있는 외사와 관련한 정보를 탐지, 수집, 분석, 판단, 보고서 작성 등을 통해 외국 또는 외국인 국가정책에 반영할 목적으로

436) 공공기관의 개인정보보호에 관한 법률 제3조 2항.
437) 공공기관의 정보공개에 관한 법률 제4조 3항, 제6조, 제7조 참조.

행하여지는 일체의 경찰정보활동을 말한다. 이러한 경찰의 정보활동[438]은 크게 수사정보활동과 사건정보활동 및 일반정보활동으로 구별할 수 있다. 다만 각각 개별적으로 이루어져서는 안 되며 서로 긴밀한 연계 및 제휴에 의하여 이루어져야 한다.

가. 수사정보활동

수사정보활동이란 이미 발생한 범죄의 정보수집이나 채증 등의 정보수집활동을 말한다. 이러한 범죄정보는 흔히 구체적이고 유형적이긴 하지만 항상 지적인 복잡한 과정의 최종산물이라는 점에서 유의해야 한다. 특별히 외사대상의 수사와 관련한 정보 및 국제성범죄에 대한 정보활동도 포함한다.

나. 사건정보활동

사건정보활동은 범죄나 공안을 해하는 구체적 사건 등이 발생할 우려가 있는 경우의 정보수집활동이다. 국내에 체류하는 외국인에 의한 자기들의 이익관철을 위한 집단행동이나 본국의 정치적인 문제 등을 우회적으로 압력하기 위한 정치적 행사 및 활동 등이 정보활동의 대상이 된다.

다. 일반정보활동

일반정보활동이란 현시점에서는 구체적 사건 등이 발생할 우려가 없으나 장래 발생할 경우에 대비한 정보수집활동이다. 경찰에서 정보활동이라 함은 주로 본 의미에 해당한다고 할 수 있다. 가장 일반적인 것은 국내 체류하는 외국인 및 외국의 상사 단체 등은 물론 외국 군대의 체류동향이다. 그러나 최근에는 경재, 사회, 문화적 교류의 증대로 인하여 내국인의 잦은 출입국은 물론 외국에서 장기 체류하는 경우가 많아 그와 관련한 사건과 인물도 외사정보의 활동대상이 되고 있다.

---

438) 경찰목적의 달성을 위하여 사용되는 정보를 경찰법과 경찰관직무집행법에서는 '치안정보'라고 표현한다(경찰법 제3조, 경찰관직무집행법 제2조 3호). 치인정보란 치안의 목적을 위해서 사용되는 보는 정보를 뜻하는 것으로 치안의 목적을 위해 의도적으로 수집된 것이다.

제4절 대테러 관련 외사경찰활동

오늘날 인류가 극복해야 할 최대 과제중의 하나는 불법적인 폭력행위의 한 행태인 테러리즘에 의한 위협이다. 특히 비인간적이며 반문명적인 테러가 국제화, 세계화, 대형화되면서 국제공공질서 및 세계평화를 위태롭게 하고 있다. 즉, 공역에서의 항공기 테러, 해역에서의 선박테러, 국내요인 및 국제적 보호인물에 대한 테러, 일반시민에 대한 테러, 기업에 대한 테러가 빈발하고 있다. 특히 핵무기의 위협에 의한 테러형식은 국제사회가 극복해야 할 최대의 과제라고도 할 수 있을 것이다.

이러한 테러행위에 관한 개념규정이 다의적이며 법률적인 측면에서의 개념정립에는 많은 어려움이 있으며 경우에 따라서는 이해관계자들이 자신에게 유리한 방향으로 관념화하는 경향도 있는 것이다. 그러나 테러행위에 대한 실효성 있고 다면적인 법적 대응책을 강구하려면 관련되는 국제조약 체제 또는 국내법 체제에서 테러개념에 대한 명확한 개념규정이 필요하다.

1. 테러리즘의 최근 경향

일반적으로 테러행위는 그 주체와 대상 및 목적과 수단의 측면에서 확대되고 발전하는 경향이 있기 때문에 그에 대한 대응방안이나 규제대책도 이에 비례하여 발전해 왔다. 특히 오늘날에는 국가가 테러를 방조 및 사주하거나 조직화하기도 하고 국가가 직접 테러행위의 주체자로 행사하는 사태까지 발전하고 있다. 이러한 유형의 테러는 그 대상도 다양화하여 항공기, 선박의 납치행위 이외에 외교관이나 보호인물은 물론 국내 요인도 대상이다. 그리고 대중성, 용이성 및 정치이념의 선전가능성의 이유로 무고한 일반시민까지도 대상이 되고 있다. 한편으로 교통시설, 외교공관, 정부청사, 공항시설, 통신시설, 정보망, 항만 등 각종 시설물에 대하여 사보타지에 의한 위험성도 매우 염려되고 있다. 또한 더 나아가서는 하이테크 테러, 생물무기를 이용한 테러, 컴퓨터 시설에 대한 테러행위, 핵물질이나 유도탄을 이용한 테러행위에까지 법익침해의 가능성이 발전하고 있다.

챨즈 죤슨(Chalmers johnson)은 ⓐ Target 이론[439], ⓑ Technology 이론[440], ⓒ Toleration 이론[441] 등 3T 견해를 제시하고 있다. 이에 의하면 최근의 테러행위의 격화 이유는 테러행위를 허용하는 기능요인들이 변화한 결과라고 주장하고 있다. 이렇게 국제테러행위는 현대적 의미의 개방사회 취약성과 과학발전에 편승하여 잔인성, 용이성, 다양성, 대형화 행태로 양상이 변화하고 있음을 주목할 필요가 있다.

2. 국제테러 대응체계

가. 정부의 대응체계

우리나라의 대테러 대책기구는 중요정책을 심의 의결하는 테러대책위원회가 있으며 의장은 국무총리이다. 또한 국정원장이 위원장인 테러대책상임위원회에서는 관계기관간 대테러업무의 유기적인 협조와 조정을 담당한다. 그리고 상황발생 등 필요시 구체적인 테러사건에 대한 대응대책을 결정한다. 테러정보통합센터가 국정원 산하에 있어 국내외의 테러 관련 정보를 수집, 분석하고 유관기관에 배포하는 등 테러관련 정보를 통합·관리하고 있다. 한편 지역테러대책협의회 등이 있어 각 지역과 공항과 항만에는 테러 및 보안대책협의회를 설치하여 관계기관 간 대테러 활동의 유기적인 협조와 조정을 도모하고 있다.

---

439) Target 이론을 보면 개방되고 복잡하게 상호 의존적인 현대산업사회는 테러조직체에게 나약하고 과잉된 목표를 제공하게 됨으로써 테러행위의 증폭에 대한 기여도를 인정해야 한다는 것이다. 이를테면 슈퍼 탱크, 대형항공기, 무역 및 산업중심지의 개발화, 파이프 라인의 설치, 액화 및 천연가스시설, 그리고, 핵발전소의 설치 등이다.

440) Technology 이론이란, 테러행위 수단으로서의 기술공학의 발전이다. 이를테면 핵분열 물질인 플로토늄의 절도행태(nuclear theft)에 의한 유독성 물질의 사용과 관련하여 개개인에 의한 소형의 유도탄 무기 생화학 방사선 무기 및 잠재적인 핵무기 사용에 의한 비인간적이며 반문명적인 폭력행위로서의 국제사회 전체의 보호법익을 파괴, 위협, 침해하는 행위이다.

441) Toleration(관용)이론은 테러 주체에 대한 모국들의 직·간접적 원조행위나 법 준수 국가간에 보복의 두려움으로 인한 관용의 태도를 의미한다. 전래적인 테러행위가 대부분 강자에 대항하는 약자의 비합법적인 폭력의 개념이었다면 오늘날에는 역테러행위를 분쇄할 목적으로 강자의 비합법적인 폭력행사도 테러행위의 한 형식으로 수용되고 있음에 그 연유를 두고 있다. 이를테면 중요인 납치, 암살행위, 첩보기관에 의한 대리전 행태, 보이지 않는 전쟁행태 등등으로 약자를 (대량) 학살하는 행태 등이 대표적이라 할 것이다.

나. 경찰의 대테러 대응체계

경찰청은 테러가 발생하거나 발생이 예상되는 경우에는 유형별로 해당 부처에 테러사건대책본부를 설치하여 운영한다. 즉, 인질, 폭파 등 국내 일반테러사건의 주무기관으로서 경찰청 차장을 위원장으로 하는 '국내일반테러사건대책본부'를 설치, 운영하고 현장지휘본부의 활동을 지휘하고 지원한다.

그리고 해당 지방경찰청은 설치되는 현장지휘본부에서 경찰청과 관계기관에 상황을 전파하고 경찰특공대[442]의 협상팀과 지원팀을 운영하는 등 테러진압에 대한 총괄적인 지휘를 한다. 또한 경찰서에서는 사건현장의 보존과 주변 차단 등 초동조치를 하고 지방경찰청 및 군과 지자체, 국정원 등 유관기관에 상황을 전파한다.

3. 국제테러에 대한 대테러활동

가. 국제테러 정보자료의 통합관리

효율적인 테러방지 활동을 하기 위해서 국가 대테러정보 전반에 대한 국정원 등 유관기관 전산망을 통합관리하고 자료공유체제를 구축하여 정보의 활용과 보안에 효율성을 제고하고 있다. 특히 테러행위의 다양화, 지능화, 국제화에 대비하여 다각적인 분석 및 예방을 위한 유관기관간 정보공유체제는 매우 중요하다. 대테러 유관기관간 데이터베이스를 연결함으로써 신속한 정보교류가 가능하고 외국의 정보·수사기관과 대테러 정보망을 통해 긴밀히 협력할 수 있기 때문이다.

이에 따라 경찰청, 국가정보원, 법무부 출입국관리사무소 등 국내 유관기관들은 국제테러 혐의자의 입국차단과 동향파악 등의 공조를 기본으로 하고 있다. 특히 대테러 관련 기본법률 부재로 인한 기관간 테러에 대한 개념차이 및 통계오차 등을 예방하기 위하여 상호 실무적인 접촉을 개선하고 있다. 한편, 미CIA, FBI, 한미연합사 등과 정기적으로 접촉하면서 해외테러 자료를 입수하고 분석

442) 경찰특공대는 서울, 인천, 부산 등 7개 지역에 설치되어 테러사건에 대한 무력진압작전을 수행하고 있다.

하여 대테러 정책 자료로 활용하고 있다. 그리고 대테러 공개정보 자료를 축적하고 활용하기 위해서 국내외 신문, 방송, 잡지 등 대량매체 자료를 전산화하고 있다.

나. 국제 테러리스트 등 위해요소 입국 차단

테러예방을 위하여 국내에 입국하는 테러지원국가인, 테러행위의 발생이 심한 국가 등 안보위해의 우려가 있는 외국인의 출입국을 관리하고 있다. 이를 위하여 국제공조를 통해 입국시부터 출국시까지 모니터링을 실시하고 관련첩보도 수집한다. 이렇게 테러분자의 입국을 차단하며 불순활동을 방지하기 위하여 승객사전정보시스템(APIS)을 운영하고 있다. 또한 인터폴에서 운영 중인 도난 및 분실여권 D/B도 활용하고 있다. 이것은 세계 각국에서 도난되거나 분실된 여권을 이용하여 불법 입국하는 행위를 방지하여 테러분자의 잠입을 차단하고자 하는 것이다. 이와 같이 국가 중요행사의 안전과 관련한 정보를 데이터베이스화하여 법무부 출입국관리시스템 등과 연계하는 등 행사에 관한 안전관리시스템도 구축하고 있다.

다. 대테러 교육 및 교육체계 구축

오늘날의 테러리즘은 전쟁의 한 형태로서 자행되고 있다. 따라서 무차별적인 인명살상으로 상대방에게 최대한 피해를 가하려고 하기 때문에 피해가 상상을 초월하고 있다. 이와 같은 뉴테러리즘은 엄청난 국가적인 재난을 초래할 수 있기 때문에 테러리즘을 전문적으로 연구하고 첨단무기 체제를 이용하는 테러리스트에 대한 체계적인 대비가 필요하다. 그러나 대테러 전담부서에서는 전문교육기관을 운영하기에는 부담이 매우 크다. 그러므로 전문교육기관 설립을 위하여 장기적인 과제로 국가기관에서는 민간부분과 협력하는 방안을 강구할 필요가 있다.

1) 대테러 전문교육 프로그램의 개발

테러리스트의 전략과 전술을 명확히 이해하고 테러리즘의 전개 양상을 정확히 파악하여 테러리스트 단체들보다 앞서가는 대책을 마련하는 것이 최선의 방책이다. 이를 위해서는 특정사건이 발생하고 국민들의 관심이 고조된 때는 물론 평상시부터 꾸준하게 정부가 적극적으로 나서 테러리즘에 대한 연구를 하고 다각적인 대책을 수립하고 있다.[443]

2) 대테러 전문교관의 양성

전문 대테러분야 활성화를 위해서는 전문 대테러요원을 교육할 수 있는 프로그램의 개발에 힘써야 한다. 이와 같은 전문 대테러 요원을 양성하기 위해서는 대테러요원에 대한 검정을 실시해야 한다. 대테러요원 개개인의 대테러 지식과 기술향상을 통해 국가안보를 위한 대테러요원의 기술을 카테고리로 구분하여 일정한 자격증에 맞는 전문교육프로그램을 개발하는 방법을 고려해 볼 수 있다.

라. 반 테러리즘에 관한 국제협력에 참여

교통과 통신기술 및 수단의 발전은 범죄인들에게 그들의 활동범위와 장소를 확대시켜 주었고 대다수 국가 간에 정치범죄에 관하여 처벌로부터의 도피구실이 되고 있다. 따라서 범죄조직의 거대성과 면밀한 범행계획에 영향 받아 초국가적인 테러행위에 대하여 단순히 한 국가의 대처만으로는 그 효율성을 기하기가 곤란한 실정이다. 반면 대개의 테러리스트는 정치적 성격을 근간으로 하여 실제의 행동하는 곳의 국적과는 다른 타국의 영토에 피신코자 한다. 범죄인인도법상 정치범 불인도 원칙이 확립된 이상 테러행위지 국가의 형사법상 권한이 형사 입법상 배타적인 영토주권에 영향을 받아 범죄인인도 및 형벌의 측면에서 예외적 실효성의 면제대상이 되기도 한다. 그리하여 반문명적이고 반인간적인 폭력형태의 범죄에 관해서는 국가간 협약체결에 의한 사법, 입법 및 경찰력의 행사에 상호원조 내지 협력이 필요하다.

1985년 12월 UN총회에서 '국제테러의 방지조치에 관한 결의'[444]를 채택하여

---

443) 일본은 경찰청 내에 사이버 및 화생방 공격에 대비한 '국제테러 대책본부'를 설치하였으며 방위청은 기존의 방위력 증강계획 중 '게릴라 공격 대처를 위한 특수부대 창설계획'으로 3개 중대 규모의 테러전담 특수부대를 창설하여 이들에 대한 전문교관 양성하고 있다.

444) Measures to prevent International Terrorism which endangers or takes Innocent Human lives or jeopardizes Fundamental Freedoms and study of the underlying causes of those Forms of Terrorism and Acts of violence which lie in Misery, Frustration, Grievance and despair and which cause some people to sacrifice Human Lives, including their own, in Attempt to Effect Radical Changes.

국제테러행위의 근본원인 제거 및 범죄행위 방지 목적의 쌍무적 또는 다국간의 협조가 확산되는 것이 얼마나 중요한가에 대하여 제시하고 있다. 국제 테러리즘의 방지 및 처벌을 위한 국제법상의 각종 규제는 국제협력의 한 양식으로서 우리나라도 적극 참여하고 있다.

마. 국제테러 관계 법령의 정비

1) 테러예방을 위한 감청

오늘날 테러조직은 국제적 연계망을 갖고 테러를 준비하고 실행하기 때문에 예방정보를 수집하는 것이 매우 중요하다. 따라서 테러범을 추적하기 위해서는 휴대폰, 인터넷 등 통신수단에 대한 감청 등 통신제한조치가 필수적이다.[445] 우리의 통신비밀보호법에서도 살인, 방화, 폭발물, 인질 등 중대한 범죄에 대해서는 감청할 수 있도록 이미 규정하고 있다. 이러한 국민의 생명과 재산을 위협하는 테러범죄에 대한 감청은 당연한 조치이다.

2) 테러자금의 차단조치

테러를 실행하기 위해서는 장기간 동안 은밀한 준비와 무기구입, 테러범 훈련 등 막대한 자금이 소요된다. 그러기에 테러자금의 동결조치는 테러범의 활동을 위축시키는 핵심적인 테러예방 대책의 하나가 될 수 있다. 미국이 9.11 테러이후 가장 긴급하게 취한 조치중의 하나가 바로 테러자금 봉쇄조치였다. 이 같은 사실은 테러자금 동결조치가 그만큼 중요하다는 점을 잘 말해주고 있다.

3) 테러범 미신고 및 은닉행위 처벌

테러범죄 미신고죄는 범죄인에 대한 개인적 동정심이나 양심에 반하여 죄를 범한 사람을 신고하도록 강요하는 것이 아니다. 이는 테러계획 또는 실행사실에 대한 신고를 의무화한 것이다. 테러가 무고한 국민의 생명과 재산을 파괴하는 등 사회전체에 미치는 막대한 피해를 감안할 때 테러범죄의 신고는 사회구성원으로서 최소한의 의무라 할 수 있다. 미신고 행위는 부작위범에 해당한다

445) 통신비밀보호법, 제5조-제7조 참조

고 하겠다. 아울러 테러분자에 대하여 은신처를 제공하는 자는 범인은닉죄에 해당하기 때문에 이를 처벌하는 것은 당연하다. 다만 테러범 은닉행위에 대해서는 일반범죄의 경우보다 가중 처벌함이 타당하다.

바. 기타 경찰의 대테러활동

경찰은 국제테러에 공동으로 대처하기 위하여 인터폴 등 주요 국제행사 및 대테러훈련 프로그램에 참여하고 있다. 그리고 각국의 관계자들과 인적 네트워크를 구성하여 관련 정보를 실시간으로 공유하는 등 공조체제를 구축하고 있다. 이러한 국제 경찰간 원활한 활동을 위하여 '09년 현재 인도네시아 등 13개국의 경찰과 상호협력약정(MOU)을 체결하고 있다.

1) 재외국민보호 신속대응팀 지원

최근에 국제테러 급증[446]에 따른 국내 테러예방을 위한 외사업무가 빠르게 증가하고 있다. 특히 국제테러 및 자연재해 발생시 정부차원의 신속대응이 절대로 필요하여 긴급히 인원을 파견하여 처리한 사례[447]도 지속적으로 증가하고 있다. 이에 대한 대책으로 정부의 신속대응팀[448] 소속 인력풀로 관리하는 경찰관을 테러 발생현장에 파견하고 있다. 이는 현지 국가의 수사기관과 협조하여 사건의 배경이나 의미를 파악하고 또한 사건의 수습과 진상규명 등 실질적인 활동을 통하여 대국민 신뢰를 제고하기 위한 것이다.[449]

2) 해외 치안정보 서비스 제공

해외여행 등으로 외국에 나가는 국민의 안전을 위하여 2008년부터 현지 치안상태를 알 수 있도록 경찰청 홈페이지와 인터넷 포털사이트 카페를 이용하여

---

446) '02~08년간 국제테러는 751% 증가(497→3,734건)하였다.

447) '04 아테네올림픽(2명), '06년 독일월드컵(2명), '07년 소말리아 아국선원 피랍(1명), 아프간 아국 선교단 피랍(1명), '08년 북경올림픽(4명) 등을 파견하였다.

448) '09년 기준. 외교통상부 재외국민보호과 주관으로 실시되는 '재외국민보호 신속대응팀' 활동을 위해 경찰에서는 수사지휘 역량을 갖춘 외국공조 업무 경력자, 감식 전문가 및 외국어가 가능한 자 등(영어, 중국어, 일어, 프랑스어, 아랍어 등 11개 언어권) 총 36명의 인력풀을 관리하고 있다.

449) '09. 3월과 6월 2차례에 걸쳐 예멘에서 발생한 테러에 의한 아국인 피랍 및 사상사건에 대하여 경찰관 각 1명을 파견하여 현지에서 예멘경찰과 수사협조와 진상조사 및 사망한 시신을 수습하여 운구하는 등 사건을 처리하였다.

사건사고 등의 정보를 게시하고 있다. 또한 실용적인 치안정보의 수집을 강화하기 위하여 여행사, 유학생, 교민 등을 대상으로 민간협조요원을 위촉하고 있다. 이는 현지 체류시에 필요한 유의사항 등의 정보를 그 수요자의 눈높이에서 수집하기 위해서이다. 그리고 재외 경찰주재관을 통한 관련 사건사고의 정보 수집에 적극 노력하고 있다.

한편 해외치안정보 서비스에 대한 적극적인 홍보를 위하여 인터넷 포털의 여행 동호회 운영자를 대상으로 간담회를 개최하여 해외치안정보카페 운영을 홍보함으로써 이용도를 향상시키고 있다.

4. 대테러 관련 법령의 문제점

테러대책과 직접 또는 간접으로 관련된 행정, 정보, 경찰, 형사사법 및 군사에 관한 국내 법령과 문제점은 다음과 같다.

가. 국가대테러활동지침

우리나라는 86아시안게임과 88올림픽에 대비하여 82년에 '국가대테러활동지침'[450]을 제정하여 시행해 왔다. 동 훈령은 국가의 대테러 업무수행을 위하여 필요한 사항을 규정함을 목적으로 제정된 것으로써 그 적용에 있어 통합방위법과 적용의 경합이 생길 수 있는 내용을 포함하고 있다. 즉, 동 훈령이 대테러업무와 관련된 대책기구, 사건대응조직, 예방 및 대응활동, 관계기관별 임무를 규정하고 있는데 이는 입법형식상 문제점이 있다. 또한 동 훈령은 국가대테러 업무체제와 군, 경찰특공대 설치 등 행정조직간의 권한분배 및 행정절차를 규정한 것으로 국가위기관리 차원에서 테러에 대응하는 데에는 한계가 있다. 형법의 개정을 통한 테러대응은 신종테러규정 추가, 테러자금의 조달을 예방하기 위한 규정마련, 테러범죄에 대한 양형을 가중이라는 측면에서는 의미가 있다. 하지만 테러대응조직정비와 테러근절을 위한 국제공조라는 문제는 해결할 수 없기 때문이다[451].

450) 1982년 1. 21, 대통령훈령 제47호로 제정되었으며 1997년과 1999년 두 차례 개정이 있었다.
451) 최철영, "테러문제에 대한 효과적인 기구운영과 관련 법령 정비에 관한 연구", 치안연구소(연구보고

1) 테러 정의의 광범위성

테러에 대한 이러한 정의는 국내테러와 국제테러를 구분하고 있지 못하고 그 적용범위가 너무 광범위하여 테러관련 수사의 대상과 일반범죄수사의 대상 간에 혼란이 발생할 수 있다. 이는 동 훈령에 의하여 대테러범죄에 대하여 주도적 대응기관으로서 역할을 하고 있는 국가정보원의 권한을 정하고 있는 국가정보원법 등에 위반하여 국가정보원의 수사권한 및 정부조직통제권을 확대 강화한 것이다. 따라서 법체계상의 저촉문제가 발생하며 상위법에 위반되는 내용을 포함하고 있어 위임입법의 범위를 초과한 법령이라는 지적이 있다.

2) 테러대응기구 등 조직의 효율성 문제

동 훈령은 대테러활동의 기본지침으로 국가의 대테러업무를 효율적으로 수행하기 위하여 범국가적 종합대책을 수립하고 지휘 및 협조체제를 단일화한다고 하고 있다. 그러나 본문에서는 대책본부의 국내사건 대책본부, 국외사건 대책본부, 항공기사건 대책반 그리고 실무위원회, 현장지휘소, 공항·항만 보안대책협의회, 합동조사반 등 매우 복잡다양한 대테러기구를 두고 그 책임자를 국무총리, 행정자치부장관, 외무부장관, 국가정보원장, 건설교통부장관, 국방부장관, 해양수산부장관, 지역국가정보원장, 관할지방경찰청장 등으로 다르게 지정하고 있다. 따라서 테러사건이 발생하면 현장지휘소장은 대책위원회, 실무위원회, 사건관할기관, 국가정보원 등 최소한 4곳에 각각 보고를 하여야 한다. 특히 동 훈령은 관계기관 간 대테러업무의 유기적인 협조와 경미사건에 대한 대응대책의 결정 등을 위하여 '대테러실무위원회'를 설치하고 그 위원장으로 행정자치부장관을 지명하고 있다. 하지만 지역대테러실무위원회의 설치에 관한 규정에서는 지역실무협의회 의장을 '국가정보원 해당지역 관할지부장'으로 정하고[452] 있어 대테러 대응조직 구성에 있어 지휘권의 일관성을 상실하고 있어 이에 대한 대책이 강구되어야 한다.

서 2003-13), 2003, p. 15.

452) 동 훈령 제11조 제1항, 제2항.

나. 통합방위법

통합방위법은 이 법이 대상으로 하고 있는 통합방위사태에 대응하기 위하여 군과 경찰, 국가기관과 지방자치단체, 향토예비군, 민방위대, 일정한 범위의 직장 등 국가의 모든 방위요소를 통합하여 관리할 수 있도록 체제를 구축하고 권한을 부여하고 있다. 하지만 엄격한 의미에서 통합방위법은 평시에 적용되기보다 전시 또는 준전시에 적용되는 법으로써 평시 공공질서유지임무는 경찰의 소관사항이다.[453)]

다. 기타 관련 법률

테러행위를 처벌하기 위한 형사법은 다수 존재한다. 각종 테러행위를 범한 자는 형법, 폭력행위등처벌에관한법률, 군형법, 항공법, 항공기운항안전법, 철도법, 유해화학물질관리법, 원자력법, 전기통신사업법, 군사시설보호법 등 관계법률에 규정된 형에 의하여 벌한다.

우리나라 형법은 속지주의, 기국주의, 속인주의 및 보호주의를 규정하고 있다. 이에 따라 범행지가 국내이거나 테러범죄자가 내국인이거나 테러행위로 인하여 내국인이나 우리 국가의 법익이 침해되었다면 우리형법을 적용하여 처벌할 수 있다. 그러나 보편주의에 관한 규정은 없기 때문에 위의 어느 것에도 해당되지 않는 테러행위, 즉 외국에서 외국인이 외국의 법익을 침해하는 테러행위를 한 후에 그 행위자가 우리나라에 도피하다가 국내에서 검거되는 경우 우리나라에서 수사 및 재판권을 행사할 수 없다. 이 경우 테러관련 국제협약의 추세는 범죄인 소재지국가도 관할권을 갖는다. 이러한 국제법의 규정에 따라 우리나라도 테러범죄에 대한 세계주의적 처벌규정을 마련하여야 한다.[454)]

라. 범죄인인도법

범죄인인도법은 모든 종류의 테러범죄에 대하여 외국으로부터 범죄인의 인도청구가 있을 경우 법원의 인도심사절차를 거쳐 인도할 수 있게 함으로써 테러행위자의 수사와 처벌을 위한 국제협력 체제를 구축하고 있다. 우리나라는 조

453) 이계수, "정부의 테러방지법안에 대한 의견서", 민주법학 제21호(2002), p. 390.
454) 손동권, "테러범형사처리에서의 문제점", 「대테러연구」제22집, 1999, p. 97.

약체결국가에 대한 형사사법공조의무를 규정한 헤이그협약, 뉴욕협약, 몬트리올 협약, 인질협약에 가입하고 있다. 형사법공조를 위한 다자간 조약 외에 호주, 미국, 캐나다, 프랑스 등 9개국과 양자조약도 체결하고 있다.

테러범죄와 같은 조직범죄에 대해서는 신속하고 광범위한 수사공조가 이루어져야 한다. 이를 충족시키기 위해서는 이미 전 세계적으로 조직화되어 있는 인터폴을 통한 수사공조가 가장 효과적이다. 그럼에도 우리나라의 국제형사사법공조법은 경찰이 독자적으로 인터폴을 통하여 수사할 수 있는 범위를 엄격하게 제한하고 있어 효율적인 테러범죄수사에 장애가 되고 있다. 따라서 인터폴을 통한 국제테러범죄 수사에 있어 경찰의 독자성을 확대 보장하여야 한다.[455]

마. 현행 법제에 대한 평가

유엔 인권위원회는 국가의 대테러대책이 국제인권법과 일치할 것을 요구하고 있다. 이는 테러행위를 예방, 진압 및 처벌하는 과정에서 인권을 침해할 수 있는 소지가 많기 때문이다. 그러나 테러행위를 예방, 진압 및 처벌하기 위해 국가권력을 행사하는 과정에서 인권을 보호하고 침해된 인권을 구제하기 위한 국내법과 제도는 전반적으로 국제인권법이 정한 수준에 미치지 못하는 것으로 평가 된다.[456] 특히 문제점으로 지적되는 주요 내용은 첫째, 경찰력의 행사가 전반적으로 과도하여 국제인권규범에 위반된다. 둘째, 범죄피의자에 대한 구속수사기관이 지나치게 장기간이다. 셋째, 범죄수사과정에서 변호인접견권의 보장 등 피의자의 인권보호 장치가 미흡하다. 넷째 국가보안법 등 국제인권조약이 보장한 인권을 침해하는 내용들이 포함된 형사법이 다수 존재한다는 것이다.[457]

455) 상게서, p. 114.
456) 신의기, "테러리즘 관련법제 정비방안", 2002, p. 177.
457) 최철영, 전게서, p. 22.

제5절 외사경찰의 국제보안활동

1. 국제공항 및 항만 보안활동

세계적으로 교류가 확대됨에 따라 국제공항 및 항만을 통한 안보위해요소의 유입 가능성이 매우 증대되고 있다. 이와 관련 국제공항 및 항만에서의 대테러 첩보 수집을 위하여 외사경찰 등의 전문성을 제고하여야 한다. 이는 안보위해요소의 유입을 사전에 차단하고 문제가 발생하면 신속한 대응을 해야 하기 때문이다. 이와 같이 국제공항의 입국장과 주변 등에 대한 시설보호를 위한 보안활동과 관련 외사정보 활동은 외사경찰의 중요한 업무가 되고 있다.

가. 보안검색의 개념과 대상

1) 보안검색의 개념

보안검색이라 함은 경찰에서는 국가중요시설의 보안목표시설 관리와 테러예방 및 테러저지활동을 위해 보안 목표시설인 공항시설 및 장비보호, 안보위해물품이나 테러물품의 반출과 반입의 색출, 테러분자의 잠입 차단, 주요인사의 출입국에 따른 공항내 안전한 경호경비, 공항이용객과 탑승여객 및 항공기 등의 안전을 위해 탑승객과 휴대물품 및 위탁수하물에 대하여 검색을 실시하는 것이라고 정의하고 있다.[458]

2) 보안검색의 대상

공항 보안검색의 인적 대상은 출국하는 승객과 환승객, 공항 내인 국제자유지역(C.I.Q) 및 계류장을 출입하는 모든 인원이다. 또한 물건에 대해서는 수하물 및 위탁탁송화물이다.

---

458) 항공안전및보안에관한법률 제1장 총칙 제2조 8호에서는 보안검색을 불법방해 행위를 하는데 사용될 수 있는 무기 또는 폭발물 등 위험성이 있는 물건들을 탐지 및 수색하기 위한 행위라고 정의하고 있다.

가) 승객

모든 승객 및 휴대수하물에 대한 검색은 국제민간항공기구(ICAO)에서 요구하는 대테러 보호대책의 계획수립에 필수요소라고 할 수 있다. 따라서 모든 승객 및 휴대수하물은 항공기에 탑승하기 위해서 반드시 안전을 확인 받아야 한다. 이는 검색완료지역 또는 보안제한구역으로 들어오기 전에는 검색을 받아야 한다는 뜻이다.[459]

나) 위탁수하물

위탁수하물도 반드시 보안검색을 거쳐야 한다.[460] 위탁수하물이란 항공권을 소지한 당해 항공기를 탑승할 사람의 화물을 말한다. 따라서 보안검색 전에 과연 그 화물이 탑승권을 소지한 승객의 소유인지 여부 및 위해물품인지 여부를 확인하여야 한다. 위탁수하물은 항공기 탑승 전에 엑스선 검색장비를 사용하여 보안검색을 실시하여야 한다.

다) 검색완료 승객

검색완료 승객에 대한 보안검색은 항공기 내로 들어가기 직전의 안전을 위해 필요한 검색이다. 여기에 해당되는 경우는 일반적인 재검사와 통과 또는 환승 승객에 대한 보안검색 등이 해당된다. 재검사는 이미 안전지역으로 들어온 승객일지라도 보안검색에 허점이 발견되었거나 테러에 대한 중요첩보가 있을 경우 등 안전에 문제가 있다고 의심이 되는 경우에 항공기에 탑승하기 직전 실시하는 검색을 말한다.

라) 승객이 아닌 자 등에 대한 검색

보안검색 완료지역인 보호구역에 허가를 받아 들어가는 자 또는 물품에 대해서도 보안검색을 실시하여야 한다.[461] 그리고 허가를 받아 보호구역에 들어가는 자는 건설교통부 장관의 지정을 받아야 한다.

---

459) 항공안전및보안에관한법률 제15조에서는 승객 등의 검색항공기에 탑승하는 자는 신체, 휴대물품 및 위탁수하물에 대한 보안검색을 받아야 한다고 규정하고 있다.

460) 항공안전및보안에관한법률 시행령 제11조.

461) 항공안전및보안에관한법률 제16조.

마) 보안검색의 면제 승객

보안검색을 면제할 수 있는 승객도 있다.[462] 공무로 국외여행을 하는 국가원수와 국제협약 등에 의하여 보안검색의 면제를 받도록 되어 있는 사람이다. 특히 주의해야 할 점은 비엔나협약에 의거하여 외교적 면책특권을 가지고 있는 승객이라 할지라도 탑승 전 일상적인 검색은 받아야 한다. 그러나 소지품 중 봉인된 외교행낭은 개봉검색을 할 수 없다.

나. 보안검색의 법적 근거

1) 헌법

국민의 안전에 관한 규정으로는 헌법 제2조 재외국민의 보호, 제7조 공무원의 지위 책임, 제10조 기본적 인권의 보장, 제12조 신체의 자유, 제23조 재산권의 보장, 제34조 사회보장 등이 직접 또는 간접으로 대테러리즘에 대한 보안검색의 법적 근거에 해당된다고 볼 수 있다.

2) 법률

가) 형법

형법에 규정하고 있는 항공테러와 직접 관련된 규정은 제186조 기차, 선박 등의 교통방해와 제187조 기차 등의 전복, 제188조 교통방해 치사상 등이 규정되어 있다. 또한 통합방위법은 적의 침투, 도발이나 그 위협에 있어서 국가총력전의 개념에 입각하여 국가방위요소를 통합, 운용하기 위한 통합방위대책을 수립하여 시행하는데 필요한 사항을 규정함을 목적으로 하고 있다.

나) 항공안전 및 보안에 관한 법률

항공안전에 있어 가장 중요한 법인 항공안전 및 보안에 관한 법률은 국제민간항공조약 등 국제협약에 따라 공항시설, 항행안전시설 및 항공기내에서의 불법행위를 방지하고 민간항공의 안전 및 보안을 확보하기 위한 기준과 절차 및 의무사항 등을 규정함을 목적으로 개정한 법이다.[463]

462) 항공안전및보안에관한법률시행령 제15조.

다) 항공법

항공기를 이용하여 폭발성이나 연소성이 높은 물건 등 위험물을 운송하려는 자 및 항공기를 이용하여 운송되는 위험물을 포장·적재·저장·운송 또는 처리하는 자는 항공상의 위험 방지 및 인명의 안전을 위하여 위험물취급의 절차 및 방법에 따라야 한다고 항공법 제59조 제1항, 2항에 각 규정하고 있다.

라) 총포·도검·화약류 등 단속법

총포·도검·화약류 등 단속법 제10조 소지의 금지에서 누구든지 허가 없이 총포, 도검, 화약류 및 분사기, 전자 충격기, 석궁을 소지하여서는 아니된다고 규정하고 있다. 기타 경찰법, 경찰관직무집행법 등에 공공사회의 안녕질서 유지를 위한 제반 규정들도 대테러 활동의 근거가 된다.

3) 국제협약 및 국제보안기준

가) ICAO(국제민간항공기구)[464] 기준

국제민간항공기구에서도 보안검색에 대하여 기준을 제시하고 있다. 이 기준은 정부차원이면서 국제연합(UN) 경제사회이사회 산하 전문기구로 국제민간항공협약을 통하여 항공기 보안에 관하여 각국 공항이 국제조직으로 연결되어 있어 법적인 효력이 있는 국제협약이다.

나) US FAA(미연방항공국: Federal Aviation Authority)

미연방항공국에서도 기준을 제시하고 있다. 그 기준을 보면 미국에 이륙 또는 착륙하는 외국항공사는 보안프로그램을 실행해야 하고 이 보안프로그램은 연방항공국장이 허가하며 미국내 항공 기준에 미달하지 않아야 한다. 아울러 증가하는 공중 피납과 폭파위협에 대처하기 위하여 FAA의 공항 안전요구 규정을 만들어 기준을 요구하고 있다.[465]

---

463) 보안검색에 대하여는 제3장 공항 및 항공기 등의 보안에서 구체적인 규정을 담고 있다. 또한 위해물품휴대금지에 대해서도 동법 제21조에 구체적인 규정을 두고 있다.

464) International Civil Aviation Organization 는 1947년 세계 민간항공의 평화적이고 건전한 발전을 목적으로 설립되었으며 '09년 현재 190개국이 가입, 캐나다 몬트리올에 본부가 있으며 각국의 항공기, 승무원, 공항시설, 항법 기술면에서의 표준화와 통일 등의 활동을 하고 있다. 우리나라는 1952년도에 가입하였다.

다. 보안검색 방식의 분류

1) 탑승구 검색방식

탑승구 검색방식은 항공기에 인접한 계류장 지역으로 바로 연결되는 터미널 문이나 탑승항공기와 연결된 탑승구에 나가기 직전에 승객 및 휴대수하물의 검색을 시작하는 보안검색 방식이다. 이 방식은 승객조사 및 검색 후 총기나 다른 위험장치를 은밀히 승객에 전달할 수 있는 기회를 크게 줄여주고 검색을 진행하는 동안에만 검색인원을 배치하면 된다.

2) 대기지역 검색방식

대기지역 검색방식은 탑승구 검색방식과 중앙집중식 검색방식의 중간형태로 특정한 항공기 탑승을 위해 승객이 대기하는 일정한 지역의 출입문에서 실시된다. 이 대기지역은 출입통제지점을 기준으로 보안성을 유지할 필요성이 있다. 이 방식은 적은 인원으로 검색이 가능하며 승객검색에 많은 시간을 할애할 수 있다. 또한 지역 간의 업무에 대한 순환이 용이하여 인력자원 활용도가 높으므로 금속 탐지기나 X-Ray 장비[466] 같은 보안장비를 줄일 수 있어 경제적으로 비용을 절감할 수도 있다.

3) 중앙집중식 검색방식

중앙집중식 검색방식은 터미널에서 보호구역에 들어가기 위한 가장자리 길목에서 일괄적으로 실시한다. 인천국제공항에서 운용하는 방식이다. 중앙집중식은 보호지역을 넓게 사용할 수 있어 인력자원의 활용도가 높고 보안장비가 많이 필요하지 않다. 또한 검색시에만 검색인력을 배치하면 되고 하나의 중앙집중 검색지역을 통해 여러 게이트를 처리할 수 있다. 그리고 효과적인 여객검색을 위해 문형금속 탐지기를 일렬로 나란히 배치하는 등 공간을 넓혀 효율적으로 검색지역을 배치할 수 있다. 따라서 손으로 하는 검색을 위한 설비를 설치하거나 비공개지역에 설치가 매우 용이하다.[467]

465) 선계훈, "국제테러관련 공항보안검색 효용화 방안 연구: 인천국제공항 중심으로", 연세대 행정대학원, 석사학위논문, 2006, pp. 33-36.

466) 인천공항의 X-Ray 탐색기는 물질구분 COLOR식으로 가장 근대화된 검색장비로 COLOR 및 흑백영상 겸용 SYSTEM을 갖추고 있다.

라. 보안검색의 효율화방안

1) 검색직원에게 정당한 권한과 책임 부여

국가 및 공항체계에 맞는 면밀한 검토를 통하여 항공보안 조직에 대한 독립화를 이루어야 한다. 또한 공항에서는 완벽하고도 심도 있는 대테러 활동을 위해 전문화된 체제가 필요하다. 책임성을 확보하기 위해서는 권한과 책임이 일치되는 근무 체제를 갖춰야 한다. 따라서 보안검색만 전문으로 하는 항공 보안 관련 보안검색 전문 공무원제도의 신설을 검토해 볼 수 있다.

2) 보안검색의 공경비체제로의 전환

보안검색장소에서의 안전한 보안검색은 사건 하나하나를 미연에 막을 수 있는 최선의 방책이라고 할 수 있다. 따라서 국제성범죄와 관련하여 보안검색에서 책임성이 가장 높은 공경비체제로 전환해야 한다. 현행의 사경비 체제에서 감경되는 경제적 부담은 보안사고로 인한 총체적 손실과 비교하여 경제적 효과가 없다고 판단할 수 있다.

3) 검색직원의 직무만족도 제고

검색원에게는 업무를 충실하게 할 수 있도록 그들의 근무여건을 개선하여 전문성 확보를 최대의 목표로 근무하도록 하여야 한다. 그리고 신분을 보장할 수 있는 제도적 장치를 마련하고 급여 인상으로 기본적 생활은 충족할 수 있도록 개선하여야 한다.

4) 기타 법률적 보완

통합방위법을 보완하여 테러 등 비상 상황 발생 등에 대비해서라도 평상시부터 훈련과 무기체제 등을 갖추고 항상 준비하고 있는 군이나 경찰이 위기관리를 제고할 수 있도록 법규정을 개정해야 한다. 그리고 항공보안 및 안전에 관한 법률 제15조에 보안검색 주체는 공항운영자와 항공운송업자 및 보안검색을 위탁받은 경비업체로 되어 있다. 그러나 벌칙 규정인 동법 제50조 제1항의 범죄행위 주체는 위에서 열거한 주체라고 해석되어지거나 실제로 보안검색을 직

---

467) 상게논문, pp. 16—18.

접 실시하는 보안검색원과 보안검색 감독관에 대한 규정이 없다. 또한 동법 제19조 보안검색 실패 등에 대한 보안검색 위반자에 대한 처벌 규정이 없다.

5) 보안검색 요원의 전문성 확보

보안검색의 가장 중요한 부분은 민첩하고 신중한 보안검색요원이다. 때로는 금속 탐지기를 통과한 물품의 유해성 여부를 판단하기가 어려울 때가 있기 때문에 검색요원은 요령, 전문성, 재량 그리고 규정준수 의식 등을 갖추어야 한다. 그러므로 장기적인 우수검색요원 확보계획 및 항공보안 교육체제를 마련하여 항공보안 전문직으로써 업무를 수행할 수 있도록 해야 한다.

6) 유관기관 및 국제협력에 참여

법무부 등 유관기관과 협조하여 테러혐의자의 입국을 차단하고 급진 이슬람 세력의 입국동향 등을 면밀히 파악하여야 한다. 그러므로 유관기관의 상호 협력은 중요하며 국제협력도 중요한 요소가 된다. 따라서 국제 공·항만에 근무하고 있는 외사경찰의 전문성을 제고하기 위하여 정기적인 관계기관회의를 개최하고 현장 지도방문을 실시하고 있다. 또한 보안검색 지도감독과 국내 항공기에 대하여 실시하는 보안점검 등도 실시하고 있다.

이처럼 국제테러의 방지 및 규제는 한 국가만의 노력으로는 이루어질 수 없고 테러범죄자에 대한 정보교환, 범인의 검거, 인도, 증거수집, 기소, 재판 등 일련의 과정에 걸쳐 국제적인 협력체제의 구축이 필요하다.

마. 보안검색과 관련한 보안책임이론

1) 공(公)경비 이론

우리나라의 경비개념은 주로 유럽의 전통과 사상을 반영한 경찰개념을 중심으로 한 공경비를 의미하고 있다. 보안검색에 있어서도 대부분의 국민들은 범죄의 예방 및 테러예방 차원에서 국가 법집행기관 중 경찰기관만이 가지고 있는 기능으로 인식하고 있다. 경찰이 전적으로 책임지는 보안검색이 안전하다고 인식을 가지고 있는 것이다.

2) 사(私)경비 이론

현대에 들어오면서 민간부문의 확대와 공적자금의 부담 등에 힘입어 민간기업도 보안검색에 참여하고 있다. 사경비는 공권력의 제도권 내에서 엄격한 제한하에 시설경비라는 한정된 경비체제를 유지, 운영하는 것이다.

가) 수익자부담 이론

이 이론은 경찰이라는 공권력이 갖는 근본적인 성격과 역할 및 기능이 개개인의 안전과 사유재산을 보호하는 것이라는 통념적인 인식에 의문을 제기하고 있다. 국가기구 일부로서의 경찰은 국가가 자본주의의 전반적인 체제유지를 위한 정치적 역할을 수행하는데 있어 일부분을 담당하는 공조직으로 파악되어야 한다는 것이다. 따라서 경찰의 공권력은 원칙적으로 질서유지나 체제수호 등과 같은 역할과 기능으로 한정하여야 한다는 것이다.

나) 역할분담 이론

사회변화에 따른 행정수요의 증대현상에 따라 공공부문에 의한 행정서비스 한계를 극복하기 위하여 민간의 자본과 기술을 활용하는 방안이 증가하는 추세에 있다. 경찰경비분야에서도 경찰은 범죄발생의 사후적, 사법적 집행기능을 중점적으로 수행하고 사전적, 예방적 기능은 민간기능을 활용하여 등 공동 활동을 하여야 한다는 것이다. 이는 공항에서도 치안서비스를 공동 생산해야 한다는 것을 의미한다.

다) 지역사회경찰활동(Community Policing) 이론

지역경찰활동은 증가하는 범죄율을 억제하고 경찰과 사회를 재통합하려는 전통적 경찰활동의 실패로 나타난 새로운 이론이다. 이는 지역사회와의 신뢰관계를 형성하며 적극적으로 지역사회의 문제를 파악하여 지역주민과 협력하여 치안문제를 해결하자는 것이다. 공항에서의 지역사회경찰활동도 경찰이 테러와 관련된 유관기관과 상호 협조하는 체제의 한 형태로 이해하려는 것이다.

2. 국제행사 관련 보안활동

국제보안활동이라 함은 외국의 중요인사 등이 참석하는 국제행사와 관련하여 행사의 원활한 진행을 위해 인적, 물적 위해요소를 보호하기 위한 경찰활동을 발한다. 즉, 관련 정보를 수집하고 행사기간 중 외사동향관찰 대상자에 대한 동향을 파악하는 등 안전사고 및 위해방지를 위한 신변경호와 통역지원 등의 활동을 제공하는 것이다.

가. 외빈 등 참석인물에 대한 안전활동

국내에서 국제행사가 있을 때는 행사에 참여하는 외국의 중요인사와 그 일행에 대한 신변보호를 한다. 이와 함께 행사진행이 방해받지 않도록 하기 위하여 보안활동을 하며 특히 테러방지는 가장 중요한 업무이다. 즉, 외국의 국가원수가 방한하는 경우에는 더욱 긴장되고 세밀한 경찰활동이 요구된다. 국내에서 행하여지는 많은 국제행사와 외빈의 방한에 관하여 주된 업무를 처리하는 기능은 경비국의 소관 사항이다. 이에 대하여 외사경찰에 의하여 실시하는 보안활동은 전체적으로는 같은 업무를 수행하는 것이지만 다른 독특한 특성도 갖는다. 즉, 국제행사의 안전을 도모하여 국익에 기여하도록 경비기능을 지원하며 방한하는 외빈을 반대하는 집단 또는 인물로부터 절대적으로 보호해야 한다.

나. 행사장의 안전을 위한 보안활동

국내에서 개최되는 국제적인 행사를 성공적으로 완수할 수 있도록 행사와 관련된 모든 물적 요소들을 테러와 방해로부터 보호하는 경찰의 활동을 말한다. 그러므로 행사장은 물론 행사에 참가하는 인적 대상의 보호를 포함한 모든 수단을 포함한다. 이에 대한 수단으로는 행사장에 대한 탐색, 주변에서의 안전방해 행위의 차단, 집단적인 행사방해에 대한 사전 조치 등 여러 형태의 경찰활동이 이루어진다.

3. 국내 체류외국인 커뮤니티의 관리

국내 체류외국인[468]이 급증함에 따라 인권 및 노동단체 등과 연계한 국가별, 종교별 외국인 커뮤니티가 빠르게 증가하는 추세이다. 그리고 이들은 이익 집단화, 세력화 되어가고 있어 이에 따르는 문제점이 점차 노출되고 있다. 따라서 국가 보안상 보호가 요구되는 위해요소를 사전에 차단하기 위한 대응체제의 구축이 필요하게 되었다.

전국에 산재한 이러한 외국인 커뮤니티에 대하여 외국인 밀집지역을 중심으로 그 생성 및 소멸에 대한 현황을 파악하고 있다. 그리고 이를 국가별 및 목적별로 분류하여 성향을 분석함은 물론 주요 외국인 커뮤니티에 대하여는 외국인 대표자와 임원 등 역할을 구분한다. 또한 반한 성격의 여부를 파악하는 등 특히 대외활동이 적극적이고 왕성한 중점관찰이 필요한 커뮤니티에 대하여는 전담요원을 지정하여 관리해야 한다. 또한 일정한 기간을 정해 활동여부를 파악하여 커뮤니티를 재정비하여야 한다. 이를 바탕으로 필요한 경우에는 SRI를 하달하여 수집된 자료를 바탕으로 관련 정책정보를 생산, 관련 부처에 배포하는 등 활용할 수 있다.

468) '08. 12월 기준, 체류외국인 1,158,866명 ('07년 1,066,291명 대비 8%증가)이다.

제3장

외사수사론

제1절 수사에 대한 개설

제2절 외국인범죄의 예방과 피해보호

제3절 외사수사 활동

제4절 국제성범죄에 대한 수사공조

제5절 재외국민에 대한 사법적 보호

제3장 외사수사론

제1절 수사에 대한 개설

1. 수사의 의의

가. 수사의 개념

수사란 범죄혐의의 유무를 명백히 하여 공소를 제기 및 유지할 것인가의 여부를 결정하기 위하여 범인을 발견, 검거하고 증거를 수집, 보전하는 수사기관의 활동 또는 간단히 범죄의 유무와 범인의 체포 및 증거의 수집을 위한 수사기관의 활동을 말한다고 정의하는 것이 타당하다고 하겠다.[469] 수사는 주로 공소제기 전에 하는 것이나 반드시 공소제기 전에 제한되는 것은 아니다. 공소제기 후에도 공소의 유지를 위하거나 또는 공소유지 여부를 결정하기 위한 수사는 허용된다.

수사는 그 대상의 다양성과 불가측성으로 인하여 활동에 있어서도 탄력성, 임기성, 기동성이 강하게 요청되므로 수사기관에는 여러 가지 편의와 강제력의 행사가 인정되고 있다. 그러므로 수사절차는 기술성, 사실성이 농후하고 합목적성의 원리에 의하여 지배된다고 할 수 있다. 범죄수사를 빙자한 수사기관의 자의적 활동이 용인된다면 이는 국민의 기본적 인권에 대한 중대한 위협이 되므로 법이 정하는 절차에 따라 규제를 받아야 한다.[470]

469) 강구진, 「형사소송법원론」, (서울: 학연사, 2001), p. 147.
470) 신동운, 「형사소송법」, (서울: 법문사, 2002), p. 42.

나. 수사의 특성

수사 활동은 기술적, 법률적, 절차적, 정책적인 성격을 지니고 있는데 그 내용을 살펴보면 아래와 같다.[471)]

1) 기술적 성격

수사란 진실된 실체형성을 위한 기술적인 성격을 가지고 있음을 부인할 수 없다. 즉, 수사는 범인은 물론 범죄사실, 증거 등이 미확정된 상태에서 그 실체를 규명하기 위하여 자료를 수집하고 범인을 검거함으로써 진실을 밝혀나가는 기술이라고 할 수 있다.

2) 법률적 성격

범죄수사는 법률적인 성격을 가진다. 수사의 주체가 법률에 의해 정해져 있고 수사의 방법 또한 법률에 정해져 있는 경우에만 허용된다는 점에 있어서 법률적이라고 할 수 있다. 특히 수사기관이 행하는 범죄수사는 법률에 정해진 적정절차에 따라서 행하여지지 않으면 안된다. 이렇듯 수사는 인권보장이라는 헌법적 규제를 받고 있으며 이에 저촉되지 않는 범위안에서 수사가 행해져야 한다.

3) 절차적 성격

절차란 일정한 목적으로 행해져 있는 여러 가지 행위들의 질서 있는 연속을 말한다. 하나의 절차는 다음에 오는 절차를 예상하고 있으며 그것에 연결되어 행해지고 있다. 따라서 선행절차는 후행절차의 수단으로서의 성격을 띠고 후행절차는 선행절차의 목적으로서의 성격을 띤다. 수사란 고유한 의미에서의 소송이 아니라 소송에 대한 준비절차에 지나지 않는다. 수사과정을 전체로서의 형사절차에 어떻게 위치시키고 수사절차에서 등장하는 활동주체의 관계를 어떻게 정립시킬 것인가에 관해서는 규문적 수사관, 탄핵적 수사관, 소송적 수사관 등이 있다. 그러나 어느 것이나 수사가 준비절차로서의 성격을 가지고 있음에는 견해를 같이 한다.

---

471) 이황우, 「경찰행정학」, (서울 : 법문사, 2003), p. 580.

4) 정책적 성격

범죄수사가 기술적, 법률적으로 잘 이루어져 수사목적을 달성하였다고 하더라도 그것이 국가적, 사회적 요청이나 범죄예방 목적 또는 인간본성에 어긋난다면 이는 올바른 수사라고 할 수 없을 것이다. 따라서 수사는 기본권 보장이라든가 사회질서유지와 같은 명제뿐만 아니라 형사정책적 요청까지 고려하여야 한다. 이러한 점에서 수사는 정책적 성격을 갖는다고 할 수 있다.

2. 수사의 기본원칙

가. 임의수사의 원칙

수사의 방법은 임의수사를 원칙으로 하며 강제수사는 형사소송법에 특별한 규정이 있는 경우에 한하여 예외적으로 허용된다.[472] 이를 임의수사의 원칙이라고 한다. 임의수사 원칙은 세 가지 내용을 갖고 있다.[473] 첫째, 강제수사로 달성할 수 있는 일정한 수사목표를 임의수사로도 달성할 수 있는 경우에 수사기관은 강제수사보다는 기본권침해가 상대적으로 작은 임의수사를 해야 한다. 둘째, 강제수사는 임의수사로써 달성할 수 없는 수사목표를 달성하기 위하여 예외적으로만 인정되며 그것도 법률이 정한 요건과 절차에 의하여야 한다. 이를 강제처분법정주의라고 한다. 셋째, 임의수사도 기본권을 침해할 위험성은 항상 있기 때문에 임의수사를 실시할 때에도 비례성원칙을 준수하여야 한다.[474]

나. 수사비례의 원칙

수사의 결과에 따른 이익과 수사로 인한 법익침해가 부당하게 균형을 잃어서는 안 되는데 이를 수사비례의 원칙이라 한다. 본래 비례성원칙은 헌법상의 원칙으로 수사에서도 이 비례성원칙은 국가권력을 제한하고 수사절차에서 관련당사자들의 기본권 제한을 가능한 축소시키는 역할을 한다. 수사비례의 원칙은 특히 강제수사를 하기 위한 요건으로서의 의미를 가지나 강제수사뿐 아니라 임

---

472) 형사소송법 제199조 제1항.
473) 배종대, 이상돈, 「형사소송법」, (서울: 홍문사, 1996), p. 190.
474) 성기현, "수사경찰의 전문화방안에 관한 연구", 동국대 행정대학원, 석사학위논문, 2006, p. 13.

의수사의 경우에도 요구되는 수사의 기본원칙이다. 수사의 일반원칙으로서 비례성원칙은 수사의 수단이 수사의 목적달성에 적합, 필요하고 수사목적을 달성하여 얻는 이익과 수사활동으로 침해되는 이익 사이에 균형성이 있어야 함을 뜻한다. 이들을 각각 적합성 원칙, 필요성 원칙, 균형성 원칙이라고 한다.

다. 수사비공개의 원칙

수사절차는 공판절차와는 달리 공개원칙이 지배하지 않는데 이를 수사비공개의 원칙 또는 수사밀행의 원칙이라 한다. 이러한 수사의 비공개성은 수사목적의 달성과 피의자의 사생활을 보호하기 위한 것이다. 수사의 내용을 사전에 공개한다면 피의자의 검거 또는 증거의 압수는 불가능하게 될 것이다. 그리고 피의자심문, 참고인조사를 공개하는 경우에는 피의자 또는 참고인의 명예가 훼손되는 경우가 비일비재할 것이기 때문이다.

라. 자기부죄 강요금지의 원칙

헌법 제12조 제2항은 '모든 국민은 고문을 받지 아니하며 형사상 자기에게 불리한 질술을 강요당하지 아니한다.'고 규정하고 있다. 이렇게 자기부죄 거부의 특권을 자유권적 기본권으로 명시하였으며 형사소송법 제244조의3에 피의자의 진술거부권을 보장하고 있으므로 자기부죄 거부의 원칙은 수사의 기본원칙이다. 피의자 또는 피고인이 거부할 수 있는 진술의 내용에는 제한이 없다.

마. 강제수사법정주의

강제처분은 법률에 특별한 규정이 없으면 하지 못한다. 이를 강제처분법정주의라고도 한다. 인권침해의 위험을 방지하기 위하여 강제수사의 허용요건을 법률에 규정함으로써 강제처분을 제한하는 일반적 형식에 의한 억제를 의미한다. 이는 강제처분의 적법성의 한계를 법률에 명백히 규정하여 법관에 의한 구체적 판단을 가능하게 한다는 점에서 영장주의의 전제가 되는 원칙이라고 할 수 있다.[475]

---

475) 이재상, 「형사소송법」, (서울: 박영사, 2001), p. 200.

바. 영장주의

영장주의란 법원 또는 법관이 발부한 적법한 영장에 의하지 않으면 형사절차상 강제처분을 할 수 없다는 원칙을 말한다.[476] 이것은 수사상 필요한 경우 일정한 자유를 제한할 수 있다는 권한에 대한 법치국가적 제한을 의미한다. 수사기관의 입장에서 보면 영장 없이 강제처분을 해서는 안 된다는 금지에 해당된다. 한편 수사대상인 피의자의 입장에서 보면 영장에 의한 강제처분을 요구할 수 있는 권리를 규정하고 있는 것이다. 또한 2009년 6월 9일자 개정 형사소송법 제217조의 규정에 의한 긴급체포의 경우, 체포 후 24시간 이내 압수, 48시간 이내 압수수색영장을 청구하도록 의무화하여 실질적인 영장주의를 구체화한 개정이라 볼 수 있다.

사. 제출인환부의 원칙

압수물의 환부는 압수물을 종국적으로 소유자 또는 제출인에게 반환하는 법원 및 수사기관의 처분이다. 수사기관이 압수물을 환부함에 있어서는 피의자에게 환부함을 원칙으로 하는데 이것을 제출인환부의 원칙 또는 피압수자환부의 원칙이라고 한다. 다만 압수한 장물로서 피해자에게 환부할 이유가 명백한 것은 법원이 판결로써 피해자에게 환부하는 선고를 하여야 한다.[477] 압수한 장물은 사건 종결전이라고 하더라도 피해자에게 환부할 수 있다.

3. 수사경찰의 직무범위

가. 범죄정보의 수집 및 분석

범죄수사를 위해서 정보의 수집은 매우 중요하며 이러한 수사에 관한 범죄정보를 수사정보라고 할 수 있다. 범죄정보는 수사의 단서가 될 수 있는 것으로써 범죄로의 이행이 예상되는 사안과 이미 발생한 범죄에 관한 사항 등이 대상

476) 헌법은 제12조 제3항에서 '체포, 구속, 압수 또는 수색을 할 때에는 적법한 절차에 따라 검사의 신청에 의하여 법관이 발부한 영장을 제시하여야 한다.'고 규정함으로써 영장주의를 헌법적 차원에서 인정하고 있다.

477) 형사소송법 제333조 제1항.

이다. 범죄정보수집에 관해서는 수사첩보활동규칙 등의 규정을 두고 있다.

그리고 범죄정보 처리절차는 정보의 개별적 항목들을 취급하는 방법과 그 항목들을 수사목적에 유용한 자료로 바꾸는 것에 관한 일련의 절차를 말한다. 일반적으로 범죄정보절차에는 자료의 수집과 분류 및 저장, 수집되거나 저장된 자료의 평가와 분석, 분석되고 평가된 내용의 배포과정이 포함된다.[478] 정보절차를 통해서 원자료를 체계적으로 개발하는 것은 수사기관에 대하여 고품질의 최종정보 산출물을 제공하는 것을 가능케 한다.[479]

1) 범죄정보의 개념과 특성

가) 범죄정보의 개념

범죄정보란 범죄를 행하였거나 행하고 있다고 의심을 받거나 그렇게 알려진 사람, 단체 혹은 행위에 대한 단순한 자료를 수집, 분석, 종합, 평가한 체계적 산물이다. 이는 단순히 수사기관에서 내사 또는 수사에 착수하게 되는 최초 계기로서의 수사단서나 기초 자료에 불과한 범죄첩보와 구별된다. 통상 범죄정보는 이를 수사정보라고 하며 기초정보와 수사의 단서나 구체적 사건에 대한 사건정보로 나누어진다.

나) 범죄정보의 특성

범죄정보는 내용이 아무리 중요하더라도 시간이 경과함에 따라 그 가치가 감소하게 된다. 따라서 범죄정보는 수집시기 및 내사착수시기가 중요하다. 그리고 범죄정보는 범죄와 관련된 문제에 논리적으로 대처하기 위하여 자료를 수집, 대조, 분석, 평가, 종합하여 활용하는 체계적인 모든 과정의 기능적인 개념이다.[480]

2) 범죄정보의 분류

가) 전술적 범죄정보

전술적 범죄정보는 현재 이루어지는 수사의 성공을 위한 단기간의 신속하고

478) 하형석, "경찰의 범죄정보활동에 관한 연구", 동국대학 행정대학원, 석사학위논문, 2005, p. 16.
479) 박주원, 「범죄정보체계론」(개정판), (서울: 수사연구사, 2004), p.180.
480) 하형석, 상게논문, p. 21.

효율적인 법집행에 수반되는 정보 즉, 즉각적인 수사목적 내지 법집행 목적의 성취에 직접적으로 기여하는 정보를 말한다. 수사단서의 제공이나 잠재적 감시 대상의 선정 등이 이에 속한다.

나) 전략적 범죄정보

전략적 범죄정보란 정보처리의 최종산물 중에서 최상위 형식이다. 이것은 법집행기관들의 주요목적 내지 과제와 관련한 판단을 이끌어내기 위해 사용되는 것으로 수집된 정보자료(사실)와 그 분석의 혼합물로서 정보이다. 전략정보가 법집행기관의 활동에서 제 기능을 하기 위해서는 주요 정책 입안자나 전략가의 인식과 의지가 필요하다. 그러므로 조직범죄를 줄이기나 무력화시키기 위해서는 주요 정책 입안자 또는 전략가의 책임이 매우 크다.

전략적 범죄정보가 전술적 범죄정보와 다른 점은 전략적 범죄정보는 일선 수사관이 취해야 하는 지침에 대한 것이 아니라 수사기관의 최고결정권자가 관심을 가지는 더 큰 문제를 다룬다는 점이다. 전략적 범죄정보는 범죄통제라는 광범위한 관점에서 수사기획이나 수사기관의 관리를 지원하기 위하여 과거와 현재의 관련 자료들을 분석, 평가하여 장기간에 걸쳐 활용하는 전체 과정으로서의 정보활동이다.

3) 범죄정보의 기능

범죄정보는 조직범죄나 마약범죄 등 체계적 · 조직적 범죄활동의 대응에 효과적이다. 조직범죄 수사당국의 효과적인 지휘와 조직 및 기획에 관한 합리적 결정을 하는데 핵심적 역할을 한다. 조직범죄에 대한 효과적인 대응을 위해서는 먼저 범죄정보의 수집, 분류, 분석, 배포에 대한 체계적 접근이 필요하다. 그러나 범죄정보의 진정한 기능은 이런 사후적 대응보다는 장기적 관점에서 수사당국이 주도권을 행사할 수 있도록 범죄경향을 예측하고 발견하는데 있다고 할 수 있다.

4) 범죄정보의 순환절차

범죄정보는 기본적으로 수집, 작성, 배포의 3단계 절차를 거쳐야 한다. 하지만 첩보의 수집 및 수집된 첩보의 기록, 보관과 축적에 그쳐 실제 범죄정보로서의 가치를 활용하지 못하는 경우가 많다. 분석, 검증 및 종합이 이루어지지 않은 첩보만으로는 아무런 결론도 도출해낼 수 없기 때문이다.[481]

5) 범죄정보의 관리

경찰은 인터폴회원국과 한국 또는 한국인 관련 각종 범죄와 수사관련 정보뿐만 아니라 국내 외국인의 범죄통계 및 분석자료 등도 체계적으로 전산화되면서 쉽게 조회, 정보를 얻을 수 있게 되었다. 즉, 인터폴에 구축되어 있는 각종 국제성범죄자들의 인적사항 및 범죄경력자료, 수배현황, 사진, 지문 등 관련 자료를 화상으로 전송 받아 활용할 수 있는 자료검색장비를 갖추고 있다. 뿐만 아니라 경찰조직의 각 기능을 유기적으로 연결하여 필요한 정보를 상호교환 할 수 있는 경찰전산통신체제를 구축하고 있다. 또한 경찰 전산망을 통하여 주민조회, 차적 조회, 범죄경력조회 등 전산자료를 조회 처리할 수 있는 전산체계를 갖춰 수사의 효율성을 높여왔다.[482]

나. 수사 및 형사활동

일반적으로 범죄의 수사는 수사의 단서에서 시작하여 수사착수, 현장관찰, 수사방침수립, 수사실행, 사람과 물건 등의 조치, 조사, 송치의 단계적 과정을 밟으면서 진행된다.

1) 내사

내사는 수사의 전 단계로서 신문 등 출판물의 기사, 익명의 신고, 소문 등에 범죄혐의 유무를 조사할 만한 가치가 있는 내용이 있을 때 그 진상을 밝히기 위하여 입건하지 아니하고 조사하는 단계를 말한다.

---

481) 이동환 · 표창원, “경찰의 범죄정보 수집 및 분석체계화 방안”, 한국형사정책연구원, 연구총서, 2005, PP. 17-19.

482) 경찰청은 2002년 외국인범죄 수배와 마약, 위폐 등 국제성범죄 자료, 국내 외국인 일일 범죄통계기록 등을 전산 관리할 수 있는 ‘국제범죄정보관리시스템’을 개발했다. 이에 따라 지금까지 수작업으로 이뤄지면서 수사에 어려움을 겪었던 인터폴 외국인범죄 수배자료, 해외도피 수배자, 마약, 인신매매, 위폐, 무기밀거래, 테러 등 국제성범죄 관련자료, 정보가 모두 전산화 되었다.

2) 수사의 개시

수사기관이 사건을 수리하여 수사를 개시함을 입건이라고 한다. 입건의 원인은 내사를 통한 범죄의 인지, 고소, 고발의 접수, 자수, 자복, 변사체 검시, 검사의 수사지휘, 다른 사법경찰업무 취급관서로부터의 이송사건 수리 등이다. 실무상 입건이란 kics(Korea Information System Of Criminal-justice)[483]상, 사건번호 부여 단계를 말한다. 그 이후에는 혐의자가 피의자의 신분으로 변경된다.

3) 수사방침의 수립

수사의 실행 전에 현장에서 수집된 여러 가지 자료를 검토하여 수사를 어떠한 방향으로 진행할 것인가를 결정하게 된다. 중요한 사건의 경우에는 수사회의를 개최하여 수사방법의 선택이나 우선적으로 실시할 수사내용을 결정한다. 그리고 수사관의 의견을 종합하여 수사관별 주요한 역할을 지정하는 등 수사방침을 수립한다.

4) 수사의 실행

사법경찰관은 형사소송법, 사법경찰관리집무규칙, 범죄수사규칙 등 관계법령을 준수하면서 수사를 진행해야 한다.

5) 사건의 송치

사법경찰관은 사건에 대하여 진상이 파악되고 적용할 법령, 처리의견을 제시할 단계에 이르면 사건을 검찰청에 송치하게 된다. 이로써 경찰의 수사는 종결하게 된다.

6) 송치 후의 수사

사건송치 후 피의자의 여죄가 발견되거나 검사의 공소제기 또는 유지를 위한 보강수사 지시가 있게 되면 추가적 수사 활동이 필요하다.

---

483) 형사사법정보시스템(경찰, 검찰, 법무부 연계전산시스템)
모든 사건서류(조서, 각종 연장, 통신수사, 보고서, 범죄경력조회, 출입국조회, 촉탁, 수배, 지휘건의, 송치 등)를 위 시스템에 입력 처리하여 모든 수사 서류의 전산화·연계화한 것으로 2010. 5. 10 일부터 경찰, 검찰, 법무부 동시 실시하고 있다.

제2절 외국인범죄의 예방과 피해보호

1. 국내체류 외국인의 관리

체류외국인의 급증에 따라 인권 및 노동단체 등과 연계한 국가별, 종교별 외국인 커뮤니티가 증가추세에 있으며 이들의 이익집단화, 세력화에 따른 문제점이 증가하고 있다. 이슬람권의 경우는 특히 테러와 관련한 움직임을 파악하는 등 안보위해요소를 사전에 차단하기 위한 대응체제의 구축이 필요하게 되었다. 이에 따라 전국에 산재한 외국인 커뮤니티 결성현황을 파악[484]한 후 특히 외국인 대표자, 임원 등의 역할구분이 분명하고 대외활동이 두드러진 커뮤니티를 선정하여 주요 관리대상으로 취급해 오고 있다. 또한 관련 정책보고서를 생산하여 국익을 저해하는 행위에 대비하여야 하고 이러한 자료는 D/B화하여 축적해야 한다.

그리고 국내 체류외국인이 점차로 집단화되고 증가함에 따라서 내국인과의 갈등과 다툼이 많이 발생하고 심지어는 범죄도 지속적으로 증가하고 있는 실정이다. 이러한 범죄는 내국인을 상대로 한 범죄, 자국민 간의 마찰과 불법행위 및 체류와 취업관련 불법행위 등의 행태이다. 따라서 이로 인한 사회적 비용의 증가가 예상되며 앞으로 이에 대한 예방대책과 조치가 강구되어야 한다.

가. 단기 체류외국인 관리

불법체류 및 외국인범죄와 관련하여 문제되는 것은 정상적인 장기체류자격자[485] 보다는 관광 등 단기체류의 명목으로 입국하여 불법취업을 하는 외국인이며 그들이 차지하는 비중이 훨씬 더 크다는 것이다. 외국인등록을 하지 않고

484) 외국인 밀집지역을 중심으로 외국인 커뮤니티 생성·소멸 현황 파악 후 국가별·목적별 분류 및 성향분석 등을 하고 있다.

485) 출입국관리법 제31조 내지 제32조에 의하면 외국인이 90일을 초과하여 장기 체류하고자 하는 경우는 대통령령이 저하는 바에 따라 입국한 날로부터 90일 이내에 그의 체류지를 관할하는 출입국관리사무소장 또는 출장소장에게 성별, 국적, 여권의 내용, 근무처와 담당업무, 국내체류지, 체류자격과 체류기간 등의 내용으로 외국인 등록을 하여야 한다.

단기 체류자격으로 입국하여 불법체류 및 불법취업을 하는 외국인의 관리가 사각지대에 놓여 있다. 따라서 현행 장기 체류자관리 위주로 되어 있는 외국인등록 등의 조치는 개정되거나 보완되어야 한다.

나. 외국인 유학생의 엄격한 관리

외국인 유학생에 의한 생활비 및 학비 목적의 범죄가 발생하고 있고 또는 유학목적으로 입국하여 불법체류자로 전락하여 범죄에 관련되는 사례가 잇따르고 있다. 또한 브로커들의 알선으로 불벌취업 목적이면서도 유학목적으로 정부를 속이고 입국하여 불법 취업하는 경우도 많다. 따라서 입국 전 학비와 생활비 조달 능력을 확인하는 등 입국조사를 엄격하게 하여야 한다. 그리고 입국 후 소정기간 동안 출입국관련 법령, 불법체류예방 등에 대한 교육을 실시해야 한다. 그리고 등록, 출석, 입국 목적 외 취업활동 여부를 점검하는 등 체류관리를 철저히 해야 한다. 한편 출입국관리법을 위반하는 경우 강제출국조치를 취하는 등 외국 유학생들의 불법체류를 억제하는 노력이 지속적으로 필요하다.

다. 고용허가제 등으로 입국한 근로자 관리

합법체류 중인 외국근로자들이 체류기간이 만료되어 불법체류자로 되지 않도록 체류기간내 자진출국을 유도하여야 한다. 그러기 위해서 기간내 자진출국자에게는 고용허가제 외국인 구직자 명부에 우선적으로 포함시킬 뿐 아니라 현재 근무 중인 사업장에 재취업이 가능하도록 최대한 배려하고 재입국 유예기간도 단축시켜 주어야 한다. 한편 체류기간내 외국인 근로자를 자진 출국시킨 사업주에게는 사업장 규모에 따라 정해진 외국인 고용허용인원과 상관없이 출국시킨 인원만큼 외국인근로자를 고용할 수 있도록 지원해 주는 정책 등을 실시하면 효과적일 것이다.

2. 외국인범죄의 예방

가. 외국인 밀집 및 유동지역 관리

1) 외국인 밀집지역 선정 및 분류

외국인의 국내체류 증가에 따라 외국인의 밀집지역이 점차 형성되고 있다. 이에 따라 경찰은 여러 가지 목적으로 주거현황을 파악함을 물론 관리하고 있다. 여기서 외국인 밀집지역이란 일정한 지역 내에 외국인이 다수 체류하고 있어 외사경찰의 활동 목적상 특별한 관심이 요구되는 지역을 말한다. 이러한 외국인 밀집지역의 선정기준은 경찰관서 관할 내에 외국인 등록자 수가 1,000명 이상이거나 관할 인구의 외국인 구성 비율이 5%이상인 경우이다.[486] 그러나 국내 외국인의 관리와 관련한 유관부처인 행정안전부, 법무부, 경찰청 등 공히 각 기관별 자체 통계자료를 기준으로 밀집지역 선정하여 그 기준과 대상지역이 상이하게 나타나고 있다.[487]

2) 국내 외국인 밀집지역의 현황

가) 외국인 밀집지역의 기준

외국인 밀집지역이란 일정한 지역 내에 외국인이 다수가 체류하고 있는 지역을 말한다. 정부의 부처 및 기관별로 외국인 밀집지역의 선정 기준이 다르며 행정안전부에서는 '09년도 기준으로 외국인 밀집지역을 외국인 거주 인구가 20,000명 이상의 8개 지역과 인구대비 외국인 등록비율이 5%이상인 15개 지역 등 크게 2개의 기준으로 구분하고 있다. 또한 법무부는 자치단체(시 · 군 · 구)별로 체류외국인에 대한 통계현황을 관리하고 있으며 각 출입국관리소별로 외국인 밀집지역의 분포현황을 관리하고 있다.

---

486) 경찰청에서는 지구대 · 파출소 단위 기준, 관내 등록외국인 1천명 이상 · 인구대비 등록외국인 비율 5% 이상 75개 지역을 선정하여 밀집도에 따라 밀집지역을 「초고밀도(4천명 · 10%이상), 고밀도(2천명 · 5%이상), 일반(1천명 · 5%이상) 등 3등급으로 세분하고 있다.

487) '09년 기준 행정안전부는 외국인 밀집지역을 2개의 기준 즉, 외국인 수 2만명 이상 8개 지역, 인구대비 등록외국인 비율 5% 이상 15개 지역을 밀집지역으로 구분하고 있다.

〈표 2-1〉 외국인 밀집지역 기준 및 분포현황[488]

구 분	합계	10,000명	5000~9,999명	1,000~4,999명	999명 이하
시·군·구 (지역)	248	17	23	64	144
비율(%)	100	6.8	9.3	25.8	58.1
인원(명)	840,696	251,138	153,085	152,999	283,474
		557,222			
비율(%)	100	29.9	18.2	18.2	33.7
		66.3			

자료 : 경찰청 외사국, 2008. 6월말 기준(등록외국인+불법체류자)

한편 경찰에서는 경찰의 활동 즉, 외국인의 관리와 발생범죄의 수사의 편의 등을 위한 목적상 특별히 관심이 요구되는 외국인 밀집지역을 선정하여 특별히 관리하고 있다. 그 기준은 경찰관서 관할 내에 외국인 등록자 수가 1,000명 이상이거나 관할인구에 대한 외국인의 구성 비율이 5%이상인 지역을 외국인 밀집지역으로 선정하여 구분하고 있다.

나) 외국인 밀집지역의 구분

최근 경찰은 외국인의 체류 실태를 분석해 전국의 지구대와 파출소 관할 지역에 대하여 외국인 분포가 높은 순으로 외국인 밀집지역, 산재지역, 일반지역 등 3개 지역으로 분류했다. 이에 따르면 '09년도 기준으로 외국인 밀집지역을 관할하는 경찰서는 전국적으로 서울 구로·영등포·금천, 경기 안산 단원·수원서부·평택 등 43개이며 지구대 및 파출소 관할구역으로는 75개이다. 이외에 외국인 산재지역은 관할지역에 등록한 외국인이 1천명 이상인 곳으로 이를 관할하는 해당 경찰서는 124개이었다.

488) 정대권, 외사경찰 조직의 효율적 대응방안: 외국인 범죄에 대한 외사경찰의 수사활동을 중심으로, 영남대학교 석사학위논문, 2010, p. 6

〈표 2-2〉 시도별 외국인 밀집지역 현황[489)]

지역	개소	분포지역
서울	8	구로구, 금천구, 영등포구, 성동구, 동대문구, 성북구, 종로구, 중구
경기도	15	남양주(2), 양주시(2), 포천시(2), 연천군, 동두천시, 고양시(2), 화성군, 평택시, 안산시, 시흥시(2)
인천	2	서구, 남동구
부산·경남	4	사상구, 사하구, 김해시, 양산시
대구·경북	4	달서구, 북구, 달성군, 구미시
경남	6	창원시단, 거제시, 마산시, 진해시, 함양군, 진주시
울산	4	울주군, 북구(2), 온산읍
충남·대전	3	아산시, 천안시, 당진군
청주	3	음성군, 진천군(2)
광주	2	광산구, 영암군
계	51개소	

출처 : 2008년 12월 법무부 출입국관리국(재편집)

다. 외국인 다수 유동지역

외국인의 다수 유동지역도 범죄의 예방을 위하여 파악하는 것은 매우 중요하다. 이러한 지역은 외국인을 대상으로 영업을 하는 상권지역이거나 종교시설이 있는 지역으로 생활용품의 구입 또는 종교와 사교활동을 위하여 집결되는 곳이므로 대기 주말의 주간 시간대에 형성되는 특징을 가진다. 그러나 대부분 외국인 관광지 및 미군부대가 소재한 상권이나 유흥가 지역 등에는 주로 야간이나 주말에 외국인이 다수 운집하는 실태이다.

---

489) 김민재, 『외국인 범죄의 실태와 대책』, 법무연수원, 2008, pp. 42~43.

〈그림 2-1〉 외국인 다수 유동지역 선정기준

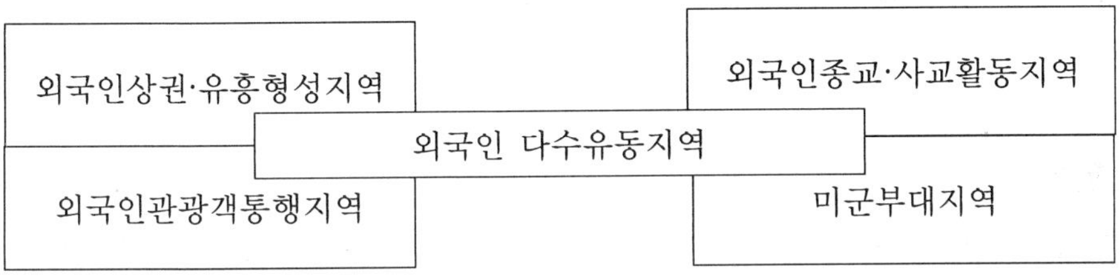

3) 외국인 유동지역 및 특징

외국인의 밀집지역과 함께 이들이 주로 유동하고 운집하는 장소도 범죄의 예방을 위하여 파악하는 것은 매우 중요하다. 이러한 외국인 유동지역의 특징은 다음과 같다. 첫째, 외국인 상권 또는 유흥이 형성된 지역이 생기게 되었다. 둘째로는 종교와 사교활동을 위하여 집결하는 지역으로 주로 주말의 낮 시간에 형성되는 특징을 가진다. 그리고 대부분의 외국인 관광객들이 주로 통행하거나 머무르는 관광지와 유명한 시장주변지역 등이다. 그리고 미군부대가 소재하거나 인근 지역으로 그들을 상대하는 상권이나 유흥가 등이 형성되어 있다. 이런 곳은 주로 야간이나 주말에 다수의 외국인이나 미군이 통행하거나 또는 일시적으로 집중하는 지역으로 구분할 수 있다.

나. 외국경찰의 외국인 밀집지역 관리실태

1) 미국

다인종 및 다민족으로 구성된 국가라는 특성을 감안하여 경찰관 채용시 각 인종 및 민족별 출신자를 일정한 비율로 채용하여 동일인종 밀집지역에 배치하고 있다.[490] 또한 시경국장, 경찰서장 등이 외국인 커뮤니티를 대상으로 치안설명회의를 개최하는 등 수시로 대화를 통해 협력치안 체계를 구축하고 있다. 또한 다국어를 구사할 수 있는 경찰관에게 이중 언어수당 지급하는 등 외국어 습득을 적극 장려하고 있다.

490) '09년 기준, LA경찰의 경우 한인타운 관할 올림픽경찰서(정원 300여명)에 한인경찰관 30여명이 배치되었다.

한편으로는 FBI(연방수사국), ICE(이민세관국), DEA(마약수사국) 등 연방기관 지역사무국을 중심으로 외국인 커뮤니티 관련 정보수집 및 동향관찰을 실시하고 있다.

2) 일본

'09년 3월 일본 경찰청은 '외국인 집단거주지역 종합치안대책'을 마련하여 외국인 집단 거주지역에 대하여 실태를 파악하고 있다. 그러면서 지자체 및 지역기업 등과 협조를 통해 내·외국인간 공생을 추진하고 있다. 즉, 집단 거주지역 내 범죄조직의 침투를 적극 방지하고 범죄의 유인요소를 적극적으로 제거하려고 노력하고 있다.[491]특히 아이치현[492] 경찰본부에서는 'ㅇㅇ단지 공생프로젝트'를 시행하고 있다. 이는 외국인 집단 거주지역의 교번(파출소)에 공생 프로젝트 본부를 설치하여 외국인이 범죄의 피해자 또는 가해자가 되는 것을 방지하기 위하여 강연을 한다. 또한 일본생활에의 조기적응을 위한 지원은 물론 일상생활 중의 애로사항을 상담하는 등의 시책을 시행하고 있다.

3) 독일

독일에는 대도시에 국적별 또는 인종별로 외국인 타운을 형성하고 있으며 이들 대부분은 교육수준이나 수입이 낮으며 실업자가 다수이다. 따라서 최근 경찰관들이 외국인 밀집지역내에서 경찰력을 무시하거나 불복종, 심지어 물리적으로 저항하는 사례가 증가하여 경찰도 이 지역의 출입을 꺼리는 상황도 발생하고 있다.[493]

이에 따라 경찰의 주도하에 외국인 밀집지역에 대한 도시환경의 재설계를 진행하고 있다. 즉, 주요한 대상지역에 대하여 범죄의 발생건수, 수법, 접근경로 등 통계자료를 면밀히 분석하여 행정당국에 환경 재설계를 요청한다. 그리고 건축물 신축 및 개축 등의 설계단계에서부터 방범전문 경찰관이 참여하여 범죄요인을 최소화 하는 방향으로 건축하고 있다.

---

491) 일본 동경경시청은 외사정보를 담당하는 '외사1~3과'(과별 100명)가 있으며 '조직범죄대책1~2과'(과별 200명)에서 외국인범죄를 담당하고 있다.

492) '09. 9월 기준 지역 내 남미 출신 외국인 근로자 5만여명이 체류하고 있다.

493) 경찰노조 대변인은 '09. 8월 'Bild'紙와의 인터뷰에서 외국인 거주 비율 75% 이상 일부 지역의 위험성을 지적하며 도시환경 재정비 필요성이 강조되고 있다.

4) 뉴질랜드

뉴질랜드는 '04년 연방경찰청에서 '소수민족과의 치안협력 전략'을 수립하여 시행하고 있다. 이는 경찰의 소수민족 커뮤니티에 대한 관리능력과 역량확보를 강조하며 외국인 안전확보 및 범죄피해자 방지를 위한 것이다. 이에 따라 문화적 차원의 접근방법이 필요하다는 인식으로 경찰청장 직속으로 경찰청, 지방경찰청에 소수민족 전담부서인 'MPES(Maori Pacific Ethnic Services)' 설치[494]하였다. 이 부서에서는 연락관이 해당 커뮤니티와 연계하여 범죄첩보를 입수하고 범죄예방활동을 한다.

그리고 다민족에 대하여 인구의 구성비를 반영하여 소수민족 경찰관을 적극 채용하고 소수민족 언어로 번역된 범죄예방 책자를 발간하여 배포한다. 그리고 111 경찰신고센터에서는 17개의 언어서비스를 제공하면서 외국인범죄 신고를 유도하고 있다.

다. 국내 외국인범죄 예방활동

1) 외국인 밀집지역에서의 범죄발생 현황

여기서 외국인범죄란 범죄의 주체가 대한민국의 국민이 아닌 외국인, 즉 외국 국적을 가진 사람에 의하여 행하여지는 범죄로서 대한민국의 형벌법규에 위배되는 행위를 한 자를 말한다. 일반적으로 외국인이 대한민국의 영토 내에서 죄를 범한 경우를 말하나 형법 제5조에서 정한 내란 및 외환죄 등에 있어서는 외국인이 대한민국의 영역 외에서 범한 경우도 포함된다. 그러나 북한주민은 헌법과 판례상[495] 대한민국 국민이므로 북한주민에 의한 범죄는 외국인범죄가 아니다.[496] 이러한 외국인범죄의 발생원인으로는 개인 환경적인 원인, 경제적 원인의 경기변동, 빈곤 등이 있으며 사회문화적 원인으로는 문화갈등에 관한 이론 등이 있다. 한편 외국인범죄 피해의 특성으로는 외국인은 범죄피해에 있어서 잠재적 반복피해자, 자기방위능력 결여자, 피해신고 부자유자 등의 피해자학적 특성을 가진다.[497]

494) '오클랜드' 등 6대 대도시 지방경찰청에는「아시아 연락관」및「소수민족 연락관」상주 배치, 연락관은 해당 소수민족 문화권 출신으로 선발한다.
495) 대법원 1996. 11. 12. 선고 96누1221 판결.
496) 김민재, 외국인 범죄의 실태와 대책, 법무연수원 연구위원 논문, 2007. 3월, p. 4.

〈표 2-3〉 범죄유형별 외국인범죄 검거현황

유형 / 연도	계	살인	강도	강간	절도	폭력	지능범	기타	처리결과	
									구속	불구속
'05년	9,042	42	124	62	821	1,919	3,340	2,734	2,169	6,873
'06년	12,657	72	107	68	971	2,483	6,229	2,727	1,156	11,501
'07년	14,524	54	118	114	1,213	3,369	5,685	3,971	1,341	13,183
'08년	20,623	85	133	114	1,343	4,940	7,472	6,536	1,428	19,195

출처 : 「2009 경찰백서」

〈표 2-4〉 국가별 외국인범죄 검거현황

국적 / 연도	계	중국	몽골	태국	미국	러시아	필리핀	파키스탄	일본	기타
2007	14,524	8,421	925	470	836	199	258	180	140	3,095
2008	20,623	13,448	1,324	1,060	871	227	265	296	117	3,015
증감 (%)	6,099 (▲41.9)	5,027 (▲41.9)	399 (▲43.1)	590 (▲125.5)	35 (▲4.1)	28 (▲14)	7 (▲2.7)	116 (▲64.4)	−23 (▽16.4)	−80 (▽2.5)

출처 : 「2009 경찰백서」

국내의 외국인범죄 발생의 특성으로는 외국인이 밀집한 지역을 중심으로 자생 폭력조직이 나타나고 있으며 이들은 자국의 외국인을 대상으로 하여 폭력을 행사하거나 금품을 갈취하는 등 조직화 및 흉포화 되는 경향을 보이고 있다. 그리고 심각한 것은 국제조직범죄 집단이 이러한 자생 폭력조직을 통하여 유입되거나 상호 연계되는 것이며 〈표 2-3〉에서 보는 것과 같이 강력범죄의 발생에 체류 외국인이 가담하는 현상이 늘어나고 있는 것이다. 그리고 국내로의 입국, 체류, 취업과 관련하여 밀입국이나 여권이나 사증을 위조하거나 위장결혼 등의 수법을 이용하여 불법취업 하는 것과 같은 지능범을 비롯한 새로운 유형의 범죄가 증가하고 있다. 한편 수도권에 집중되었던 외국인범죄가 최근에는 불법체

497) 조병인, 국내 체류외국인의 범죄피해와 보호실태, 피해자학연구(제5권 제1호), 한국피해자학회, 1997, PP. 33-36.

류자, 산업연수생 등 외국인 근로자들이 전국에 산재됨에 따라 지방의 대도시권과 인근의 중소도시로 확산되고 있다. 또한 이들은 범행 후 곧 바로 출국하여 본국이나 외국으로 도주하는 수법도 늘어나고 있다. 그리고 미군이 주둔하는 지역을 중심으로 발생하는 SOFA사건[498]은 여타 형사사건과 달라서 국민감정에 미치는 영향이 매우 크기 때문에 사건의 처리과정에서 언론·NGO 등의 관심이 크다.

2) 외국인범죄의 발생지역 분석

외국인이 체류하는 지역을 경찰서의 관할을 기준으로 전체 범죄피의자에 대비한 외국인 피의자 비율에 따라 3개의 유형으로 구분하고 있다.[499] 첫째로 외국인범죄 다발지역은 외국인범죄 피의자 비율이 국내의 평균 범죄비율인 0.8%의 2배 이상인 지역을 말한다. 둘째, 외국인범죄 우려지역은 범죄율이 1.2%–1.6%에 해당하는 지역이 이에 해당한다. 셋째는 외국인범죄 주의지역으로 이곳은 외국인범죄율이 0.8% 이상 1.2% 미만의 지역을 말한다. 이렇게 대상지역에 따라 경력과 관심을 배분하여 선택적으로 외국인범죄의 예방과 수사에 활용하고 있다.

3) 외국인에 대한 범죄예방 교육

경찰은 외국인범죄를 예방하고 발생한 범죄의 철저한 수사와 처리를 위하여 보다 적극적이고 철저한 대비가 요청되고 있다. 외국인이 국내에 입국하면 우리나라의 출입국관리제도, 불법체류, 불법취업, 형사처벌 및 관련 법규, 형사사법 절차, 범죄피해자 보호 등에 관한 일반적인 범죄예방에 관한 교육을 실시해야 한다. 그리고 산업연수생, 고용허가제에 의한 근로자, 유학생, 장기체류자 등에 대하여도 필요한 법률 교육을 실시해야 한다.

4) 외국인범죄에 대한 철저한 수사체계 구축

외국인범죄의 발생에 대한 철저한 수사체계를 구축하여 신속히 사법처리 할

498) 경찰청, '08년 현재 SOFA 사범은 183명으로 전년 동기(191명) 대비 4.3% 감소하였다.

499) '09년도 기준, 외국인범죄 다발지역은 15개 경찰서 관할이고 우려지역은 12개 경찰서 관할이며 주의지역은 33개 경찰서 관할로 분석되었다.

수 있는 방안을 강구해야 한다. 외국인범죄에 대한 정보를 광범위하게 입수하여 이를 철저히 분석하여 사전에 대비하여야 한다. 또한 발생한 범죄의 수사에 적극 활용할 수 있게 외국인범죄 분석실을 신설하여 운영 등 체계적인 수사지원 시스템을 구축하는 것이 필요하다. 무엇보다 외국인범죄의 수사를 전담하는 특별 전담수사대를 구성하여 장기적인 계획과 선진 수사기법을 개발해야 한다. 또한 해외연수 등을 통하여 국제적인 수사기법을 도입하고 해당 국가의 언어구사능력을 구비하여 국제적 감각을 보유하는 등 전문성을 강화해야 한다.

5) 외국인범죄 등 범죄첩보 수집

최근 국내에 체류 중인 외국인 등을 대상으로 괴롭히거나 피해를 주는 행태의 불법적인 행위를 자행하는 외국인 범죄조직이나 집단이 국내에서 자생하려는 시도가 있다. 따라서 이러한 조직을 운영하는지의 여부 및 국제적인 범죄조직과의 연계 등을 사전에 파악해야 한다. 또한 합법적인 체류여부 등 국내의 사회 안정에 해하는 행위를 하는지 여부를 파악해야 한다. 이는 외사경찰의 일반적인 업무로써 이와 관련된 첩보를 수집하도록 규정하고 있다. 이에 따라 경찰은 외국인 밀집지역에서의 범죄첩보를 수집하기 위해 전담경찰관을 외사조정관[500]으로 지정하여 운영하고 있다. 한편 외국인 밀집지역의 치안을 안정적으로 확보하기 위하여 지역별로 유관기관 및 NGO 등이 참여하는 실무협의회를 구성하여 관련 범죄정보를 상호 교류하는 등 범죄예방대책을 추진해야 한다.

6) 외국인범죄 관련자료 D/B화 추진

외국어가 능통한 인턴을 경찰의 보조 인력으로 채용하여 외국인 특별치안센터와 외국인 자율방범대에 배치하여 운영하고 있으며 이를 외국인 다수 유동지역으로 확대하고 있다. 또한 외국인범죄 자료에 대한 D/B화를 적극 추진하고 있으며 외국인범죄의 발생지역과 피의자의 국적 및 범죄유형 등을 정밀 진단하고 있다. 그리고 이와 같은 데이터를 종합적으로 분석하여 각 지역에 맞는 외사치안대책을 수립하는 등 치안정책에 활용해야 할 것이다.

---

500) '09. 8. 1부터 외국인이 밀집 거주하는 지역내에 외국인의 거주 실태와 범죄 피해예방을 위하여 전담 활동하도록 하는 외사조정관 제도를 신설하여 '09. 10. 1 기준, 43개 경찰서에서 47명의 조정관을 배치하였다.

7) 외국인 관련 부처간 협력의 강화

국내체류 외국인에 관한 각 부처 간 체계적이고 효과적인 공조를 위하여 외교통상부 등 관련 정부기관과의 경찰협력 체제를 구축하여야 한다. 최근 각 정부부처에서는 세계의 여러 국가와 정부차원의 국제적 협의나 논의가 이루어지고 있다. 그렇기 때문에 추진하고자 하는 정책의 내용에 따라 국민의 안전이나 신변의 위협 등 많은 관계가 설정되기도 한다. 따라서 외국인정책을 시행하는 부처에서는 경찰과의 실무적인 협의가 필요하다. 그럼으로써 외국인 정책시행에 관한 부작용도 사전에 피할 수 있을 것이다.

3. 외국인 인권보호에 관한 이론적 근거

우리나라 헌법의 제6조 제2항은 '외국인은 국제법과 조약이 정하는 바에 의하여 그 지위가 보장된다.'고 규정하여 상호주의를 택하고 있다. 한편 정부는 2007. 5 법무부와 그 소속기관 직제 시행규칙을 개정하여 기존 출입국관리국을 출입국·외국인정책본부로 승격하였다. 그러면서 외국인 관련 법제를 제정 및 개정하는 등의 활발한 입법 활동을 하고 있다. 이처럼 외국인정책에 대한 패러다임을 통제와 집행 및 규제 중심에서 상호이해와 공존 그리고 육성 및 관리 중심으로 전환하고 있다. 즉, 외국인 정책의 기본방향을 외국인 인권보호에 기초를 두고 외국인을 그 법적 지위에 따라 적정하게 대우함으로써 사회에 빨리 적응하도록 하고 있는 것이다.

가. 헌법상 국제법 존중주의와 외국인

세계인권선언이 외국인의 법적 지위와 관련하여 갖는 특별한 의미는 그 적용대상을 모든 인류로 하고 있는 점이다.[501] 그리고 세계인권선언의 내용을 구체화시키고 있는 조약이 1966년 UN총회에서 채택된 국제인권규약이다. 시민적·정치적 권리에 관한 국제규약에서 역시 세계인권선언과 마찬가지로 권리주체를 모든 자(사람)로 표기하고 있다.

501) 세계인권선언 제2조는 '모든 사람은 인류, 피부색, 성, 언어, 종교, 정치적 또는 다른 의견, 민족적·사회적 출신, 재산, 출생, 기타 다른 지위에 따른 차별 없이 선언상의 모든 권리와 자유를 향유한다.'고 규정하고 있다.

나. 국제인권규범상 외국인 보호

1990년에 유엔 상임이사회는 모든 이주민과 그 가족의 권리보호에 관한 UN 협약인 '이주노동자와 그 가족 권리보호를 위한 협약'(International Convention on the Rights of all Migrant Workers and Members of Their Families)을 제정하였다. 동 협약 제70조에서 '불법이주민이든 적법한 이주민이든 모든 이주민들의 근로조건과 생활조건이 적절성·안정성·위생적 기준과 인간의 존엄성의 원칙에서 보장되어야 한다.'고 규정하였다.[502)]

다. 국제인권규범의 헌법상 국내적용

우리 헌법은 전문과 제5조 제1항 및 제6조 제1항에서 '헌법에 의해 체결, 공포된 조약과 일반적으로 승인된 국제법규는 국내법과 같은 효력을 가진다.' 하여 국제법질서 존중의 원칙을 분명히 하고 있다. 따라서 일반적으로 승인된 국제법규로서 국제인권 규범들은 우리나라에서도 헌법과 법률에 위배되지 않는 한 그 효력을 그대로 인정해야 한다. 그러나 국제규범의 국내적 이행이나 집행을 통한 강제규범으로서의 국내법적 효력을 갖는가에 대하여는 의문이다. 재판을 통한 직접 또는 간접적용이나 간접수용 등을 통한 원용가능성 조차 현실적으로 기대하기 어려운 실정이다.[503)]

4. 외국인의 범죄피해 보호

가. 외국인범죄 피해신고 체제 구축

국내에 체류하는 외국인이 증가함에 따라 외국인범죄의 발생도 꾸준히 증가하고 있다. 이들 범죄의 특징은 내국인을 상대로 한 범죄보다 자국 출신의 근로자들을 대상으로 하는 경우가 많은 것이다. 최근에는 일부 국가출신들의 조직화하는 폭력배도 등장하여 금품을 강탈하거나 협박하는 사례가 점차 증가하

---

502) 정일혁, "헌법상 외국인의 기본권 보장에 관한 연구", 홍익대학교 대학원, 석사학위논문, 2007, p 13.
503) 정경수, "국제인권법의 국내적용에 관한 비판적 분석", 민주법학, 제17, p. 149 ; 김태천, 재판과정을 통한 국제인권협약의 국내적 이행, 인권법연구, 제1호, 카톨릭대학교 인권법연구소, 2005, pp. 11~181.

고 있는 실정이다. 따라서 선량한 체류 외국인을 보호하고 범죄피해를 예방하기 위한 조치가 필요하게 되었다.

한편 국내의 인권단체 등에 의한 체류외국인 인권보호에 대한 사회적 공감대가 형성되어 전국적으로 외국인이 밀집하여 거주하는 경찰서 민원실에 '외국인 범죄피해 신고센터'를 설치하였다. 그리고 지구대 및 파출소에는 '외국인 범죄피해 신고창구'를 설치하여 외국인 인권보호를 위하여 운영하고 있다.[504] 이곳에서는 주로 노임체불이나 사업주의 부당행위 등과 범죄피해 및 인권침해에 대한 신고를 받아 처리하고 있다. 즉, 선량한 체류 외국인을 보호하고 이와 관련한 상담을 실시하는 등 범죄피해에 대하여 해결할 수 있도록 적극적으로 지원하고 있는 것이다. 또한 정부의 외국인근로자 정책에 반영될 수 있도록 정보보고서를 생산하기 위한 업무도 담당하고 있다.

나. 외국인 유치실의 운영

외국인 피의자가 경찰서 유치장에 입감되면 언어, 식사, 화장실의 구조 등에서 다른 환경과 습관에 따른 곤란을 겪고 있다. 경찰은 이를 인권보호의 차원에서 해소시켜 주기 위하여 외국인 유치인실을 별도로 정하여 필요한 시설을 보강하여 운영하고 있다. 또한 외국인 유치실 매뉴얼을 제작·배포하여 관리하는 경찰관은 물론 외국인 유치인이 활용토록 하고 있다. 그 내용은 외국인 유치인 생활수칙을 13개 외국어로 제작하여 유치장의 내실에 게시하고 있다. 이는 외국인 수감자가 스스로 적응할 수 있도록 하고 필요한 것을 정당하게 요구할 수 있도록 한 것이다.

다. 기타 외국인 인권보호제도

외국인 근로자들이 밀집하고 있는 공단이나 쉼터역할을 하고 있는 종교시설 등 현장중심에는 인권 상담관제를 운영하고 있다. 이 상담관은 여경 또는 특수언어권을 대상으로 특별 채용한 외사경찰 등으로 구성되어 있다. 이들은 이동인권보호 상담실을 운영하면서 외국인근로자의 고충을 상담하고 어려움을 해소

---

504) '09. 10. 1부터 전국 경찰서 75개소, 지구대 및 파출소 262개소에 "Crime Report Counter" 설치, 주요 임무는 피해자의 신고 내용에 따라 해당 기능에서 처리할 수 있도록 인계하고 기타 법률문제, 가정폭력, 생활고충 등에 대하여는 상담을 실시하여 타기관이나 관련 NGO와 연계하여 해결토록 조치한다.

할 수 있도록 하는 것이다. 특히 결혼이주여성이 500명 이상 거주하는 경찰서에서는 가정폭력을 신고하는 경우 피해구제를 지원하는 "결혼이주여성 인권지킴이" 제도도 운영하고 있다.

한편 일부 지방경찰청에서는 외국인 운전면허교실을 운영하고 있다. 이는 해당 교육을 이수한 후 운전면허시험에 합격한 외국인 중 한국어가 능통한 자를 강사로 선정하여 활용한다. 이 제도는 그들의 자긍심을 제고하며 면허취득의 어려움을 잘 알고 있는 자가 직접 가르침으로써 실무에 필요한 점을 보완하고 보다 친화적인 효과를 볼 수 있다.

제3절 외사수사 활동

외사경찰은 무엇보다 우범 가능성이 높은 외국인이나 불법체류외국인에 대한 정보를 가장 많이 축적하고 외국인범죄와 관련 있는 기관과 연계하여 각각의 계통으로 입수한 관련정보를 교환해야 한다. 이를 위하여 관련기관 중심으로 상호 긴밀한 협조체제의 구축하여야 한다. 또한 공동으로 대처할 수 있도록 실무를 담당하는 부서로 상설 협의기구를 구성하여 정기적으로 현안문제 등에 대해 공동협의를 하여야 한다. 그렇게 함으로써 일관되고 효과적으로 외국인 입국 및 국내체류 관리를 위한 정책과 업무를 수행할 수 있을 것이다.

이처럼 국제성범죄를 예방하고 차단하기 위하여 관련 범죄에 대한 철저한 수사와 엄격한 처리를 위하여 경찰의 적극적이고 철저한 대응이 필요하다. 따라서 외국인이 국내에 체류하는 동안 체계화된 관리가 필요하고 언제라도 필요한 경우에 신원을 확인할 수 있는 제도적 장치가 필요하다. 그리고 경찰은 발생한 국제성범죄에 대한 철저한 수사를 위하여 외국어를 구사할 수 있는 수사요원을 수급할 수 있는 계획을 수립하여야 하며 외국인범죄자의 조사에 필요한 전문교육을 끊임없이 강화해야 한다.

그리고 외국인밀집지역 주변에서 내국인의 치안 불안감을 해소하기 위하여 범죄첩보의 수집활동을 강화하여야 한다. 또한 국제성범죄와 관련한 자료를 D/B화하고 피의자의 국적, 범죄유형 등을 정밀 진단하여 외사치안대책을 수립·시행해야 한다. 우리나라 국민은 물론 국내에 체류하는 선량한 외국인의 생명과 재산을 적극 보호하여 국민의 신뢰 속에 안정된 사회질서를 확립함으로써 국제사회에서도 우리의 지위향상을 이룰 수 있게 될 것이다.

1. 외사수사의 개념

외사수사라 함은 실무상의 개념으로서 범죄의 실행행위는 물론이고 범죄의 수사, 재판, 형의 집행 등 모든 형사사법과정에서의 사건의 전부 또는 일부가 국제적 관련성을 갖는 국제성범죄 및 외국인에 의한 국내 형사범을 비롯하여 출입국관리법, 여권법, 외환관리법 등 특별법 위반사범은 물론 한미행정협정 등 각종 국제조약이나 협정에 위반한 행태를 포괄하는 외사사범을 대상으로 행하는 수사 활동을 말한다. 그러므로 해외교포의 집중 주거지역이나 내국인 관광객의 다수가 왕래하는 국가에는 경찰 주재관을 파견하여 범죄피해 등에 대한 사법적 보호를 담당하고 있다. 또한 해외도피 국내 피의자를 강제송환을 하여 피해를 회복하고 적정한 사법절차를 진행하기 위한 국가 간의 경찰공조를 하고 있다. 특히 중요 수배자에 대하여 필요한 경우에는 인터폴을 통하여 각국에 수배하는 등 다양한 수사기법이 활용된다.

2. 외사수사의 특성과 한계

외국인에 대하여도 살인이나 절도행위 등 일반범죄에 대한 수사절차는 내국인과 같은 절차에 의하여 처리한다. 또한 국가간의 입출국과 관련한 여권의 위·변조와 사용, 밀항 등의 위법행위 및 국내체류 외국인이 단순한 여권법이나 출입국관리법을 위반한 경우에도 같은 절차에 의한다.

그러나 국외로 도피중인 아국인 피의자를 송환하여 수사하는 절차와 국내에 도피중인 외국인 피의자에 대한 송환요구에 의하여 송환·수사하는 절차는 차이가 있다. 이들에 대하여는 범죄인인도법, 국제형사사법공조법 등 특별법에 의한 정당한 절차를 거쳐야 하는 등 일반 수사절차와는 다른 절차상 특성을 가진다.

가. 수사 대상

외사수사의 대상은 국내에 체류하고 있는 외국인, 외국기관, 상사단체는 물론 해외에서 거주하거나 체류하는 교민과 해외 도피사범 등을 모두 포함한다. 수사의 대상이 되는 위법행위는 출입국관리법, 여권법, 외환관리법, 외국인등록법, 밀항단속법 등 그 대상 법률이 외국인 또는 국가간 이동과 관계되는 것으로 한정되어 있다. 국내에서 특별한 지위를 가지고 있는 외국사절도 그 대상으로 하고 있다.

1) 체류외국인 국적의 다양화 및 거주의 광역화

우리나라에 체류하는 외국인 중에서 많은 수가 취업을 목적으로 입국하는데 이들의 출신국가는 매우 다양하다. 이러한 외국인의 입국과 관련하여 특히 관심을 가져야 할 부분은 불법체류 외국인의 문제이다. 더욱이 이들은 일탈행위로 범죄를 유발하는 등 여러 가지 사회문제를 야기할 가능성이 농후하다. 한편 외국인범죄가 서울, 경기지역에서 많이 발생하고 있으나 최근에는 점차 전국적으로 확산되는 현상을 보이고 있다. 뿐만 아니라 전국적으로 외국인근로자가 많은 공단이나 산업단지 및 건설현장 등을 중심으로 집단화되는 경향도 있다.

2) 외교사절의 사건 처리상 특성

외교 및 영사관원에 대한 사건은 가급적 다른 사건에 우선하여 신속히 처리하여야 한다. 그리고 외교관계에서 불필요한 오해와 불만을 제거하기 위해 신분확인은 외교통상부의 의전외빈 담당관실에 공문으로 요청하고 그 자료를 수사기록에 편철한 후 사건을 처리한다. 그리고 재판관할권 면제가 인정되는 신분자의 경우에는 외교통상부와 면제포기의 요청 여부 등에 관하여 협의하여야 한다. 또한 사건처리 단계별로 해당 국가의 면제여부에 대하여 외교통상부를 통하여 서면으로 확인한 다음 그 결과에 따라 최종 처리한다. 재판관할권 면제자에 대한 공소제기 및 불기소처분 결과는 그 개요에 범죄사실을 부기하여 외교부에 서면으로 통보한다.[505]

505) 외교, 영사관원 등 외교관계에 관한 비엔나 협약(1971. 7. 27 발효) 및 영사관계에 관한 비엔나 협약(1977. 4. 6 발효)

나. 수사 활동의 광역성과 제약

외사수사는 활동범위가 일반 국내수사와 달리 대부분 국가간에 미치는 등 그 속성에 따른 지역적 범위가 매우 넓다. 따라서 광범위한 범위 내에서 다양한 활동이 요구된다. 한편 비엔나 협약이나 국제법 및 상대국의 국내법 등에 의하여 많은 제약을 받는다.

1) 불안정한 주거로 인한 소재파악 등의 제약

외국인은 일반적으로 주거가 일정하지 않은 경우가 많다. 특히 불법체류하고 있는 외국인 근로자들은 발각되는 것이 두려워 사람들과 접촉을 피해 생활하고 있다. 따라서 이러한 자들에 의한 범죄인 경우에는 소재 파악과 신병확보가 곤란하여 외국인피의자나 참고인 및 피해자 등 사건관계자가 자기의 국가로 출국한 경우에는 수사가 사실상 불가하다.

2) 국외수사 활동의 제한

사건 관계자인 피의자 등이 외국인인 경우에 해당국에서 범죄경력, 여권의 진위여부, 인적사항, 증거확보 등 정보의 입수에 많은 어려움이 있다. 해당 국가의 인터폴이나 외교 경로를 통하여 의뢰하여야 하므로 시간적이나 내용에 제한을 많이 받아 국내에서와 같이 신속하게 수사할 수 없다. 그렇다고 우리 수사기관이 해당인 외국에서 수사 활동을 할 수도 없다. 심지어 호적제도, 주민등록제도 조차 없는 국가가 있어 신원확인을 의뢰하여도 명확한 생년월일 등이 입수되지 않는 국가도 있다.

다. 수사절차상 특성

1) 언어 문제

가) 외국인피의자 및 참고인

외국인피의자나 참고인은 대부분 우리나라 말을 할 수 없고 검사나 사법경찰관도 해당 외국어로 조사할 수 없기 때문에 수사를 할 때는 언제나 통역인이 필요하다. 이는 비록 수사뿐 아니라 재판, 형집행에 있어서도 마찬가지 문제로서 외국인 범죄를 취급하는데 가장 큰 애로점이다. 더구나 외국인은 우리나라와 다른 문화, 습관, 제도를 가지고 있기 때문에 통역을 하더라도 진술내용의 의미를 정확히 전달하거나 파악하는 것이 어렵다.

나) 수사요원의 외국어 활용능력

외국인을 범행현장에서 현행범으로 체포하거나 범행 후 긴급체포 할 때 체포현장에 통역인을 대동하기 곤란하다. 따라서 의사소통이 되지 않아 피의자를 체포하는 과정에서 반항 등으로 불필요한 물리력을 행사하는 경우가 있다. 또한 체포된 피의자에게 해당국어 또는 영어가 아닌 한국어로 미란다원칙을 고지하였을 때 이를 이해를 하지 못한 외국인 피의자가 불법체포를 주장하고 피의자신문 조서에 날인을 거부하는 경우도 있다.

그리고 조사대상인 피의자 등에 대한 언어소통의 문제로 인하여 진술과 심문에 의한 증거확보가 어렵다. 통역수사시 통역인이 수사용어 및 법률에 대한 정확한 이해가 없기 때문에 실체적 진실을 밝히는데 상당한 시간이 소요되며 통역에 오류가 발생하기도 한다. 더욱이 벵갈어, 몽고어 등 특수한 외국어를 사용하는 피의자에 대하여는 수사 용어를 구사할 수 있는 적당한 전문 통역인이 충분하지 않아 장시간 조사를 지체하는 사례가 있다. 이에 따라 특수언어권의 경우에는 해당국 대사관원이나 체류자를 이용하여 통역토록 하지만 이때 피의자에게 유리한 사실과 다른 내용으로 통역할 가능성도 배제할 수 없다. 그리고 통역인을 참석시켜 충분히 설명하면서 조사했음에도 조서를 피의자의 모국어 또는 영어로 번역해 달라고 요구하는 피의자도 있다.

2) 신원확인의 곤란

피의자에 대하여 외국인등록사항을 조회하거나 입국신고서의 기록을 확인하여 신원파악이 가능하다. 그러나 그 기재내용이 불분명하거나 허위로 기재된 경우에는 특별한 신원확인 방법이 없다. 따라서 외국인변사자 등이 발견되어 신원이 확인되지 않는 경우에는 외국인 집단거주지 등을 추적, 탐문하거나 십지지문을 채취하여 당해 국가의 대사관을 통한 신원조회 하고 있다. 그러나 미국 등 일부 국가에 한정되어 있고 조회기일도 많이 소요되어 수사 활동이 매우 곤란하다.

3) 인상착의 등 신원 특정에 대한 어려움

외국인 용의자들에 대한 목격자 등 탐문 수사시 내국인 보다 외국인에 대한 인상착의는 정확히 기억하지 못하거나 쉽게 번복한다. 특히 흑인의 경우에는 범인에 대한 정확한 용모를 분간하기 힘들어 사전에 인적사항이나 용모에 대한 자료(사진, 여권 등)를 확보해 두어야 한다. 그리고 수사 대상자를 한정하는 성명도 상호간에 별명이나 애칭만으로 통하는 경우가 많다. 국내 입국시 입국신고서에 기재한 인적사항인 여권에 표시된 본명은 모르는 경우가 많으며 영자표기의 철자가 한자만 달라도 신원확인이 불가능하다.

4) 부인 또는 진술거부권 행사 문제

외국인 피의자의 경우 내국인보다 범행을 부인하거나 진술거부권을 행사하는 사례가 많아 신원확인도 어렵다. 이에 따라 사건을 풀어가는 단초가 되는 초기 수사가 특히 어려운 경우가 많다. 따라서 수사를 함에 있어서 우리나라의 처벌법규와 형사사법절차에 대하여 미리 설명하여 납득을 시켜야 한다. 그리고 혐의의 부인 또는 진술거부권 행사에 대한 수사기법을 사전에 마련하는 대응책도 필요하다.

5) 우리 형사소송절차에 대한 무지

외국인들은 우리나라 법체계나 형사절차에 대하여 잘 알지 못하고 있다. 출입국 절차, 형사처벌, 규정, 수사절차, 재판절차 등에 관한 지식이 없기 때문에 거부감, 두려움을 갖고 있다. 반면에 죄의식이 거의 없어 비협조로 일관하는 경우가 많다[506].

6) 국제법 등 관련 법규 숙지의 문제

외국인과 관련한 범죄는 특별법에 해당하는 범죄가 많고 특히 지능범죄의 성격을 갖고 있다. 이에 따라 관련법규를 철저히 검토하고 숙지하여야 수사의 방향과 범위를 한정할 수 있다. 또한 국제성범죄에 대한 전문적인 수사절차와 기법에 대한 이해가 없으면 수사에 상당한 어려움이 있다. 더욱이 외교적 문제를

506) 김민재, "외국인범죄의 실태와 대책", 법무연수원 연구위원 논문, 2007. pp. 88-91.

야기하여 범죄수사의 본질을 훼손할 우려가 있으며 외국공관에의 통지 및 영사의 접견허용 등의 수사절차는 필히 지켜야 한다.

3. 외사수사의 대상 범죄

최근 국내에 체류하는 외국인이 점차로 증가[507]하고 외국인 밀집지역을 중심으로 외국인범죄가 지속적으로 증가하여 이를 해소하기 위한 대책이 필요하게 되었다. 그러나 무엇보다도 불법체류자에 대한 관리와 단속의 문제이다.

반면에 외국인의 불법체류에 관한 소관부처인 법무부 출입국관리사무소의 적은 인원과 직제로는 이같이 급속히 증가하고 있는 불법체류자를 단속하거나 처리하기는 어려운 실정이다. 더구나 국내에 불법체류[508] 하는 외국인을 사실상 전혀 파악하거나 관리하지 못하고 있다. 이 때문에 국제성범죄의 유입이나 국내에서의 범죄행위에 대한 예방과 범죄관련자의 신원파악이나 수배 등 발생범죄의 수사에 커다란 장애가 되고 있다.

가. 출입국 관련 범죄

외국인의 입국과 관련된 범죄들 중 가장 많이 발생하는 범죄유형은 국내에서 취업하기 위하여 불법으로 입국하든지 체류기간이 경과한 후에도 불법으로 체류하는 것이다. 이러한 국내에서의 외국인의 불법체류 유형은 대체로 3가지로 분류할 수 있다. 첫째로는 정상적으로 관광, 취업 등의 목적으로 입국하여 이후에 다른 목적으로 체류기간을 초과하여 체류하는 경우이다. 둘째는 입국자격이 없는 외국인이 국내·외에서 여권, 비자 등을 위조하여 정당한 것으로 행사하고 입국한 후 체류하는 경우이다. 셋째는 국가의 정책인 고용허가 제도를 이용

507) 법무부, 체류외국인 : 1,066,291('07년) ⇨ 1,158,866('08년) ▲8.7%

508) 〈사 례〉 ① 아국인 박○○은 위장결혼 조직 일명 '박사장파'를 결성하고 위장결혼 전문 브로커·모집책·중국현지 브로커 연결책 등으로 역할 분담하여 한국인을 중국으로 출국시켜 중국에서 위장결혼 공증케 한 후 결혼비자를 발급받아 입국, 한국인 호적에 등재시키는 방법으로 약 1억2천만원을 받고 위장결혼을 알선한 것이다(구속 14명, 불구속 2명, '04. 8. 19. 서울청)
② 중국동포 강○○ 등 22명은 사무실을 차려놓고 카드인쇄기·인쇄필름용 위조장비 등을 구입, 주민등록증 등을 위·변조하여 중국인 불법체류자 100여명을 상대로 100~300만원에 판매한 것이다(구속 22명,'04. 10. 28. 경기청)

하여 국내의 소속 산업체에서 근무하다가 그 장소를 이탈, 불법체류 하는 경우이다.

한편 외국인을 불법고용하거나 직업을 알선하는 행위는 직업안정 및 고용촉진에 관한 법률에 의하여 처벌받게 되어 있다. 이러한 종류의 범죄는 피의자가 반드시 외국인은 아니지만 외국인에 대한 범죄로서 불법취업을 만연시키고 나아가 제3의 범죄를 조장하게 된다는 점에서 외국인범죄와 불가분의 관계가 있다.

1) 우리나라의 출입국관리제도

일반적으로 출입국관리제도는 국가마다 상이하지만 크게 미국형과 유럽형으로 구분하고 있다. 우리나라는 이민을 허용하지 않는 국가임에도 불구하고 미국형을 따르고 있다. 이민을 허용하는 미국에서는 출입국 자체를 엄격히 통제할 필요가 있다. 우리나라는 불법의 목적으로 입국하는 외국인에 대해서만 그 입국을 엄격히 통제하고 있다. 따라서 보통의 외국인에 대해서는 출입국 자체의 엄격한 통제보다는 입국한 외국인의 체류와 생활을 철저히 관리하는 유럽형이 세계화, 개방화를 지향하는 우리의 실정에 맞는다. 유럽형의 특징은 외국인이 체류하는 모든 지역에 걸쳐 조직화되어 있는 내무부가 담당 행정청이 되어 행정사항을 처리한다. 그리고 경비 및 범죄와 관련된 문제에 대해서는 역시 전국적 조직망이 형성된 경찰이 그 예방과 사법역할을 담당하는 형태이다.

한편 우리나라의 외국인 출입국관리를 담당하는 부처인 법무부 출입국관리사무소는 체류외국인에 대한 정보를 수집하고 출입국사범을 적발하여 처리하고 있다. 그러나 출입국관리사무소의 제한되고 한정된 기능과 인력으로 외국인체류와 관리가 현실적으로 매우 어렵다. 더욱이 최근에는 국가간 출입국의 규제완화는 필연적인 현상으로써 범죄자의 국내유입과 해외도피가 수월하다.

2) 불법체류 외국인의 억제

국내에 들어와서 활동 중인 불법체류 외국인의 현황과 활동사항에 대해서 기본권을 침해하지 않는 범위 내에서 파악할 수 있는 관리체제를 유지해야 한다. 그리하여 언제라도 필요한 경우에 이들의 신원을 확인할 수 있는 제도적 장치가 필요하다. 더욱이 국제성범죄를 예방하기 위하여 외국인의 입국 및 출국과 국내에 들어오는 물품이나 지적 재산에 대하여 철저히 감시할 수 있는 체제를 구축하여야 한다. 따라서 전국적으로 조직망을 잘 갖추고 있는 경찰이 치안목적의 필요에 의하여 국내에 체류하고 있는 외국인의 관리에 대한 사무를 담당하는 것에 대한 적극적인 검토가 필요하다.

가) 신규유입 불법체류 외국인의 억제

(1) 입국심사 강화

공·항만에서의 외국인 입국심사를 강화하기 위하여 영어는 물론 중국어, 태국어, 몽골어 등 다양한 외국어를 능통하게 구사하는 입국재심 전문심사관을 양성하여야 한다. 또한 불법체류 할 가능성이 높은 외국인을 상대로 하는 인터뷰기법을 개발하여 허위 초청자에 대한 추적조사와 처벌강화로 불법입국 알선 브로커의 개입을 사전에 차단하는 것이 선결되어야 한다.

(2) 체류자격 중간심사제 신설

1999년 개정된 출입국관리법은 외국인의 입국 및 체류목적의 다양화에 부응하여 체류자격의 종류 및 범위를 전반적으로 확대하였고 기존의 체류자격에 있어서의 활동범위도 확대하였다. 또한 체류자격 외의 활동으로써 규제의 대상이 되는 활동을 명확히 한정하였다.[509] 그리고 체류자격 외 활동을 하려면 법무부장관의 허가를 받도록 하였다. 그러나 이러한 체류자격의 활동범위 확대는 결국 체류외국인에 대한 통제의 완화를 가져올 수밖에 없어 불법체류 등의 역기능을 낳게 되었다. 이에 따라 체류외국인을 상시 법적인 통제권의 범위 안에 두기 위해서는 일정한 주기로 외국인체류자격을 중간 심사할 수 있는 권한 조항을 신설하여 체류자격 외 활동을 엄격히 규제하여야 한다.

(3) 이민 연락관 파견

불법체류자를 많이 양산하는 국가나 불법체류를 기도하는 자들이 주로 출발하는 거점공항에 이민연락관을 상주시켜야 한다. 그리하여 현지 출입국 당국이나 경찰, 항공사 직원 등과 상시 교류를 통해 불법적인 입국기도에 대한 사전정보 등을 입수하여야 한다. 우리나라에 불법으로 입국하려고 하는 위조 및 변조여권 소지자, 테러범, 불법체류 기도자 등의 입국을 사전에 차단하는 것이다.

---

509) 부여된 체류자격 아래서 인정되지 아니한 활동 중에는 수입을 동반하는 사업을 운영하는 활동 또는 보수를 받는 활동으로 한정하였다.

그리고 입국심사과정에서 입국불허처분을 받거나 또는 입국한 후 불법체류 하다가 적발되어 보호 및 강제퇴거 되었을 때 발생하는 인력수요나 비용을 절감할 수 있다. 뿐만 아니라 최근 도입한 APIS제도와 연계하여 선량한 승객에 대하여는 더욱 신속한 입국심사를 제공할 수 있을 것이다.[510]

(4) 사증면제협정 정지 검토

불법체류자를 많이 송출한 국가와 한시적으로 사증면제협정을 정지하는 제도로써 사증면제협정을 맺은 국가 중에 가장 문제가 되는 국가를 대상으로 불법체류율이 일정 수준이하로 떨어질 때까지 한시적으로 사증면제협정을 정지하는 것이다. 이는 불법체류외국인을 많이 송출하는 국가에 대한 사전 억제조치의 일환으로써 그 효과가 있다. 그러나 국가간 상호 감정을 고려한 외교적인 문제를 해결해야 하는 선결조건이 필요하다.

(5) 고용허가제 쿼터 연계

국가별 불법체류외국인 현황에 따라서 고용허가제 쿼터를 조정하는 것이다. 그럼으로써 불법체류외국인을 다수 송출하는 국가에서 스스로 공권력을 행사하여 자발적으로 자국민의 불법이민출국을 줄이고자 하는 것이다.

나) 불법체류외국인에 대한 단속인프라의 구축

불법체류 외국인에 대한 정책의 가장 기본적인 대책은 그들을 강제 출국시키는 것이다.

(1) 불법체류자 관리 및 단속의 강화

불법체류자에 대한 관리 및 단속을 강화하기 위하여 먼저 반상회, 일간지, TV, 지역민방, 협력단체 등을 통하여 대대적으로 홍보되어야 한다. 그리고 자율방범대원 및 아파트 경비원 등에 대한 지속적인 교육이 실시되어야 한다. 아울러 외국인이 빈번하게 이용하는 호텔, 백화점, 렌트카 영업소 등에 긴밀하고도 유기적인 신고체계를 구축해야 한다. 주민의 적극적 신고를 유도하기 위하여 신고보상제 및 관서장 표창제도가 이루어져야 한다. 이러한 제도들을 하나의 유기적인 시스템으로 구성하여 지속적 또는 정례적으로 이루어지도록 계획을 수립하여야 한다.

---

510) 김민재, 전게논문, p. 97.

(2) 외국인근로자의 현장 이탈 방지

고용허가제 등으로 입국한 외국인 근로자의 현장이탈 방지대책을 강구해야 한다. 이를 위해서는 송출국에 대해 국가기관이나 공공기관이 송출업무를 맡도록 요구하고 불법취업에 대한 단속을 강화해야 한다. 또한 송출한 국가의 주한 대사관에 담당관을 지정하도록 요구하여 사후관리를 강화하는 것이다. 이를 실효성 있게 뒷받침하기 위해서는 대상의 모집에서 귀국에 이르는 과정까지 모든 관리사항과 관련하여 정부간 협력을 강화해야 한다. 그리고 송출업체 등 민간기관에 대하여는 감독을 철저히 해야 한다. 그러나 이 사업의 관리기구인 중소기업협동조합중앙회의 산업기술연수협력단의 조직만으로는 관리를 효과적으로 수행하기 어렵다. 따라서 일본의 국제연수협력기구와 같이 민관협력기구를 구성하는 것도 고려해 보아야 한다.[511)]

(3) 단속인력 증원 및 기획조사 활성화

불법체류외국인 단속은 일과성에 그쳐서는 안되고 지속적으로 꾸준히 추진되어야 할 과제이다. 불법체류 문제에 대해서 비교적 성공적이라는 평가를 받는 대만의 경우에는 사면조치 없는 지속적인 단속이 정책의 기본방향이었다. 그리고 이들을 적발하기 위해서는 조사인력 중 일정비율을 기획조사업무에 전담케 함으로써 기획조사업무를 활성화하여야 한다. 그럼으로써 조직적인 불법입국 알선 및 허위초청 브로커와 취업알선브로커 등을 집중 적발하여 불법체류 및 불법고용 기반을 제거하여야 한다.

(4) 출입국관리법과 지침의 정비

출입국관리법은 임의적인 법해석과 집행이 있는 경우에도 특별법으로서의 지위가 인정되어 별다른 개선의 노력을 요구 받음이 없이 당연한 법규정으로 인식하였다. 그러나 인권존중이 우선시되는 지금의 상황에서는 인권보호의 내용이 당연히 포함되어야 할 것이다. 특히 불법체류 외국인의 단속과 보호 및 집행은 개정의 여지가 많은 법조항으로써 지속적이고 시기적절한 출입국관리법의 개정작업이 필요하다.

511) 김 준, "외국인 노동문제와 대책", 「국회도서관 입법조사분석실, 현안분석 101호」, 1995, pp. 24-25.

다) 불법체류 외국인 자진출국 유도

(1) 동포 자진 귀국 프로그램 실시

이 프로그램의 시행으로 그 동안 불법체류로 인해 불이익을 받던 중국동포 등에게 재입국 및 합법적인 체류를 보장하게 되었다. 또한 장기간 우리나라에 체류하여 중국으로 돌아가지 못한 동포들이 가족 상봉의 기회를 마련하였다. 한편으로는 중국의 동북3성 조선족 사회의 활성화에 기여한 바가 크다고 할 것이다.

(2) 비동포 불법체류 외국인 자진출국 지원

불법체류 중인 외국인근로자가 컴퓨터 등 기술교육 또는 창업교육을 이수하여 본국에 귀국하여 정착할 수 있도록 하는 프로그램을 운영하는 것이다. 이로써 외국인근로자가 전문지식으로 무장하여 자국에서 보다 유리한 조건에서 취업할 수 있도록 준비시키는 것이다.

라) 불법고용에 대한 동기의 근절

(1) 기능 인력에 대한 적정한 수급 조절

불법체류외국인을 사용하게 되는 가장 큰 이유 중 하나는 영세 중소업체의 단순 기능 인력에 대한 수요는 많은데 내국인 인력공급이 부족하고 합법적인 외국인 고용도 여의치 못하기 때문이다. 현재 합법적인 외국인 기능 인력의 이용방법으로는 고용허가제도가 있다. 외국인력 사용자에 대해 이러한 합법적 제도를 이용할 수 있도록 신규 또는 변경되는 인력의 수요를 신속히 파악하여 적절히 공급해야 한다. 그럼으로써 불법체류외국인 고용요인을 사전에 차단할 수 있다.

(2) 고용주에 대한 처벌 및 관리강화

수요가 있는 곳에 공급이 있다는 말과 같이 불법체류외국인을 저임금에 쓰고자 하는 불법고용주가 있는 한 불법체류문제를 해결하는 것은 어렵다. 이러한 수요를 억제하기 위하여 불법고용주가 불법체류외국인을 사용하면서 처벌받는 경제적 손실이 더욱 크다는 사실을 인식시킬 수 있도록 불법고용주에게 강력한 처벌을 해야 한다.

그리고 고용주에 대한 홍보 및 정보제공의 미흡과 업체의 불법고용에 대한 이해의 부족에 기인한 바가 크다. 따라서 유관기관 간담회 및 설명회를 통하여 변경되는 고용정책이나 새로운 정책에 대한 지속적인 정보를 제공하여 합법적인 고용을 유도하여야 한다. 또한 외국인 고용업체에 대한 정기적 방문과 점검을 실시함으로써 외국인노동자에 대한 인권침해, 노동력 착취 등도 사전에 차단할 수 있다.

(3) 불법체류외국인 통고처분 시행

현재 불법체류외국인이 자진 출국하는 경우에는 통고처분을 면제하고 있으며 단속되는 경우에도 통고처분을 면제하고 강제퇴거만 시키고 있다. 이를 개정하여 불법체류외국인에 대한 통고처분제도를 재차 시행하여 불법체류외국인이 단속되면 범칙금을 내어야 한다는 심리적 부담감을 가중시킴으로써 자발적으로 출국을 유도하는 효과를 거둘 수 있을 것이다.[512]

나. 체류외국인에 의한 국내에서의 범죄

합법적으로든지 불법적으로든지 일단 국내에서 체류하게 되는 외국인은 생활 중에 국내법을 위반하여 형사사범이 되는 경우가 점차 증가하고 있다. 또한 최근 외국인 형사피의자의 국적이 다양해지고 있으며 대도시권에서 그 밖의 중소도시 지역으로 확산되는 추세를 보이고 있다.

1) 외국인의 일반 형사법 위반에 대한 처리

국내에서 발생하는 대다수의 외국인범죄는 살인, 강도, 강간, 상해, 절도, 사기 등 일반 형사법을 위반하는 유형의 범죄이다. 그러나 살인, 강도, 강간등과 같은 강력범죄는 사회적 영향이 매우 크고 직접적으로 미치기 때문에 국내의 일반 형사기능에서 담당하고 있다. 또한 폭행, 상해, 절도, 사기 등과 같은 범죄도 일반적인 형사범은 모두 국내 형사기능에서 처리하고 있다. 그 이유는 외사수사 기능에서 담당하기에 너무 일반적이고 광범위하여 국내 수사기능에서 내국인 범죄와 같이 처리하는 것이 효과적이기 때문이다.

512) 김민재, 전게논문, p. 110.

2) 외사수사의 주요 대상 범죄

체류외국인이 국가별로 밀집되면서 범죄발생이 급격히 증가하고 최근에는 조직화의 초기 형태를 보이는 경향이 있다. 이에 따라 경찰은 외사수사 기능을 강화하고 전문화하여 외국인 조직폭력배를 강력히 단속하고 있다. 즉, 국내에서의 외국인 조직범죄를 사전에 고사시키고 근절하기 위하여 외국인폭력배 대책반을 신설하여 운영하고 있다. 한편 수사경험자 중에서 범죄첩보 수집능력이 우수하고 해당 지역의 치안상황에 대하여 능통한 경찰관으로 외사조정관제도를 도입하였다. 이 외사조정관은 외국인 폭력조직 및 범죄첩보를 수집하여 수사부서에 보고하여 조직을 소탕, 와해하는 임무를 수행한다. 또한 입수한 모든 관련 첩보는 전문적으로 집중 분석하고 D/B화하여 외국인 조직폭력에 의한 사회적 불안을 방지하고 선량한 외국인을 보호하는 강력한 대응체제를 구축하여 운영하고 있다.

3) SOFA범죄

SOFA사건[513]은 여타 형사사건과 달라서 사건의 처리과정에 있어 언론 및 NGO 등의 관심이 많고 국민감정에 미치는 영향이 매우 크다. 그리하여 사건의 합리적인 처리를 위하여 '한 · 미 경찰실무 협의회' 등을 통하여 미군 당국과 협력체제 유지하고 있다. 관할 경찰서와 미군 당국 간에 상시 연락체제를 유지하고 SOFA사건이 발생하면 필요한 조치를 원활히 할 수 있도록 해야 한다. 따라서 경찰의 수사, 생활안전 및 교통 등 관련기능과 미군의 참여가 매우 중요하며 외교부 등 관련부처와도 필요한 협조체제를 갖추어야 한다.

가) 형사재판권의 분장

(1) 재판권 분장의 원칙[514]

먼저 미군 당국은 미군 군대의 구성원, 군속 및 그들의 가족에 대하여 미국 법령이 부여한 모든 형사재판권 및 징계권을 대한민국 안에서 행사할 권리를 보유한다. 한편 대한민국 당국은 미국 군대의 구성원, 군속 및 그들의 가족에 대하여 대한민국의 영역 안에서 범한 범죄로서 대한민국 법령에 의하여 처벌할 수 있는 범죄에 관하여 재판권을 보유한다.

513) 경찰청, '08년 기준 SOFA사범은 183명으로 '07년도 191명 대비 4.3%가 감소하였다.
514) 동 협정, 제22조, 제1항.

(2) 전속적 재판권[515)]

미군 당국의 전속적 재판권은 미국법령으로만 처벌이 가능한 범죄와 미국의 안전에 관한 범죄이다. 반면 대한민국 당국의 전속적 재판권은 대한민국의 법령만으로 처벌이 가능한 범죄와 대한민국의 안전에 관한 범죄이다.

(3) 경합적 재판권

(가) 미군 당국의 1차적 재판권[516)]

원칙적으로는 대한민국 당국이 제1차적 재판권을 보유한다. 그러나 다음의 경우에는 예외적으로 미군 당국이 제1차적 재판권을 보유한다. 이는 오로지 미국의 재산이나 안전에 관한 범죄와 미국의 군대의 타구성원이나 군속 또는 그들 가족의 신체나 재산에 관한 범죄이다. 또한 공무집행 중의 작위 또는 부작위에 의한 범죄이다.

(나) 재판권의 포기

대한민국 당국은 미군 당국의 요청이 있으면 대한민국 당국이 재판권을 행사함이 특히 중요하다고 결정하는 경우를 제외하고는 재판권을 행사할 제1차적 권리를 포기[517)]한다. 특히 중요한 사건 여부는 개개의 사건별로 대한민국의 법무부가 판단한다.

(다) 재판권 행사통보의 시한

제1차적 재판권을 가지고 당사국이 관할권을 행사하지 아니하기로 결정하거나 연장기간을 포함하여 정하여진 기간 이내에 그 결정을 타방 당사국에 통보하지 아니할 때에는 요청 당사국이 경합적 관할권을 행사할 수 있다.[518)]

나) SOFA사건 처리절차

피의자 동행 및 신원확인 → 기초사실 조사 → 체포사실 통보 → SOFA사건 발생 보고 → 피의자 조사 → 신병인도 → 송치

515) 동 협정, 제22조 제2항
516) 동 협정, 제22조, 제3항(가).
517) 동 협정, 제22조, 제3항(나)에 관한 합의의사록 제1호.
518) 동 협정, 제22조, 제3항(다)에 대한 합의양해사항 제4호.

(1) 피의자 동행 및 신원확인

파출소에서는 SOFA 대상자의 범죄가 발생하였을 경우 신속히 현장에 임하여 현행범 체포 등의 절차에 따라 피의자 신병을 확보한다. 그리고 목격자 등 참고인의 인적사항을 파악하고 피의자로 하여금 파출소에 동행할 것을 요구한다. 그러나 피의자가 도주한 경우에는 사건의 정황과 목격자의 진술 등으로 미루어 SOFA 대상자의 범죄인 것으로 심증이 가는 경우라 하여도 통상의 범죄발생보고 양식에 따라 범죄발생 보고서를 작성하여 보고한다.

(2) 신병인계

피의자를 파출소에 동행하면 신분증 등의 제시를 요구하여 피의자의 신원을 파악한 뒤 SOFA 대상자일 경우에는 현행범인체포서를 작성하여 경찰서로 즉시 동행한다. 이 경우 피의자가 공무집행 중에 일어난 사건임을 주장하더라도 이에 대한 판단은 검찰에서 하는 것이므로 이점을 설득시키고 경찰서로 동행하여야 한다.

(3) 기초사실 조사

경찰서로 동행한 피의자에 대하여 SOFA 대상자 여부를 다시 확인한 후, 소속, 계급, 성명, 생년월일, 범죄사실 등 기초사실을 조사한다.

(4) 미군 당국에 통고

미군 당국에 피의자가 체포되어 있음을 통고하여야 하는데, 통고의 방법은 통상 피의자가 소속된 부대의 헌병대를 통해 전화로 하는 것이 통상이다.

(5) SOFA 대상자 범죄 사실보고

피의자에 대한 예비조사와 미국 당국에 통고 후, 예비조사를 토대로 사건 접수 후 24시간 내에 관할 지검에 SOFA사건 발생보고를 한다.

(6) 신병인도 전 조사

미국 정부대표를 출석케 하여 SOFA 대상 피의자에 대해 피의자 신문조서 작성 등 조사를 실시한다.

(7) 신병인도

사건통고를 받은 미군 당국이 피의자의 신병인도를 요청하는 경우에는 규정에 따라 책임장교의 서명과 신병인수증을 받은 후 피의자의 신병을 인도하여야 한다. 그러나 살인죄 또는 죄질이 나쁜 강간죄를 범한 피의자를 우리측이 현행범으로 체포한 경우 구속의 이유와 필요가 있을 때는 신병을 미군 당국에 인도하지 않고 검사의 지휘를 받아 구속영장을 신청·발부 받아 구속할 수 있다. 단 요건으로는 첫째, 현행범일 것 둘째, 살인 또는 죄질이 나쁜 강간죄를 범하였다고 믿을만한 상당한 이유가 있을 것 셋째, 증거인멸, 도주의 염려, 피해자나 증언에 대한 피해 가능성 때문에 구속할 필요가 있을 때 등의 요건이 필요하다.

(8) 변호인의 조력을 받을 권리의 보장 및 포기

변호인의 조력을 받을 권리는 체포 또는 구금되는 때로부터 존재하며, 우리 수사당국의 구금하에 있는 SOFA 대상자는 변호인을 선임하여 참여시킬 권리를 가지고 있다. 또한 피의자, 피고인이 참여하는 모든 예비수사, 조사, 재판전의 심리, 재판 자체 및 재판 후의 절차에 변호인을 참여하게 하는 권리와 이러한 변호인과 비밀리에 상의할 권리가 보장되고 있다. 그리고 구속피의자는 자의에 의하여 변호인의 참여권을 포기할 수 있다.

다. 범죄의 의사로 입국한 자에 의한 범죄

한국에 들어온 외국인 중에는 입국 당시부터 범죄를 범할 목적으로 입국한 자도 있다. 이들이 행하는 범죄는 모두 범죄를 목적으로 하는 조직에 의하여 이루어진다는 점에서 조직범죄의 성격을 가진다. 이중 일부 범죄는 국내의 범죄조직과 외국의 범죄조직이 연계된다는 점에서 국제성범죄의 특성을 갖는다. 이러한 범죄의 대표적인 유형은 범죄조직에 의한 범죄, 마약이나 보석의 밀수, 매춘이나 인신매매 등으로 나누어 볼 수 있다.[519] 특히 이러한 국제적인 성격을 가지는 범죄로서 마약범죄는 생산지와 소비지의 가격차가 현저하게 다르기 때문에 국제교역을 할 수 밖에 없다. 또한 조직범죄인 인신매매는 국가간의 국력차이가 존재하는 한 가난한 국가에서 부자국가로의 인신매매는 근절될 수 없다.

---

519) 심영희, 「비판범죄론」, (서울: 법문사, 1987), p. 321.

라. 내국인에 의한 외국관련 범죄

1) 첨단산업기술 국외유출 범죄

최근 국내에서 발생한 첨단산업기술 유출과 관련된 산업스파이 사건의 특징은 첫째, 피해가 해당 기업에만 그치지 않고 국가경제에까지 악영향을 미친다. 둘째, 대부분 기술개발 참여자가 죄의식 없이 자행된다. 셋째, 단발성 범죄로서 범행증거의 확보 및 추적이 곤란하고 E—Mail, 복사 등의 방법으로 유출하여 피해사실의 인지가 곤란한 경우 등으로 요약될 수 있다.

가) 산업스파이 범죄의 분야별 현황

〈표 3-1〉 유출분야별 현황

계	정보통신	전기전자	정밀기계	생명공학	정밀화학	기타
82건	27건	32건	10건	5건	4건	4건

〈표 3-2〉 유출수법별 현황

계	매수	공동연구	기술자문	위장합작	불법수출
82건	66건	7	3	5건	1건

1998년부터 2005년 6월까지 국내에서 적발된 산업스파이 사건은 총 82건이며 업계추산 약 76조 9,529억원의 피해를 예방한 것으로 집계되었다. 최근 국내에서 발생한 산업스파이 사건의 특징은 IT분야 유출기도 현상이 심화되고 있는 것이며 휴대폰과 LCD · PDP모니터 등 차세대 선도기술 분야에 대한 기술유출기도가 전체 82건 중 59건(72%)을 차지하고 있다.

나) 산업스파이 수사의 문제점

(1) 관련 법규의 미비

우리나라는 1986년부터 시작된 WTO/TRIPs 협정을 계기로 1991. 12 부정경쟁방지법을 개정하여 영업비밀 보호제도를 도입하게 되었다. 1998년 삼성전자 반도체 해외유출사건을 계기로 법의 명칭을 '부정경쟁방지및영업비밀보호에관한 법률'로 변경하였다. 2004년 실무상 애로점과 산업계의 요구가 반영되어 범행주체 및 대상을 확대하고 미수, 예비·음모도 처벌하며 친고죄 규정을 폐지하는 법률 개정이 이루어졌다.

(2) 기술상 영업 비밀성의 입증 곤란

현행법상 영업비밀은 비공지성, 경제성, 비밀 유지성을 갖추어야 한다. 그러나 수사대상이 된 영업비밀은 대부분 첨단기술 분야이기에 피의자는 유출한 자료가 이미 업계에 공지되었거나 가치가 없는 것이라는 식으로 항변하는 경우가 많다. 이에 대해 중립적으로 진술해 줄 참고인을 찾을 수 없는 경우가 많다.

(3) 유출기술의 회수 및 외국체류 공범자 처벌의 곤란

해외로 기술을 유출하는 사범은 대개 외국기업이나 외국인 및 해외거주 교민 등과 공모하여 범행한다. 이미 해외로 기술이 유출된 경우에는 그 회수가 어려워 피해기업은 돌이킬 수 없는 손해를 본다. 그리고 해외에 거주하는 공모자에 대해 범죄인인도 협약이 맺어져있는 국가라 하더라도 검거 및 송환하는 수사절차가 까다롭고 지연되는 경우가 대부분이다. 더욱이 이런 협약을 체결하지 않은 국가에 대하여는 범인을 검거할 수 없어 죄질이 무거운 해외공범은 방치되고 있는 실정이다.

2) 외국에서의 내국인 상대의 내국인범죄

국제교류가 활발해짐에 따라 범죄가 국경을 초월하여 발생하는 예는 이제 매우 흔하다. 베트남에서 사업을 하거나 활동하는 국내 기업인이나 업체의 관계자를 폭행하거나 협박하여 금전적 이득을 취하는 내국인 범죄가 문제되는 경우가 있다. 심지어 현지 범죄조직이나 우범자들과 어울리면서 내국인을 주로 상대하여 범행을 하는 경우도 증가하고 있다. 그리고 미국에서는 일부 목욕영업장소에서 내국인 여성을 인신매매의 유형으로 입국시켜 성매매를 알선, 금품을 착취하는 범죄사례가 미국 FBI에 의하여 밝혀지고 있다. 한편 중국에서는 현지의 한국인 기업가를 납치하거나 폭행하면서 금품을 요구하는 등 피해사례가 발생하기도 한다.

4. 외사수사능력 강화를 위한 대책

가. 인적 수사역량의 제고

1) 국제성범죄에 대한 수사전문 인력의 확보

국제성범죄는 피의자와의 언어소통의 문제, 외국과의 외교문제가 발생할 수 있다. 더욱이 외국과의 문화적인 차이나 법제상의 차이로 인하여 외국인 피의자를 수사함에 있어 여러 가지 예민한 문제가 장애요인으로 작용한다. 그러므로 이러한 문제에 적절히 대처할 수 있는 수사 및 정보인력의 양성이 시급한 과제의 하나이다. 일본의 경우에는 경찰청에 국제수사연구소[520]를 두고 국제수사전문교육과정을 개설하여 국제범죄 전문수사관을 양성하고 있다. 이 과정을 수료한 경찰관 중에서 다시 적격자를 선정하여 현지 어학연수까지 시행하고 있다. 전문 수사요원의 교육프로그램에는 외국어 교육은 물론이고 국제수사공조에 관한 사항, 외국의 형사사법절차, 외국의 수사실무, 외국인의 인권보호에 관한 사항이 필수적으로 포함되어야 할 것이다.

그리고 전문화교육을 지속적이고 발전적으로 실시하여 국제성범죄의 수사능력과 외국어 구사능력을 가진 수사요원을 확대하여야 한다. 이와 더불어 수사실무의 경험과 능력을 겸비할 수 있도록 선발과 관리에 힘써야 한다. 근본적으로 국제성범죄 수사요원의 외국어 활용능력을 강화하기 위해서는 수사능력을 갖춘 경찰관을 선발하여 장기적이고 집중적인 국제성범죄수사에 관한 전문교육이 필요할 것이다.

2) 전문수사 인력의 국제교류 증진

외국인범죄의 수사에서 가장 큰 장애는 언어소통의 문제이다. 수사관의 질문이 정확하게 피의자나 참고인에게 전달되고 피의자나 참고인의 진술내용이 정확하게 수사관에게 이해되어야 한다. 이를 위해서는 해외연수교육이 필요하고 특히 특수외국어에 대하여는 현지 경찰기관에의 파견을 확대하여 언어의 습득뿐만 아니라 해당 국가의 수사체계 등을 습득토록 하여 전문화시키는 것이 필요하다. 이를 위하여 외국의 수사기관과 전문 수사기법을 공유하기 위한 상호

520) 일본경찰은 국제범죄에 대응하기 위해 1985년 경찰대학교부설 국제수사연수소를 설립, 운영하고 있다.

교류를 활성화하고 우리 수사요원들을 외국 수사기관이나 수사연구기관에 파견해야 한다. 그리고 외국 수사간부들을 초청하여 국제성범죄수사 및 조직범죄 등과 관련한 세미나 등을 개최하여 외국 수사기관과의 긴밀한 우호관계를 유지해야 한다. 따라서 기준을 정하여 자격이 되는 경찰을 미국의 FBI 등 유수한 국제성범죄 수사교육기관에 파견하여 선진 수사기법을 익히는 등 외국경찰의 전문교육기관을 활용하는 것이 필요하다. 이렇게 함으로써 국제성범죄의 예방 및 수사공조에 기본적인 수사역량을 구비하고 제도적인 발전방안도 강구할 수 있을 것이다.

나. 전문성 강화를 위한 제도 개선

1) 전문 수사기법의 개발

외사경찰은 국제성범죄 수사기법을 매뉴얼화하여 국제성범죄 수사요원을 대상으로 언제나 도움이 되도록 주기적으로 교육하여 전문성을 강화해야 한다. 이렇게 매뉴얼화해야 하는 이유는 국제성범죄를 수사할 때에는 언어의 문제로 인하여 수사관과 수사대상과의 의사소통에 애로가 많기 때문이다.

그리고 무엇보다도 상호 국가간의 형사법 절차와 생활양식이나 관습 등의 차이로 인한 특수한 문제가 발생할 수 있기 때문이다. 따라서 다음과 같은 점을 유의해야 한다. 첫째, 외국인에 대한 조사 및 수사를 할 때에는 미리 통역인을 선정하여 심문사항에 관하여 통역인과 상의하고 통역인이 준수하여야 할 사항을 주지시키는 등 사전에 수사준비를 철저히 하여야 한다. 둘째, 형사소송법 및 외국인과 관련된 제 법령 등 인권보장을 위한 여러 규정을 엄격히 준수하여야 한다. 특히 영사관계에 관한 비엔나협약을 잘 숙지해서 처리하여야 한다. 셋째, 피의자를 조사할 때는 그들이 부인하는 것을 당연한 것으로 받아들여 다른 증거를 확보하도록 노력하여야 한다. 그러므로 외국인피의자를 대상으로 수사할 때에는 피의자가 혐의를 부인할 것을 전제로 수사계획을 수립하고 부인에 대비하여 참고인을 확보하는 등 만반의 준비를 하여야 한다. 넷째, 여권의 소지여부와 유효성을 정밀하게 검색하고 체류지역에 대하여 세심한 주의를 기울여야 한다.

2) 국제성범죄에 관한 정보 및 분석실 신설

국제성범죄를 효율적으로 수사하기 위해서는 범죄 또는 범죄자에 직·간접적으로 연관된 각종 개인적 경향과 범죄수법에 대한 분석이 필요하다. 또한 범죄자에 관한 신상명세와 최근의 행적 등에 관한 정보 및 각국의 수사사례와 새로운 수사기법 등에 관한 정보를 신속히 파악하여야 한다. 그리고 관련 국가나 국제공조를 위하여 필요한 경우에는 이러한 정보를 신속하게 교환할 수 있는 심층적 분석과 사전대처가 필요하다.

이를 위하여 국제성범죄에 대한 최근의 동향이나 외국경찰에서 입수되는 국제성범죄 관련 자료 및 해외주재관을 통한 각국의 조직범죄의 구성 등 실체 등을 파악해야 한다. 그리하여 이들이 국내에 미치는 영향이나 관계를 분석하기 위하여 필요한 정보자료를 지속적으로 수집하여 자료화하여 데이터베이스를 구축해야 한다. 또한 인터폴이 제공하는 각종 범죄 자료 및 국제수배자들의 사진을 첨단장비인 ASF로 3차원 그래픽화하여 출입국자들의 영상과 자동으로 정밀대조하여 현장에서 검거할 수 있는 영상자동검색시스템을 추진해야 한다.

3) 외국인범죄 및 체류외국인 정보관리 시스템의 확보

외국인범죄 경력관리제도에 대한 개선이 필요하다. 외국인범죄 경력관리제도란 국내의 치안유지 및 범죄방지를 목적으로 외국인의 신원과 범죄의 경력을 파악해 개인별 자료를 관리하는 제도를 말한다. 현재 국내거주 외국인에 대해서는 출입국관리법의 규정에 의거하여 거주 신고시 지문을 채취하여 관리하고 있다. 또한 범죄혐의가 있을 때에는 수사기관에서 지문을 채취하여 범죄경력을 대조한다. 그러나 단기 체류자나 무사증입국자 등에 대해서는 지문을 채취하고 있지 않기 때문에 현행제도로는 외국인범죄 경력관리에 문제점을 지니고 있다.

그리고 외국인 신원파악 및 수사를 효율적으로 추진하기 위해서는 대상 외국인에 관한 기초 자료의 수집이 필수적이다. 그러나 체류외국인이 관련된 국제성범죄 등이 발생하면 사건 관계자에 대한 기초 자료가 없어서 수사가 곤란한 경우가 많으며 이는 심각한 문제이다. 따라서 수사, 교통, 방범 등의 모든 분야에서 상호 협력을 유지하여 그들의 거주지, 체류장소의 실태, 동향, 행동 등의 정보를 입수하여 자료화할 수 있도록 관련 법령을 개정해야 한다. 그리고 외국인관련 업무를 담당하는 정부의 부처간 실무적 협조가 필요하며 이를 위하여 정기적인 실무회의를 상설화하는 것도 필요하다. 그리고 무엇보다 외국인에 대한 지문날인 제도의 도입이 필요하다. 이전의 법률에 의하여 시행되었다가 폐지된 제도인 지문 날인제도를 다시 시행[521]하여야 한다. 특히 불법체류가 많이 발생하는 고용허가제로 입국하는 동남아 지역의 입국자에 대한 지문날인은 연령과 체류기간에 제한에 대하여 특히 고려할 사항이 많다.

4) 외국인 출국정지업무 처리규칙의 재검토

출입국관리법과 시행령, 법무부 업무처리규칙 모두 우리 국민에 대해서 검찰이나 경찰이 수사상 필요하다고 인정하면 출국을 금지할 수 있다. 그러나 법무부령 제585호 외국인 출국정지업무 처리규칙은 사형, 무기, 장기 3년 이상의 징역 또는 금고에 해당하는 범죄혐의로 입건되어 수사를 받고 있거나 그 소재를 알 수 없어서 기소중지결정이 된 자로 외국인 출국정지를 엄격히 제한하고 있다. 그러나 출국정지의 목적을 효과적으로 실현하기 위해서는 인권의 문제가 따르지만 이를 완화하여 조정할 필요가 있다.

그리고 불법체류 외국인의 퇴거와 증거확보가 용이해야 한다. 즉, 불법체류 외국인의 범법행위가 이른바 중죄에 해당하는 범죄로 형사입건 된 자는 검사의 공소제기와 동시에 당연히 강제퇴거 대상이 될 수 있도록 해야 한다. 그리고 형사 피고인의 모든 형의 집행 중에도 형의 실익이 없을 때는 강제출국 시킬 수 있는 신속한 처리절차를 규정해야 한다. 물론 가중 중죄에 해당하는 죄명도 규정되어야 한다. 또한 강제출국조치 되는 중요 참고인의 신병을 일정시한까지 확보해 둘 수 있는 방안과 참고인 진술은 일정한 요건 하에 증거능력 있는 증거로서 사용할 수 있는 방안도 마련되어야 할 것이다.[522]

5) 국제성범죄의 수사관할권 조정

외국인범죄 수사를 포함한 국제성범죄의 수사는 외사경찰의 고유 업무로 되어 있다. 일선 경찰서 등에서는 외사경찰의 인원과 장비 및 수사요원의 부족으로 외국인 범죄가 발생하면 대부분을 형사 및 수사과에서 처리하고 있다. 또한

---

521) 20세 이상의 외국인으로서 외국인등록을 하는 자이고 체류기간이 입국한 날 또는 체류자격을 부여받은 날로부터 1년 이상인 자는 대통령령이 정하는 바에 따라 지문을 날인하도록 규정하였었다.
522) 김민재, 전게논문, p. 116.

경찰청의 업무지시에 의한 외사와 형사기능 합동수사체제의 운영지시[523]도 국제성범죄의 성격상 잘 이루어지지 못하고 있어 효율적인 수사에 애로가 되고 있다. 따라서 국제성범죄 중에서 국가 및 사회적 법익의 침해사건은 외사경찰의 사무로 지정하여 처리하고 국제성범죄라 하더라도 단순한 개인적 법익을 침해하는 범죄 및 국내에서 발생한 사건 중에서 본국 등 타국으로 도피하지 않은 외국인범죄에 대하여는 수사국에서 담당하여 처리하는 것이 합리적이다. 그러나 외국과 국내에서의 불법행위가 이어지는 범죄에 대하여는 관련 범죄를 구체적으로 분석하고 유형화하여 외사기능의 국제성범죄 전담수사팀에서 처리하는 것이 효율적일 것이다.

6) 국제형사경찰(인터폴)공조 강화모색

치안환경에 영향을 크게 미치는 국가의 경찰과 교류를 강화하고 국제수사공조 등을 위한 경찰교류 MOU를 체결하여 유대를 강화하여야 한다. 각 국에 구성된 인터폴의 국가중앙사무국을 통해 각종 수사에 필요한 자료들을 공유하고 정보를 상호 제공함으로써 국제성범죄에 대비하는 등 인터폴을 통한 협력을 강화토록 추진하여야 한다. 또한 많은 국가의 공관에 파견된 경찰주재관이 현지 경찰과의 협력을 통해 국제성범죄를 철저히 대비하는 등 국제적인 공조체제의 구축이 필요하다.

다. 기타 유관기관의 협조체제 구축

국제성범죄는 유관기관 사이에 업무상 서로 연계가 되어 있는 경우가 많다. 따라서 출입국관리국, 검찰, 경찰, 세관, 국가정보원, 노동부, 외교통상부, 주한외국공관, 중소기업청 등 외국인 범죄와 관련이 있는 모든 기관이 긴밀한 협조체제를 구축하여 공동대처해야 할 것이다. 범죄 발생 즉시 외국으로 도주하는 사례가 발생하고 있기 때문에 퇴로를 차단하여 외국으로 도피할 수 없도록 신속한 수사공조체제를 유지하여야 한다. 또한 주한 외국공관 및 공·항만 출입국관리사무소와 세관 등과 협조하여 범인의 신원파악과 출입국 사항 등을 파악하여 수사 자료로 활용하여야 한다.

---

523) 경찰청, "외국인범죄 수사요령", 「경찰업무편람 5-3」외국인범죄수사 편, pp. 105-107.

제4절 국제성범죄에 대한 수사공조

국제사회의 세계화는 경제적 성장을 통한 삶의 윤택이라는 긍정적인 결과를 가져왔으나 물리적인 거리나 장소적 제약의 붕괴, 범죄수법의 공유 등으로 범죄의 세계화라는 부정적인 결과를 수반하였다. 뿐만 아니라 범죄의 수법이 다양해지고 그 피해의 규모나 파급효과가 급격하게 증가하고 있어 관심이 증대되고 있다. 또한 국제성범죄는 국제테러와 함께 21세기 국제질서를 위협하는 중요한 안보위협 요소로 인식되고 있다. 이와 같은 국제성범죄는 특정 국가 단독의 형벌고권만으로는 더 이상 효과적으로 대응할 수 없기 때문에 국제적 차원에서의 공동대응전략 마련이 매우 절실하다. 따라서 관련국가간 국제공조의 문제는 매우 중요하며 효율적인 공조를 위한 노력이 지속적으로 이루어져야 할 것이다.

이러한 국제수사공조는 실제로 지리적으로 인접하여 국가간 교류가 많은 경우에 필요성과 효과성이 더욱 크다. 이는 국제성범죄의 공동대응은 물론 재외국민의 사건과 사고[524]에 대비하여 경찰기관간 공조수요가 많기 때문이다. 따라서 한·중·일 3개국 간에 국제수사공조는 매우 필요하다. 그러므로 국가간 경찰협력의 범위를 지속적으로 확대하여 신속한 협력을 위한 핫라인의 구축이 필요하고 협력절차를 간소화하여 국가간 경찰실무 협력에 있어 실효성이 확보되도록 해야 한다. 그리고 앞으로 우리 경찰은 아시아지역 개발도상국 경찰에 대한 교육연수 등 지원을 확대하면서 긴밀한 협력 체제를 구축하여 아시아권 치안협력을 선도하는 국가로서의 지위를 확보해야 한다.

1. 국제성범죄수사의 개념

국제성범죄수사에 대해서는 아직 학문적 또는 국제적으로 합의된 정의는 없

524) 2008년 해외에서 발생한 재외국민 범죄피해 총 3,337건이며 그중 중국(800건), 일본(125건)에서 발생한 사건은 925건으로 27.7%를 차지한다. 또한 2007년 현재 재외국민은 총 7,044,716명이며 그중 중국, 일본에 거주하는 교민은 3,655,900명으로 51.9%를 차지하였다.

다. 또 국제적으로 독립된 국제성범죄 수사기관이 없기 때문에 국제성범죄수사는 관련 국가의 국내법상 수사절차에 따라 진행된다. 따라서 국내법상 수사의 정의를 유추하여 그 국제성범죄수사 정의를 정리해 볼 수는 있다.

보통 국내 형법상 수사란 범죄의 유무를 명백히 하여 공소의 제기와 공소유지여부를 결정하기 위해 범인을 발견, 확보하고 수집, 보전하는 활동을 말한다. 따라서 국제성범죄수사란 국제성범죄의 유무를 명백히 하여 공소의 제기와 공소유지여부를 결정하기 위하여 외국과의 공조 또는 국내 법집행기관이 독자적으로 범인을 발견 및 확보하고 증거를 수집, 보전하는 수사기관의 활동을 말한다. 수사는 주로 공소제기 전에 행하여지는 것이나 공소제기 후에도 공소를 유지하기 위하여 행하여진다.

그리고 국제성범죄의 수사는 신병의 확보, 사람 또는 물건의 소재 수사, 서류 등의 송달, 압수, 수색 등 증거수집, 증거물 등 물건의 인도, 진술청취 등의 유형으로 이루어진다. 이는 대체로 범죄인인도나 국제형사사법공조 제도의 활용을 통하여 성과를 거둘 수 있는 경우가 많다. 그리고 원칙적으로 형사사법공조조약이나 범죄인인도조약이 체결되어 있는 국가 사이에만 가능한 것이지만 상호보증이 있는 경우에는 이런 조약이 없는 국가간에도 가능하다.

2. 인터폴 공조

세계적인 네트워크의 구성과 신뢰도가 형성되어 있는 인터폴을 통한 수사공조는 매우 유용하고 국제경찰공조의 대표적인 역할을 담당하고 있다. 재외교민 및 여행객의 증가에 편승하여 증가하는 재외국민의 피해예방과 확대되고 있는 국제성범죄에 대응하기 위하여 인터폴을 통한 국가 간의 상호 협력과 정보의 수집과 교류는 매우 중요하게 되었다.

이에 따라 우리나라의 인터폴 중앙사무국(NCB)이 경찰청 외사국에 설치되어 있으며 재외국민의 피해가 많은 베트남[525], 필리핀 및 중국, 일본과 같이 지리적으로 가까워 범죄와 범인의 이동이 용이한 국가에 대해서는 실질적인 협력의

525) '08년 베트남 교민 53,800명, 범죄피해 건수 571건(전년대비 65%증가)이다.

확대를 적극 추진하고 있다. 또한 동북아경찰 지역협력 체제를 구축하기 위해 노력하고 효율적인 업무공조를 위한 실무협력을 확대하고 있다.

가. 인터폴 공조의 절차

대한민국의 NCB는 자국민 또는 외국인이 대한민국의 영역 내에서 범죄행위를 한 후 도망한 국가를 출입국관리사무소의 기록을 통해서 파악하고 있다. 범죄자가 체류하고 있는 국가의 NCB에게 직접 연락을 해서 그 범죄인의 범죄에 관련된 기록을 제공함과 아울러 협조요청을 한다. 인터폴 사무총국은 그 범죄자의 범죄내용에 따라 수배의 내용에 합당한 수배서를 발행하고 이 수배서를 회원국에게 배포한다. 그리고 범죄인 체류국은 범죄행위지 국가의 공조요청 사항을 그 국가의 NCB를 통해서 이행해 준다. 이와 같은 절차의 흐름을 보면 〈그림 4-1〉와 같다.[526]

〈그림 4-1〉 국제형사경찰(Interpol)협력 절차

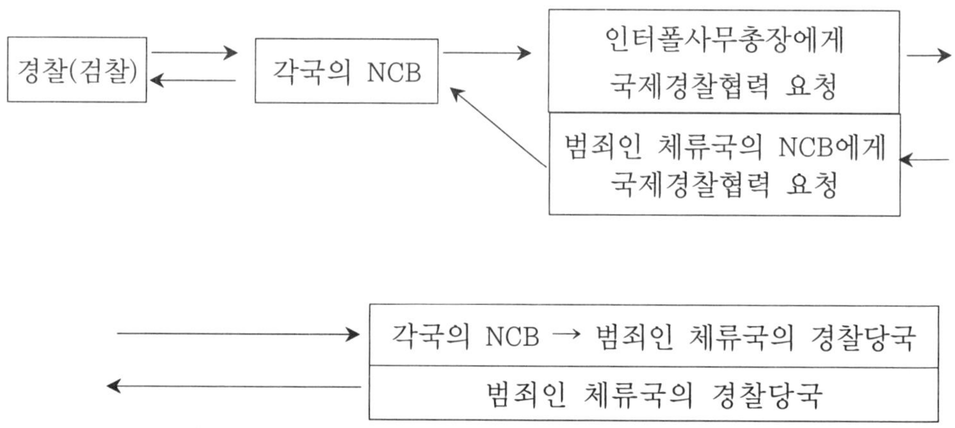

526) 문규석, "인터폴을 통한 국제경찰협력의 실효적 이행방안에 관한 연구", 「치안논총」2005 제19집, 2005. p. 459.

나. 인터폴공조와 형사사법공조와의 비교

〈표 4-1〉 국제형사사법공조와 인터폴 공조의 비교[527)]

구 분	국제형사사법공조	국제경찰협력
의미	최광의	최광의의 국제형사사법공조의 범주에 포함될 수 있음(정보교환, 협의의 형사사법공조 및 범죄인 강제송환)
주체	국가(법무부 및 외무부)	국가(경찰당국), 인터폴
객체	국제보통범죄	국제보통범죄(정치적 · 군사적 · 종교적 · 인종적 성격의 범죄 제외) 또는 국제재판소의 관할권에 해당하는 국제형사범죄
절차	외교적인 경로(법무부 · 외무부)	인터폴 사무총국과 각국의 NCB
소요기간	장기간	컴퓨터 등을 통한 신속성
법적 근거	양자조약 또는 다자조약 및 국내법	인터폴 헌장, 국제재판소규정, 다자 또는 양자조약 및 국내법

다. 인터폴 공조의 장단점

인터폴을 통한 국제경찰협력도 외교채널을 통한 형사사법공조와 비교해 보면 다음과 같은 장점과 단점이 있다.

1) 장점

첫째, 회원국이 2010년 10월 현재 188개국으로 세계의 대부분 국가와 국제경찰협력을 행할 수 있다. 둘째, 컴퓨터 통신망 등을 통하여 협력을 행하고 있기 때문에 소요되는 기간이 외교채널과는 비교할 수 없을 정도로 짧다. 셋째, 경찰

527) 상게서, p. 466.

당국 대 경찰당국간의 협력을 인터폴 사무총국이 중계해 주거나 또는 필요한 협력 등을 제공하고 있으므로 번거로운 절차를 거치지 아니한다. 넷째, 실무적인 측면에서 수많은 정보교환, 각종 조회 및 범죄인 강제송환 등을 행하고 있다는 점 등이다.

2) 단점

첫째, 상호주의에 의한 협력으로써 그 구속력의 정도는 각국의 국내법의 범주로 한정되고 있다. 둘째, 국내법과 국제법이 조화가 이루어진 단계에서 경찰협력이 이행되고 있지 아니하므로 외교채널에 의한 협력보다 그 구속력이 약하다. 셋째, 정치적, 군사적, 종교적, 인종적 성격의 범죄를 제외한다고 하면서 그 내용이 명확하지 아니하므로 각국의 국내 정치상황 등에 지대한 영향을 받는다. 넷째, 데이터 보호제도가 선진국 및 유럽폴 등에서 보호하고 있는 정도의 수준이 아니고 또한 테러지원국을 통하여 데이터가 유출된다는 비난이 제기된다는 점이다.[528)]

라. 인터폴 공조의 한계

국제경찰협력의 이행을 목적으로 탄생한 인터폴은 그 헌장[529)]을 근거로 요청된 국제경찰협력을 이행할 법적 의무가 있다고 주장하기에는 한계가 있다고 본다. 인터폴에 의한 국제경찰협력의 한계는 다음과 같다.

1) 국가간 상이한 법률제도

인터폴 협조도 자국의 실정법 내에서 업무처리가 가능하므로 이를 벗어난 업무요청은 실효성이 없다. 비록 법적으로 허용되어 가능한 것이라도 실무처리상 절차가 복잡한 경우에는 사건처리기간이 많이 소요된다. 그리고 단일국가에서 이루어지는 업무협조나 상하기관간 업무가 아닌 국가적 사무의 성격으로 인하여 강요 및 명령과 같은 시스템이 아닌 상호주의와 상호협력을 근간으로 하는 특성이 있어 신속한 처리가 곤란하다는 한계를 갖는다.

---

528) 상게서, pp. 467-468.

529) 인터폴 설립헌장 제2조 1항에서 "각국의 현행 법률의 범위 내에서 그리고 세계인권선언의 정신에 입각하여 모든 형사경찰당국간에게 최대한 협조를 보장·증진하기 위한 것"이라고 규정하고 있다.

이와 같이 국가경찰협력을 요청하는 국가와 이에 응하는 국가간에 요청된 협력을 이행해야 할 구속력의 정도에 차이가 있다. 따라서 회원국의 국내법에서 규정하고 있는 법률의 범위 내에서만 가능한 것이다. 또한 정치적, 종교적, 군사적 또는 인종적 성격이 강하게 포함되어 있는 범죄는 국가간에 견해가 다를 수 있어 협력하는데 한계가 있다.

2) 국가간 이익의 상충

당해 국가 간의 공동의 이익이 발생하는 경우 문제가 되지 않는다. 그러나 한 국가의 국가적 또는 국민적 이익에 관련된 경우에 상호협조로 실익이 있는 국가에서는 업무협조에 적극적으로 협조할 것이다. 그러나 반대편인 상대국은 극히 소극적으로 협조하거나 대처할 수 있기 때문에 수사상 어려움이 크다. 또한 관할범죄의 범주 등을 명확하게 알 수 없고 단지 상호주의의 관점에서 협력을 이행하고 있다는 점이다. 이와 같이 인터폴을 통한 공조는 법규범보다 합목적성이 지배한다고 볼 수 있다.

3) 국제공조의 속성에서의 한계

국가간 수사협조라 함은 궁극적으로 협조내용에 대하여 요청국의 사무취급자로부터 발원하여 피요청국 담당자가 요청내용을 확인하여 요청국에 feed back 하는 행정적 절차와 과정이므로 필연적으로 장기간의 시일이 소요되는 한계가 있다. 그리고 각국의 경찰제도 및 외교채널과 다른 경찰당국간의 채널에 대한 인식의 차이, 경찰과 검찰간의 역할 관계, 형사관할권에 대한 각국의 민감한 반응 및 데이터보호의 수준에 대한 국가별 차이 등 그 이행에 대한 법적 의무화를 명확히 규정하기에는 한계가 있다.

마. 인터폴 공조의 개선대책

1) 국제경찰협력의 제도화 강화

국내적 측면에서 적색수배서 효력의 집행력 강화를 위한 관련법 개정, 검찰 등 여타 기관에서 KNCB에 협력관 또는 연락관 파견, 재외 경찰주재관의 파견

증가, 국제법(국제형사법) 관련 전문가의 채용 및 양성, 전문가 관리의 차원에서 보직 순환제의 예외 검토 및 범죄인인도조약의 체결에 관한 협상과정에서 인터폴 전문가 참여 등이다.

2) 적색수배서의 실효성 확보

적색수배서가 국내법상 긴급인도구속 요청서로 간주되어 긴급체포 또는 강제추방조치를 취하기 위하여 첫째, 형사소송법 제200조의3에 규정된 긴급체포 사유 또는 제211조 2항에 준현행범인의 유형에 적색수배자도 포함시킨다. 둘째, 범죄인인도법 제19조를 개정하여 적색수배자가 대한민국의 범죄인인도법에서 규정한 사항과 일치한다는 조건하에 범죄인인도요청서, 즉 긴급인도구속영장의 발부를 명령하도록 한다. 셋째, 출입국관리법 제46조와 제11조에서 강제퇴거의 대상자 및 입국금지 자에 포함시키는 것이다.[530]

3) 국제적인 집행력의 강화

범죄인인도조약에서 인터폴에 관한 활용의 규정을 삽입하여 인터폴 채널이 외교채널과 상호 보완할 수 있도록 해야 한다. 또한 대한민국과 범죄인인도조약을 체결한 국가를 확대하고 인접 국가와의 국제경찰협력에 관한 조약을 체결한다. 그리고 인터폴 사무총국은 적색수배서의 발행과 관련하여 적색수배서의 효력이 미약할 수밖에 없었던 이유를 보완하여 국제적인 통일된 기준을 마련하는 등 실질적으로 집행력을 강화하는 노력을 해야 한다.

3. 외교경로를 통한 국제형사사법공조

외교경로를 통한 국제형사사법공조는 경찰의 국제수사공조로써 실질적으로 많이 활용되고 있지는 않다. 국제형사사법공조법상 공조절차는 경찰서에서 검사에게 공조요청서를 신청하면 대검찰청을 경유하여 외교통상부 장관을 통하여 상대국 주재 한국대사관을 경유한다. 이어 상대국 외무부장관을 통하여 상대국 경찰기관 등 협조요청 해당기관에 전달되는 과정에 의한다.

---

530) 상게서, pp. 546-547.

가. 국제형사사법공조의 단점

공식적인 외교경로를 통한 형사사법공조는 구속력이 있다는 장점이 있으나 단점도 있다. 그 단점으로는 다음과 같다.

첫째, 협의의 형사사법공조를 의미하는 형사사법공조조약과 범죄인인도조약을 체결하는 국가가 그리 많지 않다는 점이다. 둘째, 형사사법공조조약은 체결하였으나 범죄인인도조약을 체결하지 아니한 국가가 있고 그와 반대로 범죄인인도조약은 체결하였는데 형사사법공조조약을 체결하지 아니한 국가도 있다는 점이다. 셋째, 형사사법공조에 관련된 조약을 체결하지 아니한 국가와는 상호주의에 의해서 협력을 할 수 있지만 상호주의에 의한 협력을 거부한 국가도 있으므로 외교채널을 통한 형사사법공조에는 많은 한계가 있다는 점이다. 넷째, 실무적인 입장에서 외교채널을 통하여 범죄인인도제도가 실제로 활발하게 활용되지 못하고 있는 실정이다. 다섯째, 형사사법공조에 소요된 기간이 너무 오래 걸리고 협력을 요청한 국가와 요청받은 국가의 국내적 절차와 이들 양 국가의 국가적 절차가 너무 번거롭다는 점이다.

나. 국제형사사법공조의 효율화 대책

국제성범죄에 관한 국가간 협력체계는 형사사법공조조약을 근간으로 하고 있다. 그러나 형사사법공조는 외교적 절차에 따라 이루어지고 있어 그 절차가 복잡하고 신속하지 못하여 국제성범죄에 적시성 있게 대처하기 어렵다. 그리고 범죄 후 국외로 도피한 범죄자의 송환과 같은 사후적 처리에 중점을 두고 있어 범죄정보의 교환 등을 통한 사전적 예방기능이 미흡한 실정이다. 한편 국제성범죄에 효과적으로 대응하기 위해서는 향후 동북아 국가들 간에 독립적인 경찰협력 기구를 설치하는 것이 가장 이상적인 방법이나 지역적 특수성을 고려할 때 단기간 내에 실현되기에는 현실적인 어려움이 있다. 따라서 우선적으로 국제형사경찰기구를 통한 사법공조가 활성화되도록 인터폴 적색수배서의 효력을 인정하는 국내법적 근거의 마련이 필요하다. 또한 범죄인인도법에 인터폴 협조를 통한 범죄인인도 대상자의 소재수사와 인도청구를 할 수 있도록 명문화하는 노력이 선행되어야 할 것이다.

4. 경찰협력을 통한 국제수사공조

가. 일반적인 경찰협력

국가간 경찰교류의 가장 기본적이고 일반적인 형태로는 먼저 경찰기관 및 국제기구 간의 기본적인 경찰업무의 교류 및 치안시스템의 전수 등 협력을 위한 '경찰협력약정(MOU)' 체결[531]방법이 있다. 경찰청에서는 지리적으로 인접하여 급격한 교류의 증가로 실무적인 국제공조가 상당히 증가하고 있는 한국, 일본, 중국 간 '치안협의체'[532] 결성을 적극 추진하고 있다. 이렇게 구성된 치안협의체에서는 상호 국제공조의 신속 및 절차의 간소화 등 구체적인 치안협력 방안을 협의하기 위한 기반 구축이 목적이다.[533]

그리고 재외국민이 많이 거주하거나 체류하고 있는 국가와 우리나라와 인접한 국가에 대하여는 문화, 풍속, 관습에 관한 폭넓은 교류가 필요하다. 즉, 최근의 국제화 시대에 맞추어 외사업무를 담당하는 외사경찰은 국제적인 감각이 요구된다. 이에 따라 경찰청에서는 해마다 해외유학, 장기연수, 전문교육에의 참여 등을 통하여 필요한 경험을 쌓고 교류도 확대하고 있다. 한편으로는 우리 경찰을 소개하고 경찰간 협력을 위하여 경찰청의 수사연구소에 외국경찰의 수사간부 등 연수생을 초청하여 전문교육을 하고 있다. 또한 조직범죄 세미나를 개최하여 세계 각국과 긴밀한 경찰협력 및 우호관계 유지에 힘쓰고 있다.

나. 재외 경찰주재관의 협력 및 공조

국제 경찰협력은 인터폴을 통한 공조를 포함하여 재외 경찰주재관의 현지 경찰과의 협력을 통한 실무적 수사공조 등 다양한 방법을 통하여 이루어지고 있다.[534] 해외공관에 파견된 재외 경찰주재관은 여러 가지의 업무를 담당하고 있

531) 경찰청은 2010년 기준 13개국과 체결하여 교류 중이며 각 지방경찰청들도 중국을 중심으로 경찰협력약정을 각각 체결하여 실무교환 등 활발한 교류를 실시하고 있다.

532) '아시아나 폴'은 인도네시아, 말레시아, 싱가폴 등 동남아 10개국이 참여하여 81년도에 창설된 치안협의체로서 매년 경찰총수 회의를 개최하여 현안 등에 대하여 깊이 있는 대화와 협의를 상호 협력하고 고위급의 방문 등 경찰교류의 중심 역할을 담당하고 있다.

533) 국제성범죄에 대한 수사공조 및 치안정보의 교류와 도피사범의 송환에 관한 협조 및 상호주의에 입각한 재외국민의 범죄피해에 대한 보호기능의 확대 등을 목적으로 하는 것이다.

534) '09. 10 한국에서 범행 직후 홍콩으로 도주한 시가 4억원 가량의 다이어몬드반지를 절도한 피의자를 홍콩주재관의 신속한 공조로 홍콩경찰이 현지 공항에서 검거하여 사법처리한 사례가 있다.

다. 공관장의 지휘감독을 받아 교민에 대한 형사상의 권익보호는 물론 아국에서 발생한 국제성범죄에 대한 주재국의 법집행기관과의 수사공조는 기본적인 임무이다. 그리고 국제테러조직 등 불순세력에 의한 위해행위 차단 및 잠입 저지를 위한 주재국 경찰과의 정보협력 등의 임무도 수행하고 있다. 이처럼 재외 경찰주재관은 주재국에서 외교관의 신분으로 우리 국민의 형사 및 사법상의 권익보호를 위한 업무를 담당하고 있다.

5. 국외도피 범죄인의 강제송환

국제적 교류의 증가와 IT산업의 발달로 인하여 전 세계를 지구촌이라고 부르는 것과 같이 해외 이동과 체류가 자유롭다. 이러한 편리함은 다른 한편으로 범죄자들이 국외로 탈출하거나 도피하는데 이용되기도 한다. 이는 국가간 이동의 자유로움으로 인하여 익명성이 더욱 용이하게 된 환경의 영향과 도피 후 자유로운 생활이 가능한 국제적인 환경 때문이다. 이와 같이 국가간 이동이 용이해지고 교통이 발달함에 따라 국외도피사범은 지속적으로 증가[535]하여 사회적으로 커다란 문제가 되고 있는 것이다. 이러한 범죄자를 방치할 경우에는 범죄자가 법을 경시하는 풍조가 만연되고 사회적인 문제를 양산하게 된다. 더욱이 경제사범 등의 국외 도피자의 경우에는 당해 국가의 교민사회를 불안케 하고 국가이미지를 실추하는 등 여러 가지의 형태로 피해를 주고 있다.

가. 국외도피 범죄인의 관리

1) 인터폴 수배자

국외도피 범죄인은 범죄유형과 인터폴 수배여부 등으로 구분한다. 그리하여 중요 도피범죄인에 대하여는 재외 경찰주재관에게 통보하여 소재파악 등 정기적으로 추적 관리한다. 그리고 도피하고 있는 국가의 경찰기관과 협조하여 주

535) 국외도피사범 현황('09.1월 기준)

계(명)	사기	횡령	부수법	마약	살인	절도	폭력	위변조	강도등	기타
778	465	72	60	24	19	10	6	25	9	88

기적으로 공조수사를 요청하고 상대국 인터폴에도 지속적으로 관심을 갖도록 공조체제를 유지하고 있다. 특히 인터폴에서 적색수배서(Red—Notice)를 발부한 범죄자에 대하여는 특별히 중점관리하고 있다.

2) 일반 국외도피 피의자

외국경찰의 도피사범 송환[536]업무에 적극적으로 협조 받기 위하여 재외 경찰주재관, 교민대표, 외국의 경찰과 인적 네트워크를 구축하여 도피사범의 소재파악과 강제송환을 적극 추진하고 있다. 이를 위하여 국외도피 범죄인의 송환비용 등을 현실화하여 재외 경찰주재관 활동을 지원하고 있다. 그리고 외교부와 합동으로 아주 및 미주지역의 사건사고담당 영사회의를 개최하는 등 국외 도피사범의 국내 송환을 위하여 여러 가지의 대책을 추진하고 있다.

나. 국외도피 범죄인 강제송환 절차

1) 공조수사 기준

국내법상 장기 1년 이상 징역이나 금고에 해당하는 범죄를 저지른 자 중에서 살인, 강도, 강간 등 강력범죄 관련 사범 및 마약, 총기 위폐, 인신매매 등 국제성범죄 관련 사범과 조직폭력 관련 사범, 범죄혐의가 명확한 다액(1억원 이상) 경제사범은 물론 기타 사회적 물의야기 사범이 국외로 도피한 경우에는 국제공조수사를 요청할 수 있다.

2) 수사관서 조치사항

수사(수배) 관서에서는 위 기준에 충족되는 도피사범에 대하여 체포영장 입수 및 여권 행정제재 요청 등 필요한 조치를 취한 뒤 아래서류를 구비하여 해당 지방청 외사과(계)를 경유하여 경찰청 외사국 외사수사과에 국제공조수사를 요청한다.

---

536) 〈사 례〉 ① 경찰청 외사3과는 00은행 모 지점에 당좌계정을 개설하여 거래중 77억원 상당의 부도수표를 발행 후 타인명의 여권을 이용하여 캐나다를 경유하여 미국으로 도피('02. 11월 경)한 최ㅇㅇ(40세)를 LA주재관 및 미국 인터폴과 공조하여 강제송환('04. 4)하였다. ② 경찰청 외사수사과는 ㅇㅇ닷컴 등 3개사로부터 상품권 118억원 상당을 편취하고 '03. 11월 중국으로 도피한 정ㅇㅇ(45세)를 청도주재관이 소재파악, 중국공안에 통보하는 등 공조를 통한 검거 후 강제송환('05. 11)하였다.

(1) 구비서류

- ㅇ 피의자 인적사항(영문 성명, 여권번호)
- ㅇ 범죄사실(송치의견서 사본 등 첨부)
- ㅇ 도주 예상국 및 은신처(영문 등 현지 표기), 출국기록(일시, 국가)
- ㅇ 구속 또는 체포영장 사본
- ㅇ 여권 행정제재 요청 공문 사본(외교부 여권과)
- ㅇ 출입국규제(입국통보)조치 공문 사본
- ㅇ 피의자 특정 관련 자료(최근 칼라사진, 십지지문, 신체 특이사항)
- ㅇ 기타 관련 사항

3) 경찰의 조치

(1) 대한민국 인터폴(외사수사과)에서는 피의자 도피 예상국의 인터폴에서 피의자 소재확인 및 강제추방 등 공조수사를 요청한다.

(2) 경찰주재관이 파견된 지역에는 해당국 경찰주재관에게 도피 예상국 경찰 및 이민국 등 관계기관과 협조하여 피의자를 송환할 수 있도록 협조하도록 지시한다.

(3) 중요 도피사범에 대하여는 상기 조치와 병행하여 인터폴 사무총국에 인터폴 적색수배를 요청한다. 이때 적색수배의 기준으로는 구속 또는 체포영장이 발부된 자 중에서 살인·강도·강간 등 강력범죄 관련 사범 및 폭력조직 중간보스 이상 조직폭력 사범 그리고 다액(50억원 이상) 경제사범과 기타 수사관서에서 특별히 적색수배를 요청하는 중요 사범이다.

4) 송환방법

인터폴 및 수사관서의 경찰관을 도피국으로 파견하여 직접 피의자를 호송하거나 긴급사안일 경우에는 해당국 경찰주재관이 직접 호송하거나 도피국 경찰 및 이민국 직원 등을 이용하여 호송토록 조치한다. 그리고 자진의사의 표명이 있는 자이거나 단순사건일 경우에는 국적기 항공사와 협조하여 피의자의 송환 절차를 마친다.

다. 범죄인인도와 강제송환과의 차이

범죄인인도 청구는 외국의 요청에 따라 개시되는 국제법상 절차로서 피요청국의 입장에서 볼 때 자국에 소재하는 사람을 외국에 넘겨준다는 점에서 자국의 주권을 스스로 제한하는 성격을 갖는다. 그러나 국외도피사범의 인터폴공조를 통한 강제송환은 외국의 요청과 관계없이 자국의 질서유지를 위하여 이를 위반한 외국인을 강제로 자국의 영역으로부터 퇴거시키는 출입국관리 행정상의 절차로서 자국의 주권을 적극적으로 행사하는 조치이다. 따라서 양 공조와 강제송환과는 절차는 물론 제도의 성격상 여러 가지로 차이가 있다.

제5절 재외국민에 대한 사법적 보호

최근 우리나라의 경제성장으로 기업의 해외진출 증가, 유학, 해외여행, 이민 등이 폭발적으로 증가[537]하는 등 국제화는 지속적으로 가속화되고 있다. 이에 편승하여 국외에서 재외국민의 범죄피해도 급속히 증가하고 있어 그 보호가 국가의 새로운 과제로 부각되고 있고 경찰은 경찰주재관, 인터폴 그리고 현지 외국경찰과의 협력 등 가용자원을 최대로 활용하는 방안을 마련하여 적극적으로 대응하고 있다. 앞으로 재외국민 보호역량 강화를 위해서는 재외국민 및 해외여행객이 다수인 국가 등을 중심으로 양자간 상호주의에 입각한 재외국민 보호기반을 확충해 나가야 할 것이다. 이에 따라 외사경찰은 해외에서 활동하고 있는 우리 국민을 현지 범죄로부터 보호하기 위하여 국제적인 경찰협력을 강구하는 것이 매우 중요하다. 특히 정부의 통합되고 다양한 정책추진이 요구된다.

1. 외교통상부의 재외국민 보호

가. 영사콜센터 운영

외교통상부 영사콜센터는 해외 사건과 사고는 물론 여권에 관한 문의 및 해

537) '08년 해외 출국자는 11,996,094명으로 전체 인구의 24.6%에 해당, 재외국민 수는 680만 명이다.

외이주와 관련한 민원상담을 제공하고 있다. 외교통상부는 향후 인터넷, 모바일, 팩스 등 다양한 통신수단을 이용한 부가서비스를 개발하고 구축하여 영사콜센터의 활용도를 지속적으로 제고할 계획이다.[538]

나. 신속대응팀 파견

해외에서 우리 국민의 테러, 사건·사고 피해가 발생한 경우 정부차원에서 외교부가 중심이 되어 관계기관 합동으로 편성된 신속대응팀을 파견하고 있다. 이 신속대응팀에서는 우리 국민의 안전한 석방과 구호는 물론 인적 피해발생 시에는 당 사건의 수사절차에 참여 등 법적인 사후처리에 필요한 활동을 하고 있다.

다. 해외 위급상황 문자서비스(SMS) 확대

외교통상부가 2005년 5월부터 시행하고 있는 것으로 해외 여행객이 재난 및 재해 지역을 여행할 경우에 즉시 위급상황을 문자메시지로 알려줌으로써 재외국민의 피해를 미연에 방지하기 위한 것이다. 해외 위급상황을 문자로 발송하는 서비스로 국제 로밍 서비스를 이용하는 것이다.

라. 신속 해외송금제도 시행

신속해외송금제도가 2007년 6월 도입되어 2008년 1월부터 우리 국민이면 제한 없이 이용할 수 있다. 이 제도는 우리 국민이 해외에서 소지품 도난 및 분실, 기타 뜻밖의 사고로 일시적 궁핍 상황에 처하여 현금이 긴급 필요한 경우가 있다. 이에 국내에 있는 가족 또는 지인이 외교부 영사콜센터의 국내 은행 구좌에 필요한 경비를 입금하면 현지의 우리 공관으로부터 곧바로 현금을 지원받을 수 있는 제도이다. 기존의 은행송금제도를 이용하는 경우에는 고액의 송금수수료를 부담하거나 송금을 받기까지 최소한 2~3일간 기다려야 하는 등 큰

538) 2005년 4월 1일 개소하였으며 개소 당시에는 전화 상담건수가 월평균 2천여건에 불과했으나 매년 그 수가 증가하여 2007년에는 월평균 1만 7천여건을 기록하였다.

불편을 감수해야 하였다. 하지만 이 신속 해외송금제도는 농협과 협력하여 신청인이 24시간 이내에 송금 받을 수 있어 편리하다.

마. 영사협력원 제도 도입

외교통상부는 공관이 상주하지 않은 지역에 대하여 신속한 재외국민보호에 어려움을 해소하기 위하여 영사협력원 제도를 도입하였다. 2007년 3월부터 시행된 이 제도는 2008년 2월 기준으로 우리 정부의 공관이 없는 14개국과 공관으로부터 원거리에 위치한 86개 지역에 총 100명의 영사협력원을 위촉하였다. 이 들은 당 해외에서의 사건 및 사고가 발생하면 영사의 지시에 따라 초동대응 등 필요한 업무를 수행하고 있다.

바. 여행경보제도 및 위험지역 여행 제한

외교통상부는 국민의 안전한 해외여행을 도모하기 위하여 해외 위험 상존지역을 위험정도에 따라 여행유의, 여행자제, 여행제한, 여행금지 등 4단계로 분류하여 공지하고 있다. 또한 여권법의 관련 규정을 개정하여 해외 위험지역 방문 또는 체류를 법으로 금지[539] 하고 있다. 다만 영주, 취재 · 보도, 긴급한 인도적 사유, 공무활동, 국가이익이나 기업 활동 등과 관련 특별한 사유가 있는 때에는 필요성, 안전대책 등에 대한 심의 후 예외적으로 입국 또는 체류를 허가하고 있다.[540]

---

539) 여권법 제17조(여권의 사용제한 등) : 외교통상부장관은 천재지변 · 전쟁 · 내란 · 폭동 · 테러 등 대통령령으로 정하는 국외 위난상황으로 인하여 국민의 생명 · 신체나 재산을 보호하기 위하여 국민이 특정 국가나 지역을 방문하거나 체류하는 것을 중지시키는 것이 필요하다고 인정하는 때에는 기간을 정하여 해당 국가나 지역에서의 여권의 사용을 제한하거나 방문 · 체류를 금지 (이하 "여권의 사용제한 등"이라 한다)할 수 있다. 다만, 영주, 취재 · 보도, 긴급한 인도적 사유, 공무 등 대통령령으로 정하는 목적의 여행으로서 외교통상부장관이 필요하다고 인정하면 여권의 사용과 방문 · 체류를 허가할 수 있다.
여권법 제26조(벌칙) : 제17조 제1항 본문 및 제2항에 따라 방문 및 체류가 금지된 국가나 지역으로 고시된 사정을 알면서도 같은 조 제1항 단서에 따른 허가(제14조 제3항에 따라 준용되는 경우를 포함한다)를 받지 아니하고 해당 국가나 지역에서 여권 등을 사용하거나 해당 국가나 지역을 방문하거나 체류한 사람은 1년 이하의 징역 또는 300만원이하의 벌금에 처한다.

540) 외교통상부, 「외교백서」, 2008, pp. 174－179.

2. 경찰의 재외국민에 대한 사법적 보호

가. 외국경찰과의 협력체제 유지

1) 재외 경찰주재관의 활용

국제적으로 치안문제 등과 관계가 깊은 국가에는 외교공관에 경찰주재관을 파견하고 있다. 경찰주재관은 파견국의 치안상태나 범죄조직의 동향과 사회안전시스템 등을 파악하고 관련 법령의 제정과 운영 등에 대하여 정보를 입수하여 보고하고 있다. 한편 당해 국가에 체류 중인 우리나라의 주요 도피사범의 체류동향이나 강제송환을 위한 현지 경찰과의 실제적인 협력 등을 도모하고 있다. 한편 주재국에 체류 중인 교민이나 우리 여행객의 안전과 활동에 있어 편의 등을 위한 여러 가지 활동을 하고 있다.

이러한 재외 경찰주재관의 활동영역을 확장하고 협력 체제를 구축하는데 매우 실질적인 도움이 되기 때문에 현지경찰을 우리나라에 방문할 수 있도록 초청하는 행사를 시행하고 있다. 그리고 재외국민에 대한 보호의 수요증가에 맞춰 재외 경찰주재관을 지속적으로 증원하고 전문역량을 배양해야 한다. 그럼으로써 우리 국민이 해외 어느 곳에서나 치안영사 서비스를 받을 수 있도록 해외 치안서비스의 범위와 질을 개선해 나갈 수 있는 것이다.

2) 각국의 한인 경찰관의 초청 등

재외국민 보호를 위해 부족한 인적 역량의 보완을 위해 경찰주재관에게 협력하는 현지 한인경찰관을 한국에 초청하는 행사를 지속 실시하여야 한다. 또한 KOICA 사업 등을 통해 한국 경찰과 친교를 맺은 외국경찰관들에 대한 개별적 관리의 지속을 통해 인적 네트워크를 구성하고 활용하는 등 다각적인 노력의 병행이 필요하다.

나. 수사요원 현지파견 수사협조

경찰은 교민 납치사건 등이 발생하면 기본적으로 처리해야 하는 업무매뉴얼을 제정하고 정기적인 FTX를 실시하고 있다. 또한 외교부와 협의하여 경찰주재관 미파견지역에는 사건담당 영사를 상대로 현지 파견전 사전에 필요한 교육을 실시하는 방안도 강구하고 있다. 그리고 문제의 해결을 위한 필요시에는 수사 요원을 현지에 파견하는 등 직접 또는 간접적으로 우리 국민의 권리를 보호하고 지키기 위해 현지에 파견하여 활동하기도 한다. 즉, 국제조직범죄 등 중요범죄에 대한 공조를 위하여 한국경찰관을 당해 국가에 파견하여 해외현장에서 활동을 하기도 한다.[541] 이를 위하여 외교부 등 국내 유관부처 및 기관과의 유기적 협력체제 구축하고 있다.

다. 국제범죄정보 및 자료의 제공

최근 지리적으로 인접하여 인적, 물적 교류가 많은 중국이나 일본은 물론 재외교민 및 해외 여행객의 사건이나 사고가 특별히 증가하고 있는 필리핀, 베트남 등 동남아시아 지역 국가와 양자 간 협력을 넘어 다자간 협력을 강화하고 있다. 이러한 협력을 통해 국제범죄조직과 조직원의 국가 간 이동과 상호 연계 활동을 효과적으로 차단할 수 있다.

그리고 교민사회 안정화를 위한 재외 경찰주재관과 교민대표는 물론 외국경찰 간 인적네트워크의 구축하여 피해가 발생하면 Hot-line을 통한 신속한 협력과 조치가 필요하다. 이에 따라 교민과 유학생을 상대로 범죄피해 예방활동을 위한 주기적인 간담회를 개최하고 교민신문 등을 통한 적극적인 홍보활동도 하여야 한다. 또한 무엇보다도 외교부 등 국내 유관기관과의 유기적 협력 체제를 구축하고 범죄피해 현황과 범죄수법 등 자료를 수집하여야 한다. 그리고 국가별로 범죄피해 예방을 위한 적극적인 대국민 홍보 등 대책을 지속적으로 추진해야 한다.

3. 범죄피의자인 재외국민에 대한 사법적 지원

외국에서 발생하는 재외국민에 의한 범죄도 매년 증가하고 있다. 우리국민의

541) 〈사례 1〉 '01. 1. 한국폭력조직을 검거하기 위해 과테말라에 경찰관 3명을 파견하여 양국 간의 실질적인 수사협력을 통한 좋은 성과를 거양하였다.
〈사례 2〉 '09. 8 피지에서 교민을 상대로 갈취행위를 일삼던 일당을 현지에 경찰관 2명을 파견하여 현지경찰과 협력 국내로 강제 송환하여 사법처리하였다.

해외여행이 늘어나면서 외국에서 범죄를 저지르거나 반대로 범죄의 피해자가 되는 사례가 늘고 있다.[542] 반면에 우리 국민이 해외에서 체포 또는 구금된 경우에 우리 공관의 도움을 받고자 하면 반드시 사법당국에 이를 명시적으로 요청해야 한다. 그리고 현지 사법당국은 '영사관계에 관한 비엔나 협약'에 따라 우리 공관의 보호를 받을 수 있음을 고지해야 한다. 이는 현지 사법당국에 보호요청을 하지 않을 경우에는 우리 공관은 체포 또는 구금 사실 등 우리 국민이 처한 상황을 모를 수 있기 때문이다.

일부 국민들은 외국에서 체포되더라도 범법사실이 국내 가족이나 친지들에게 알려질 것을 두려워하여 우리 공관에 도움을 요청하지 않는 경우가 있다. 그러나 우리 공관에서는 본인이 원하지 않을 경우에는 체포 또는 구금 사실을 국내 가족에게 통보하지 않는다. 따라서 해외에서 체포되었을 때는 초기 수사 단계에서 재외공관으로부터 적절한 조언을 받는 것이 무엇보다 중요하다. 특히 언어가 잘 통하지 않고 우리와 다른 사법제도를 가진 외국에서 조사나 재판을 받게 될 경우에는 능력이 검증된 변호사의 선임을 위해서 공관의 조언이 필요하다.

이와 같이 재외국민이 외국에서 현지법 위반 등으로 구속되는 경우가 발생하는데 이러한 경우에 대하여도 경찰주재관이 현지 사법당국과의 협조로 사법적인 불이익을 받지 않도록 활동하고 있다. 범죄로 연행되거나 조사 시에는 참여하여 변호하거나 구속 장소에 대한 면회 또는 애로사항 등을 청취하고 필요한 조치를 한다. 또한 본국의 가족과의 의사교환 등 필요한 조치를 해주고 있다.

가. 영사의 자국민 접견권

당해 국가가 자국민을 체포 및 구금하는 과정에서 그에게 일정한 국제적기준의 절차에 의하는 경우에는 당 국가에 파견된 외교사절 내지 영사측에서는 이에 간섭할 이유가 없다. 다만 자국민은 자신의 체포 및 구금과 관련하여 자국의 외교대표 및 영사에게 조언을 구할 기회를 보장받아야 한다는 것이 국제적

542) 외국에서 범법행위로 경찰 등 사법당국에 체포된 경우에는 수사관의 요청이나 지시에 따르면서 기회가 생기면 침착하게 경황을 설명해야 하고 소리를 지르거나 반항할 경우 죄가 추가되는 등 사태가 더 악화될 수 있다. 그리고 그 나라의 언어를 모르는 경우에는 통역 또는 변호사를 요청하거나 사법당국 직원을 통해 우리 공관에 도움을 구하여야 한다. 또한 그 내용을 정확히 이해하지 못하는 문서에 함부로 서명해서는 안된다. 왜냐하면 문서내용을 이해했는지 여부와 관계없이 서명한 문서가 법적인 효과를 발휘할 수 있기 때문이다.

인 관행이다. 이러한 접견의 목적은 체포 및 구금된 자국민이 체포 및 구금되는 과정에서 최소한의 기준 내지 적절한 방식으로 다루어졌는지를 확인하는 것이다. 또한 그 외교사절이 법적 및 기타의 형태로 자국민에게 어떠한 원조를 제공할 수 있는지를 결정하는 것이다.[543)]

나. 영사의 자국민 조력권

1) 당해 국가에 대하여 적법절차 준수 요구

자국민이 임의적으로 체포되거나 재판의 거부 등의 대우를 받을 경우 혹은 그가 체포 내지 구금이 되는 동안 접수국 당국으로부터 육체적인 상해를 입거나 인권침해를 받은 경우에는 영사는 접수국의 관할 당국에 항의하여야 한다. 또한 영사는 그의 즉각적 석방을 요청하거나 그가 문명화된 정의 개념과 양립하는 방법으로 다루어져야 함을 당해 국가의 당국에 요구해야 한다. 대부분의 국가들이 체포된 자에게 체포된 이유를 고지하고 선택에 따라 변호사에 의하여 변론을 받을 기회를 부여할 것을 국내법으로 규정하고 있다. 이러한 규정들은 국가가 외국인을 체포하거나 구금하는 경우 준수해야 할 최소한의 보장으로 인정된다고 볼 수 있다. 당해 국가에 의한 자국민의 체포 및 구금은 자기의 국내법과 일치할 때만이 정당화될 수 있으며 그 국내법 또한 일정한 최소한의 기준을 따르게 된다.[544)]

2) 사법적인 조력의 제공

영사가 접수국에서 구금된 자국민에게 제공할 수 있는 가장 중요한 조력은 적절한 법적 방어를 제공함으로써 행하는 조력이다. 영사의 자국민에 대한 법적인 조력과 관련하여 영사는 구금된 자국민이 접수국의 경찰이나 검사에게 어떠한 진술을 할 것을 강요당할 수 없음을 그에게 주지시킬 수 있다. 그리고 영사는 변호사가 자국민을 변호를 하기 전에 어떠한 진술도 하지 않을 것을 당해 자국민에게 조언할 수 있다. 이러한 측면에서 자국민에 대한 소송이 진행되는

543) 이진규, "국제법상 재외 자국민의 보호에 관한 연구 : 형사피고인의 인권보호를 중심으로", 한양대학교 대학원, 박사학위논문, 2008. p. 96.

544) 상게논문, pp. 96-97.

동안 접수국이 자국민에게 통역서비스를 지원하더라도 영사는 이와는 독립적으로 자국민을 인터뷰하고 소송의 진행상황을 예측하여 소송을 준비하면서 필요한 통역관을 섭외하고 변호사를 조력할 수 있다. 또한 영사가 제공하는 다른 전형적인 조력은 자국민의 학적이나 병력 등과 관련된 서류를 획득하거나 이를 증명하는 것을 조력하는 것이다.

3) 영사조력에 관한 통지시기의 규정

영사조력에 관한 다른 문제는 구금된 자가 얼마나 신속하게 자국의 외교대표 및 영사대표와 접견이 허용되는지의 문제이다. '비엔나영사협약'은 이 부분에 있어서도 '지체 없이'라고만 규정하고 있다.[545] 따라서 이는 전반적인 영사조력에 대한 규정을 두고 있는 다자조약인 '비엔나영사협약'에서 다루지 않고 누락한 부분에 대하여 특별법적 지위에 있는 양자간 영사조약을 통해 보다 상세히 관련 규정을 두는 것이 실효성 있는 조치일 것이다.

545) 이에 대하여 미국의 국무부는 '지체 없이'라는 문구의 명확한 정의는 없으나 '영사관계에 관한 비엔나협약' 제36조가 요구하는 통지는 가능한 한 빨리 이루어져야 하고 어떠한 경우에도 며칠을 넘기지 않고 이루어져야 한다는 입장을 견지하고 있다.

부 록

◆ 외사입무 관련 주요 법률

◆ 인터폴 헌장

〈부 록〉

외사업무 관련 주요 법률

◇ 가정폭력방지 및 피해자보호 등에 관한 법률 〈여성부〉
- 외국인 보호시설 규정

◇ 결혼중개업의 관리에 관한 법률 〈보건복지가족부〉
- 국제 · 국내결혼 중개에 관한 준수 사항 규정

◇ 공중 등 협박목적을 위한 자금조달행위의 금지에 관한 법률 〈금융위원회〉
- 외국에서 본법을 위반한 국외체류 외국인 및 국외에서 위반한 국내체류 외국인에게도 적용

◇ 공직선거법 〈중앙선거관리위원회〉
- 외국인에 대한 지자체 의원 및 지자체 장 선거권

◇ 공직자윤리법 〈행정안전부〉
- 외국인으로부터 받은 선물의 처리

◇ 국립묘지의 설치 및 운영에 관한 법률 〈국가보훈처〉
- 외국인도 국립묘지에 안장 가능

◇ 공연법 〈문화체육관광부〉
- 국내에서 외국인이 공연을 하기위한 요건 등 규정

◇ 국가공무원법 및 지방공무원법 〈행정안전부〉
- 외국인의 공무원으로 임용

◇ 국가배상법 〈법무부〉
- 외국인의 동법 적용의 요건 등

◇ 국민기초생활보장법 〈보건복지가족부〉
- 외국인의 국민기초생활 수급권 규정

◇ 국민건강보험법 〈보건복지가족부〉
- 국내 체류외국인의 국민건강보험 가입

◇ 국적법 〈법무부〉
- 외국인의 대한민국 국적 취득 요건 및 절차 등

◇ 국제사법 〈법무부〉
- 국제재판 관할에 관한 원칙과 준거법(민사)

◇ 국제수형자이송법 〈법무부〉
- 형 집행 중인 외국의 내국인 및 국내 외국인의 이송에 관한 요건과 절차 등

◇ 국제항해 선박 및 항만시설의 보안에 관한 법률 〈국토해양부〉
- 외국국적 선박의 보안 확인, 점검 및 필요한 조치의 근거

◇ 국어기본법 〈문화체육관광부〉
- 외국인에게 국어 보급사업 및 국어를 가르치는 자의 자격 규정

◇ 긴급복지지원법 〈보건복지가족부〉
- 생계곤란 등 위기상황 시 외국인에 대한 긴급복지 지원 규정

◇ 뉴스통신진흥에 관한 법률 〈문화체육관광부〉
- 외국인 법인의 뉴스통신사업 진출 요건 등

◇ 다문화가족지원법 〈보건복지가족부〉
- 다문화 가족 정의 및 정책수립을 위한 실태조사 등

◇ 도로교통법 〈경찰청〉
- 외국인의 운전면허시험 일부 면제

◇ 범죄피해자구조법 〈법무부〉
- 외국인의 범죄피해구조 적용 요건 등

◇ 범죄수익은닉의 규제 및 처벌 등에 관한 법률 〈법무부〉
- 특정범죄 등 대한 외국의 형사사건에 관한 국제공조를 규정

◇ 부패방지 및 국민권익위원회의 설치와 운영에 관한 법률 〈국민권익위원회〉
- 국내거주 외국인도 고충민원 접수 가능

◇ 산업기술의 유출방지 및 보호에 관한 법률 〈지식경제부〉
- 산업보안기술 개발과 관련 외국인의 국내 정착 및 국적취득 지원

◇ 산업안전보건법 〈노동부〉
- 외국인근로자 채용 사업주의 외국어 표기 안전보건표지 표시노력 의무

◇ 상훈법 〈행정안전부〉
- 외국인의 서훈 대상 및 요건

◇ 성매매알선 등 행위의 처벌에 관한 법률 〈법무부〉
- 외국인여성의 출입국관리법에 따른 강제퇴거 또는 보호집행의 예외

◇ 성매매방지 및 피해자보호 등에 관한 법률 〈여성부〉
- 성매매여성 지원 시설에 외국인 여성 지원 시설 포함

◇ 여권법〈외교통상부〉
- 여권 발급의 제반 사항 규정

◇ 외국인근로자의 고용 등에 관한 법률 〈노동부〉
- 외국인 고용 허가제 등 외국인 근로자 도입·관리 규정

◇ 외국인토지법 〈국토해양법〉
- 외국인의 토지 취득에 관한 사항 규정

◇ 외국인투자촉진법 〈지식경제부〉
- 국내 외국인 투자 촉진을 위한 제반 절차 규정

◇ 외국환거래법 〈기획재정부〉
- 외국환거래의 일시정지 및 외국인투자촉진법에 따른 외국인투자의 조치 예외

◇ 정치자금법 〈중앙선거관리위원회〉
- 외국인의 정치자금 기부 불가

◇ 재외동포의 출입국과 법적 지위에 관한 법률 〈법무부〉
- 재외 동포의 정의 및 법적 지위, 국내 거소 관련 제반사항 규정

◇ 재외동포재단법 〈외교통상부〉
- 재외동포 재단 설립 및 운영에 관한 규정

◇ 재한외국인 처우기본법 〈법무부〉
- 재한외국인 처우에 관한 기본 사항 규정

◇ 중소기업인력지원 특별법 〈중소기업청〉
- 외국인 인력실태 파악을 위한 중소기업 인력 실태조사

◇ 지방자치법 〈행전안전부〉
 - 외국인의 조례의 제정 및 개폐의 청구

◇ 지역특화발전특구에 대한 규제특례법 〈지식경제부〉
 - 특화사업 종사 외국인에 대한 사증발급절차 및 체류자격별 체류기간 조정

◇ 특정범죄가중처벌에 관한 법률 〈법무부〉
 - 외국인의 자금으로 취득하는 행위 등 탈법행위를 한 자의 처벌

◇ 출입국관리법 〈법무부〉
 - 국내 체류외국인 등록, 체류관리, 난민 인정 절차 등에 관한 사항 규정

◇ 채무자 회생 및 파산에 관한 법률 〈법무부〉
 - 외국인도 내국인과 동일한 자격의 유무

◇ 한부모가족지원법 〈보건복지가족부〉
 - 국내체류 외국인의 수급권 유무

◇ 한국국제교류재단법 〈외교통상부〉
 - 대한민국과 외국의 각종 교류 사업 추진에 관한 사항 규정

◇ 한국국제보건의료재단법 〈보건복지가족부〉
 - 외국인 근로자에 대한 보건의료지원 사업

◇ 한국국제협력단법 〈외교통상부〉
 - 개발도상국가와의 우호협력 및 교류증진을 위한 한국국제협력단 설립 규정

◇ 형의 실효 등에 관한 법률 〈법무부〉
 - 외국인 체류허가에 필요한 범죄경력조회

◇ 형의 집행 및 수용자의 처우에 관한 법률 〈법무부〉
- 외국인 수용자에 대한 적절한 처우

◇ 해외이주법 〈외교통상부〉
- 외국인과 혼인 등 해외 이주 절차 규정

◇ 행정절차법 〈행정안전부〉
- 외국인의 출입국, 난민인정, 귀화 등에의 행정절차법의 적용 여부

◇ 화재로 인한 재해보상과 보험가입에 관한 법률 〈금융위원회〉
- 외국인 등 소유건물(외국공관, 외국군대 소유건물 등)은 예외 적용

◇ 후천성면역결핍증 예방법 〈보건복지가족부〉
- 장기체류 외국인의 AIDS 음성확인서의 제시 의무 등

인터폴 헌장

Constitution

General Provisions

Article 1 : The Organization called the "International Criminal Police Commission" shall henceforth be entitled: "The International Criminal Police Organization - INTERPOL". Its seat shall be in France.

Article 2 : Its aims are:

(1) To ensure and promote the widest possible mutual assistance between all criminal police authorities within the limits of the laws existing in the different countries and in the spirit of the "Universal Declaration of Human Rights";

(2) To establish and develop all institutions likely to contribute effectively to the prevention and suppression of ordinary law crimes.

Article 3 : It is strictly forbidden for the Organization to undertake any intervention or activities of a political, military, religious or racial character.

Article 4 : Any country may delegate as a Member to the Organization any official police body whose functions come within the framework of activities of the Organization.

The request for membership shall be submitted to the Secretary General by the appropriate governmental authority.

Membership shall be subject to approval by a two-thirds majority of the General Assembly.

Structure and organization

Article 5 : The International Criminal Police Organization - INTERPOL shall comprise:

The General Assembly

The Executive Committee

The General Secretariat

The National Central Bureaus

The Advisers

The Commission for the Control of Files

The General Assembly

Article 6 : The General Assembly shall be the body of supreme authority in the Organization. It is composed of delegates appointed by the Members of the Organization.

Article 7 : Each Member may be represented by one or several delegates; however, for each country there shall be only one delegation head, appointed by the competent governmental authority of that country.

Because of the technical nature of the Organization, Members should attempt to include the following in their delegations:

(a) High officials of departments dealing with police affairs,

(b) Officials whose normal duties are connected with the activities of the Organization,

(c) Specialists in the subjects on the agenda.

Article 8 : The functions of the General Assembly shall be the following:

(a) To carry out the duties laid down in the Constitution;

(b) To determine principles and lay down the general measures suitable for attaining the objectives of the Organization as given in Article 2 of the Constitution;

(c) To examine and approve the general programme of activities prepared by the Secretary General for the coming year;

(d) To determine any other regulations deemed necessary;

(e) To elect persons to perform the functions mentioned in the Constitution;

(f) To adopt resolutions and make recommendations to Members on matters with which the Organization is competent to deal;

(g) To determine the financial policy of the Organization;

(h) To examine and approve any agreements to be made with other organizations.

Article 9 : Members shall do all within their power, in so far as is compatible with their own obligations, to carry out the decisions of the General Assembly.

Article 10 : The General Assembly of the Organization shall meet in ordinary session every year. It may meet in extraordinary session at the request of the Executive Committee or of the majority of Members.

Article 11

11.1 : The General Assembly may, when in session, set up special committees for dealing with particular matters.

11.2 : It may also decide to hold regional conferences between two General Assembly sessions.

Article 12

12.1 : At the end of each session, the General Assembly shall choose the place where it will meet for its next session.

12.2 : The General Assembly may also decide where it will meet for its session in two years time, if one or more countries have issued invitations to host that session.

12.3 : If circumstances make it impossible or inadvisable for a session to be held in the chosen meeting place, the General Assembly may decide to choose another meeting place for the following year.

Article 13 : Only one delegate from each country shall have the right to vote in the General Assembly.

Article 14 : Decisions shall be made by a simple majority except in those cases where a two-thirds majority is required by the Constitution.

The Executive Committee

Article 15 : The Executive Committee shall be composed of the President of the Organization, the three Vice-Presidents and nine Delegates.
The thirteen members of the Executive Committee shall belong to different countries, due weight having been given to geographical distribution.

Article 16 : The General Assembly shall elect, from among the delegates, the President and three Vice-Presidents of the Organization.
A two-thirds majority shall be required for the election of the President; should this majority not be obtained after the second ballot, a simple majority shall suffice.
The President and Vice-Presidents shall be from different continents.

Article 17 : The President shall be elected for four years. The Vice-Presidents shall be elected for three years. They shall not be immediately eligible for re-election either to the same posts or as Delegates on the Executive Committee.
If, following the election of a President, the provisions of Article 15 (paragraph 2) or Article 16 (paragraph 3) cannot be applied or are

incompatible, a fourth Vice-President shall be elected so that all four continents are represented at the Presidency level.

If this occurs, the Executive Committee will, for a temporary period, have fourteen members. The temporary period shall come to an end as soon as circumstances make it possible to apply the provisions of Articles 15 and 16.

Article 18 : The President of the Organization shall;

(a) Preside at meetings of the Assembly and the Executive Committee and direct the discussions;

(b) Ensure that the activities of the Organization are in conformity with the decisions of the General Assembly and the Executive Committee;

(c) Maintain as far as is possible direct and constant contact with the Secretary General of the Organization.

Article 19 : The nine Delegates on the Executive Committee shall be elected by the General Assembly for a period of three years. They shall not be immediately eligible for re-election to the same posts.

Article 20 : The Executive Committee shall meet at least once each year on being convened by the President of the Organization.

Article 21 : In the exercise of their duties, all members of the Executive Committee shall conduct themselves as representatives of the Organization and not as representatives of their respective countries.

Article 22 : The Executive Committee shall:

(a) Supervise the execution of the decisions of the General Assembly;

(b) Prepare the agenda for sessions of the General Assembly;

(c) Submit to the General Assembly any programme of work or project which it considers useful;

(d) Supervise the administration and work of the Secretary General;
(e) Exercise all the powers delegated to it by the Assembly.

Article 23 : In case of resignation or death of any of the members of the Executive Committee, the General Assembly shall elect another member to replace him and whose term of office shall end on the same date as his predecessor's. No member of the Executive Committee may remain in office should he cease to be a delegate to the Organization.

Article 24 : Executive Committee members shall remain in office until the end of the session of the General Assembly held in the year in which their term of office expires.

The General Secretariat

Article 25 : The permanent departments of the Organization shall constitute the General Secretariat.

Article 26 : The General Secretariat shall;

(a) Put into application the decisions of the General Assembly and the Executive Committee;
(b) Serve as an international centre in the fight against ordinary crime;
(c) Serve as a technical and information centre;
(d) Ensure the efficient administration of the Organization;
(e) Maintain contact with national and international authorities, whereas questions relative to the search for criminals shall be dealt with through the National Central Bureaus;
(f) Produce any publications which may be considered useful;
(g) Organize and perform secretariat work at the sessions of the

General Assembly, the Executive Committee and any other body of the Organization;

(h) Draw up a draft programme of work for the coming year for the consideration and approval of the General Assembly and the Executive Committee;

(i) Maintain as far as is possible direct and constant contact with the President of the Organization.

Article 27 : The General Secretariat shall consist of the Secretary General and a technical and administrative staff entrusted with the work of the Organization.

Article 28 : The appointment of the Secretary General shall be proposed by the Executive Committee and approved by the General Assembly for a period of five years. He may be re-appointed for other terms but must lay down office on reaching the age of sixty-five, although he may be allowed to complete his term of office on reaching this age.
He must be chosen from among persons highly competent in police matters.
In exceptional circumstances, the Executive Committee may propose at a meeting of the General Assembly that the Secretary General be removed from office.

Article 29 : The Secretary General shall engage and direct the staff, administer the budget, and organize and direct the permanent departments, according to the directives decided upon by the General Assembly or Executive Committee.
He shall submit to the Executive Committee or the General Assembly any propositions or projects concerning the work of the Organization.
He shall be responsible to the Executive Committee and the General Assembly.

He shall have the right to take part in the discussions of the General Assembly, the Executive Committee and all other dependent bodies.
In the exercise of his duties, he shall represent the Organization and not any particular country.

Article 30 : In the exercise of their duties, the Secretary General and the staff shall neither solicit nor accept instructions from any government or authority outside the Organization. They shall abstain from any action which might be prejudicial to their international task.
Each Member of the Organization shall undertake to respect the exclusively international character of the duties of the Secretary General and the staff, and abstain from influencing them in the discharge of their duties.
All Members of the Organization shall do their best to assist the Secretary General and the staff in the discharge of their functions.

National Central Bureaus

Article 31 : In order to further its aims, the Organization needs the constant and active co-operation of its Members, who should do all within their power which is compatible with the legislations of their countries to participate diligently in its activities.

Article 32 : In order to ensure the above co-operation, each country shall appoint a body which will serve as the National Central Bureau. It shall ensure liaison with:
(a) The various departments in the country;
(b) Those bodies in other countries serving as National Central Bureaus;
(c) The Organization's General Secretariat.

Article 33 : In the case of those countries where the provisions of Article 32 are inapplicable or do not permit of effective centralized co-operation, the General Secretariat shall decide, with these countries, the most suitable alternative means of co-operation.

The Advisers

Article 34 : On scientific matters, the Organization may consult "Advisers".

Article 35 : The role of the Advisers shall be purely advisory.

Article 36 : Advisers shall be appointed for three years by the Executive Committee. Their appointment will become definite only after notification by the General Assembly.

They shall be chosen from among those who have a world-wide reputation in some field of interest to the Organization.

Article 37 : An Adviser may be removed from office by decision of the General Assembly.

Budget and resources

Article 38 : The Organization's resources shall be provided by:

(a) The financial contributions from Members;

(b) Gifts, bequests, subsidies, grants and other resources after these have been accepted or approved by the Executive Committee.

Article 39 : The General Assembly shall establish the basis of Members' subscriptions and the maximum annual expenditure according to the estimate provided by the Secretary General.

Article 40 : The draft budget of the Organization shall be prepared by the Secretary General and submitted for approval to the Executive Committee.

It shall come into force after acceptance by the General Assembly. Should the General Assembly not have had the possibility of approving the budget, the Executive Committee shall take all necessary steps according to the general outlines of the preceding budget.

Relations with other organizations

Article 41 : Whenever it deems fit, having regard to the aims and objects provided in the Constitution, the Organization shall establish relations and collaborate with other intergovernmental or non-governmental international organizations.

The general provisions concerning the relations with international, intergovernmental or non-governmental organizations will only be valid after their approval by the General Assembly.

The Organization may, in connection with all matters in which it is competent, take the advice of non-governmental international, governmental national or non-governmental national organizations.

With the approval of the General Assembly, the Executive Committee or, in urgent cases, the Secretary General may accept duties within the scope of its activities and competence either from other international institutions or organizations or in application of international conventions.

Application, modification and interpretation of the Constitution

Article 42 : The present Constitution may be amended on the proposal of either a Member or the Executive Committee.

Any proposal for amendment to this Constitution shall be communicated by the Secretary General to Members of the Organization at least three months before submission to the General

Assembly for consideration.

All amendments to this Constitution shall be approved by a two-thirds majority of the Members of the Organization.

Article 43 : The French, English and Spanish texts of this Constitution shall be regarded as authoritative.

Article 44 : The application of this Constitution shall be determined by the General Assembly through the General Regulations and Appendices, whose provisions shall be adopted by a two-thirds majority.

Temporary measures

Article 45 : All bodies representing the countries mentioned in Appendix I shall be deemed to be Members of the Organization unless they declare through the appropriate governmental authority that they cannot accept this Constitution. Such a declaration should be made within six months of the date of the coming into force of the present Constitution.

Article 46 : At the first election, lots will be drawn to determine a Vice-President whose term of office will end a year later.

At the first election, lots will be drawn to determine two Delegates on the Executive Committee whose term of office will end a year later, and two others whose term of office will end two years later.

Article 47 : Persons having rendered meritorious and prolonged services in the ranks of the ICPC may be awarded by the General Assembly honorary titles in corresponding ranks of the ICPO.

Article 48 : All property belonging to the International Criminal Police Commission are transferred to the International Criminal Police Organization.

Article 49 : In the present Constitution;

"Organization", wherever it occurs, shall mean the International Criminal Police Organization;

"Constitution", wherever it occurs, shall mean the Constitution of the International Criminal Police Organization;

"Secretary General" shall mean the Secretary General of the International Criminal Police Organization;

"Committee" shall mean the Executive Committee of the Organization;

"Assembly" or "General Assembly" shall mean the General Assembly of the Organization;

"Member" or "Members" shall mean a Member or Members of the International Criminal Police Organization as mentioned in Article 4 of the Constitution;

"delegate" (in the singular) or "delegates" (in the plural) shall mean a person or persons belonging to a delegation or delegations as defined in Article 7;

"Delegate" (in the singular) or "Delegates" (in the plural) shall mean a person or persons elected to the Executive Committee in the conditions laid down in Article 19.

Article 50 : This Constitution shall come into force on 13th June 1956.

Appendix 1

List of States to which the provisions of Article 45 of the Constitution shall Apply

Argentina, Australia, Austria, Belgium, Brazil, Burma, Cambodia, Canada, Ceylon, Chile, Colombia, Costa Rica, Cuba, Denmark, Dominican Republic, Egypt, Eire, Finland, France, Federal Germany Republic, Greece, Guatemala, India, Indonesia, Iran, Israel, Italy, Japan, Jordan, Lebanon, Liberia, Libya, Luxembourg, Mexico, Monaco,

Netherlands Antilles, New Zealand, Norway, Pakistan, Philippines, Portugal, Saar, Saudi Arabia, Spain, Sudan, Suriname, Sweden, Switzerland, Syria, Thailand, Turkey, United Kingdom of Great Britain and Northern Ireland, United States of America, Uruguay, Venezuela, Yugoslavia.

참고문헌

1. 국내 문헌

1) 단행본

강구진, 「형사소송법원론」, (서울 : 학연사, 2001).
강용길, 김석범, 백창현, 이종화, 「경찰학 개론」, 경찰공제회, 2010.
경찰대학, 「경찰정보론」, 서울 : 대한문화사, 2002.
경찰대학, 「경찰외사론」, 서울 : 사단법인 경찰공제회, 2004.
경찰청, 「국제교류협력 매뉴얼(외사 1—1)」, 2005.
경찰청, 「국제공조수사 매뉴얼(외사 4—2)」, 2005.
경찰청, 「주요국 치안 동향」, 2008.
경찰청, 「인터폴 기본자료」, 2005.
경찰청, 「인터폴」, 서울: (주) 범신사, 2002.
경찰청, 「외사경찰 역사와 비전」, 서울 : 주) 범신사, 2009.
경찰청, 「2007년 경찰 학술세미나」, 2007.
경찰청, 「경찰서 보안과장 매뉴얼」, 2005.
고문현,「자치경찰제의 도입방향」,(공법연구 제33편 제5호)
권영성, 「헌법학원론」, 개정판(서울: 박영사, 2006).
김남진, 「경찰행정법」, 경세원, 2002.
김신복, 「발전기획론」, 서울 : 박영사, 1995.
김신복, 노화준, 「개발기획론」, 서울 : 방송대학, 1998.
김재호, 경찰권의 근거, 저스티스, 제32권 제2호, 1999.
김철용, 「행정법II」, 박영사, 2005.
김춘환, 「행정법 II」, 조선대학교출판부, 2006.
박기남, 이종화, 「경찰외사론」, 2004,
박노철, 김병우, 「치안정보론」, 경찰대학, 2007.

박주원, 「범죄정보체계론(개정판)」, (서울 : 수사연구사, 2004).
박연호 외, 「조직관리론」, 서울 : 법문사, 1982.
방명숙 역, 「대학의 미래 기획」, 서울 : 문우사, 1995.
배종대 · 이상돈, 「형사소송법」, (서울 : 홍문사, 1996).
Schenke, Wolf−Rdiger(서정범 역), 「독일경찰법론」, 세창출판사, 1998.
신동운, 「형사소송법」, (서울 : 법문사, 2002).
손봉선 · 신은식, 「경찰조직관리론」, 대왕사, 2007.
안흥진, 「한국조직폭력의 실태와 효과적인 대처방안」, (서울: 정문사, 2004)
이상안, 「신경찰행정학」 (서울 : 대명사, 1999).
이석룡, 「국제법」, (서울 : 세창출판사, 2003).
이재상, 「형사소송법」, (서울 : 박영사, 2001).
이종화, 「외사수사론」, (서울: (주) 범신사, 2008).
이윤식, 「행정정보체계론, 서울 : 법영사, 1999.
이윤호, 「경찰학」, 서울 : 박영사, 2006.
이한기, 「국제법강의」, 신정판(서울: 박영사, 2003).
이황우, 「경찰행정학」, (서울 : 법문사, 2003).
이황우, 「경찰행정학」, (서울 : 법문사, 1994).
이황우 외, 「경찰인사행정론」, 서울 : 법문사, 2007
오홍석, 「행정학」, (서울 : 박영사, 2004).
유병화, 「국제법II」, (서울 : 민영사, 1996).
외교통상부, 「외교백서」, 2008
외교통상부 외교안보연구원, 「국제화 및 의전 전문과정」, 2005.
최종태, 「현대조직론」 (서울 : 경세원, 1997).
치안정책연구소, 미래치안환경의 변화와 경찰의 대응역량 강화, 치안정책리뷰 제16호, 2010. 3월호
하재환, 「국제법과 테러리즘(一)」, 2001.
하인호, 「미래학이란 무엇인가」, 서울 : 고도, 1995.
홍정선, 「행정법원론(하)」, 박영사, 2007.

2) 논문

강종문, 한국경찰제도의 개선방안에 관한 연구 : 경찰조직의 개선을 중심으로, 한국외대 정책과학대학원, 석사학위논문, 2008.

구형근, "한국 경찰법상 일반적 수권조항", 「법학연구」 제23집, 한국법학회, 2006.

권형문, 조직변화에 대한 구성원 저항의 선행요인과 그 결과요인에 관한 연구, 서강대학 대학원, 석사학위논문, 2006.

김경술, 우리나라 범죄예방에 관한 연구 : 사이버범죄 예방모형을 중심으로, 전주대 행정대학원, 석사학위논문, 2006.

김민재, 외국인범죄의 실태와 대책, 법무연수원 영구위원 논문, 2007.

김보라, 국제결혼 이민실태와 이민자 여성의 한국사회 적응 : 경기도 남양주시의 사례, 서강대학교 공공정책대학원, 석사학위논문, 2008.

김성화, 다문화가정 지원제도의 문제점과 제도개선 방안에 관한 연구, 가야대학교 행정대학원, 석사학위논문, 2008.

김성훈, 경찰정보활동의 법적 근거와 한계에 관한 연구, 동아대 대학원, 박사학위논문, 2004.

김연태, 정보의 자기결정권과 경찰의 정보관리, 고려법학, 제36집, 2001.

김재연, 국제회의 의전교육 프로그램에 관한 기초연구, 이화여대 대학원, 석사학위논문, 2006.

김형훈, 경찰관직무집행법 개정 방향, 경찰학연구, 창간호, 경찰대학, 2001.

문규석, 인터폴을 통한 국제경찰협력의 실효적 이행방안에 관한 연구, 치안논총, 2005 제19집, 2005.

문규석, 인터폴의 국제법상 지위에 관한 연구, 국제법평론, 1999－II(통권 제12호), 1999.

민수홍 · 이민식, 외국의 신종범죄 발생현황과 대책, 치안논총 (제22집, 2006).

박일선, 자금세탁행위의 국제화, 범죄화에 따른 대응방안 연구, 카톨릭대학교 국제대학원 석사학위논문, 2001.

백초현, 경찰의 정보 수집권에 관한 헌법적 고찰, 연세대 대학원, 석사학위논문, 2006.

서정범, "경찰법에 있어서의 공공의 질서의 개념"
– 성도덕에 관한 실증적 사례분석을 토대로 하여, 「경찰학 연구」 제8호, 경찰대학, 2005.
서진석, 치안환경변화에 따른 경찰과 민간경비의 역할분담에 관한 연구, 경원대 대학원, 박사학위논문, 1999.
선계훈, 국제테러관련 공항보안검색 효용화 방안 연구: 인천국제공항 중심으로, 연세대 행정대학원, 석사학위논문, 2006.
성기현, 수사경찰의 전문화방안에 관한 연구, 동국대 행정대학원, 석사학위논문, 2006.
성춘광, 외사경찰의 역양강화방안에 관한 연구, 동국대학교 행정대학원 석사학위논문, 2003.
손동권, 테러범형사처리에서의 문제점, 대테러연구, 제22집, 1999.
손희경, 국제행사를 통한 한국 창작무용의 국제화 경향, 용인대 대학원, 석사학위논문, 2007.
송상욱, 치안환경 변화에 따른 민간경비와 지방자치단체의 상호 협력방안, 용인대 대학원, 박사학위논문, 2005.
송태종, 조직범죄에 관한 연구 : 범죄론 및 형사사법적 대응책을 중심으로, 호남대 대학원, 박사학위논문, 2005.
신의기, 테러리즘 관련범제 정비방안, 2002.
육동일, 지방자치시대 내향적 국제화의 방향과 과제, 한국지방자치단체 국제화재단, 2007.
윤성억, 경찰관집무집행법상 경찰활동의 문제점과 개선방안에 관한 연구, 호남대학교 대학원, 박사학위논문, 2008,
윤흥희, 마약류범죄 수사체계 개선방안에 관한 연구, 한성대 대학원, 박사학위논문, 2008.
이건종, "각국의 범죄예방정책에 관한 연구", 한국형사정책연구원, 1994.
이계수, 정부의 테러방지법안에 대한 의견서, 민주법학 제21호(2002).
이규범, 뉴테러리즘의 대응방안에 관한 연구, 동국대 행정대학원, 석사학위눈문, 2004.
이동환 · 표창원, "경찰의 범죄정보 수집 및 분석체계화 방안", 한국형사정책연구원, 연구총서, 2005.

이득희, 국제선 조직범죄에 대한 경찰수사와 대응방안, 초당대 산업대학원, 석사학위논문, 2004.

이미경, 외국인 범죄 피해자 연구, 한양대 대학원, 석사학위논문, 2007.

이영수, 부산광역시의 국제교류에 관한 연구, 동의대학 대학원, 석사학위논문, 2008.

이영옥, 국제결혼의 문제와 해결을 위한 방안 : 동남아 여성을 중심으로, 한일장신대 대학원, 석사학위논문, 2008.

이영우, 우리나라 경찰기관 개선론 연구, 청주대 대학원, 박사학위논문, 2009.

이용선, 경찰조직 경쟁력 제고방안에 관한 연구: 인적, 조직, 구조적 측면을 중심으로, 한세대 경찰법무대학원, 석사학위논문, 2004.

이존걸, "조직범죄에 대한 고찰", 비교법학 3월호, 2003.

이종복, 경찰현장에 제시된 새경찰상 정립에 관한 연구, 한국공안행정학회보, 제2호, 1993.

이주민, 정보화시대 경찰정보의 발전방안에 관한 연구, 연세대학 행정대학원, 석사학위논문, 2003.

이진규, 국제법상 재외 자국민의 보호에 관한 연구 : 형사피고인의 인권보호를 중심으로, 한양대학교 대학원, 박사학위논문, 2008.

임유석, 범죄정보 수집활동의 효율성 제고방안, 동국대 대학원, 석사학위논문, 2008.

임창호, 지역사회에 기초한 범죄예방에 간한 연구, 한국공안행정학회 제 19호, 한국공안행정학회, 2005.

장영민, 박기석, 「경찰관직무집행법에 관한 연구」, 한국형사정책연구원, 1995,

전광석, 정보화사회의 헌법구조, 헌법학연구, 제5권 제2호, 한국헌법학회, 1999.

전광희, 외국인 관련 공공정책의 구조와 향후 전망, 한국사회학회, 2006.

정경수, 국제인권법의 국내적용에 관한 비판적 분석, 민주법학, 제17, 2000.

정다정, Lewin 모형과 Leavitt 관리전략을 통한 정부조직변화과정에 대한 연구 : 정부부처 혁신인사담당 공무원의 경험과 인식을 중심으로, 국민대학 대학원, 석사확위논문, 2007.

정병두, 미공개정보의 보호, 법무부(편), UR협정의 법적 고찰(하), 법무부, 1994.

정선민, 고등학생의 국제화 의식에 영향을 미치는 요인 : 서울, 경기지역을 중심으로, 경희대학교 교육대학원, 2004.

정완, 사이버범죄의 방지를 위한 국제협력방안, 형사정책연구 제18권 제2호 (통권 제 70호, 2007. 여름호).

정일혁, 헌법상 외국인의 기본권 보장에 관한 연구, 홍익대 대학원, 석사학위논문, 2007.

정지일, 조직범죄 유형변화에 따른 대응책과 규제에 관한 연구, 경희대 행정대학원, 석사학위논문, 2007.

정철균, 외국인노동자의 적응의 선행요인 및 이직의도에 관한 실증적 연구, 성균관대학 대학원, 박사학위논문, 2007.

제성호, "재외국민 보호의 법적 근거와 국제적 기준", 「저스티스」, 통권 제81호, 2004.

조규철, "경찰의 국제범죄 대응능력 제고에 관한 연구 : 경찰조직을 중심으로" 경기대학교 대학원 박사학위논문, 2002.

조규철, "국제결혼 이주여성의 인권침해예방을 위한 경찰활도에 관한 연구", 자치경찰연구 제4권 1호, 2011.

조규철, "국제범죄 수사에 있어 외국에서의 증거수집 및 수집한 증거의 증거능력에 대한 고찰", 한국공안행정학회보 제44호, 2012.

조병인, 국내체류외국인의 범죄피해와 보호실태, 피해자학연구 제5권 제1호, 한국피해자학회, 1997.

조진규, 정책환경의 변화에 따른 EC추진기구의 진화방향에 관한 연구 : ECRC 사례를 중심으로, 한양대학 대학원, 석사학위논문, 2007.

주성훈, "다문화가족지원사업 문제점과 개선과제", 국회예산정책처 예산현안분석 제38호, 2011.

최성규, 외국인범죄의 실태와 대책에 관한 연구, 원광대 행정대학원 석사학위논문, 2005.

최영록, 국내 체류외국인 증가에 따른 경찰의 치안체계 구축방안에 관한 연구, 원광대 대학원 석사학위논문, 2008.

최철영, 테러문제에 대한 효과적인 기구운영과 관련 법령 정비에 관한 연구, 치안연구소(연구보고서 2003-13), 2003.

포 동, 외사경찰의 국제범죄 대응역량 제고방안에 관한 연구, 동국대 행정대학원, 석사학위논문, 2003.

하형석, 경찰의 범죄정보활동에 관한 연구, 동국대학 행정대학원, 석사학위논문, 2005.

한국지방행정연구원, 자치경찰제 확대 및 강화 방안, 2008. 12.

한국지방행정연구원, 지방자치단체 변화관리를 위한 전략기획의 활용방안, 2000.

행정자치부 자치경찰제실무추진단, 자치경찰제 추진 중간보고서 2004-2007.

황성모, 한국경찰 조직구조의 개편에 관한 연구 : 경찰기구 개편을 중심으로, 동국대 행정대학원, 석사학위논문, 2004.

2. 외국문헌

Attacking Organized Crime, U. S. Department of Justice, Office of Attorney General, 1991.

Bequai, August, Organized Crime, Lexington Books, Lexington, Mass., 1979.

Drews/Wacke/Vogel/Martens, a.a.O., S.131: Friauf, Polizei und Ordnungsrecht, in: Schmidtaβmann, Besonderes Verwaltungsrecht, 11.Aufl., 2002.

Dubrin, A. J., Human Relations : A Job Oriented Approach, Virginia : Reston, 1984.

G. B. Murphy, A proposal onInternational Legal Response to Terrorism, 2 Touro J. Transnational Law 67, 1991

George Chadwick, A Systems View of Planning, The public administration of economic development, New Yo가, Praeger, 1975.

Paul B. Weston, Police Organization & Management (Pacific Palisades, Cal. : Goodyear Publishing Co., 1976).

Randelzhofer, Albrecht, "Nationality", in Rudolf ed. Encyclopedia of public International Law, vol. Ⅲ, (Amsterdam: Elsevier Science Publishers, 1997).

Rosalyn Higgins, "The General International Law of Terrorism", in Rosalyn Higgins and Maurice Flory (ed), Terrorism and International Law, 1997.

Sheathelm, H. H. Common elements in the planning process In Carlson, R. V. and Awkerman, G. (Eds.), Educational Planning, 1991.

Y. Dror, "The Planning Process : a Facet Design," International Review of Administrative Sciences, vol.XXIX, No.1(1963).

Winkler. Ira, Corporate Espionage, Prima Publishing, 1997.

3. 기타

국무총리실 공보비서관실, 보도자료, 2009. 6. 21.

http://www.mofat.go.kr/introduction/resident/introduction/index.jsp.

브리태니커 백과사전, http://premium.britannica.co.kr/bol/topic?article_id=b16a2472a.

출입국관리사무소 외국인정책본부, 보도자료, 2008. 6. 25.

출입국관리소 외국인정책본부, http:/www.immigration.go.kr/

http://www.mofat.go.kr/consul/overseascitizen/policy/index.jsp

법원도서관, 조약집, 제3권(다자조약 3) 상, 재판자료 제69집, 1995.

저자소개

조규철

약력

동국대학교 경찰행정과 (행정학 학사)
부산대학교 행정대학원 (행정학 석사)
경기대학교 대학원 (행정학 박사)
82년 경찰간부후보생, 83년 경위 임용
86년 경감(시험승진), 서울 88경비단 관리계장, 경찰청 작전반장
92년 경정(시험승진), 부산 해운서 방범과장, 서울 남대문서 방범과장,
서울지방청 외사과 외사계장
03년 총경, 경찰대학 치안연구소 연구실장, 충남 청양경찰서장
04년 충북청 생활안전과장, 청문감사담당관, 영동경찰서장
06년 경찰청 외사수사과장
아시아나폴(Aseanapol) 국제회의 (말레시아) 한국경찰 대표 참석
07년 서울 방배경찰서장
08년 경찰청 외사기획과장, 외사정보과장
2010년 경기 안양경찰서장
경찰 승진시험 출제위원 3회
경찰(101경비단) 채용시험 출제위원 1회
현재 도로교통공단 용인운전면허시험장장
성결대학교 객원교수

저서 및 논문

- 외국인범죄의 실태와 수사상 한계점, 수사연구사(2001. 8)
- 경찰의 풍속영업의 규제에 관한 효율화 방안, 경기대학교 대학원 논문집(2002. 6)
- 한국경찰의 국제범죄대응능력 제고방안에 관한 연구
  – 외사경찰 조직을 중심으로, 박사논문(2002)
- 국제결혼 이주여성의 범죄피해예방을 위한 경찰활동에 관한 연구, 자치경찰연구 제4권1호(2011)
- 국제범죄수사에 있어 외국에서의 증거수집 및 수집한 증거와 증거능력에 대한 고찰, 한국공안행정학회보 제44호(2011)